本书为2020年度国家社科基金冷门绝学团队项目
“中国训诂学的理论总结与现代转型”
（批准号20VJT05）研究成果之一

训诂学原理

（增补本）

王宁 著

中华书局

图书在版编目(CIP)数据

训诂学原理/王宁著. —增补本. —北京:中华书局,2023.9
(2025.7重印)
ISBN 978-7-101-16292-9

Ⅰ.训… Ⅱ.王… Ⅲ.训诂-研究 Ⅳ.H13

中国国家版本馆CIP数据核字(2023)第132774号

书　　名 训诂学原理(增补本)
著　　者 王　宁
责任编辑 许庆江
责任印制 陈丽娜
出版发行 中华书局
(北京市丰台区太平桥西里38号　100073)
http://www.zhbc.com.cn
E-mail:zhbc@zhbc.com.cn
印　　刷 三河市中晟雅豪印务有限公司
版　　次 2023年9月第1版
2025年7月第2次印刷
规　　格 开本/920×1250毫米　1/32
印张24⅛　插页2　字数495千字
印　　数 4001-6000册
国际书号 ISBN 978-7-101-16292-9
定　　价 108.00元

目　录

第一部分　训诂学的自主创新与发展趋势

第二部分　训诂学的术语建设

第三部分　训释原理

第四部分　训诂纂集原理

第五部分 训诂考据原理

第六部分　汉语词源学原理

第七部分　训诂学与文字学和音韵学

第八部分　训诂学与汉语语义学

第九部分　训诂学与语法学

第十部分　训诂学与汉语辞书学

增补本自序

《训诂学原理》首次出版在 1996 年，1995 年底我在这本书的自序里说过："1981 年，我们正式提出对传统训诂学要清理术语、加强理论建设、方法科学化，到现在已经是十四个年头。我的老师陆宗达先生于 1988 年元月辞世，这十四年恰是陆先生逝世前与逝世后各七年。"时光荏苒，现在距离这本书出版的 1996 年，又过去了 27 年，差不多是 14 年的双倍了。1996 年出版的《训诂学原理》，是想在陆宗达先生带着我写完《训诂方法论》之后，继续探讨训诂材料中的语言学理论问题，对前人已经发掘出的语言文字现象作一些现代人能够理解的阐释，进一步推动传统训诂学走向现代。这 27 年初衷未改，认识却在反复思考和不断应用的过程中有所深化；所以，2005 年中国国际广播出版社出版的《训诂学原理》版权到期后，我既没有续约，也没有重印，一直希望把新的想法加进去。但是，如何超越 90 年代的自我？如何推动训诂学走向现代而不失训诂学原有的特质？如何吸收了现代语言学的有用部分后，不让传统训诂学的精华有所流失？这些问题始终带给我很大的思想压力。身居人文学科之中,要把具有数千年传统的一门有特色的学问激活,让它能在当代语言文字学中立足,需要做到让它既能跟现代语言文字学比较前沿的理论研究形成平等对话的关系,又能在语文教学、语言文字规范、弘扬优秀的传统文化等领域里有效地应用。传统"小学"经太炎、季刚先生改造为"中国语言文字学"之后,如何能继续薪火相传从立足现代而走向未来,这应当成为传承者的历史使命。既然已经跟从师辈走到了今天,总是不能放弃的。只是,个人所能做的不过沧海一粟,所思虽常是翻江倒海,所获也不过是一星半点。

这次出版《训诂学原理(增补本)》(以下简称《增补本》),仍然以论文集的形式呈现。阐发训诂学的原理,针对的是已有训诂材料中值得今天发掘出来的潜在理论,这些潜在理论是我们在千头万绪的学与教中逐步探究出来的一些焦点问题,以论文集的形式呈现,更能突出问题意识。

本书是在1996年《训诂学原理》的基础上增补而成的。具体说,《增补本》删去了三个栏目:(1)"训诂原理概说",这一栏原是我在青海第一次讲授"训诂学"课程的讲义,当时放在书里,是为了展示训诂学教学的基本知识框架,因此与本书其他部分多有重复,现在已经没有必要了。(2)"训诂学史",本书想说的是原理,不是历史,其中各篇,已经纳入相应的其他栏目。(3)"训诂学的普及和应用",普及和应用是对原理的采纳,不是原理本身;而且,这些年,我们对普及和应用做了多方面的具体工作,有些书籍已经单独出版了。去掉这三个栏目,《增补本》更加突出"原理"这个中心内容。同时,《增补本》保留了1996年原书的16篇文章外,又增补了28篇文章,并对全书的结构重新梳理。

再次整理关于训诂学原理的许多考论,我需要一个更为符合训诂学发展及其现代转型的框架,来把一些基于很多实际问题又非同一时期的文章容纳进去,鉴于传统训诂学的综合性和它在不同时代发展的状况,我把《增补本》分成了五个大部分,含10个栏目,形成了以下的框架:

一、训诂学的现代转型:(1)训诂学的自主创新与发展趋势;(2)训诂学的术语建设。

二、训诂学材料的三种形式:(3)训释原理;(4)训诂纂集原理;(5)训诂考据原理。

三、训诂学的独立分支:(6)汉语词源学原理。

四、训诂学的两个紧密合作的临近学科:(7)训诂学与文字学和音韵学。

五、训诂学与现代语言学的接轨:(8)训诂学与汉语语义学;(9)训诂学与语法学;(10)训诂学与汉语辞书学。

这个框架,首先要贯穿我们探究训诂学原理的初衷,那就是推动古老的、卓有成效的中国传统语言学实现现代转型,弘扬它的精神,继承它的精华,让它立足当代并走向未来。因此,这个框架必须首先有一个总论。总论应当论证包括训诂学在内的中国传统语言学现代转型的必要和必须,阐明训诂学现代发展的趋势和未来的发展方向。另外,我把训诂学的术语建设放在总论里,是因为术语体系可以显示训诂学基础理论的全貌,使训诂学原理先给读者一个梗概。

其次，训诂原理需要包含历史发展中不同阶段训诂材料的类型。这一点要从训诂材料产生和发展的三个阶段来说明：

中国传统训诂学的原始状态是植根于经学的“小学”，这种状态持续的时间很长。从先秦到隋唐是它的前期。在这一时期，“小学”解释经典的应用目的非常明确，它的主要形式是解释经典的随文释义和稍微滞后发展出来的纂集专书，这两种形式贯穿了传统训诂学发展的全过程。出于应用的目的，两种形式都带有综合性，“小学”内部的分科还未见端倪。

隋唐到清代是它的后期。比之前期，训诂材料有了两个明显的变化。一个是考据材料的产生，一个是内部分科的完善。唐代有了经书的二度注释，既要解释经，又要再行解释经传和经注。魏晋以来，经学的大一统局面已经打破，经说已非一家，五经之间又有互注。就文体而言，《史记》《汉书》等正史已经问世，史书注释逐步丰富。就思想而言，诸子百家各有注释，对汉代的儒家经典也有很大的冲击。因此，在孔颖达的《五经正义》等二度注释中，成段的、完整的字词考据，已经很多；但是，这些本着“疏不破注”原则积累起来的材料，毕竟随文出现，还是训释材料的一部分。在诸子的论辩材料中，关于语言文字问题的讨论也时时出现，但这只是思想论争的副产品，也还不是独立的考据。只有到了清代，随着经史典籍研究的深入，发疑之风的盛行，考据独立于经书之外，不再掺在随文释义里，才成为一种更偏重于语言文字问题探讨的独立形式。训诂材料随文释义、纂集、考据三种形式并存的局面，因此形成。也是在这个阶段，“小学”的下位分科也已经明显形成。《隋书·经籍志》开始有了文字、声韵、训诂分类排列的趋势，到唐、五代以后，正史的《艺文志》将“小学”正式划分为三个门类，训诂学定位在意义的探求上，既以文字学（形）和声韵学（音）作为它的工具，又与文字、声韵共同组成平行发展的三个部门。

以章太炎、黄侃为代表的近现代训诂学，除了延续传统训诂学的“小学”三分的建构和训诂材料三类的格局外，有了三方面的重大推进：第一是章太炎、黄侃两位先生所代表的语言与历史不可取之域外的自主创新精神。这是探求训诂学原理的原则问题和总的理念。第二，章太炎先生将传统“小学”改称为“中国语言文字学”。这绝非仅是名称的变化，而是吸收了欧洲古文明时代的语言研究，将汉字背后的汉语彰显出来，使“字本位”的传统“小学”提升为汉字直接介入的汉语语言学。这个改变使训诂学理论的探求走上了更为科学的道路。在汉语与汉字的辩证关系确立后，很多训诂学术语的内涵从含混变得明确，逻辑关系清晰的术语系统也顺理成章地形成，这就使训诂学与现代语言学的接轨成为可能。第三是章太炎先生汉语研究求根思想的进一步落实。太炎在《小学略说》一文中说起他的语言文字学三部代表作时，明确表示：“余以寡昧，属兹衰乱，悼古义之沦丧，愍民言之未理，故作《文始》以明语原；次《小学答问》以见本字；述《新方言》以一萌俗。”《文始》以自己完全不同于西方的理论和方法，成就了训诂学的一个独立的分支——汉语词源学。这应当是中国训诂学对世界语言学的一个很大的贡献。

经过这三个阶段,在我们开始进行训诂学原理探究的起点上,训诂学材料的三种形式——训释、纂集和考据,训诂学的两个紧密合作的临近学科——汉字学和音韵学,以及训诂学的独立分支——汉语词源学,应当能够涵盖训诂学历史发展中材料的各种类别,划定历史上训诂材料的范围,因此也应当能够容纳训诂学原理的已有成果与焦点问题。需要说明的是,文字学和音韵学已经有了自身独立的学科地位和理论建构,它们与训诂学是有分工的;所以在训诂学原理的探求上,关注的只是文字学和音韵学直接影响训诂学的那一部分。

训诂学的理论属于中国传统语言文字学的体系,但它既然以汉语和汉字作为研究对象,也就一定会与现代语言学的各个门类之间发生联系。有三个门类与训诂学的关系是密切的:首先是汉语词汇语义学。训诂学在"小学"里的分工是探讨意义的,意义是最具有民族性的语言要素,汉语是特别重意义的语言,汉字又是表意文字,汉语词汇语义学的发展和完善依靠训诂学的成果是必然的。汉语语法的虚词本来是属于训诂学研究范围的,语法学中实词的词类划分与训诂学中词的语义分类具有明显的同一性,必须结合起来讨论;至于句法结构,彼此虽差异很大,但方法上的相互借鉴不可忽略。古代的训诂纂集专书本来就是现代辞书编纂的先导。训诂学一旦与现代的汉语语言学接轨,与这三个门类的关系是难舍难分的。

基于上面的考虑,在《增补版》里,我从多年来所写的数百篇文章里归纳出上述 5 个方面,又按照这 5 个方面整理和新筛选出

28 篇文章，合在一起构成本书，事实上，这个结构与这几十年的重点关注也是切合的。

训诂学的断裂约有 40 年，复苏以后又一度冷落，或许因为这门学问名称的古奥，或许因为汉语词汇意义的研究在以句法结构研究为时潮的大环境下难以融入，也或者训诂学既关涉古代典籍又携带历史文化，学习起来稍有难度……总之，它至今还可以称为“冷门绝学”，仅仅下一个定义或者作些一般的介绍，仍然无法解除更多的人对这门学科的生疏感，有了这些栏目，勾画出它大致的面貌，对引起更多人的了解和关注，或许有些积极的意义。

有关训诂学原理的一些思考，既来自先辈的传承，也获益于语言文字学众多师友的指教与启发，并有师生的教学相长。走到今天，还有很多的问题已经提到日程上来，却没有完全想明白或完全没有想明白。好在自己尚在继续思考，又何况还有后来者，只能以待来日了。

由于本书和 1996 年版《训诂学原理》的相关性，我将它的自序稍作修改放在本文后面，请读者参互阅读。

2022.2.22

1996年版自序

这本书里选入的二十种关于训诂学的论著，绝大部分是1988年以后写成或重新修改的。

1981年，我们正式提出对传统训诂学要清理术语、加强理论建设、方法科学化，到现在已经是十四个年头。我的老师陆宗达先生于1988年元月去世，这十四年恰是陆先生逝世前与逝世后各七年。在这条道路上，我们吃过苦头，也尝到了甜头。老师去世后，我能坚定地沿着这条道路走下去，是因为我对这个已经确定的方向是充满信心的。我自知人微言轻，但我对以下三点确信不疑：第一，中国古代文化里潜藏着的惊人的智慧和悟性对现代人仍具启迪作用，并仍有巨大的吸引力；第二，从解读中国古代文献起步、有数千年积累、成就极为卓著的中国传统语言学的博大精深是无法否认的；第三，一切宝贵的遗产如想传播下去，都必须适用于当代人，因而必须在理论方法上与现时代接轨。我相信，靠着这三点，我们会有越来越多的知己，后继者的队伍也会日渐延长。在这本书里，记载着我在这后七年里坚持着的那份信念和执着，因此，尽管很不成熟，我仍愿拿出来向师友和同行求教。

这本书中重点谈的是训诂学原理。这些年来，我们紧紧盯住原理不放，是基于以下原因：

训诂学从八十年代复生，在这个学科领域里，人才的“断档”非常严重。这使我们对人才的渴望比对出版著述的渴望要强烈得多。我至今不敢说自己已经掌握了训诂学，可是我作过学训诂学的学生，也作过教训诂学的老师。我从自己学与教的甘苦中懂得，一个略通训诂学的现代人，首先需要积累大量的先秦文献和注释、纂集、考据材料。要想在同样勤奋的前提下加快这个积累的过程，重要的是做一个明白人，知其所以然地去攻读，把握科学方法去积累。形成语感与明了语理本来就是相互促进的，熟读与弄懂应当同步进行，轻视理论和轻视材料的不聪明并无二致。做学生的时候，陆宗达先生督促我们阅读先秦经书及其注疏、通读小学专书都很严格，但我每两星期到先生那儿问一下午问题时，从来不问“这段书怎么讲”，或者“这个字怎么讲”。陆先生常说：“书看不懂，再往下看，看多了就懂了，不要急着问。”我也觉得，占用老师那么宝贵的时间问他一两个字，等于拿老师当字典，是很不恭敬的。我要问的应该是“这种现象怎么理解”。我以为，一种现象理解了，读书、思考就自觉了，学习的效率和质量都会有所飞跃。回顾自己的学习历程，我越发感到自己当时的认识和做法是正确的。做一个老师，要引导现代的学生踏进古代，不要求他们读书是失职，只让他们读书却讲不出一点道理来也是失职。但是，由于训诂学有将近半个世纪的断层，在这个领域里，缺乏的不是材料，而是现代人易于接受的原理、方法、思路，这些又必须从大量的材料里去开掘、概括，很少有例可依。因此，我们必须把工作的重点放在训诂学的基础理论建设上，放在训诂原理的探讨上，放在自觉的、可操作的训诂方法的完善上。

陆先生逝世后的七年，我在以下几个问题上进行了反复验证和新的思考：

首先是对确立训诂学在当代的学科地位的思考。

我想，训诂学在当代的学科地位，应当从三个方面来认定：第一，训诂学是古代“小学”的一个分支，“小学”是中国语言文字学的前身，这是从章太炎先生确定后就不存在异议的。需要进一步确定的是训诂学在语言学领域里从主体上应与哪个部门衔接。根据训诂学的历史状况和现代语言学已经形成的学科结构，在语言学领域里，训诂学应当与汉语词汇语义学衔接。训诂学理论建设应当大量借鉴词汇学和语义学的已有成果；而从训诂学中开掘、概括出的理论原理，也必然是对汉语词汇学和语义学的充实，甚至使这两门学科现有的体系发生重要的变化。第二，训诂学就其时代特点及既定任务来说，主体之外，还产生了两大分支，那就是汉语词源学和词典（辞书）学。前者是理论科学，后者是应用科学。这两大分支与当代靠引进创建的词源学和在实践中总结出的辞书学由于学术渊源不同，方法和特点也不相同。第三，训诂学就其原有的应用价值来说，本来就承担着古代文献解读和古代文化传播的任务。这门以应用为主的实用训诂学，在理论建设逐步完善以后，体系上也会发生深刻的变化；不但会更好学,而且会更好用。以上三个方面,应当使训诂学在当代的学科地位得到更准确的界定。很多关于训诂学学科性质的混乱说法,也将会得到进一步的澄清。

不过,在这一问题上,也还存在着另一方面的问题。当训诂学处于包罗万象的浑沌状态,在当代的学科地位尚未弄清的时候,明确它与相邻学科的分工是非常重要的;否则,要发展它无从着手。然而一旦它的学科性质得到了明确的界定,沟通训诂学与相邻学科的关系而不使它变得贫乏、简单,又成为一个不容忽视的问题。例如,早期的训诂学与文字学纠缠至深,必须明确其分工。现在,汉字构形学、汉字字理(形源)研究和汉字与历史文化关系的研究应属文字学,这一点已经比较明确了;但是,因为汉字是表意文字,上述学科和课题与训诂学又都是相互解释和相互依存的。又如,中国古代没有语法学,语法问题的探讨是包含在训诂之中的。就当代学科的分工而言,语法学与训诂学界限清晰,说到句子,语法学与传统训诂学所关注的是完全不一样的问题;但是,从汉语的特点出发,语法和语义的综合研究已经成为汉语研究的必由之路,当两门学科都发展得比较成熟以后,它们的结合、交叉是必不可少的,结合、交叉之后,对两门学科的发展,都会起到意想不到的作用。

其次是关于词和词义内部结构分析的思考。

要想弄清各种训诂现象,必须具有分析词际和义际关系的基本功。过去的词汇学认为词是语言中可以独立运用的最小单位。在语用的范围内,就表义的基本功能来说,语言切分到词似乎已经够了;但是,就词与词义的关系分析——认同和别异来说,笼统的

“词”和“词义”这两个概念无论如何是不够用了。区分词与词项这两个有应用意义的概念,设置义位(项)与义素这两个层次不同的理论分析概念,从而建立关于词义内部结构的层次分析法,已经是训诂学理论建设的必然结果。而传统训诂学惯用的二分法,为这种汉语词义特有的层次分析法提供了经验。词与词义内部结构的科学分析,廓清了对诸多训诂现象理解上的混乱,诸如同源词的意义关系、同义词意义的同与异、义界的构成原理、直训必须在言语中方能成立的性质、词类与词义的一致性,等等,都可以得到清晰的说明;词义的比较和类聚,也成为一种可以操作又可以检验的工作。

再次是关于建立训诂学的术语体系和教学体系的思考。

术语系反映一门学科的科学体系,是它的理论建设已经成熟的表现。这个问题我们在1988年以前已经多次提出,但是由于当时很多方面的理论层次还没有划分清楚,因此还不敢贸然去全面整理训诂学术语。现在,一些比较关键的问题已经日益明了,建立一套有系统的训诂学术语似乎可以着手了。进行这一工作的关键除了对旧训诂学已有的概念进行必要的清理外,更重要的是做好系联同类概念、辨明性质不同概念的内在差异、区分临近概念、理顺上下位概念的层次这四项工作。本书中分析所谓的“反训”现象、弄清训诂体式与训释方式的不同、辨清《尔雅》一书的性质等等,都体现了我们在这方面所作的思考。

与这个问题相关的还有一点,那就是我们通过对词汇的词义的整理更加深刻地认识到,词汇与词义的总体是具有系统性的,而词汇系统与词义系统——起码是它的局部系统——是可以通过描写显示出来的。因此,在建立训诂学术语体系的时候,必须把关于总体系统的术语,置于术语体系的最高层次。

术语体系的逐步完善,直接关系到教学体系的完善。训诂学与文字学、音韵学和古代汉语语法学并列,构成高等院校中文专业古代汉语类的四门选修课,已经是既定的事实。而在这四门课程中,训诂学是对古代文献阅读有直接应用价值的学科。在确定它的学科地位之后,还必须进一步确定它供教学用的理论体系。教学体系既要反映这门学科的科学系统,又要考虑讲授的循序渐进与接受者的思维规律。所以,这一工作必须在理论建设大致完成和积累了较多的教学经验之后才能有一些成效。根据训诂学近些年的发展,它的教学体系应当包括以下五个方面:1. 训诂学的性质、任务、发展简史以及在当代学科中的地位;2. 与现代训诂学相关的基本知识与理论概念;3. 训诂材料——训释、纂集、考据的结构和样式,以及根据对它们的科学分析所确立的释读、使用方法;4. 训诂方法及其操作程序,以及关于这些方法的科学原理;5. 训诂学在具体应用中产生的新理念。近年来,我们已经通过教学实践,使这个总纲下的具体内容和细则逐步充实起来。

本书分 8 个部分:第 1 部分是总论,主要阐述我们对训诂学在当代发展的宏观认识和改造旧训诂学的总思路。第 2—4 部分是训诂学原理,主要阐述后七年我们关于训诂学原理的新认识。第 3 部分注释原理和第 4 部分词源原理,表明我们主张把注释学和词源学作为训诂学进入当代后的两个重要的分支。第

5部分是关于训诂学史的论述，关于《尔雅》性质的辨正一文，对有关《尔雅》的一些成说提出了不同的看法，其实仍着重在阐明某些原理。关于李善注和关于晚清实学派训诂的论述则旨在为此前训诂学史论著中未曾摆对位置或根本没有注意到的训诂学成果给予昭明和强调。第5—6部分是关于训诂学与语言学关系的论述，主要是阐明训诂学与语义学、语法学之间虽已分立却又相互依存的关系。第7部分是关于训诂学应用的三组短文。十四年来，我们为了证明训诂学在当代的应用价值，曾经选择了四个领域连续写了一批较为普及的短文。这四个领域是：中学语文教学——特别是文言文教学和古今词汇教学，辞书的编纂和评论，从烹饪名源探讨的角度为烹饪史提供史料，以及更为广泛的中国传统文化的普及。前三个方面在本书中都选了一些短文，第四个方面因为太琐碎而没有选入。考名与考实互相参照，是训诂学为历史研究提供史料的一个特殊角度，不仅对通史是如此，对一切专科文化史和科技史也是如此。而我们偏偏选择了烹饪史，是考虑到"民以食为天"，中国人又出奇地重视"吃"，唯此领域普及面最广。关于普及和应用问题我多说了几句，是为了说明我们在这方面的用心。对于社会科学来说，普及是忽视不得的。一门学科一旦走入"象牙之塔"再也走不出来而与社会隔绝，离死亡也就不远了——这是我们的认识，至于我们实际工作的水平和力度，离社会的要求就差得太远了。最后，第8部分的两篇文章，是我探讨训诂问题的副产品，附在这里，也可以说明训诂学不是孤立的，它与许多学科都会发生关系。

在本书的后面，我写了一则《本书所收论文写作、修改、发表情况简介》，从这个《简介》中可以看出，这二十种论著，从写作到修改，又到发表和再修改，大都有着相当长时间的经历。例如《训诂学原理概说》，从1980年开始边讲边写，到1983年全面改写，1986年正式发表，直到这次收入本书前又进行修改，前前后后整整经历了15年。又如《论“反训”》，从1989年4月写完，到1990年初步修改后以《“反训”析疑》为题首次在《学术之声》内部刊登，1994年再次修改，以《关于反训的训诂学原理》为题公开发表，以及到这次收入本书前又进行了较多的修改，也历时6年之久……这实际上是两个原因造成的：首先，训诂学在八十年代初还是一门被判处了死刑的学科。改造这种学科比建设一门新的学科还要困难。当这一工作起步的时候，我们其实面临来自两方面的压力：反对者既然不承认训诂学是“学”，只要冠之以“训诂”的名称，都会目为“保守”而入不了语言学领域；而承袭者却又绝不愿意旧训诂学有一点走样，一旦对旧有的说法和体系加以改变，又会被目为“离经叛道”而不承认它是训诂学。所以，我们是慎重的。其次，十四年来，我们时常迫不及待地把自己的读书心得和研究成果直接引进教学和论文指导，以便使学生及时了解，让他们尽快参与系统的研究工作，同时也检验这些想法是否正确、是否好学。实际上，我们每重读或新读一种训诂材料，每重开或新开一门课程，都会对自己过去的看法、想法做一次审视，修正一些，加深一些，增补一些。一门旧学的更新是不容急功近利的，有些新的认识需要经过检验，因而拖延了时间。现在，十四年过去了，回首往事，我们对在这个过程中鼓励和支持了这一改造旧训诂学实践的同行师友内心充满了钦敬和感激,是他们在那些艰难的岁月里给了我们充分的理解,帮助我们渐渐自信起来的。

列出“本书所收论文写作、修改、发表情况简介”,还因为当文章集辑成书时,发现本书中的多处内容,被不加引号、没有注释也不说明地抄到某些人的论著里去了。为此,我们不得不在书后说明一下自己的文章初次发表的时间,这样做虽无补于事,但起码可以避免反而被抢先抄袭的先生诬为“侵权”,也不失为一种预防和自我保护吧!

书中的错误当会不少,等待师友、同行和读者的批评指正。

1995年12月

于北京师范大学

第一部分　训诂学的自主创新与发展趋势

一、中国语言文字学面临的抉择 *

1906年6月，章太炎先生出狱后到日本，在东京成立国学讲习所，9月开讲，演讲的第一个题目是《论语言文字之学》[①]，在这篇讲演稿中，章太炎一开始就说："今欲知国学，则不得不先知语言文字。此语言文字之学，古称小学……此皆以音为主，而训诂属焉，其于字形，略不一道，合此三种，乃成语言文字之学。"太炎将包含音韵、文字、训诂之学的"小学"，改造成"语言文字之学"，一方面将字本位的"小学"，改造为语言文字并重的"语言文字学"，对中

---

* 本文初次发表在《励耘语言学刊》2017年第1辑。(有细微修改)

① 这篇演讲稿经过润色后，发表在《国粹学报》12—13期上(1907年1月4日和1907年2月2日)，章念驰编《章太炎演讲集》收入此篇讲演稿，写明时间1906年9月，是实际演讲的时间。章念驰编《章太炎演讲集》，上海：上海人民出版社，2011年，第9页。

国语言文字学的发展，有着划时代的意义。与此同时，他对自己的三个代表作的写作意图，进行了阐释，他说："余以寡昧，属兹丧乱，悼古义之沦丧，愍民言之未理，故作《文始》以明语原，次《小学答问》以见本字；述《新方言》以一萌俗。"[①] 以语言的寻根，来达到民族自信的目的，是他开拓出三个代表作的主要目的。重视历史，重视传统的延续，是被压迫民族保护自己文化必须也只能遵循的道路。文化的多样化是维护世界和平的前提，这并不违背国际化的原则。这也就是一些民主革命的中坚人物以为默契的思想，也是中国语言文字学自主创新思想在近代的开端。

但是，贫弱中国自强的意愿，处在列强包围的环境下举步维艰，中西文化的碰撞和矛盾激烈发生，两种思潮也就截然对立起来。1929 年，胡适在《文化的冲突》[②] 一文中提出，对西方新文明有三种态度，一种是抗拒，一种是全盘接受，一种是选择性接受。他表示，没有人主张抗拒，他自己后悔曾主张过选择性接受，而认为对西方新文明要采取"一心一意接受的态度"。在这篇文章里，胡适对吴稚晖的观点，表示赞同。什么是吴稚晖的观点？他最典型的说法是：中国的道德"都是低级和粗浅的"，而欧洲人的道德和生活方式"都超越其他种族之上"，"总体是高超的"。

全盘西化和中国本位的文化建设之争，在知识界有过几个回

① 章太炎《国故论衡 · 小学略说》，杭州：浙江图书馆，1919 年。

② 转引自罗荣渠主编《从西化到现代化》（中册），合肥：黄山书社，2008 年。胡适英文原文发表在《中国基督教年鉴》（1929 年），此文系根据张景明译文。本文题目也有翻译成《中国今日之文化冲突》者。

合。如今我们来客观地看待这段与中国道路相关的思想论辩历史,可以择取其中或多或少的合理部分。而现今中国已经初步摆脱贫弱,讨论问题的背景早已经转换。只是,在对这一问题论辩的回眸中,我们看到的是,建设自信文化的重要性。我们需要明白的是,中国语言学发展的道路,正是在这两种思潮的论辩中不断抉择。

19—20世纪之交,晚清洋务运动之后,西方列强对中国的文化输入以语言输入为前奏。各类双语词典和专科双语词典不断涌入,在反封建的同时,汉字几乎成为"打倒"的对象,文言文被当做封建的代称失去普及的意义。欧化句子和"洋泾浜"言语日趋流行,母语的安全其实已经面临着威胁。西方语法是随着基督教的传播进入中国的,《马氏文通》标志着中国语言学突破几千年的"小学",产生了新的因素。汉语的研究受西方语言学观念与方法的影响至深。举例来说:结构语言学教给我们最有用的是共时语言的描写,这里面凝聚着几个观念:共时与历时的区分,语言结构与系统,外部形式的描写。音系和音位的概念也是西方教给我们的。如果我们立足自己的语言和历史来吸收这些方法的合理性,对汉语语言学的发展会是有利的。但是我们可以回忆一下,在一个相当长的时期,除了语法,中国传统语言学的内容已经从教育领域撤除,其中的一部分又在受着批判,更离开了普及领域。而那些对西方形态语言和拼音文字适合的观念和方法,一旦到了中国语言学的顶层,有两个不言而喻的思想被无形中凝固在我们的研究中,一个是"形式化",另一个是"抽象"。语言的内容也就是意义被语言学忽略，到20世纪80年代以后，想要找回来，也是在句法结构的框架下研究，没有成为一个独立的语言学门类。这让我们以史为鉴，清楚地看到，用西方的语言学思想来统帅汉语的局势，在一个世纪以前已经形成，习惯成自然，现在我们不自觉地还在接受着。

20世纪初，辛亥革命虽然取得了胜利，但几千年帝制推而不倒，不断复辟；与此同时，封建思想的暗流仍在涌动，作为精神层面的"国故"主流派，虽然旨在提醒维护民族独立的重要性，但在形式上与旧思想的界限难以划清，现代化的意识尚未明确树立，坚持以文言来传播思想的执念更影响了他的发展，因此在语言学上，未能成为社会思想的主流。但是，他们发展文化和语言学的思想，或许会值得我们警醒。太炎最著名的论断是："中国之小学及历史，此二者，中国独有之学，非共同之学。""凡在心在物之学，体自周圆，无间方国，独于言文、历史，其体则方，自以己国为典型，而不能取之域外。"① 另一位代表人物黄节把"国粹"定义为"国家特别之精神"，他说："夫执一名一论一事一物一法一令，而界别之曰我国之粹，曰我国之粹，非国粹也。发现于国体，输入于国界，蕴藏于国民之原质，具一种独立之思想者，国粹也。有优美而无粗恶，有壮旺而无稚弱，有开通而无锢弊，为人类进化之脑髓者，国粹也。天演家之择种留良，国粹保存之义也。"② 所以，"国故"并非主张一

① 章太炎《自述学术次第》，《制言》半月刊，1936年第25期。

② 黄节（1873—1935），国粹派的代表人物之一。原名晦闻，字玉昆，号纯熙，别署晦翁、佩文、黄史氏、蒹葭楼主等。引文出自《国粹保存主义》，发表在《政艺通报》光绪二十八年（1902）第二十二期。

切都以中国为好,也不是西方先进的文化都不可学习,在他们的理念里,浸透着继承与借鉴都要以己为中心的观念,更充满了求先进、图发展的强国愿望。他们思想的核心是:要看到自己母语的特性,自己历史传统的独特性;不可放弃自己的优秀文化而盲目崇尚西方、全盘西化。失去自我的语言研究,必会削弱母语,背离语言和历史不能取自域外的至理。

如果从中国语言学的继承和发展看,中国近代语言学史,应当给章太炎将旧“小学”转变为“中国语言文字学”以重要的地位,以之作为中国现代语言学的起点。这并不是说,“小学”是不要改造的;但这个起点会把我们引导到遵循汉语的特点来研究语言,让语言学对中国文化的普及、基础教育的进步、全民素养的提高、中国信息的传播起到应有的作用。

半个世纪以后,中国语言学崇尚西方、轻视传统的不良影响,并没有完全消除,20世纪初产生的问题不但没有被纠正,反而顺势之下,有所加重。表现之一就是语言学的人文性受到更大的冲击。

50年代学习苏联,《马克思主义与语言学问题》有不少观点对中国语言学有绝对的影响,其中有一部分无疑是正确的。但是,盲目学习、未加识断,使其中片面的地方也被吸收。例如,语言三要素被界定为物质外壳的语音、构成材料的词汇、结构句子的语法,仍然没有提到语言的内容——语义。“语言是工具”的思想否定了“文以载道”的合理性,仅仅把语言看成“器”,看做一种符号,一种形式。

信息时代到来后,汉字进入了计算机,中文可以进行信息处理了，资源库、语料库、数据库产生，作为符号的汉语和汉字的数理特性，也就更为彰显。受到泛科技思潮的影响，语言文字研究更多采用自然科学的量化方法，“数据”成为一种科学的标记，很多研究不懂得以定量求定性方法的应用，采用绝对定量的做法，把作为人文符号的语言文字变成数理符号，抹杀了其中的民族特点，忽略了其中的文化因素，消减了语义的经验性，结论又怎么能够符合语言事实？

近年来，评估制度中反映出的崇洋媚外，对语言学的西化倾向起到了推波助澜的作用。“不能取之域外”的汉语语言研究的优劣要国外说了算，一个中国语言学学者的成就要看国外学者的评价甚至亲疏态度来衡量。研究中国语言学的学者不出国甚至硬性地不能评高级职称。制度的制定者甚至忘记一个早已普及的文化定律，“对于文化，越是民族的，越是国际的”。我们的语言学国际化，应当是创造自己民族语言的精品来与海外对话，是以自主创新的成就获得话语权，不是每天想着用汉语的事实来证明西方的论断都是正确可用的——当然，有一部分是可用的，我们自然应当吸收。评估制度引发的功利追求，功利追求形成的时潮，时潮带来的盲目性，使我们自己的语言学传统，公然被歧视、被摒弃，受着颇有力度的冲击。而其中一个十分显著的问题，就是冲击语言的人文性。

语言文字既是符号，研究它外在的形式和结构，当然没有错；语言文字符号既有系统，当然会有一部分数理的特性，可以在一定程度上量化，这也是一种进步；语言作为符号系统，确实是人思维和交流思想的工具,这一点也不贬低它。但是,语言首先是人说的话,不是只有形式,形式是内容决定的。语言文字的确是符号,但这种符号不是纯数理符号,而是人文符号。语义是语言的内容,只有形式,没有内容,不是语言。意义不是纯粹客观理性的,是包含经验的,意义关系呈不等距的网络状,不能抽象为完全等距的数理符号。汉语恰恰是重意义而意义又隐形、内化的,如果我们把意义全部抽象掉,让其中的经验流失,置隐于底层的内化意义于不顾,语言文字研究会丢掉多少信息?还能真正描写出它的真相来吗?汉语当然不是没有句子结构,但是韵律常常对结构形成“挟持”状态。启功先生有一个极为生动的比喻,他说韵律是汉语的血小板,没有它,不成为正常的血液。韵律像陷阱,想躲它,一不小心就掉进去。单句里不能说的,对句里都能说,散文里不能说,韵文里到处有。没有形式的意合法,不具标记的内在范畴,形成一种“文气”,充满了特例,汉语语感不强的外国人甚至早就远离了传统的中国人都难以体会,完全形式化的归纳挂一漏万,四处不适应,信息大量流失。语言文字都是负载文化的,如果我们连文化都抽象掉,把人文性抛弃,它还能是真正的汉语汉字吗?语言文字抽象到只剩了形式,最后完全可以用数学公式来计算,它丢掉的信息恐怕会是最本质的东西,得到的结论还能不能还原为人说的话?研究一个事物,最后验证时已经不再是这个事物,还谈什么科学性?

失掉了语言文字学的人文性,产生了什么样的后果?

首先是年青一代语言学的人才,越来越失去了真正汉语的语感。胸中的经史、诗书渐渐缺乏。不论是古代还是现代的好文章，都变成了一句一句的例子，甚至句子也拆成一个一个的词来研究。自古以来的“道”与“器”的关系被破坏了，我们的前辈语言学家具有的文气、文采很难找到了，几代老一辈学者对汉语汉字醇厚的感觉也越来越少了。语言文字学变得干涩无趣，在普及层面、在教育领域，很少被阅读者喜爱。

经、史必须“小学”来解读、阐释，文学是语言的艺术，语言学和文学做了上百年的伙伴，但文学无法运用语言学的成果，反而因为语言学固化了一些形式，动辄会使文章僵化，很少被文学关注，更不要说吸取。中国自西周开始，语言文字就与教育相生。“礼、乐、射、御、书、数”——“书”是识字，当然属于语文；“数”的教科书《九章算术》一直与“小学”（文字、音韵、训诂学）同科，是用语文的方式编写的；“礼乐”要训练，但观念、规范写在经书上，也要阅读文本，理解文意，其实也是基于高级语文。射箭和驾车虽属于武科；但是，“射御”在“礼乐”的覆盖下，首先是要阅读和理解文本的。所以，一切教育均以语文为基础。但是现在的语言学研究对语文教育的切入度少得可怜。语法要分专家语法和教学语法，似乎专家语法就应该不能在教学里用。词汇、语义在语文课里应当是非常重要的，但现在的研究也不能介入。说到汉字，小学一至三年级，应当以识字为主，带动阅读；三年级以后以阅读、写作为主，增强识字。中国传统教育识字的经验最丰富，“文字者，经艺之本，王政之始。前人所以垂后，后人所以识古”，“周礼八岁入小学，保氏教国子，先以六书”。可是，汉字的字理至今不能系统进入小学识字教学，不能通过字理关联语义。中国几千年的语言文字都不仅仅是语言形式，而是带着思想、载负情感、富有文化、凝聚美感的话语和篇章。培养学生的语文能力，需要引导学生积累，积累的不只是几条形式化的规律，更多的是具体环境中的言语经验和优质的母语语感。现有的语言学研究插不上手，与语言文字学人文性的失落应当是有关系的。

把人文性排斥在语言学之外的一些观念，已经越来越显性化了，这样做，我们将越来越远离语言的艺术，更会越来越失去对语言教育的话语权。问题不止这一个方面，这只不过是最关键的问题。

事实说明，20世纪初期语言学在当时环境下产生的问题，今天并没有解决，我们面临的抉择，仍然是是否要正确对待自己的优秀传统，是否要自信、自觉地立足自己的母语的抉择。

处理好中与西、今与古的关系，做到语言学的自主创新，对中国语言学的发展至关重要，“立足中国、借鉴国外，挖掘历史、把握当代，关怀人类、面向未来”这将是中国语言学发展的方向。

二、古代语言学遗产的继承与汉语语言学的自主创新*

1. 粗暴批判的危害

中国语言学是在三个学术渊源的基础上发展起来的。一个是中国传统的“小学”——章太炎直接命名为“(中国)语言文字之学”;第二个是社会主义苏联的语言学(马克思主义语言学);第三个是现代西方语言学。我们是站在古人和外国人的肩膀上来研究语言学的。

不幸的是,这三个渊源在半个世纪以内都被我们批判过、否定过,因为三者恰恰进入了“封资修”范围,成了三个“革命对象”;但幸运的是也都没有被彻底批完、批倒。那是因为,不论批哪家,都是在政治批判的主导下进行的,语言学本体的批判带有绝对的被动性和盲目性,并没有触及到要害,所以一直“阴魂不散”,该有的影响仍然一触即发。比如,“马克思主义语言学”有一段时间变成了“修正主义语言学”,但“语言没有阶级性”① 这个命题实在不容易批倒,在任何地方都还在有形无形地起作用。也有人提出

---

* 本文最早在 2005 年 10 月的“新世纪汉语研究暨浙江语言学研究回顾与前瞻国际高级论坛”上宣读,应胡明扬教授之邀,增改后发表在《语言科学》2006 年第 2 期,此次选入又作了一些修改与增补。

① “语言没有阶级性”的命题,是斯大林在《马克思主义与语言学问题》一文中提出的。

"语言是生产力",但这在理论上很难成立;更主要的,是对语言学研究没有多大意义;而且,即使成立了,与"语言没有阶级性"这一命题也不矛盾。西方语言学是最幸运的。50年代对中国有影响的西方语言学家和现在有影响的不是同一拨人,他们与时俱进地改换了代表人物。西方语言学理论大多是以印欧语为基础建构起来的,有一部分对汉语研究确实有可借鉴的价值,但也确实有一些是不合榫头、用不上的。"西化就是现代化""语言研究要与国际接轨""西方语言学汉证"等研究理念,有一个阶段相当流行,几乎成了现代中国语言学研究的主流,对汉语产生了极为不好的影响。与此同时,在语言学大批判里,中国传统语言学受创最深。在多次被否定又不容辩解的打击同时,又有一个釜底抽薪的做法,就是在"教育革命"中,把中国传统语言学课程的精华几乎全部取消。教育的作用是滞后的,当时还不觉得,几年以后,年轻人不懂文言文了。近些年"国学"喊得很凶,但"国学"究竟是什么?因为它取消的时间太长了,知道的人已经不多;还加上乱封"国学大师",搅乱了"国学"的定义。其实,"国学"是和典籍分不开的,读不懂文言文,进入不了典籍,谈何"国学"!总之,中国的传统语言文字学没有了继承人,虽说还没有批完,也快差不多了。20世纪初反对文言文的那些急先锋钱玄同、鲁迅等,都是精通文言文的,它们针对文言文内容里的封建糟粕"杀回马枪",一杀一个准,是因为他们文言文的学养其实很高。但他们不会想到,100年以后,因为大家读不懂文言文,没有人真正懂中国东西了。如果当初他们想到这一点,肯定不会提出那么绝对的口号!

50—70 年代大批判的主力，与 20—30 年代的学者是不同的，他们对那些“封资修”哪样也没有学好，没有真懂。没弄懂就批判，就反对，实在没有道理。美国只有不到 300 年的历史，科技、经济虽然算是强国，但文化没有什么优势，历史更是显得单薄；但就是美国的语言学，也不是读一两本书就可以弄通的，还要懂得人家的学术史。不了解西方的人是不敢反对学习西方的，因为学了才知道什么有用，什么没用。而中国有几千年历史，又是一个特别重视语言文字的国家，居然有人连百分之一都没弄明白，就敢连杀带砍搞“批倒批臭”，这是完全违背马克思主义的历史观的。马克思主义一向重视遗产的继承。我们应当还记得马恩关于历史遗产继承的一些经典论述。他们说：“人们自己创造自己的历史，但是他们并不是随心所欲地创造，并不是在他们自己选定的条件下创造，而是在直接碰到的、既定的、从过去承继下来的条件下创造。”[①] 又说：“历史不外是各个世代的依次交替。每一个都利用以前各代遗留下来的材料、资金和生产力；由于这个缘故，每一代一方面在完全改变了的条件下继续从事先辈的活动，另一方面又通过完全改变了的活动来改变旧的条件。”[②]……那些自命为“坚定的马克思主义者”的人，和现代的那些对马克思主义采取漠视态度的人一样，都是违背马克思主义历史观的。试想，如果我们动不动就把既

---

① 马克思《路易 · 波拿巴的雾月十八日》，《马克思恩格斯选集》（第二版），北京：人民出版社，1995 年，第 585 页。

② 马克思、恩格斯《德意志意识形态》，《马克思恩格斯全集》第 3 卷，北京：人民出版社，1960 年，第 51 页。

往的语言学遗产粗暴地全盘否定,随心所欲地自说自话,我们还能有自己发展和创造现代语言学的条件吗?

2. 历史还原的重要

站在前人的肩膀上又否定前人,不但不科学,而且不道德。后人批判前人,对自然科学来说,没有必要。自然科学是更替的学科,后人超过前人是普遍现象,径直超过就是了,无须批判。文科是积累的学科,积累当然是有所扬弃的,但扬弃必然包括取舍两面,固然不是全盘收取,也必然不能全部舍弃。因此,你必须有师承,没有历史的依据,你怎么知道如何扬弃?你总是从老师那儿拿了一些东西嘛!即使是你认为不能用的东西,也是老师教给你了,你才能知道它不能用。

过去的提法是"批判地继承",如果这个命题的意思是对历史的经验加以选择,合适的继承,不足的修改,错误的纠正,无用的抛弃,这当然是正确的。在这个意义上,批判是为了更好、更有效的继承。如果"批判"的内涵发展到"批判=打倒","批判"和"继承"成了一对完全矛盾的概念,一经批判,还能有继承吗?

既然"批判地继承"等于选择地继承,那就必须先将遗产还原——还其本来面貌。要还原,必须先弄懂;要弄懂,必须先学习。

中国古代的学问记载在典籍里,经过历史的自然淘汰,大浪淘沙,留下的大部分是有用的精华。但是,古代语言学的遗产吸收起来是相当困难的,这不仅是由于年代久远,数量众多,语言古奥,内容精深,还因为它内容的综合性。语言学在古代不是一个独立的科目，除了“小学”带有专门的语言文字学性质外，很多语言学的知识和理论并没有存在于贴着语言文字学标签的典籍中。各朝各代的杂记、笔记、文论、史论中都可能有语言文字学的内容。鲁国尧教授曾经撰文说起在《南村辍耕录》中有不少关于音韵学的资料[①]，然而《南村辍耕录》并不是语言学典籍。其实，就是在大家认为是古代文论的代表作《文心雕龙》里，不但有大量的篇章专门讲修辞学，而且其中的《章句》篇就在讲语法，《知音》篇就在讲文学与语言的关系……所以，读书少了，知之有限，难以继承；即使读到了，没有真懂，也不能吸收。不学习，不钻研，不认真梳理，人云亦云，盲目地紧跟风头、用教条作武器去批判古人，那是必然出错的。50—70年代是语言学大批判的高峰，试问没有批错的究竟有几项？

批声训和《释名》。认为音义关系任意性是唯物主义，理据性是唯心主义。从方法原则上说，任意性与理据性是针对不同的情况说的，二者并非绝然对立，都符合汉语的事实。从微观上说，汉语训诂的声训，从来源上仔细梳理一下，可分四种类型：语言声训（同源词互训）；字用声训（本字、借字互训）；民俗声训（老百姓对日常事物命名来源的猜测，如《释名》）；义理声训（利用一般人对文字崇拜的心理，用声训来进行说教，如《白虎通》）。拿现代语言学去衡量，只有第一种是符合语言学原理的，第二种本来就不是讲

① 鲁国尧：《陶宗仪〈南村辍耕录〉等著作与元代语言》，《南京大学学报（哲学社会科学版）》，1996年第4期。

语言的，是讲用字的，第三、四两种已经有了词源的意识，虽不是要讲语言，其中也有一部分与科学的词源偶合，《释名》更有相当程度的语言学价值。这么复杂的问题不加清理，不从本质上区分，凭着一顶“唯心主义”的大帽子，从千万个语例中挑上几十个与汉语词源不一致的例子，就把古人发现的一个真实的语言文字现象和合理的科学命题给否了，把一些对后代很有启发的书一否到底，实在是难以服人的。

批章太炎的《文始》和《成均图》。《文始》的问题我们专门写过文章[①]，这里只说《成均图》。章太炎绘制《成均图》，首先是要显示音理。在上古韵系中，各个韵部的远近关系的确是成网络状的，用两向的矩形表格未能把这些多元的关系表现完满，而用圆形的图式表述与事实的客观复杂性比较相符。其实，这是中国人表述关系非常习惯的做法，是古人朴素系统论的反映，只有章太炎先生这种对中国传统理解十分透彻的大家才想得出而且敢用这种表述方式。其次，《成均图》还反映了同源词语音相通的实际。词汇的衍生与汉字的孳乳，既多向，又多重，呈网络状，与源字直接相关的分化字固然音近，层次一多，距离一远，语音关系有所疏离是难免的。《成均图》是用圆形的图式表现韵部关系的，因而不但有利于反映汉字孳乳的直接关系，还便于反映汉字孳乳的间接关系和轨

① 参看《章太炎与中国的语言文字学》与《谈章太炎、黄季刚的〈说文〉学》两文（见陆宗达、王宁《训诂与训诂学》，太原：山西教育出版社，2005 年，第 327—351 页）。

迹路线。在《成均图》中，太炎先生用“界、轴、侈、弇”等概念先将他的古韵 23 部按韵部的主要元音分为 6 大部分，再将这 6 大部分按韵尾划分成阴阳两半，在《国故论衡》和《文始》叙例中，太炎先生又用不同的术语明确区分常例和特例，划分近亲与远绍，限定能转与不能转，只要把《文始》的各个条目系联一遍，就可以知道他所说的“转”的真实内涵是什么。今天的有些研究者不分层次的论“转”，又把对音理的表示和对语例的描写混同，这只能说明，他们对《文始》并没有弄懂，是凭着误解贸然发言。

用古文字批《说文》。在古文字初兴的时候，说明《说文》的一些小篆不符合古文字字形，这是一种进步。而且，清人对《说文》的估价确有不够切实的地方。20 世纪初，在传统“六书”学长期的、固化的影响下，用《说文》来否定或怀疑古文字的风气还很浓郁，如果不对《说文》作一个实事求是的评论，古文字学在破土而出后，就很难得到进一步的发展。从当时背景来分析《说文》的处境，是可以理解的。但是，50 年代对《说文》不加分析的贬低和否定，却是有负面作用的。许慎《说文解字》的基本作用是利用汉字系统的表意性，来证实“五经”词义的真实，巩固古文经典思想的权威性。《说文》是以汉代规范过的小篆字体为基础，优选东汉可见的历代汉字字形，成就了一个构形的系统，全面体现了汉字形与义的统一。所以，《说文》的字形构造不完全是共时的，更不是最古的，也不都是当时社会实际使用过的小篆。秦代政权为时极短，李斯“或颇省改”的理想文字并未达到普及的程度，《说文》的小篆与秦代出土的典籍在字体和字形上不完全能对上号，是不奇怪的。但是,由于汉字字形发展是可以依照线索追寻的,所以《说文》字形的系统性对考据古文字又有独特的作用。而且,《说文》构建汉字构形系统的自觉意识和严密思路具有原创性,它使表意汉字的特点得到深刻、具体地显示,它在汉字理论的研究上的价值是无可取代的。还必须看到,《说文》更重要的价值是在于考义,它的字意(本义)训释,不论总体系统和个体意义,都忠实地直接或间接反映了"五经"词汇的实际,基本上做到每个字义都能在先秦经典中找到出处;何况,它奠定了以形索义和因声求义的训诂方法,延伸出引申理论与字用规律。这些作用,就是《说文》能被称作"十大小学专书"的"重中之重"的原因,也是直到今天,《说文》在汉字教学和汉字信息处理上还在起着不可取代的作用的原因。50年代对《说文》不加分析的贬低和否定,减弱了这部阅读传世文献的根底书在几代学人中应有的影响,对国学的继承和普及,不能不说是一种损失。《说文》的局限当然可以论证,但要弄懂它,才能用其所长;也只有弄懂它,才不会夸大它的作用。但是,50年代对《说文》的批判,不但没有明确说出它的短处,还同时否定了它的长处,是很难说服人的。

3. 自主创新的道路

"走自己的路,创建有中国特色的汉语语言文字学",这个命题是否能够成立,在看法上是有分歧的。这个命题涉及另一个命题,就是"语言学的国际化"和"语言学的普遍性"问题。其实,人文科学的研究在哲学方法论层面上固然会有一些共同的认识和理念，但是说到具体方法，没有一种研究方法可以不考虑研究对象的特点。任何有成就的语言学流派都是首先从研究自己的母语或自己已经形成了全面语感的最熟悉的语言起步，任何有成就的语言学流派的专家都不可能熟知世界上一切语言，因此，任何语言学流派对世界的贡献只能是或大或小的一个部分。如果追求“普遍性”的普通语言学不综合大家的研究，只把西方的成果视为圭臬，何谈“普遍性”？

这里，需要对我们所说的“有特色”这一概念作一个界定。所谓“有特色”，说的是从对研究对象的特点的深刻理解出发，用特有的观察眼光，选择自己认为最典型的语料，采用自己认为最合适的研究切入点，运用自己最习惯的解释、表述方式，确立可以与其他流派对话又不同于其他流派的研究目标，在这种目标下提出有意义的问题或得出相应的结论。有特色与普遍性并不矛盾，共性是寓于个性之中的，共性也是从诸多个性中概括、提炼出来的。个性研究得越透彻，共性的基础越扎实。至于不同语言可以选择不同的切入点，更是不妨碍对语言普遍性的探讨。每一种研究只要忠实于语言事实，从哪里切入都能走到一起。拿词源的研究来说，遵循科学的途径从词源意义切入，最后也不能放弃语音；从语音切入如果最后错误地对待了词源意义，结论必然是不完善的。拿构词法的研究来说，纯粹关注结构形式（语法形式或韵律形式），不考虑意义；或一味讨论意义关系，不重视结构形式，结论都不会周全。但切入点可以不同——从语义走到结构，或从结构走向语义，都可以异途同归。关注意义在先或关注声音在先，只要最终不放弃另一面，一样可以走到终点。改革开放以来，我们从西方发达国家吸取了很多科技的成就和经济管理的经验，在这种形势下，人们用西方的理念和方法比较我们自己的语言学传统，看到了我们的不足，提出或提倡虚心去学习他们，即使多一些，也无可非议，因为我们过去了解得太少，学习得不够。但话又说回来了，我们对自己的传统也批判了许多年，青年一代也是知之甚少，学习自己的语言学遗产就不重要吗？既然模仿西方人的方法可以得到认可，为什么不模仿别人、走自己路的人反而要受到指责呢？再进一步说，我们为什么一定要不顾汉语的特点，削足适履去模仿西方人从他们语言事实中产生的方法，才算"现代化"呢？

汉语有自己的特色，汉字既有特色又有丰富的历史底蕴，是世界上唯一的一种 5000 年没有间断、延续发展的表意文字。汉字和汉语的关系与西方语言和文字的关系截然不同。熟悉这种研究对象，深刻了解和理解这种研究对象，是产生有效方法和优秀成果的前提。在语言学这种人文科学与自然科学交叉的学科里，原始创新必然在研究第一手材料的基础上才能做到。方法是否有效要看结论是否正确，结论是否正确要看是否合乎语言事实，是否合乎语言事实是使用这种语言文字的人说了算的。我们常常可以看到那些不熟悉汉语、汉字的人为了证实某个公式，造出一些不成话的汉语语例来；或者为了生硬使用一种方法，竟然把与这种方法不合的多数语料任意排斥在他们所设的主观框架之外。所以，汉语语言文字学的研究应当首先用中国的方法，而且中国方法一定会不断成熟。在这方面，我们无须自卑，应当当仁不让。

汉语研究要不要走自己的路？是以继承为本再来吸收西方合理的成分，还是用西方框架作底盘来验证自己的传统？两条路都可以走一走，但是应当以前者为主，这是毫无疑问的。继承传统会妨碍国际化吗？中国特色会影响语言学普遍性的探讨吗？要知道国际化的前提是平等对话，没有了自己，把自己等同于别人，还有什么平等可言，又有什么对话的必要？国际化可以不包括中国吗！如果一种被称为“普遍”的语言学总结出来的规律，不能覆盖世界使用人口最多的汉语，甚至与汉语的事实相悖，怎么能称得上“普遍”二字呢？

20世纪初，章太炎先生把传统“小学”改称“中国语言文字之学”，这不是一般的名称改变，这个更名包含对民族文化的继承和发展意识。继承了什么？中国的“小学”。“小学”的特点是从真正的汉语出发，而且把文言，也就是古代汉语书面语（即文献语言）作为研究的根基，与现代汉语衔接起来作为研究的对象，也作为寻求研究方法的根据。他清醒地认为，语言文字有独特的民族性，研究语言文字不可一味追随域外。他说：“中国之小学及历史，此二者，中国独有之学，非共同之学。”[①] 他又说：“凡在心在物之学，体自周圆，无间方国，独于言文、历史，其体则方，自以己国为典型，而不能取之域外。”[②] 正因为语言文字和社会历史带有鲜明的民族特

① 张庸记录《章太炎先生答问》，《南通师范校友会杂志》，1912年第2期，第43页。

② 章太炎《自述学术次第》，载虞云国校点《菿汉三言》，上海：上海书店出版社，2011年，第196页。

点,它才能起到"激动种性"的作用。也正因为语言文字和历史是具有民族特性的,语言文字学和历史学才必须在自己本国创建,用中国特有之方法。"饴、豉、酒、酪,其味不同,而皆可于口。今中国之不可委心远西,犹远西之不可委心中国也。"[①] 如果研究语言文字还要主要用外国的方法,我们还有什么民族文化?但继承不等于照单全收。太炎的更名有着明确的发展理念。最根本的发展,就是彰显了"小学"中的语言意识。乾嘉学者"训诂之旨,本于声音"的认识,本身就包含了"文字是语言第二性符号"的理念,打破了"字本位"的片面性。太炎先生进一步发展了乾嘉学者的"因声求义"方法,又受到西方古典语言学和逻辑学的启发,认识到词语的意义首先是与声音结合,然后才与形体结合,音义系统是第一性的,形义系统是第二性的。因此,他从重视形体的表层研究,深化到以声音为线索的深层研究。太炎自己的陈述,说明了他学术理念的转变。他说:"三十后,有著书之意……及亡命东瀛,行箧惟《古经解汇函》《小学汇函》二书。客居寥寂,日披大徐《说文》。久之,觉段、桂、王、朱见俱未谛。适钱夏、黄侃、汪东辈相聚问学,遂成《小学答问》一卷。又以为学问之道,不当但求文字,文字用表语言,当进而求之语言。语言有所起,人仁天颠,义率有缘。由此寻索,觉语言统系秩然。"[②]

---

① 章太炎《国故论衡·原学》,北京:商务印书馆,2017 年,第 147 页。

② 诸祖耿记录《记本师章公自述治学之功夫及志向》,《章太炎国学讲演录》,北京:中华书局,2013 年,第 34 页。

以继承为研究的主要方向，准确获得西方语言学的精华，立足自己的语言文字来吸收西方的进步理念——太炎引领了自主创新之路，让中国的传统语言学有了一个新的起点。

三、试论训诂学在当代的发展及其旧质的终结 *

20 世纪的 70、80 年代，一门尘封已久的古代学科——训诂学，重新“冒”了出来，并且曾一度异常活跃。在不到 10 年的时间里，挂上“训诂”字样或讨论训诂问题的书籍和论文数量猛增，新的论著把旧有的库存也引了出来，30、40 年代训诂学的史与论纷纷再版、重印，图书馆里被冷落许久的训诂专书，也开始在出纳台流进流出了。

现代科学技术突飞猛进，学术研究进入了方法论更新的时代，新学科层出不穷。为什么当代人能容许一门多年不发展的旧学科重返学坛，而且以它的本来面貌存在一个相当长的时期呢？它的重现究竟只是出来点缀点缀刚刚解冻的学术论坛呢，还是并非昙花一现而葆有长远的生命力呢？它在当代还能否发展，又如何发展？这是一个颇引人注目的问题，因为它直接关系到传统科学在当代的命运。在“西化”热潮猛烈冲击中国传统文化的今天，这个问题不能不是一个敏感的问题。本文即想从这些方面探讨训诂学在当代发展的前景。

---

* 本文首次发表在《中国社会科学》1988 年第 2 期；1990 年译成英文，以《On the Contemporary Development and Updating of Classical Exegesis》为题，收入《SOCIAL SCIENES IN CHINA》（《中国社会科学》英文版）1990 年第 1 期。

1. 训诂学重返当代的原因

要探讨训诂学在当代发展的前景，首先需要探讨训诂学重返当代的原因。

我们首先要感谢这个时代，感谢学术领域里清除了“左”的倾向，不再用“厚古薄今”的大帽子随便压人了。在建设具有中国特色的社会主义的奋进中，不论哪个领域，都在总结中国传统文化的是与非，清除其中的封建糟粕，求索它固有的民主性精华，因而形成了一个全面考察中国传统文化的时代。人们认识到，文化是有世界性的，也是有民族性的。各个民族各自发扬自己的民族特点，才能构成全世界丰富多采的世界文化。中国人要克服几千年封建社会排斥西方的国粹主义，打开科学技术的门窗；中国人也要纠正“现代化”就是“西化”的错误认识，尊重自己民族的创造——要现代化，也要民族化。极左思潮已经迫使我们将自己古代的文化遗产搁置了半个世纪，现在，人们能怀着满腔的爱国激情来关注自己的祖先所创造的古老文明，这股力量必然日益强大。训诂学是通向中国古代文化的桥梁，是现代人追溯既往的工具，它在现时代重新露面，是人民的需求，也是顺应时代的。

其次，我们还应当看到另一个事实，那就是训诂学作为一门学科虽然古老，却还没有完成自己的历史使命。也就是说，它除了还具有充当认识古代的工具这一实用价值外，在理论的发展上，也还没有终结。

训诂学萌发于汉代，鼎盛于乾嘉，目的始终是为了解释古代文献。开始时仅是解经，后来范围略有扩大，两千年来积累了一大批训诂材料，其中也夹带着不少在解决实际问题中涌现出的理论课题。但是，用现代科学的标准来衡量，它始终没有完成从技艺上升到系统理论的过程。中国的古代科学史有它的特点，那就是往往严密地注视有实用价值的具体材料本身，而不甚系统地追究对自然与社会存在的理性解释。因此，中国古代的科学技术，比之科学理论要兴旺得多。从语言学来看，用语言解释语言的技艺，或者称作古代文献释读术，要比语言规律的系统探讨丰富得多。到了近现代，许多古老的学科，或是吸取了世界先进的理论，改造了自己陈旧的方法，走入了新的科学之林；或是产生了新的科学分工，以自身的材料和经验育养了新的学科，从而达到自身的消亡。古代算术、农业技术、畜牧术、中医学等，都是走的前一条路；而作为语言学范畴的训诂学，看来只能走后一条路。

古代综合的文献释读术，早在唐宋时代，便开始分化为文字、声韵、训诂三个门类。到了 20 世纪，声韵学与科学语音学衔接，文字学与科学汉字学相承，都在语言文字学里找到了自己的地位，再加上借鉴拉丁语法建立起的语法学，汉语语言学（包括现代汉语和古代汉语）的大多数门类，都已有了自己固定的研究范围，从而在不同程度上完成了自己的基础理论建设任务。唯独语义学的建立比较迟缓，一直缺乏完整的体系，成果也不如其他门类丰富。作为以探讨文献词义为中心的训诂学，理应为汉语语义学提供材料和一部分理论课题，促进汉语语义学的发展而与现代接轨。但是，由于训诂学是以意义为研究中心的，便时时会与古代文献的内容发生密切的联系。本世纪内，不论是“打倒孔家店”的浪涛，还是反对文言文的呼声；不论是对“厚古薄今”“以古非今”的批判，还是对实用主义考据学的触动，事实上都毫不留情地牵连了作为阅读古籍工具的训诂学。

正因为如此，这门学科正在向现代科学发展的时候，就产生了一个跨越度很大的断裂层，前后大约有四五十年。如果我们回忆一下近代训诂学史，便可以看到，早在本世纪20年代，精通“小学”的黄侃先生就已经提出：“夫所谓学者，有系统条理，而可以因简驭繁之法也。明其理而得其法，虽字不能遍识，义不能遍晓，亦得谓之学。不得其理与法，虽字书罗胸，亦不得名学。”① 如果沿着这个要求去发展训诂学，去“明其理”——探讨系统的训诂原理，“得其法”——总结理性的训诂方法，那么，训诂学的理论化，不是已经在望了吗？但是，此后20年，我们只看到了一部齐佩瑢先生的《训诂学概论》，是在进行训诂学基础理论的探讨的，这部书出版在中华人民共和国成立前的40年代。从这部书的出版，到1957年陆宗达先生发表《谈谈训诂学》② 和1960年出版《训诂浅谈》，10年之内，不再有别的系统介绍训诂学的书。而从《训诂浅谈》到1980年陆先生出版《训诂简论》和周大璞先生出版《训诂学要略》，又是20年，其间也不再有别的训诂学通论。我们是否可以认为，如果说自20年代到40年代这20年中训诂学还只是比较

① 黄侃述，黄焯编《文字声韵训诂笔记》，上海：上海古籍出版社，1983年，第2页。

② 陆宗达《谈谈训诂学》，《中国语文》，1957年第4期。

萧条的话，那么，自 50 年代始到 70 年代中，只有个别的学者呼唤过它的复生，但是没有奏效，因此，70 年代以前，训诂学没有机会完成它为汉语语义学提供课题与材料的历史使命，也没有来得及在汉语语言学和文献学中找到自己新的位置。

现在的训诂学还有生命力，那是因为，四五十年来它被“冷冻”，几成绝学，现代的中青年要想采用它的有用材料，还必须首先去学习旧的训诂学，了解旧有的训诂经验，把在训诂学发展史上的一段空白跳过去，从断裂层的彼岸开始起步。而要越过这四五十年的断裂层去延续一个旧学科的发展，必须把冷冻了的旧物融化，这就使旧训诂学还有必要再延长若干年的寿命。尊重自己民族文化的人们，不满意也不甘心全盘抄袭西方语言学理论而希望从汉语发展的实际中总结出规律的人们，对训诂学在这种情况下的复生，都寄予很大的希望。

2. 训诂学必须接受新时代的考验

旧训诂学以它本来的面貌复生，这是一个不能不承认的现实，而且带有合理性。但是，这毕竟是暂时的现象，不可能长治久安。原因很简单：把一种古老的国故奉献给现代人，即使是出于好意，也须现代人消受得下才行。要是把它原封不动地搬到今天，拿不出几分有说服力的道理来，具有现代科学素养的人是绝不会接受的。于是，训诂学从它在 20 世纪 70 年代末重新兴盛的那天起，便面临着能否被现代人接受和能否被未来人发展的考验。正视现实的人都明白，这门传统科学是否站得住脚，取决于它是否能改变自己理论上和方法上与现代不相适应的状态，用新的姿态来继承和发展既往的精华。

训诂学是带着应用的和理论的两个目的而进入当代的，让我们先来探讨一下旧训诂学能否达到在当代应用的目的。

首先，训诂学在当代究竟只在少数人的科学殿堂里应用，还是为大众所需要？社会科学发展史告诉我们，只被极少数人关心的学科，不论它掌握在多有名望的人手里，也是不会有生命力的。真正有用的学科就一定会被人民关注，训诂学也不例外。它既然是现代人了解中华民族古代文化不可缺少的工具，那么，无论哪个领域想探讨本专业的历史，都离不开它。不论是研究中国通史，还是中国古代的科技史、文化史、艺术史、法律史和哲学史……都要阅读古代的典籍，因而都要面对一大堆旧时的训诂材料。阅读古籍既是不可缺少的，训诂工具便无法舍弃。因此，需要这个工具的绝非少数人。正因为训诂学与民族文化的继承和发扬有密切的关系，它才必须面对多数人，因而也才有生命力。只有普及能赋予它生命力，把它禁锢在少数专家的科学殿堂里，就一定会扼杀它。训诂的普及绝不会降低它的价值；相反地，将会带动一大批具有现代科学素养、尊重民族文化的有志有识之士来参加训诂学的研究工作，从而推动它深入发展，使它在现代科学之林中找到自己的位置。

既往的训诂学是不利于普及的，这主要不在于它的材料深奥而脱离现代生活——科学的普及并不都是要把它的研究对象变成普及物。电子是看不见的，但电子学能普及；对于每一个人来说，所能亲眼看到的生物寥寥无几，但生物学能普及；历史人物为大浪淘去千年，早已无见无闻，但历史学也能普及；哲学是抽象而又抽象的东西，有人说它玄得让人发怵，可哲学也能普及……为什么一门用以沟通古今语言、帮助人们阅读古代文献的训诂学，反而不能普及？主要原因在于它的理论不系统和方法不明确。缺乏基础理论的学科便难以普及，缺乏系统方法的技艺便不好掌握。

尽管两千年来很多训诂家发掘出的理论课题，不论从数量和质量上都很可观，尽管在浩如烟海的训诂材料中，体现了训诂大师们很多正确而有效的方法。但是，它的理论不系统，也不彻底，还往往被材料淹没，表述的语言也不够科学。例如，旧训诂学在采用训释材料研究词义时，时常产生以训代义、以字代词的弊病，使词义的分析产生误差；加之由于术语缺乏严密定义，所指并非单一而固定，致使科学论证无法进行。清代的“转注、假借说”的争论，现代的“反训”讨论，都深受术语缺乏严格定义之苦，陷入无休止的不定概念的纠缠中，难以定论。同时，它的方法很少经过分解后的陈述，又缺乏证明。许多还只是体会——感性认识，没有达到自觉的高度，因而不容易学会，有时还让人心生疑惑，不那么敢大胆去用。例如，一个因声求义的训诂方法，经大师们多番使用，阅读者每每叹其高妙。但学习者一旦自己应用，便如进入迷宫，绕来绕去，不易判断是非正误。这似乎是中国古代传统科学的一种通病。中医讲脉理，要经过几百次临床，师傅切完脉徒弟切，烹饪师谈味感，要炒它几百个菜肴，师傅尝完徒弟尝，称之为“可意会而不可言传”，的确可以认为，它们还没有完全摆脱“前科学”的状态。因此，很多民间的技艺就在民间，要普及起来，恐怕比得诺贝尔奖金的大科学家讲科普还要难。所以,普及的困难有时往往不是因为科学太发达,而倒是因为科学研究还不够透彻的缘故。用恩格斯的几句话来说吧:"这里我们已经了如指掌地看清了,什么是从自然科学到神秘主义的最可靠的道路。这并不是自然哲学的过度理论化,而是蔑视一切理论、不相信一切思维的最肤浅的经验论。"[①]这段话,应当适用于传统训诂学,也应当能够说服那些对经验训诂学估计过高的人们。训诂学使人感到玄奥,使应用者不敢问津,作为学,它让人难懂;作为术,它使人难学,归根到底,还是因为它的经验性的东西太多,理论不系统、不透彻的缘故。

缺乏理论的普及是困难的,缺乏理论的应用更是困难重重。因为,应用的前提是先得有方法,教会人们一种方法必须有两个条件:一是将这种方法按步骤分解开,教会人们一步一步地去做,最后达到预期的目的;二是对这种方法和这些步骤加以理论性的说明,让人们确信其原理,做起来心中有数,做错了能自觉纠正,看别人做能判断他做得对不对,还能检验出他在哪个步骤上出了问题。这就是自觉的技艺与经验的技艺的区别。具有现代科学文化素养和追求现代工作效率的人需要的是自觉的技艺,而不仅是经验的技艺。

3. 训诂学必须进行理论建设

前面说过,70 年代末,训诂学不只是带着应用的目的,同时也

---

① 恩格斯《自然辩证法》,《马克思恩格斯全集》第 20 卷,北京:人民出版社,1971 年,第 398—399 页。

是带着理论的目的而进入当代的,理论的目的是发展汉语语义学的需要。

中国的传统语言学本是以意义为研究中心的,但是后来意义却被冷落,在汉语语言学的各个门类中,语义学是最薄弱的环节。由于批判马尔,全盘肯定历史比较方法,意义这个语言最重要的因素逐渐被忽略。加之意义的民族性太强了,汉语的意义问题又与构意的汉字纠葛至深,因此,借鉴外国的路不那么好走,须从汉语本身去研究总结。

汉语语义科学之所以未能迅速完善,与语言学的内部结构不合理也是有关的。斯大林在《马克思主义与语言学问题》里,把语言的要素归纳为语音、词汇、语法,他又把语法分作词形变化法和用词造句法。在全盘苏化的时候,中国的汉语语言学——起码是汉语语言学的教学体系——便分别设置了语音学、语法学、词汇学。其实,只要考虑一下语言的现实便可以知道:语言的基本单位是词和句子,词包含音与义两个要素,句子则是用语法规则将词组织起来的结果。句子不但有结构,而且也要表达意义。所以,句子也是既有形式(句式),也有意义(句意)的。就语言的基本单位看,它的要素只能是语音、语义和语法。用“词汇”来代替“语义”的后果,便是使词汇学的研究内容既不确定又不充实,而语义却始终未能作为汉语语言学的重点之一被摆进汉语语言学的体系中去。训诂学是语义解释之学,它要寻求语词和语句意义之间的对当关系。在这些关系的寻求中,训诂学积累了相当丰富的经验,略加发掘就可以总结出许多关于古代书面汉语语义的规律性的原理。训诂家们还提供了大量经过初步整理的语义材料。要丰富中国的汉语语义学,理所应当地要从训诂学中吸取历史的材料。汉语和它的书写符号体系汉字有十分明显的特点,不从自己的语义材料中去产生方法和总结规律,而去套用从拉丁语系和斯拉夫语系中总结出的规律,是不可能全然适应的。训诂学的生命力,维系在建立汉语语义学的需要上。如果训诂学不去这样做,不运用自己有用的材料去总结语义规律,从而发展出一门与语音学、语法学并立的历史语义学来,而是固守自己作为释读技艺或经验的原来面貌,那么,它便无法在语言科学中找到自己的位置,也就永远无法与现代语言学衔接,而只能是一个学术史上的概念。

既然要吸取和采用训诂学的方法和材料,当然也还需要先向学习者介绍过去的训诂材料和旧训诂学的研究成果,梳理两千年来训诂学发展的脉络,以便找到旧训诂学在理论上和在实践上的终点,由此起步来进行新的批判继承。然而,即使是陈述训诂学既往的历史,也有两种陈述法:一种是用既往的语言,把既往的训诂材料从表面上分分类端出来,以飨今日之读者;另一种则是用今天的人易懂的语言,把一应训诂现象描述出来,再用科学的原理陈述出这些现象的实质。揭示了本质,分类便能合乎科学,合乎逻辑。哪一种介绍更能被现代人接受呢?当然是后者。

何况,建立一门科学史,不但应当依照历史发展的顺序向后来人客观地介绍各阶段的主要作者和著作,而且还应站在科学理论的高度,对作者和著作进行科学的评价,衡量它们的得失,品评它们对科学发展的作用和在科学史上的地位。这样才能从各种偶然事件中探讨这门学术发展的必然规律，以便后来人吸取和借鉴。这些任务，旧的训诂家无法完成，固守旧训诂学的现代人完成起来也是困难的。应当说，没有科学的语言学理论的指导，就不可能有科学的训诂学史，只可能有历代训诂材料和训诂现象按年代的罗列和堆积。

4. 训诂学必须处理好继承与借鉴的关系

有人认为，经验训诂学的方法是最先进的，因为它有重视第一手材料的"为实"学风，它不事空谈，不咬嚼概念，现代的训诂学研究者和学习者，只有沿着这条路，向乾嘉学者早已树起的巅峰攀登，才会有出息。他们还认为，训诂学如果吸取了新的语言学理论和修正了传统的方法，便会失去本来面貌，弄得"不伦不类"。这种看法似乎不无道理，但起码是不够全面的。

要熟悉自己的研究对象、掌握第一手材料，才能扎扎实实研究一门科学，作出切实可靠的结论，这对一切科学都没有例外。积累第一手材料的数量和质量，在任何一门科学中，都是研究成功的重要前提，不熟悉语言材料的人，不可能成为一个合格的语言学研究者。从这个角度上说，"为实"的学风永远是正确的。

但是，问题的关键还在于，科学结论是全人类长期积累的结果，不可能要求每一个研究者把前人已有的经验再从头经历一遍，也不可能要求每一个研究者都去从头掌握全部材料。自汉至清的训诂学家，大多数是皓首穷经的，读了一辈子的经、史、子、集，用文言文写文章，甚至说话也模仿先秦文言。现代人要达到那种程度的十分之一，都是不容易的。如果我们只强调经验而忽视理论，强调自然地积累材料而不重视有理论指导地去统帅材料，那么，只能给现代学习者带来自叹“文献底子不厚”的自卑感，使很多人永远不敢涉足这个领域。

总结理论、学习理论与提高文献阅读能力、掌握第一手文献材料并没有矛盾。现代人得以超过古人的重要条件就是由于现代思维科学、心理学和与语言学相关的多种自然科学的发达，由于人工智能的发明与应用，使人们可以效率更高、准确度更大地掌握原始材料。显然，在这个过程中，在基础理论的指导下，按照客观规律去整理和辨别取舍材料，无疑是保证掌握第一手材料的效率和准确度最重要的主观条件之一。举例来说，在对词的音义关系有了科学的认识以后，再去判别汉人的声训，再去分析《说文解字》的“读若”，再去领会陆德明《经典释文》保存的经籍旧音，再去读王氏父子因声求义的考据文章，不是可以更自觉、更迅速地掌握他们的正确方法，排除他们因为停留在经验上而不自觉地造成的谬误，纠正他们思维逻辑的混乱，从而把有价值的材料准确地积累和整理起来吗？已经掌握了相当数量第一手材料的人来建设基础理论，把训诂材料中的诸多现象解释明白，使后来人能享受现代科学教学法的效率和明确透彻的结论，不再隔着那么久远的时代到古老的境界中去进行从头开始的云里雾里的摸索，这对掌握第一手文献材料究竟是有害，还是有益呢？掌握了基础理论和基本方法的现代学习者和研究者，一旦很快入了门，掌握古代文献语言的能力就要大大超过古人。应当相信，对于同等智能和同等勤奋的人来说，掌握本民族不同阶段语言的速度和质量，绝不会比掌握另一个民族语言的速度和质量更慢、更差。现代的学习者和研究者进入古代汉语领域时，在掌握第一手材料的问题上，不应当有什么自卑感，而应当确信，作为一代人来讲，现代人超过乾嘉学者是必然的。

至于训诂学借鉴国外语言学的理论，吸收世界有关科学的新成果，会不会把它搞得“不伦不类”？这要看借鉴是否必要和借鉴如何进行。

语言既有民族性特点，又有世界共同性。正因为有共同性，所以借鉴不但是必要的，而且是可能的。正因为又有民族性特点，所以，这种借鉴不应当是抛弃汉语的语言材料而去照搬西欧或苏联语言学的个别结论，或者生硬地搬用和模仿他们的名词术语。我们反对用古代文献中的词义现象和训诂学的旧术语，简单生硬地去与国外语言学的名词、术语和定律、法则对号；但是，在反对这种“不伦不类”的做法同时，却不能连借鉴也反对掉。我们提倡这样的借鉴：第一，对国外语言学的结论，需要在汉语材料中加以验证，合于汉语实际的吸收之、发展之；不合于汉语实际的比较之、研讨之，以求得新的结论。第二，更需要借鉴的，是国外语言学的先进方法，用先进科学武装研究者的头脑，再用科学的头脑去研究古代文献的语言材料，以便总结出有规律的东西。这样做，能够既不失去汉语的特性，又不拘守旧有的传统方法；既不丢掉古代文献第一手材料，又可得助于世界先进的语言学新成果。这应当认为是科学的正常发展，不应当看作是“不伦不类”。

5. 训诂学必须在当代科学体系中找到自己的位置

训诂学经过当代人的努力,已经发生了很多重要的变化,不久的将来,必然要大大改观。旧的经验训诂学,在完成自己的历史使命之后,便会由一门或数门现代学科来吸取它或代替它。

旧训诂学是由文献释读术发展起来的,它的研究对象——训诂材料是在综合运用多种语言规律和方法中产生的,所以,内容几乎包罗万象。它不但囊括了词汇、语法、语音、修辞等语言学的各部门,而且涉足到科学、文化、历史、哲学诸内容,尽管它在发展中已与文字学、音韵学分立,但是,即使除去文字学和音韵学,它包括的内容仍然是非常宽泛的。吕叔湘先生认为:

> 至少可以分成四部分:
>
> (1)一个一个字(词)的意义分析,包括平面的和历史的——这是词典学(lexigraphy);
>
> (2)通贯性的词义研究——这是语义学(semantics);
>
> (3)汉语中的同源词(字)、通假字、方言本字的研究,以及与汉藏语系中个别的语言的同源词的比较研究——这是语源学(etymology);
>
> (4)虚字研究(如《经传释词》)、语序研究(如《古书疑义举例》)——这是语法学(grammar)。[①]

---

① 这段话取自吕叔湘先生读本文初稿后给我的信。我认为从现代科学的过细分工来看,这些意见是完全正确的,故照实引用,并向吕先生致谢。

如果我们把经验训诂学直接转变为理论训诂学，便会遇到"这些内容纠结在一起"的现实，使它"难于提纲挈领，形成体系"[①]，并且还要侵占别的语言学科早经固定下来的研究范围，扰乱摆布平衡的科学体系。所以，它势必要把自己原有的材料和已提出的课题，放到语言学各部门去分属与分担，形成一个分类研究的新局面。对汉语语言学中建立已较成熟的学科，训诂学的任务是用自己的材料、课题和结论去充实它们。例如，用虚词和语序的研究成果去充实汉语语法学，用训释理论和经验去充实词典学，等等，这些工作，在过去几十年里，实际上早已经进行了。对汉语语言学中尚未形成或建立尚不成熟的学科，训诂学的任务是以自己的经验和理论来促使它们产生、丰富与完善。例如，它可能导致汉语字源学与词源学的全面建立，可能促进系统的汉语语义学的成熟化。不过，在一切分类的研究中，从汉语语言研究的必要性和训诂学所能提供内容的可能性来看，训诂学应当与之衔接的，主要是古汉语语义学。因为，传统训诂学大量的成果是语义方面的，存在于训诂学中的单个词的分析、训释，对字源、词源的探讨和对虚词意义来源的追究，也都是围绕语义问题进行的。当这些分类的研究取得进一步的成果后，古代文献的释读工作仍要依赖于这些成果的综合应用。这门应用科学应当属于中国古代文献学的一个分部，是否可称作"古文献释读学"，或者仍称为"训诂学"，但它所依赖的基础理论既已改变面貌，作为一个综合应用的技术

① 这段话也是吕叔湘先生的意思，引号内是吕先生的原话。

学科,在内容上、结构上也必然发生根本的变化。所以,它即使不再更名,也已不再是旧训诂学,而是一门全新的、现代的、综合应用的科学了。

中国的不少传统科学,在近现代都经历过“发展——更新——终结——与现代科学衔接”的过程。终结指的是这种科学原始状况的终结,有的是旧有名称随着内容的更新而被新学科的名称取代;也有的虽沿用旧名,但实质上已不是由旧材料和旧方法构成的旧学科了。但这绝不是对传统科学的摧毁,而是对它们最大的维护。道理很简单:每一门科学都有自己的历史使命,使命完成了,便会有新的学科来接替它。但是,在历史上出现过的一切学科所总结出的科学规律,只要经得起实践的考验,不是伪科学,它便永远是人类的财富,永远不会消亡。训诂学也是如此。所不同的是,它比有的传统学科还多着一个“断裂—复生”的阶段,命运更为曲折罢了。应当说,我们现在调动起当今的老、中、青三代人来催促训诂学的复生,最终还是要达到用新的学科来取代它的目的。训诂学以自己的成果充实了已有的现代科学和发展出新的现代科学之后,它的一切成就都会保存下来,并且发扬光大。从这个意义上说,训诂学是延续,不是终结。终结的只是它的旧质。

面对着两千年来如此丰富的训诂学遗产,面对着它被冷冻了四五十年的这个可悲的事实,我们需要尽快地催它苏生,使它解冻,让它发展,并促其旧质的终结。训诂学绝不应当是复古的工具,而应当在 20 世纪最后的两个 10 年里发生重要的变化。一门或数门新的学科将在它的基础上产生并日渐丰富,它们将取代旧训诂学,以崭新的姿态,在现代科学之林中找到自己应有的位置,同古代文献所记载的中华民族堪称灿烂而令人羡慕的文化遗产一起,进入世界,走向未来!

四、再论训诂学在当代的发展*

1. 训诂学断裂的主客观原因

如果可以说传统“小学”是汉语言文字学的最早的发端，那么，在“小学”领域里，训诂学是领先的。“小学”面对的是古代书面文献，属目治语言，研究的中心不能不首先是汉字。早期汉字因义构形的笔意还大量保留，因而，古代“小学”家最为敏感的是由汉字字形反映出来的词义。以探讨文献思想内容为应用目的的“小学”，从来是以文字（形）、音韵（音）为手段而以训诂（义）为目的的。系统的训诂工作始于汉代，再盛于唐宋，集大成于清代乾嘉，积累了大量的材料，生发出许多切合汉语特点的理论与方法的课题。于是，到了晚清，诞生了训诂学——一门以探讨文献语义为最终目的而着力释读古代训诂材料的语言文字学科。

现代语言学发展起来后，古典的文献语言学中的音韵学与语音学衔接；文字学因出土文字的研究和带动而逐渐有了自己的位置；虚词的研究被吸收到语法学中去了。训诂学除了自己释读古

---

* 本文是 1992 年在《中国语文》创刊四十年纪念会上的发言稿，曾以《训诂学的复生与发展》为题收入刘坚等主编《中国语文研究四十年纪念文集》（北京：北京语言学院出版社，1993 年），这篇文章的基本思想与上文是一致的，仅对旧训诂学存在的内部矛盾作了新的补充，因此改为现在的标题放在上文之后。此次收入，在 1996 年版的基础上亦稍有修改、增补。

书的实用目的外，就原理的探讨而言，理应与汉语词汇学和语义学衔接。但是很长一段时间，它一直被语言学拒收，自身的发展也在1949年至1979年这三十年中断裂。个别学者在这三十年中也曾对训诂学的复生有过微弱的呼唤，但当时语言文字学大局已定，奏效势不可能。细细推究训诂学断裂的原因，既有客观上的，又有主观上的：

客观上的原因。现代汉语学的体系，一开始就取自苏联与西方。苏联自批判马尔以来，语义学已不作研究重点；西方自结构语言学主宰之后，语义学属哲学范畴，也从狭义语言学中排除了。因此，汉语的语义研究，很长时间停留在从逻辑语义学那里借鉴而来的词义扩大、缩小、转移等较少的课题上，不曾去吸取中国古代训诂工作中大量的材料与经验。加之批考据学、批“厚古薄今”，训诂学自然而然受到株连，无法找到复生的土壤。这是训诂学难以发展的客观原因。

主观上的原因。旧训诂学自身存在不少弱点，使它无法在不加改造的情况下承担起汉语语义学的新任务。这门学科由于解释古代文献的实用目的而内容驳杂，外延不清，与相邻学科缺乏严密的分工，特别是与文字学的分界一直没有分开。对于一门现代科学来说，这已经是一个致命的弱点。除此之外，旧训诂学已有的方法与科学的语义研究目的之间，还存在着以下的矛盾：

（1）旧训诂学字本位、训本位的取材与探讨语言意义的目的是矛盾的。在旧训诂学中，字与词、义与训这两对有联系而本质截然不同的概念，混淆较为严重，很多材料的处理常因此而失误；

（2）旧训诂学采用的外部形式归纳法，与揭示语言实质的要求是矛盾的。例如，拘泥于训诂材料中的程序化用语来归纳训释材料，往往把实质上不同类型的语义关系视为同类，造成不合逻辑的类聚；

（3）文言的仿古所造成的时代综合性，与探求语言历史存在矛盾。旧训诂学习惯于把文言看作一个大的共时平面，在历史阶段的划分和语义的发展演进上，处理过于粗疏，不利于历时语言的探讨；

（4）语音与字形探讨工具的不足与语义探求的需要存在矛盾。训诂学采用形、音、义统一的方法，在汉语的研究上是正确而有效的。但在语音上，由于汉字不是拼音文字，读音的具体确定，缺乏可以验证的方法；在字形上，旧训诂学笃信《说文》，忽视出土文字；因此，在使用因声求义与以形索义的方法时，眼界不够开阔。

这些方法上的不足，使它在理论上过渡到科学的语义学，或为科学的语义学合理的吸收，有一定的局限。

2. 旧训诂学改造工作的进展

八十年代初期，由于学术环境的宽松，影响训诂学发展的客观条件发生了变化，使这门应当与汉语语义学衔接的学科，得以复生。十年来，在把训诂学重新介绍给当代人的同时，旧训诂学的改造工作取得了进展。

首先是训诂学的术语清理工作。术语准确的定称与定义，以及术语系的层次、关系的确立，意味着对某种现象经过分析、归纳后已进入理性认识，并标志着某一学科理论体系的确立。清理旧训诂学的术语，势在必行。例如，与语义探讨有直接关系的“本义”，以往一直被解释作“词的基本意义”“词的最早意义”，实际上，它只是一个判别引申义与假借义的操作概念，仅因早期汉字字形与意义相贴切而确立。“小学”家所说的“本义”，还包含着“造意”（因义构形的造字意图的阐述）和“实义”（造字所根据的、在言语中使用过的语词的义项）。因此，在讨论字形与词义问题时，它们的含义是有区别的。旧训诂学使用“本义”这一术语不精确，造成了后来的诸多混乱，直至近年来，才因清理术语而明确起来。又如，在释读古代文献语言时所使用的“通假”“假借”概念，在旧训诂学里也比较混乱。实际上，古代训诂材料中的“通”与“同”，除了一部分异体字外，包括同源通用字与同音借用字这两种本质不同的现象，前者是在同源词分化推动孳乳造字过程中，因分化未成熟、分工未严格而形成的源字与孳乳字的自然混用现象，它表现在汉字书写上，实际上反映的是词汇发展问题；后者则是在书面语与口语交替使用过程中所产生的人为换字书写，是汉字音化符号的使用，属文字问题。经书中的“通假”与后代俗文学中的“通假”在产生的原因上也有所不同，前者带有严格的传承性，有一定的规律可循，后者则大部分是“写错别字”，有的完全是个人习惯、临时措施，几乎连约定性都不存在。有些作者用经学的方法去处理敦煌曲子词等后代文学作品中的“通假”，失误在所难免。再如所谓的“反训”，实际上是清代后期“小学”衰微时代一些二三流训诂学者提出的名词,外延、内涵都很不清晰,实不得段玉裁、王念孙等正统训诂学家之要领,现代人不加剖析,反而沿用,分析语言现象时也常误入歧途。类似这些情况,不是个别存在。训诂术语不作科学的清理,不但会影响到训诂学的发展,更会影响到中国古代文献的整理。训诂学未曾普及,古籍整理和古书翻译的队伍却猛然扩大,这就必然造成贻误后人的现象。因此,十年中,训诂学术语的清理工作,是十分必要的。

其次是训诂原理的探讨与阐明。古代的训诂材料以三种方式保留下来,这就是随文注释、纂集和考据。清代训诂家已开始了原理的探讨,但是,受到当时学术发展的总体局限,虽然阐明了一些问题,也还有许多问题没有弄清,有的反而越弄越糊涂。例如关于训释原理。先秦经典的注释材料显示了共时的或历史的词语意义的对当,是研究历史语义学的不可或缺的材料。但是对训释原理的阐明却一直不清楚。训释材料里的"直训",是采用同义词的意义关系来以此训彼的。在古代文献的随文释义里叫"代语",也就是把训释词换到被训释词出现的位置上,全句或全段的意义可以不变。这是因为,语言环境对词语的使用意义是有限定作用的,两个同义词在同一个语言环境里使用意义可以完全吻合。然而离开具体的语言环境,把这种直训放在纂集专书里,由于两个同义词的义值不可能完全相同,便形成不完全训释。这里涉及到词汇意义的异同比较问题,只有对汉语词汇意义的内部结构有了科学的分析方法后,才能解决。在确立一种像汉语这样的词根孤立语的语义分析方法时,首先遇到的是汉语的记录符号——汉字。在古代

书面文献的训释材料中,被一个汉字记录下来的,可能是下列五种不同的单位:

(1)可能是一个字(character),如形训中的被训释字。

(2)可能是一个多义项的词(Lexical word),如词典中作词头的字。

(3)可能是一个只具单义项的词项(Lexical item),如义训中的被训释字。

(4)可能是一个言语中体现出的意义(Sense),如某些随文释义单训中的训释字。

(5)可能是一个被最小切分的义素(Sememe),如义界中的主训字①。

这些单位如不区分,不但语义分析方法难以建立,连字、词、义的客观描写也有困难。这就迫使训诂学在阐明训释原理时,必须首先吸收先进的科学语义学的优秀成果;而且为了切合汉语的特点,还必须自己着手去从事许多关于汉语语义学、词汇史的普通语言学中未曾开辟的新课题的研究。诸如词义引申的研究、同义词与同源词意义关系的研究、汉语词源问题的研究、语义与语法关系的研究、实词虚化的研究、词汇意义的继承与演进的研究……这便促使训诂学在自我改造中与汉语语义学和汉语词汇史衔接起来。而训诂学的自身改造,势必使它的应用更为广泛,更易为

---

① 字与不同层次语言文字单位的关系问题,后文《训诂学与语义学——谈理论训诂学在八十、九十年代的发展》一文中,还会专门论述。

古代文献的整理者与阅读者接受，它自身的存在价值也就更加能够彰显出来。

在过去的数十年里，训诂学未能及时接受语言学的先进成果，从而造成自己的落后，这固然是训诂学的损失，然而，汉语语言学未能接受训诂学的合理部分并支持它不合理部分的改造，不但使汉语语义学的内容极为贫乏，而且使历代词汇语义的研究在方法上尚有罅隙，这不能不说是汉语语言学的损失。应当相信，在训诂学加强自身的改造，致力于科学化的同时，语言学界将会重视它对汉语语义学和历代词汇研究的价值，使它得到正常的发展。

五、谈训诂学在21世纪的三种发展趋势*

训诂学作为一门历史悠久的学科，在20世纪经过长时期的断裂，70年代末开始复苏。从复苏到现在将近30年的时间，训诂学在较好的学术环境下发展，不断完善自身的理论体系，清理与相邻学科的关系，明确自己的研究范围和目标，已经渐趋成熟。进入21世纪后，训诂学正是在这个起点上向前发展的。

训诂学是解释中国古代文献的应用学科。20世纪以来，以章太炎、黄侃为代表的前辈学者的最大功绩，是在乾嘉学者学术的基础上，发掘古代训诂材料与训诂工作中的理论因素，为古人立言，创建了能够为现代学人接受并继续发展的学术体系。章黄之后传统语言文字学的又一代继承人，对训诂学的复苏作出了巨大的贡献，他们把已经失落的训诂学顺利地引进高校课堂，把对训诂学一无所知的后学者带入门内，组织了训诂学的教学队伍。30年来，训诂学一方面完善自身的理论体系、不断提高自己的应用价值，寻找自己现代化的形式；另一方面，也在多元、创新的环境下发展出新的增长点，力图对现代学术做出更多的贡献。

30年来，关于训诂学在现代学术中如何定位，有三种互相补

---

* 本文初次发表于《苏州大学学报(哲学社会科学版)》2012年第4期，题为《谈训诂学在21世纪的发展趋势》，在内容与章节次序上进行部分修改与调整后，收入本书。

充但方向不同的意见：

1. 作为文献学工具学科的应用训诂学

20世纪50年代，陆宗达先生在《训诂浅谈》中就已经阐明了训诂在解释古代文献上的多角度综合性。在20世纪80年代到21世纪初期引发的关于训诂学性质的争论中，特别强调训诂学在应用中的综合性的论著很多。训诂学复苏时期前代训诂学家所编写的多种训诂学教材，也都是在这个观点下编写的。近年出版的训诂学教材，例如：郭芹纳的《训诂学》[①]、方一新的《训诂学概论》[②]、王宁主编的《训诂学》[③]……有了局部的理论阐释成分，但总体上也都是沿着综合应用的路子编写的。

应用训诂学是从文献释读的资料出发，应用于古籍阅读与整理、古代文化阐释、中学文言文教学、辞书释义等多个领域的。训诂学在高等学校作为一门课程恢复，同时又成为中文、中医、新闻等几个专业自学考试本科选修课以来，在普及层面对它的关注加宽，推动了提高层面的研究。正在发展中的中国文化学、史源学、新考据学、古文字学，都必须运用训诂学的资源和方法。几部大型辞书的修订，特别是与古代文献息息相关的《辞源》的修订，离开训诂学是难以达到修订目的的。这些都说明训诂学在当前发展的生命力。

---

① 郭芹纳《训诂学》，北京：高等教育出版社，2005年。

② 方一新《训诂学概论》，南京：江苏教育出版社，2008年。

③ 王宁主编《训诂学》，北京：高等教育出版社，2004年初版，2009年修订再版。

2. 向解释学发展的训诂学

20世纪80年代,申小龙在《训诂:中国文化阐释的前沿——评〈张世禄语言学论文集〉中的训诂学思想》一文中介绍了张世禄先生的看法:"张世禄明确指出,中国训诂学的性质,与其说它是字义学,不如说它是解释学。中国训诂学并非纯粹的字义理论,而是大部分偏于实用的研究,是读书识字或辨认词语的一种工具之学。它与语义学是异质的。"[①] 何自然对解释学(hermeneutics)做了如下说明:阐释学又名解释学、诠释学或释义学,"可以宽泛地定义为对于意义的理解和解释的理论或哲学。""在当代社会,释义学主要是作为社会科学的哲学、艺术和语言哲学,文化哲学及文学批评理论出现的。"[②]2001年,汤一介通过对我国古代经典解释的历史梳理来讨论能否建立中国解释学的问题。他提出中国古代三种不同的注释方法作为建立中国解释学的基础,其内容都与训诂学有关[③]。近年来,从解释学发展训诂学的学者,工作最勤的是周光庆。他除了对训诂学向解释学发展作出了宏观的论证外,还连续发表了《王弼的〈老子〉解释方法论》《戴震〈孟子〉解释方法论》《朱熹〈四书〉解释方法论》《孟子"以意逆志"说考论》《孔子创立的儒学解释学之核心

---

① 申小龙《训诂:中国文化阐释的前沿——评〈张世禄语言学论文集〉中的训诂学思想》,《读书》,1988年第2期。

② 张汝伦《意义的探究——当代西方释义学》,沈阳:辽宁人民出版社,1986年,第1、3页。

③ 汤一介《论创建中国解释学问题》,《学术界》,2001年第4期。

精神》等多篇文章[①]。除周光庆外，杜敏的《训诂学与解释学之比较——兼及训诂学当代发展的途径》[②]，认为西方解释学与中国训诂学有共同的起因。在历史发展中，解释学于当代成为流行的哲学思潮，而训诂学却面临时代的挑战。二者的差异在于解释学更善于更新，不断扩大学科影响。训诂学应不断更新观念，运用科学方法，走多向的现代化发展之路。这一认识和实践，对训诂学向解释学发展是有代表性的。她的专著《赵岐、朱熹〈孟子〉注释传意研究》[③]，从传意学角度对比了汉代、宋代两部不同的《孟子》注释的方法与效果，旨在探讨传意的主观与客观的统一，是属于解释学范畴的。

需要说明的是，西方的解释学属于哲学范畴，而中国从训诂学发展出的解释学或传意学，仍然是从语言解释或传意角度来立论的。这个解释学的新角度，不但对训诂学的发展有所推动，对哲学解释学也有所丰富和补充。

---

① 周光庆《王弼的〈老子〉解释方法论》，《中国社会科学》，1998 年第 3 期；《戴震〈孟子〉解释方法论》，《孔子研究》，1998 年第 4 期；《朱熹〈四书〉解释方法论》，《孔子研究》，2000 年第 6 期；《孟子"以意逆志"说考论》，《孔子研究》，2004 年第 3 期；《孔子创立的儒学解释学之核心精神》，《孔子研究》，2005 年第 4 期。

② 杜敏《训诂学与解释学之比较——兼及训诂学当代发展的途径》，《陕西师范大学学报(哲学社会科学版)》，2003 年第 6 期。

③ 杜敏《赵岐、朱熹〈孟子〉注释传意研究》，北京：中国社会科学出版社，2004 年。

3. 进入语言学领域的训诂学

王力先生在《新训诂学》[①] 一文中提出训诂学应改造成汉语史。20世纪80年代以后，持有这个观点的学者很多。将训诂学与汉语词汇史的研究结合，也是将训诂学纳入历史语言学范畴的表现。王云路《中古汉语词汇史》中很多资源取材于训诂；宋永培在四川大学指导的一系列古代文献同义词的研究，都是运用传统训诂学的方法和资源进行历史词汇语义研究的。

21世纪以来，王宁明确提出，训诂学在语言学领域里，在发展其理论传统、开掘其潜理论的前提下，应当与汉语词汇语义学接轨。她提出了"基于训诂学的汉语词汇语义学"的命题，并在此命题下开设了专题课。

从训诂学中发展出汉语词源学的分支，是这30多年来训诂学学科发展一个亮点。很多从传统训诂学中吸取营养同时借鉴现代语言学理论的词源学专著的出版，推动了这一分支学科的发展，张博、孟蓬生、黄易青的词源学专著，发掘出很多词源学的理论。对中国词源学史上的名著——《释名》《白虎通》等的研究，也产出了很多成果。

张永言《训诂学简论》说："按照近代科学系统来说，训诂学可以说是语文学（philology）的一个部门。"[②] 明确提出训诂学在学科体系上的地位。

---

① 王力《新训诂学》，《开明书店二十周年纪念文集》，上海：开明书店，1947年。
② 张永言《训诂学简论》，武汉：华中工学院出版社，1985年，第20页。

王宁称进入语言学的这种训诂学为"理论训诂学",以与综合应用的训诂学有所区别[①]。应用训诂学与理论训诂学都是训诂学本体的研究,理论训诂学是从应用训诂学中提升的结果,理论训诂学的发展,又丰富了应用训诂学,使应用训诂学更富于理性化,也更易于为现代学者,特别是初学者接受。

20—21世纪之交,语言学的发展有一些重要的趋势,其中最明显的有两个方面:一是加强了对不同语言特点的关注,二是加强了对语言意义的关注。这两个趋势,为训诂学的发展提供了良好的环境。从上世纪70年代末开始,训诂学为适应当代应用和教学的需要,向深度发展,吸收了逻辑学、语义学、解释学等现代科学的方法和成果,最重要的是从训诂材料中发掘潜在理论,完成了理论训诂学的基本框架。

20—21世纪之交,理论训诂学解决了以下问题:

(1)在现代语言学学科结构中确立自己的地位,使训诂学原理与汉语词汇语义学接轨。

(2)清理了训诂学的术语,根据训诂现象的本质特点,确定了已有训诂用语的定称与定义,并给新发掘的现象确立了新的术语,从而初步建立了训诂学的术语系。

(3)将传统训诂学形音义统一的方法从顶层分解为以形索

---

① 见王宁《汉语词汇语义学的重建与完善》(《宁夏大学学报(人文社会科学版)》,2004年5期)和《当代理论训诂学与汉语双音词的构词研究》(载沈阳、冯胜利主编《当代语言学理论与汉语研究》,北京:商务印书馆,2008年)两文。

义、因声求义和(意义)比较互证三个方面,并对这三种方法的根据、理论原理和操作程序作出了界定,促进训诂方法科学化。

(4)借用了现代语义学的术语,确立了训诂的语言单位——义位与义素,总结了汉语语义解释的结构模式,从而使语义成为可以理喻的语言实体。

(5)将传统训诂学已经有了深入研究的汉语词源学建成一门独立的语言学门类,特别是对一直模糊的词源意义作出了理性的解释。

(6)将训诂学的原理运用到现代汉语言解释学、构词法中,体现了古今沟通,扩大了训诂学的研究领域。

(7)根据汉语独有的特点,将汉字在语义发展中的独特作用加以明确,同时又明确提出了汉字与汉语实质上的区别。

以上七点,使训诂学在语言学领域里寻找到了自己的位置,也使应用训诂学的使用与教学进一步理性化并适用于当代。需要说明的是,应用训诂学与理论训诂学是相互促进的,但应用训诂学并不都属于语言学范畴,它继承了"小学通经史"的传统,同时成为古代文献学和经史研究的一个重要组成部分。

4. 训诂学现代转型中有争议的问题

对训诂学的发展,很多讨论在多角度融通方面还不够,不能把对传统训诂学的性质和它在今天的发展既关联又分别开来。训诂学在古代属于"小学"的一个门类,章太炎先生将"小学"改为"中国语言文字学",已经对它的旧质有所改造。作为"通经史"的训诂学，属于一种应用性的工具学科，具有综合性，在现代学科分工细密的情况下，它要吸收语言学、人类文化学、文献学、历史学等多方面的营养来丰富自己，也同时可以为多方面的学科作为工具来应用。如果采用纯理论的标准，因为它的综合性而取消它，是不符合应用学科发展的规律的。20 世纪 80 年代，陆宗达先生曾将训诂学界定为“文献语义学”，这是从两个方面考虑的：第一，训诂学的原初功能是解读经史，是面对古代书面语文本的，它与口语形式没有直接关联。这直接影响到它的方法。例如：训诂学对词的划分，不但要用音作标准，更多的要以汉字作标准，等等。第二，解读书面文献，汉字是基础元素，文字管形、音韵管音、训诂管义，这是自汉代开始到隋唐已经完全确立的分工。基于以上两点，将训诂学解释为“文献语义学”，应当是比较确切的。但是，当时有些人连这个说法都难以接受，如何能推动训诂学为现代人理解、为现代人应用？

训诂学在现代的发展可以从应用的角度，也可以从理论的角度，可以是语言学，也可以从文献学、文化学、哲学等其他学科发展，这是训诂材料的综合性带来的特征，无需把多元的角度对立起来，关键是不要忘记继承，不要用错了资料，背离了科学。这样才能使训诂学的资源得到最广泛的运用。

在材料的运用上，一些研究者不熟悉传世文献和“小学”专书，对出土文献更不能融会贯通，形音义不能结合，尤其音韵运用不熟。一些阐释文化的论著运用材料不准确，违背了训诂学考证的“为实”精神，尤其是在普及层面，主观地乱讲汉字、汉语词的理据，毫无典籍依据，附会穿凿，哗众取宠的书文不但存在，有些还在媒体上炒作。

训诂学必须强调“为实”学风，加强传统训诂学的历史研究，提倡读透典籍和注疏，从第一手材料出发，把传统训诂学的重要成果继承下来。不要离开继承、忽视典籍盲目求新求奇。在应用领域，提倡文字、声韵、训诂协同和形音义互证的传统，提倡资源建设，提倡有根底的专家对普及领域的关注，提倡学术评论。

训诂学要提倡有具体材料的理论、方法探讨，发掘传统训诂学的潜理论、规则，关注训诂学与现代学术的多元接轨，特别要重视训诂学在语言学领域的发展，因为训诂学的任何内容都是通过语言显示的。

第二部分　训诂学的术语建设

六、谈训诂学术语的定称与定义 *

1. 术语的确定是训诂学理论建设的重要任务 ①

训诂学在中国已经有两千多年的历史，在我国传统科学的讲坛上可谓捷足先登。但“先登”并未“先兴”，在现代语言科学中，起码就目前的状况来看，音韵学、文字学、语法学都已走在了它的前面。

---

* 本文是为1982年在苏州召开的训诂学第二次年会所提供的论文。一年后始刊登于《辽宁教育学院学报》1983年第2期。

① 旧训诂学中提起术语，一般是指注释书的训释条例用语。如郭璞所说的“常语”“通语”“转相训”“美恶不嫌同名”，段玉裁所说的“统言”“析言”，陈奂所说的“传随文训”“逆辞释经”“同义连言”等等。本文所说的“术语”是指与训诂学原理有关的科学专门用语，虽然这种科学术语中有些也取之于训释条例用语，但这只是很少一部分。本文是讲训诂学理论建设的，不是讲训释条例的。

传统训诂学材料丰富，成就极为卓著，但由于它始终未能全然摆脱经学的附庸状况，因此，存在着一些局限。最主要的是多搜集编纂之功而少归纳概括之力；理论的论述零零散散，大量原理性的东西往往淹没在材料之中；所用的方法缺乏证明，更缺乏说明。要把这样一门传统科学继承下来并发展、改造，使之跻于现代语言学科的行列，首要的任务是进行理论建设。

在理论建设中，确定一套科学而严密的术语，又是当务之急。术语是科学理论建设的基础，又是发展理论的必要条件；没有一套在内涵和外延上都确定了的术语，科学的抽象思维几乎没法进行，更谈不到理论的系统化和教学体系的形成。术语标志着某种现象已被从本质上概括出来，也标志着许多与之近似的现象已被区分出去。科学术语的确定与科学原理的总结又是互相推动和促进的。训诂学的术语确定工作已经自发地进行了两千年，但自觉地、在现代思维科学和现代语言理论的指导下来进行，几乎还没有开始。应当说，这是训诂学理论建设中的一项十分迫切的任务。

2. 传统训诂学在术语问题上的得失

传统训诂学在发展过程中积累了大量的术语，这说明有关语义方面的很多现象，前人都已经发现了，而且进行过研究，有了一定的理性认识。特别是清代的乾嘉学者和晚近以章太炎先生为首的推动传统语言学向科学语言学过渡的大师们，在训诂学术语的定称与定义上作出了很大贡献，对后世产生了巨大的影响：

首先,他们发掘了一批旧术语的确切含义,使某些现象的实质更为准确、深刻地显露出来。例如,对训诂上的“反正为训”现象,晋郭璞解释为“美恶不嫌同名”,而黄季刚先生进一步发掘了这种现象的本质,认为它是汉语里的一种特殊的引申规律。实际上,反正同词或反正同源现象并非汉语所独有,而这种现象确实是词的多义性的一种特殊的表现。黄季刚先生认为它是引申,虽论述未详,但结论是科学的。

第二,他们借助于一些被后代接受了的旧术语,从原理上为其确定了新的定义。如章太炎先生在《转注假借说》里,沿用了许慎《说文解字叙》里给“转注”“假借”所下的定义,并且从原理上加以解释。许慎给“转注”下的定义是“建类一首,同意相受”。章太炎先生以“首”为词根,同根之词为一类,从同一词的根派生出新词因而推动了文字的孳乳分化,这叫“建类一首”。这些孳乳字的意义是根词的意义的延伸,所以叫“同意相受”。由于派生新词而孳乳出新字,根词的意义要素注入了新词新字,所以叫“转注”。许慎给“假借”下的定义是“本无其字,依声托事”。章太炎先生认为这是指词义引申后不再另造新字,也就是多义依附于同形。他认为,“转注”是繁生字形之法,有转注而字形得以逐渐增多;而“假借”是节限字形之法,有“假借”字形才不会无限增多。他的解释当然不可能是许慎的原意,沿用“转注”与“假借”这两个旧称,也未必妥当。但他赋予这两个概念的内涵,确实说明了文字孳生与节制的辩证关系,反映了词汇发展推动文字发展的规律,是很值得重视的。

第三,他们确定了一批新术语的名称和定义。如:古代注释书有“读若”“读为”“读曰”等以同音字直接拟构音读的方法。宋代始有“直音”这一名称,以区别反切之法。又如“引申”一词,自段玉裁《说文解字注》开始系统、准确地使用。段注虽未给“引申”作出成文的定义,但这一名词的内涵,指词义向相关的有联系的方面发展延伸,却是一看自明的。这些新术语是随着对语义现象的认识和对训诂原理的探讨而产生的,都可说是丰富了训诂理论。

第四,他们对各种训诂学术语的定称和定义也作过一些讨论。这些讨论有些是意义不大的名称之争,例如历代学者对“转注”与“假借”的上百种说法,大部分是想猜测许慎的原意而皆不得要领,属于无谓的争议。但也有一些是涉及原理的有意义的争论。例如,朱骏声把人名、地名等专名都称作“托名标识字”,黄季刚先生反对这个名称,认为专名皆有来源,并非“托名标识”,有些不可推源的专名不过是“绝源无佐证”。他还从实践上解决了一批名物的推源问题,以证实这种说法。这个争论涉及关于专名的命名问题,是个值得重视的词义学论题。

前人的这些工作,为我们留下一批可贵的遗产,使今天的训诂学术语建设有据可依,有例可循。但是,传统训诂学的原理始终未经系统阐述,术语问题仍然处于较为混乱的状态,表现在以下几方面:

第一,一部分术语定称不够恰当,不能反映它所标志的现象的实质,或容易引起人们对这种现象的误解。例如,在因声求义的训诂方法确立并大量使用后，出现了一个与训诂和音韵都有关系的术语叫“通转”，也称“一声之转”或“阴阳对转”。它反映的是由于词义的发展、方言的变异、历史的推移而引起的词音变化，这种变化可以用古汉语音系加以解释。但名之为“转”，又冠之以“一声”“通”，便容易使人不得要领。章太炎先生的《成均图》本是标明词音变化的各种实际的轨迹与可能性的，因为有“对转”“旁转”之称，便使人误会成“东转西转，无所不转”，至今不被理解。“一声之转”使现代语文工作者惶惑不知所云，也是相当普遍的。可见定称问题有多么重要！

第二，一部分术语虽然被广泛应用，但无明确的界说，或随着不同的应用者而有多种互不一致甚至互相矛盾的界说，违背科学术语含义必须固定而单一的原则。例如，同称“假借”，有的是指诸多引申义依托同形，也有的是指意义不相关的同音字互相借用。在同音借用中，有的指造字时“本无其字，依声托事”的假借，有的却又指本有其字，同音替代的假借——同一术语表示三种概念，而且，第一种涉及词汇现象，第二三种则纯是文字现象。谁用这个术语都得声明用的是哪个含义，术语的作用等于取消。

第三，由于界说不明，含义不清，术语所标识的概念和它反映的现象范围不定。也就是说，邻近概念不能区分开来，从而造成混乱。例如所谓的“通假”，有人只把意义完全不同的同音字互相通用或借用称“通假”，而有人又把音近义通的同源字互相通用也包含在其中。其实这是两种本质完全不同的现象，同音借用完全是文字使用中的灵活掌握，是习惯性或偶然性的，无规则可循；而同源通用则是字词孳乳派生过程中新词分化尚未稳定的过渡现象，是有规律的。二者混用同一术语不妥，另立一个术语又无，便形成两个弊病：一是“通假”概念的范围不清，外延不定；二是“同音借用”与“同源通用”两种现象区分不开，论述时便感困难。王引之《经义述闻》中的“假借”就包含两种现象，论证时由此产生不少矛盾，甚至出现理论的混乱。

第四，还有的确定了术语，规定了术语的内涵、外延，也作出了明确的界说，但在具体应用时，又不自觉地违反术语的定义，任意扩大它的范围。例如章太炎先生在他的语源学创始之作《文始》中，以“孳乳”和“变易”两个条例来分析同源字。关于“变易”，《文始·叙例》中说：“音义相雠，谓之变易。”在这个术语提出后，还特别注明：“即五帝三王之世改易殊体者。”从他的说明看，“变易”是指文字自身形体的改易，并不意味产生了新词。但在《文始》的正文里，由于过分拘泥于《说文》的说解，在“变易”条例下，却出现了很多不完全同义的派生词，并非异体字，违背了他自己的定义。读《文始》时，“孳乳”易识，“变易”难分，便是这种情况造成的。

以上这四种情况，在传统训诂学里极为普遍，在对传统训诂学进行批判继承的时候，必须吸取教训，加以克服，训诂学的理论建设才有可能出现一个新的局面。

3. 对训诂学术语定称与定义原则的设想

训诂学术语的确定既要充分继承传统训诂学的成果，又要有现代语言学理论和现代思维科学作指导。确定术语必须完成以下两项工作:第一,给已经定称的术语下定义——即有名而求实;第二,给已经发掘和认识了的训诂现象定称——即有实而命名。从训诂学的现状看,采取以下原则来进行这项工作,比较有利:

(1)旧术语的袭用问题

训诂学已经有了两千多年的历史,影响极为深远,很多术语早已普及,从约定俗成的原则看,必须袭用时还需要根据不同的情况全部沿用或部分采用:

有些可以完全袭用。如关于训诂方式的"义界"以及"声训"和"义训",关于注音方式的"直音",注音兼说明用字的"破读"等等,都可以在进一步明确定义的情况下继续使用。

有些不够十分确切的,略作改造。如关于训诂方式的"互训",其实质是用单音的同义词训释。有些今语释古语,常用词释生僻词,仅是单方面的训释,训释词与被训释词不能互易位置,因此,黄季刚先生改为"直训","直训"可以包括"单训"与"互训"两种。又如"通转","转"字意义不明,改为"变",依现代语言学的说法,加上"音"明确之,再区别于语音音系的变化,加上"训诂"二字,说明这种音变的原因是由于语义的发展,是训诂学范围内的,而称为"训诂音变",便可反映这种现象的实质。

有些术语虽可使用但有多种界说的,可选用其中比较合理的一种,加以明确。例如"孳乳",有时用作词的分化,有时又用作因词的分化而造新字。衡量起来,后者比较合适,便可将"孳乳"的定义确定为"因词的分化而在旧字的基础上造新字"。这样便将其固定为一种文字现象,而与专指词的分化的"派生"区别开来。

有同一现象而用过两个以上称谓的，确定一个比较合理的，其余的淘汰。例如，词义延伸而不造字，仍然依托同形，形成多义词，有的称“引申”，有的称“转注”（朱骏声），也有的称“假借”（章太炎）。后两种都是附会许慎的“六书”之说，不但没有把词义现象和文字现象分清，而且还与其他文字现象混淆，不可取，选用“引申”比较合适。

凡在现代语言里已经有了新术语，其外延、内涵与旧术语一致的，应采用新术语，淘汰旧术语。如“词”在训诂书中指虚词，而现代语言学已有“虚词”之称，“词”又有了新的含义，便可将指称虚词的“词”淘汰。

（2）新术语的定称问题

需要确立的新术语，大致有三种情况：

第一种情况是，前人没有阐发过的原理，今天有了新的发掘，没有旧术语可以袭用，必须确立新术语。例如，在说明形义关系的时候，需要分析字的结构。章太炎先生按字形结构的简单与复杂将文字分成初文、准初文、字、杂体四种。而在分析准初文和杂体时，都可以拆分出一种不成文字的笔划，如“果”“番”的“田”（⊕），“本”“末”“朱”的“一”，“葬”的“一”等。过去对这种可以直接参与文字的结构而本身又不成文字的笔划，没有定称，讨论问题时很不方便。解决这一问题，首先要树立汉字结构层次的观念：已经构成并执行其记录语言功能的汉字，才能称为“文”或“字”。而用以构成其他字的成分，只能称为“构件”。构件中形、音、义具备的，称“成字构件”；不成字的，只起结构作用的单笔划与复笔划，称“非字构件”。例如《说文》的一些部首“丨”“乀”“く”等，都不是完整的文字，而是非字构件。构件与笔划不同的是，它可以直接作为准初文或杂体的一部分被拆解下来，除它之外的另一部分是可以独立成字的；与成字构件不同的是，它只有形，而没有音义。

第二种情况是，原有的术语中，其实包含着两种以上不同的现象，必须加以区分，因此需要在旧术语之下再分设另一层次的新术语。例如，训诂家所说的“本义”，实际上指称两种现象：一种指汉字构字时的意图，《说文解字》称作“意”；另一种指字形所反映的词的一个义项，一般称“义”。因此，“本义”之下，应当从不同的角度加设两个下位概念：讲汉字构字意图的，是从文字角度说的，可称“造意”；讲词的某一义项的，是从词汇角度说的，可称“实义”。这样才能把这两种不同的概念分别表示出来。

第三种情况是，原有术语中，混杂了其他的概念，需要区分出去，除了保留原有术语外，对原来混在其中的概念需要另立一个与之并列的新术语。例如，前人所谓的声训，就其作用来说，称作“推源”，意思是用根词来解释派生词，以追究派生词命名的来源，但是，作为声训的训释词，有些并不是根词，而是同根的其他派生词，这种现象称“推源”便不妥当，因为没有将来源直接推出。因此需在“推源”之外，另设一个术语“系源”，表示这只是同源词之间的系联。这两个术语还可应用于同源词的研究中。凡能确定词源与根词的，叫“推源”；凡不能确定词源与根词，只是把同根之词归纳起来的，只叫“系源”，不叫“推源”。

（3）新、旧术语的定义问题

新术语需要作出定义，旧术语中，也有相当一部分需要重新明确定义。定义必须符合以下原则：

第一，定义应当是准确的，即合乎它所表示的现象的实际情况并表现它的本质属性。如"音近义通"，首先必须明确它是同根的派生词之间所表现出的音义关系，其次，必须说清这种状况是因为同根词的音义都与词根的音义发生可以追溯的渊源关系而形成的。这样才能把"音近义通"的本质说清。

第二，定义应当是确定的、单一的，既不能有两个术语定义一样，也不能有一个术语同时有两个或两个以上的定义。例如，"同音词"应指偶然同音而意义不相关的词，不包括同音的同源词；"同义词"应指偶然同义而声音没有渊源关系的词，不包括义通的音近词。在为这两个概念作定义时，必须指出它们音或义相同的偶然性。

第三，定义应当注意汉语的特点。训诂学是以汉语的文献语言为对象的，它应当有强烈的民族性。它的术语是为了论述汉语文献词义现象的，更应当符合这一实际。例如，拉丁语系与汉语在根词与派生词的词形联系上就是有区别的，这必然要影响"根词"的定义。在引申的方式与规律上汉语更有独具的民族特点，在定义时也应充分考虑。

（4）定称和定义都要特别防止从根本上混淆文字现象与语言现象

训诂学的研究对象是古代文献语言，而且必须通过它的书面形式——文字来研究，而汉字又是表意文字，形义之间有不可分割的关系，加之古代汉语以单音词为主，绝大多数符合一字即一词的原则，所以，在前人的训诂书中“字”就是今天的“词”，而“词”倒仅仅是指虚词，实词则称“名”。这就使“字”（语言的记录符号）和“词”（语言本身的建筑材料）发生许多混淆现象。

我们不否认，在相当多的情况下，“字”也就是“词”的书面形式，文字的使用规律、演变与发展，多是在语言推动下进行的。例如，有了词的派生，才推动字的孳乳，字义是由词义而来的。但是，“字”和“词”从总体上和本质上不是一种东西：

首先，词是语言本身的建筑材料，是音和义的结合体，以音为形式，义为内容；而字是语言的记录符号，它自身的形式只有形，而音与义则是从它记录的词中接受来的。所以，文字除受语言制约外，同时又有它自己的不受语言制约的发展变化规律和使用规律。例如，文字使用中的同音借用，便完全是文字现象，不是语言现象。

其次，文字和语言不是同一时期产生的，在讨论它们的历史发展时不能混为一谈。例如，就文字的构形来看，独体字的出现先于由它所构成的合体字。但是，从语言的角度说，独体字所记录的词，不一定先于由它构成的合体字所记录的词。用文字产生的先后来附会词产生的先后，是不科学的。

第三，即使是古汉语，也并非所有的词都是单音节的，在双音节的连绵词和急读造成的合音词中，字与词就成为完全不同的东西，在这种情况下，“字”仅标志语音，不标志语义。

第四，在使用过程中，字与词的对当关系是不平衡的，不整齐的。由于通假的存在,也由于文字兼职现象的存在,加之异体字和方言字大量产生,使同词异字和异词同字现象比较普遍,以“字”代“词”常会失误或对某些现象分析不清。

因此,在给训诂学确定术语时,首先需要分清文字与语言这两种不同的现象,慎重使用“字”与“词”这两个名称。例如,将独体字称作“初文”,这是恰当的,因为它是文字构形之初,而将它同时称作“根”,便不妥当。因为它不说明同根词之初。又如,派生词与孳乳字必须分清,前者是词的分化,后者是字的增多。再如,应当把一批不能拆开的双音节单纯词称作“连绵词”,不称“连绵字”,而把连绵词中单个的字称作“连绵词中的字”。

4. 训诂原理的科学化与训诂学术语的系统性

训诂学术语的确定必须随着训诂原理的研究和阐述而渐趋完善。训诂学涉及的语言现象是互有联系的,不是单摆浮搁的,科学绝不会杂乱无章,训诂学原理的研究越科学,训诂学术语的系统性便越清楚。

术语的系统性首先表现在科学原理的贯穿性上。例如,我们认为引申是词义运动的基本形式,词义向相关的方面有规律的延伸,造成两种结果:一种是许多引申义依托同一词形,形成多义词,另一种是有些延伸出的意义改换词形,分化出新词,形成同源词。那么,引申义之间的意义关系和同源词之间的意义关系,应当受同样的引申规律制约。因此,在研究多义词的引申义的时候和研究同源词义通现象的时候,就必须同时贯穿这一原理。这个原理,还必须贯穿到同义词的辨析、同源字的通用、具体词义的证明中去。

术语的系统性还反映在相邻的相关概念的既有联系又有区别的关系上。例如,关于词源的术语,应当包括以下几种:

(1)**原生词与派生词**:原生词指在约定俗成基础上产生的词,音与义的结合是偶然的。派生词则指由旧词分化出来的新词,其音义与根词、源词有历史渊源关系。凡原生词均不同族,派生词则应包括同族派生词与非同族派生词。

(2)**根词、源词与派生词**:根词应指同族派生词的总根,源词则指某一派生词直接所由出的词。

(3)**推源与系源**:推源指探求派生词的根词或源词,探求根词称完全推源,探求源词称不完全推源。系源则指在根词不明的情况下归纳和系联同族派生词,而不计它们派生的先后。

(4)**同源词与同音词、同义词**:同音词指非同族词的声音偶同;同义词指非同族词的意义相近。而同源词则指同族的派生词,它们之间有音近义通关系。

(5)**词族、×族词**:在同一根词下派生的全部词归纳在一起称词族,具体称 ×(词根)族词。

有了这一系列术语,才能把有关词源的各种不同现象以及它们的相互关系看清,并显示它们的区别。

术语的系统性还表现在概念之间的层次上。这种层次是科学分类的结果。例如,一般把训释方法分成义界、直训、推源,或分成义训、形训、声训,实际上这是两种分类标准下划分出来的:从训释目的看,可以分成义训(释义)和声训(推源或系源);义训中包括一种特殊的训释,即旨在发掘与形相贴切的本义的形训;从训释方式看,可以分成义界和直训。这几个概念是交叉或包括关系,不是全然的并列关系。关于训释的术语层次应是这样的:

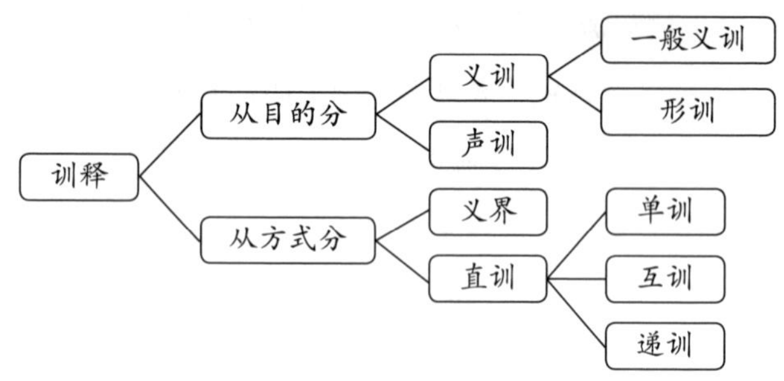

术语不是消极地表现概念,而是有助于推动概念的进一步明确,在术语确定的过程中,也将促进训诂原理的进一步科学化。这就更可以看出确定术语在训诂学理论建设中的重要作用。

要想让训诂学如同物理学、化学一样有一套系统而统一的术语,那简直是不可能的;就是让它有现代汉语语法学那样的大致统一或虽有分歧但彼此有明确相应关系的术语,也是很难的,但是,训诂学要进入高校的统一课程,还真需要一套相对说来大家都容易承认的术语。这恐怕要靠大家共同努力了,靠少数人或任何一家,都是不可能完成的。

七、训诂学名词术语及解释*

1. 词语收录的原则

（1）厘清训诂学与文字学、音韵学的界限，采用狭义训诂学的范围。研究构形本体的条目归文字学，研究音韵本体的条目归音韵学，三者交叉的术语，只收借助字形、字音探求和解释意义的术语，也就是以意义和训释为本体的条目。例如：不收“部件”“部首”等条目，收“造意”“形训”等条目。不收“声纽”“韵部”等条目，收“声训”“音近义通”等条目。

（2）厘清训诂学与词汇学、语义学的界限。现代训诂学用来阐释原理所借鉴的现代词汇学与西方语义学的术语，不列为条目，只收现代训诂学用以说明训诂原理的条目，有些来源于西方语义学的术语，训诂学陈述原理时采用后，又有所延伸的，而且内涵有

---

* 本文是2004年董琨研究员主持的国家社科重点项目“语言学名词术语”的子项目之一，由北京师范大学民俗典籍文字研究中心承担。王宁任组长，黄易青任副组长。课题组成员有（按音序排列）：卜师霞、陈晓强、金殷嬉、梁祖萍、凌丽君、李智、李亚明、石勇、王东海、岳海燕。这个项目采用的就是《谈训诂学术语的定称与定义》的主要精神，但项目完成时间比文章发表时间晚了将近20年，不论术语的采集，还是定称与定义的确立，都有较多的推进，因此，在获得黄易青教授和课题组成员同意的情况下，收进本书。此次收入本书的为原稿，与《语言学名词》（商务印书馆，2011年）中所收录的那部分有差异。

变化的，要连带收录，重新定义。例如：不收“义位”“语义场”等条目，收“主训词”“义值差”等条目。训诂学采用“义素”术语说明义界的内部结构，与西方语言学“义素”的内涵有一定的差异，因此有必要收入“义素”“义素二分法”和延伸出的“核义素（源义素）”“表义素”“类义素”等下位概念条目。

（3）厘清训诂学与文献学、古代经学的界限，有关文献版本学、目录学、校勘学、辨伪学的术语，不列为条目，但有些小学、经学共同的条目，语言学其他门类不收的，应列为条目。例如：不收“衍文”“脱（夺）文”“四书五经”等条目，收“考证（考据）”“朴学（汉学）”等条目。

（4）历史上训诂学经典著作中已经被后人沿用，被称为“术语”的程序化训释用语，实际上不是每个的含义都确定，都具备术语资格。这部分词语如《毛传》《尔雅》所用的“之为言”“谓之”等，不再一一列目，只列一个“训释用语”总目，下边举例以明之。

（5）注意搜集近现代具有权威性的训诂学通论所用的术语中已经为多数人接受且理据清晰、正确的名词，加以概括、整理。例如：章太炎、黄侃、沈兼士、杨树达、胡朴安、齐佩瑢、林尹、洪诚、蒋礼鸿、陆宗达等所著较有影响的训诂学通论著作，应加以注意。

（6）《中国大百科全书·语言文字》所收训诂类词目作为本项目的基础，除经甄别不宜列入外，一般不遗漏。

（7）本项目共收正词目 80 条，含 107 个术语。

2. 词目排列的原则

（1）为显示训诂学术语的系统性，词目顺序按内容分类编排。共分 5 类：总论，训诂体式，训释，训诂所见音义及字词句关系，训诂方法与禁忌。

（2）各类内部相关内容的词目的处理原则：

①并列概念的词目连续排列。例如："声训" 与 "形训" 应连续排列；

②上位概念的词目放在诸多下位概念的词目的前面，上位概念的词目释义中，要对所有下位概念的词目加以列举，并将下位概念置于上位概念后面。例如："训释" 包含 "声训" "形训" "义训" 及 "直训" "义界"，下位的五个条目在 "训释" 条目中一一列举，并分条列于 "训释" 条目后；

③由某一条目延伸出的相关条目，在母条目释义中，要对所有子词目加以列举，并将子条目置于母条目后面。例如："直训" 释义中，应列举相关的 "单训" "互训" "递训" "同训"，并分条列于 "直训" 条目后；

④互相依存的相关词目，不同类的各入各类，在出现嵌套现象时，被引用的词目用黑体标识；

⑤同实异名术语用 "也称……" 表示，用黑体标识。

3. 术语定义的原则

（1）训诂学是一门历史的应用学科，现代训诂学又有新的发展，因此，训诂学术语一般分为历史应用条目和现代理论条目两种。定义时分别以不同的原则对待。

（2）历史的应用条目首先要以客观反映历史状况为主，同时也要从理论上辨析其内涵的实质。例如："声训"是一个历史术语，要阐明"声训"的基本特征是训释词与被训释词有语音上的联系，也要说明历史上的"声训"因目的不同和特质不同实际上分为语言声训、文字声训、民俗声训、义理声训四种，不可一律视为同源词互训。

（3）历史上的某些旧术语，在不同的阶段内涵有发展的，要分别说明各阶段的内涵。例如："小学"这一名称初指儿童读书的学校；东汉后逐渐转为学科名称，大致包括后代的文字、音韵、训诂之学；近代章太炎始以"语言文字之学"取代"小学"名称。再如：历史上的"本有其字的假借"，实际包含现在所说的"同源通用"和"同音借用"，现代训诂学认为"同源通用"现象不应列入"假借"，应分别立目，并说明这一观点。

（4）历史上的某些旧术语原有的界定不清晰或有缺欠的，既要说明原有的含义，又要以现代的科学理论加以澄清。例如："反训"是传统训诂学提出的一个术语，实际上它并非训释方式，而是反映了词语本身存在或因引申形成的词义的对立而相通的现象，这两点要分别加以说明。

（5）传统训诂学的术语未经规范，普及性的解释讹误较多，现代训诂学的条目应着眼其科学定义，有针对性地澄清一些易于产生的误解。例如："引申义列"是现代训诂学中的一个操作概念，要突出它是按逻辑关系加以平面系联整理的，以避免被误解为它表示的是词义发展历史阶段的先后。

（6）有多种解释可并存的，用①、②……分别定义。如“字源”，传统以为是“词源”的同义语，今人也有沿用这一说法的；也有人以为是字形来源。可分别定义。

（7）本术语集是为制订标准用的，条目应力求用逻辑定义方式来确定其内涵实质，字数要严加控制，以定义的复杂性和说清定义为标准，不以条目的重要性为标准。

4. 训诂学术语表

（1）总论

1.01 训诂：用语言解释中国古代文献语言的工作及这种工作所产生的成果。

1.02 雅言：古代中原地区通行的汉语共同语。

1.03 训诂材料：古代训诂工作产生的成果。包括随文释义的注释材料、纂集类训诂专书和考证材料。

1.04 纂集：搜集散见的训释材料，按一定原则编排，类聚字、词的工作及其成果。根据编纂目的的自觉程度和对材料的整理方式，可以有不同的类型，如集合贮存型的《尔雅》、整理编选型的《方言》、理论证实型的《释名》。

1.05 考证：也称“考据”。综合运用训诂学形音义互求的方法，对文献词义进行考释与证明的工作。根据考据目的和论证取向的不同，可分为证实类考证和反驳类考证。

1.06 训诂学：以历代的训诂材料和训诂工作为研究对象的学

科。根据其不同时代的内容和特点，可分为传统训诂学和现代训诂学。

1.07 传统训诂学：侧重于实际应用、以解释古代文献为目的的训诂学。早期依存并服务于经学，着重经典的解释，带有浓厚的经验性；隋唐以后，逐渐与文字学、音韵学分立；清代乾嘉以来，偏重于意义的研究。

1.08 现代训诂学：从古代训诂材料出发，运用现代语言学理论，探讨训诂原理、方法，以与汉语历史语义学接轨的训诂学。

1.09 经学：阐释、研究中国儒家经典的学术。源于战国后期，汉代分为今文经学和古文经学。

1.10 小学：中国传统的语言文字学，包括文字、音韵、训诂之学。"小学"，初指儿童读书的学校，得名于"周礼八岁入小学"；东汉后逐渐转指学科名称，大致包括后代的文字、音韵、训诂之学；近代章太炎始以"中国语言文字学"取代"小学"名称。

1.11 朴学：也称"汉学"。以朴实严谨的学风进行词义、名物、制度等考据的学派。以汉代的古文经学派与清代的乾嘉学派为代表。

1.12 雅学：以《尔雅》及模仿《尔雅》意义训释纂集体例的《小尔雅》《广雅》《埤雅》《骈雅》《通雅》等训诂专书为研究对象的学问。

1.13《说文》学：也称"许学"。以许慎的《说文解字》为研究对象的学问。包括历代对《说文解字》的校勘、考证、注释及现代对小篆形音义系统的研究等内容。其中清代的段玉裁、朱骏声、桂馥、王筠成就突出，被称为“清代《说文》四大家”。

（2）训诂体式

2.14 传注：直接解释古籍正文的词语意义、典章制度、历史事实、思想内容的训诂体式类别。其名称有传、注、笺等。例如汉代毛亨的《毛诗故训传》、汉代郑玄的《周礼注》、汉代高诱的《淮南子注》、汉代郑玄的《毛诗笺》。

2.15 义疏：兼释古籍正文与传注的训诂体式类别。其名称有疏、义疏、正义等。例如南朝梁代皇侃的《论语义疏》、唐代贾公彦的《周礼注疏》等。其中正义专指奉朝廷之名所做的义疏，例如唐代孔颖达的《五经正义》。

2.16 集解：①汇集各家对同一部经典的注释，有时也补充汇集者自己的阐释的训诂体式。其名称有集解、集注等。例如南朝宋代裴骃的《史记集解》、宋代朱熹的《四书集注》。②合经与传注兼而解之的编纂样式。例如晋代杜预的《春秋左氏经传集解》。

2.17 补注：在注的基础上，选择一家较好的注本予以补充修订的训诂体式。例如清代王先谦的《汉书补注》。

2.18 章句：以句子为基本训释单位，将字词训释嵌入句子的直译之中，进而分析句读、串讲文意、探讨章旨的训诂体式。例如汉代赵岐的《孟子章句》。

2.19 音义：以辨音释义为本，也兼及比勘文字形体的训诂体式。其名称有音义、音训、音解等。例如唐代陆德明《经典释文》中包括的《周易音义》《尚书音义》等。

2.20 征引：以钩稽故实、征引出处的方法来探讨文献中的词语源流、说解语义和阐明文意的训诂体式。例如唐代李善的《文选注》。

（3）训释

3.21 训释：用语言来表述文献语言意义的工作。根据训释目的不同，可分为声训、形训和义训，根据训释的语言结构方式不同，可分为直训和义界。

3.22 声训：用音同音近的词来解释被训释词语的训释。古代声训有语言声训、文字声训、民俗声训、义理声训等。语言声训指同源词互训，例如“天，颠也”“涧，间也”。

3.23 形训：通过对汉字形体的分析来探求本义的训释。例如“麤(尘)，鹿行扬土也”。

3.24 义训：直接从意义上解释词语的训释。例如“口，人所以言食也”。

3.25 直训：以单词训释单词的训释方式。由一个或数个直训可以构成单训、互训、递训、同训。

3.26 单训：训释词与被训释词只是单向训释的直训。例如“璐，玉也”。

3.27 互训：两个词互相训释的直训。例如“排，挤也”“挤，排也”。

3.28 递训：也称“迭训”。两个以上的词递相训释的直训。例如“语，论也”“论，议也”“议，语也”。

3.29 同训：同一个词训释几个词的直训。例如“八，分也”“异，分也”“判，分也”“件，分也”。

3.30 义界:用定义来表述词义内容的训释方式。典型的义界结构是“义值差+主训词”。例如“观,谛视也”,其中“谛”为义值差,“视”为主训词。

3.31 主训词:在义界中用来表示与被训释词相同意义成分的词语。一般是被训释词的同义词或同类词。例如“饯,送去也”,“送”为“饯”的同义词;“顾,还视也”,“视”为“顾”的上位词。

3.32 义值差:在义界中表示被训释词语义特征的用语。例如“京,人所为绝高丘也”,“人所为”和“绝高”为义值差。

3.33 随文释义:也称“随文立训”或“隶属之训诂”。附在典籍原文中,来解释字、词、句以及篇章等意义的训释。例如“关关雎鸠”,《毛诗故训传》:“关关,和声也。”

3.34 专书训释:脱离了典籍原文,按一定原则编排在专书中的训释。例如《说文解字》《方言》等书中的训释。

3.35 词义训释:表述被训释词概括的语言意义的训释。例如“观,谛视也”“淑,善也”。

3.36 文意训释:表述被训释词在言语环境中的具体含义的训释。例如“母也天只,不谅人只”,《毛诗故训传》:“天谓父也。”“天”本无“父亲”之义,在此环境中特指“父亲”。

3.37 反训:也称“反相训”“相反为训”“正反同辞”等。传统训诂学术语。原指训释词与被训释词意义相反或用两个反义词训释同一个词的现象。实际上前人所谓“反训”并非训释方式,它反映了因引申形成的词义的对立而相通的现象,其存在是有条件的。例如“副”有“分”“合”二义,它的本义是把一物剖成两半,然后再合起来。所以,“分”和“合”看似对立,却是相通的。

3.38 训释用语:传统训诂学用于专门表示训释语和被训释语之间某种关系的程序化用语。释词用的有“曰”“为”“谓之”“犹”“之为言”等;注音用的有“读如”“读若”等;明字用的有“当作”“当为”等;阐释章句用的有“言”“章旨”等。例如“小曰羔,大曰羊”,用“曰”做成的训释说明“羊”和“羔”具有不同特征。

(4)训诂所见音义及字、词、句关系

4.39 本义:根据汉字形体分析出的意义,现代训诂学把前人所说的本义离析为造意与实义两个概念。

4.40 造意:汉字依据某一词义采用的构造方案中显示的具体构造意图。也有人称为“字的本义”。例如“麈(尘)”从“鹿”从“土”的构造方案,其意图是用“鹿行扬土”来表示其“细小尘土”的词义。

4.41 实义:由汉字形体结构中反映出来的、并在文献中实际使用过的词的某一义项。也有人称为“词的本义”。例如“麈(尘)”“从鹿从土”的形体中,反映出它在文献中使用的“细小尘土”的词义。

4.42 本字:专为记录某词而造、形体与词义切合的字,称作这个词的本字。例如《诗经》“济有深涉”的“涉”字义为“徒步渡水”,与“涉”的字形相合,所用即本字。

4.43 笔意:能够体现原始造字意图的字形。例如“因”的本义是“席子”,造字初期象有纹路的席子之形。

4.44 笔势:经过演变脱离原始造字意图的字形。例如楷书“因”从“囗”从“大”,无法反映“席子”这一本义。

4.45 引申：由于人的联想，从已有的意义中不断产生相关新义的词义运动形式。例如“节”从“竹节”义联想为状态相似的“关节”义。

4.46 引申义：通过引申方式而产生的意义。

4.47 引申义列：以本义为出发点，对多义词的诸引申义项按逻辑关系加以平面系联整理而成的一个连贯的意义系列。

4.48 假借：①在造字初期借用同音字来记录未造字的词，或以音同的字来替代没有实义的虚词的做法，即本无其字的假借。例如甲骨文中，“[illegible]”象凤凰形而代替“风”字。“而”象胡须形而用作连词“而”。②也称“同音借用”或“通假”，在本字已经存在的情况下，借用音同或音近而意义无关的字来替代本字，即本有其字的假借。例如先秦已有记录面貌的“颂”字，而典籍常写作“容”。

4.49 假借义：因字的假借而产生的与本字无关的词义。

4.50 同源通用：因词的派生而孳乳出的新字，在尚未完全习用的过渡阶段与源字通用或者新字之间混用的现象。例如“正”孳乳出“政”，又与“政”通用。

4.51 孳乳：在词的派生推动下，由记录源词的字分化出新字的现象。例如“正”孳乳出“政”。

4.52 变易：意义不变而字形变化的同词异字现象。例如“厷”写为“肱”。

4.53 词源：构词的理据，即词的音义结合的来源。

4.54 字源：①传统训诂学中同“词源”。②也称“形源”。用来指汉字字形的最早来源。

4.55 原生词:语言产生之初,音义按约定俗成原则结合的词。

4.56 派生词:在旧词的基础上分化出的新词称作旧词的派生词。

4.57 同源词:由同一根词直接或间接派生出来的词互为同源词。

4.58 根词:也称“语根”。同族派生词的总根。在词族中,根词只有一个。

4.59 源词:直接派生他词的词称作这个派生词的源词。例如“赴”是“讣”的源词。

4.60 词族:由同一语根派生的全部同源词的聚合。

4.61 对文则异,散文则通:也称“统言,析言”“浑言,析言”。同义词之间泛称时可以通用,相对出现时又必须区别的现象。例如“鸟”在一般情况下是长尾鸟和短尾鸟的通称,而在与“隹”相对时,只表示长尾鸟。

4.62 重言词:也称“重言形况字”。相当于后来的叠音词。由相同汉字重叠用以形容态貌或比拟声音的双音节单纯词。例如“苍苍”“喈喈”。

4.63 联绵词:也称“联绵字”“謰语”。由两个音节连缀成义而且上下字具有一定声音关系的单纯词。根据上下两字的声音关系不同,可分为双声联绵词(例如“淋漓”“仿佛”)、叠韵联绵词(例如“徘徊”“逍遥”)、双声叠韵联绵词(例如“缤纷”“辗转”)、非双声叠韵联绵词(例如“扶摇”)

4.64 破读:也称“读破”“破字”。用本字改读通假字的现象和方法。例如《诗经》“四之日其蚤”,“蚤”应破读为“早”;《论语》“天下有道则见”,“见”应改读为“现”。

4.65 句读:古代的一种标点方法。一句结束为句,句中停顿为读,合称句读。

(5)训诂方法与禁忌

5.66 形音义互求:训诂方法的一种。根据汉字形义统一、与音有密切联系的原理,利用三者的关系互相求证。

5.67 以形索义:训诂方法的一种。根据汉字形义统一的特点来推求本义,并以本义统率引申义、辨别假借义。

5.68 因声求义:训诂方法的一种。运用文献语言的材料,依循语音的相互关系和音变的线索,寻找同源字之间音变的轨迹和确定借用字之间音异的状况,达到探求文献词义的目的。

5.69 系源:在根词不确定的情况下,经过系联将同源词类聚在一起的工作。

5.70 推源:也称“推因”。确定派生词的根词或源词的工作。

5.71 以义证音:训诂方法的一种。根据意义关系就正字读、探求古音。

5.72 比较互证:训诂方法的一种。运用词义本身的内在规律,通过词与词之间意义的关系和多义词诸义项的关系对比,达到探求和判定词义的目的。

5.73 据文证义:训诂方法的一种。利用文献语境来探求或证明词义。

5.74 义素:分析义位内部结构的意义单位。训诂学阐释义界的语言结构时借用西方结构语义学的术语。现代训诂学将其分为核义素、类义素和表义素。

5.75 核义素：也称“源义素”。从同组同源词中提取出的经验性的意象特征。例如“稍、秒、梢、艄”可以提取出核义素“尖小—末梢”。

5.76 类义素：从同类词中提取的类别特征。例如“江、河、淮、汉”可提取出类义素“河流”。

5.77 表义素：从同义词中提取出的类义素以外的区别性特征。例如“徐行曰步，疾行曰趋”，“步”和“趋”都以“行”为类义素，它们之间具有区别作用的表义素为“徐”和“疾”。

5.78 义素二分法：现代训诂学在利用义界对词义内部结构分析时，把词的义位切分为“类义素＋核义素”或“类义素＋表义素”两部分的方法。

5.79 望文生训：也称“望形生训”“望文生义”。根据已经脱离原始造意的后代演变的字形或以假借字的字形来解释意义的错误做法。

5.80 增字解经：也称“增字为训”。在注释中主观地添加与原义无关的字词来生成训条，造成曲解原文意义的错误做法。

第三部分　训释原理

八、论词义训释[*]

训释是我国传统语言学中最古老的课题。训释规律的探讨，关系到语义学的一些重要原理的研究和应用。如何把训释作得简洁而准确，直接涉及到辞书编纂、古籍整理和语文教学的质量。因此，训释理论不仅在过去、而且在现在也仍是一个极有意义的语义学课题。训释的基本单位是词（包括某些必须在整体上理解的词组），本文的目的是想从古代的词义训释材料中提出某些有关原理的问题，以供今天的训释工作借鉴。

---

* 本文是 1984 年提供给北京语言学会年会的论文《论训释》中的一个部分；修改后以《论词义训释》为名，刊载于《辞书研究》1988 年第 1 期。此次收入本书时，对文章进行了充实，增加了一些内容。

1. 训释是对词义的表述

用语言来表述词义的工作，统称训释。训释可以分为单语训释和双语训释两种。用同种语言来表述词义是单语训释，如用汉语来训释汉语。用不同种的语言来表述词义是双语训释，如用汉语来训释英语。两种训释的规律是不相同的。这里主要是说汉语的单语训释。

在训释理论中，首先需要区分两个不同的概念——义和训。义是词形所负载的客观内容，它是在词进入使用状态后在确定的语境中自然显现的；而训则是对这种客观内容的人为表述。训释自然要力求准确地反映义，作得好，也是可以全面而准确地传达出词义来的。但是，由于词不等于逻辑概念，逻辑概念把一切非本质属性屏弃而抽象出本质属性，具有科学的理性特征；而词义具有经验性的特点，并不屏弃那些有关事物的具体内容，某些词又带有模糊的性质，表述很难完全精确。加之作训总与训释者对词义的主观把握有关，要受到训释者对词义的认识和表述能力的限制，因此，训在反映义时，不论采用何种方式，都有一定的局限，难得象逻辑概念的定义那样严密，而只能近似准确。

早期的训诂材料是附庸于经书的，它们大多是随文释义，也就是说，这些训诂材料大多是对词的使用义的表述。这种表述是有针对性的，目的不仅仅是解释词义，还为了梳理文意，所以有时只取使用义的某一方面来说。在这种情况下，训与全面的词义往往有很大的距离。这种训，往往只能用在被训的语句中，而无法搬用。例如，《诗经 · 周南 · 桃夭》："桃之夭夭，灼灼其华。"《毛传》

训“桃”为“有华之盛者”,这里并不是对“桃”的全面词义进行表述,而是针对全诗的意思,阐明“桃”的某一特点,以明确作诗者的具体意图。“之子于归,宜其室家。”《毛传》:“之子,嫁子也。”陈奂的《诗毛氏传疏》说:“之,犹是也。之子为嫁子,传随文训也。”这里明确告诉我们,“之”不当“嫁”讲,“之”的词义相当于“是”,也就是今天的“这”(按:另说“之”当“往”讲),只是在这首诗里,“之子”的使用义可以具体到“嫁子”上。对于这类随文释义的训来说,同训未必同义。例如,《诗经·齐风·还》“子之茂兮”与《诗经·大雅·生民》“种之黄茂”,两个“茂”,《毛传》同训“美”,但一个是“丰盛”义,一个是“人才出众”义,并非同一义项。又如,《尔雅·释诂》“基”与“落”都训“始”,但“基”是建筑之始,“落”是建筑物使用之始,也就是建筑之终,两个词在这个意义上说,恰是反义。

全面表述储存义,比表述使用义更要困难。几乎到了清代,才有了一些全面搜集和整理词的各个义项的资料汇编或比较精密的字(词)典,前者如阮元的《经籍纂诂》,后者如朱骏声的《说文通训定声》等。这些书都是为了反映每个词储存义的全貌。但是,它们编辑的方法大部分还是把各种使用义的训释汇集在一起,缺乏必要的分析综合和概括,又由于搜集、编纂的诸多局限,最好的也只能近似地反映储存义的全貌,有的还距离很大。特别是前面说过,对使用义的训释情况比较复杂,训释词与被训释词之间可以发生各种关系,同训未必同义,所以,不加分析地简单将同训词纂集在一起,不懂训诂的人很容易误用。

明确义和训的关系,同时弄清在训诂材料里训表述的复杂性,对训诂的研究有重要作用。我们固然要依靠训诂材料来探索古代词义,但又不可以训代义,不可简单地把同训都看作同义,这在训诂材料的运用上,是要切实注意的。

训释是以义项为单位来进行的。所以,每一个训所对应的只能是义项,而不是词;多义词包含几个义项,就应当具有几个训。

训释词语可以有较宽的选择面,因此,不能以不同的训释词语来简单地确定它们为不同的义项或异义之词,也不能因为训释词语相同而简单地确定它们为同一义项或同义之词。例如:

《离骚》:"春与秋其代序。"王逸注:"代,更也。"

《文选·东京赋》:"四时迭代。"李善注:"代,谢也。"

两部文献中的"代",一训"更",一训"谢",究其词义,都是"代换""轮流"的意思,实为同一义项。这是因为,王逸注把握的是"代换""轮流"词义中后者取代前者的特点,所以以"更"来表述;李善注则把握的是"代换""轮流"词义中前者必随后者之来而逝去的特点,所以用"谢"来表述。二者异训而同义项。又如:

《尚书·盘庚》:"有条而不紊。"传:"紊,乱也。"

《论语·子罕》:"不为酒困。"马注:"困,乱也。"

"紊"与"困"都训"乱",但二者绝非同义。"紊"确有"乱"

义,而“困”在这里只当“窘困”“困难”讲,训“乱”是发挥《论语》的思想,《乡党》篇有“唯酒无量,不及乱”之说,据此而判断“酒困”即是违反了“不及乱”的原则,所以训“困”为“乱”。“紊”与“困”同训而异义。

因此,不加分析地用训释词语的异同来确定同词的义项异同或异词有否同义,都是不符合训释的基本原理的。

2. 训释的目的是贮存与沟通

词是词汇的个体,它通常以两种状态存在:一是贮存状态,一是使用状态。贮存状态的词是作为全民语言的建筑材料而存在的,一般情况下,这种状态的词是从大量使用状态的词中归纳出来的,因而它的有形存在是人们编纂的词典。词典把语言中可能用来交际的词尽可能全面地搜集在一起,标示出它们的书面符号和读音,按义项整理出它们的意义,以备人们说与听时查检与选用。为这种贮存状态的词作训释,目的是把通过长期使用而被巩固到词形中、为使用这一语言的人共同理解的内容表达出来,贮存起来,作为整个社会使用这个词的共同依据。贮存状态的词,意义大都是多项的,每项意义又是经过概括的,因而必然含有广义,义值也是笼统的。例如“意”这个词,旧《辞海》贮存了五个义项,其中一项为借义,那四项是:

①志也。见《说文》。《国语·越语》:“臣行意。”

②思念也,犹计也。《礼·王制》:“意论轻重之序。”

③任己意也。《论语·子罕》:“毋意毋必。”

④疑也,料也。《汉书·梁孝王武传》:“于是天子意梁。”

这四个义项都适用于古代汉语。我们把这四个义项用现代汉语解释得更明确一些:①是意思,即主观愿望、意向、想法;②是考虑,也就是想,是动词;③是任意、随意;④可以分作两项:一是怀疑,不信任;二是猜想、意料。“于是天子意梁”属其一,其二如《史记·项羽本纪》:“然不自意先入关破秦。”这些训释都是分项而概括的,指向十分宽阔,后面的例子只不过是举其一端帮助人们去理解,实际上,适合于使用这个义项的语句是很多的。

但是,词一旦进入了使用状态,情况就发生了变化。使用状态的词也就是个人言语作品中的词。它活动在说话或作文人的口中或笔下,进入到一定的语言环境中。它的意义是已经体现出来的,表现出与贮存状态完全不同的特点:

(1)义项的固定。词在贮存状态时是多义的,而在使用状态时,由于多种语言环境的限制,其他义项被排除了,只有一个义项是适用的。例如前面所举各义项的例句,每句中的“意”只适合一个义项。

(2)指向的单一。贮存状态的词义是从很多言语作品中概括出来的,所以具有广义。但是当词一进入使用状态,这种广义都要受到不同程度的限制,指向单一了。有的甚至要具体到某一特指对象上去。例如《国语·越语》“臣行意”的“意”,从上下文看,指的是范蠡“不复入越国”而要“乘轻舟以浮于五湖”的意愿。

（3）义值的具体化。指向单一的必然结果是义值的具体化。使用状态的词义，可以达到完全反映个人经验的地步。这一点，在纯文学作品中表现十分突出。试举唐代诗人的作品中的"意"字为例：

《送杜少府之任蜀州》（王勃）："与君离别意，同是宦游人。"

《杂诗（其三）》（沈佺期）："少妇今春意，良人昨夜情。"

《赠卫八处士》（杜甫）："十觞亦不醉，感子故意长。"

《游子吟》（孟郊）："临行密密缝，意恐迟迟归。"

《送友人》（李白）："浮云游子意，落日故人情。"

以上五例中的"意"，属同一义项，都当"心意""情意"讲，但是它们出于不同作家之口，置于不同的语言环境中，具体的义值就千差万别了。其中包括对友人的心意、对丈夫的心意、对儿子的心意。同是对友人的心意，又有离别的情意和会见的情意。同是离别的情意，有的是"海内存知己，天涯若比邻"（王勃）的豪壮，有的又是"此地一为别，孤蓬万里征"（李白）的凄凉。总之，同一义项在使用中体现出的义值是十分具体的。

对使用状态中的词加以训释，目的是为了沟通。即，使说话人（作者）和听话人（读者）对言语作品中的词所含的具体内容有共同的理解，以便通过语言信号，沟通说（作）者与听（读）者的共同经验。在古代文献里，这种训释多半附在文句的后面，因为它只适用于被训的语句，而无法搬用到另一地方。针对使用状态中的词的词义的三个特点，以沟通为目的的训释也有三种类型：

（1）确定义项的训释。例如：

《史记·乐书》："比音而乐之。"《史记正义》："比音鼻，次也。"

《汉书·食货志》："比其音律。"颜师古注："比谓次之也。"

"比"有"连续""亲密""靠近""排列"等义项。这里训"比"为"次"，排除了其他义项，确定"比"在这两句中皆属"排列"这一义项。

（2）明确指向的训释。

试比较下列训释：

《礼记·坊记》："示民有上下也。"注："上下犹尊卑也。"

《礼记·中庸》："上焉者，虽善无征，无征不信，不信民弗从；下焉者，虽善不尊，不尊不信，不信民弗从。"注："上谓君也，……下谓臣也"。

第一个训释中，以"尊卑"训"上下"，也就是说，"上"与"下"，可以表示地位的"尊"与"卑"，奴隶制度和封建制度下的地位尊卑包括很广，因而"上"与"下"的这个义项是广义的。而在第二个训释中，"上"与"下"分别训"君"与"臣"，指向就单一了。这种指向单一的训释，只有在具体的语言环境中才能作出。

又如，"大"是一个词义非常宽，也就是意义广度极高的词，只有在具体的语言环境里，才能明确其指向：

《吕览·慎大》:"江河之大也。"注:"大,长。"

《礼记·中庸》:"致广大而尽精微。"注:"广大犹博厚也。"

《庄子·山木》:"庄子衣大布而补之。"注:"大布,粗布也。"

《荀子·性恶》:"大齐信焉而轻货财。"注:"大,重也。"

《管子·法法》:"故仁者、知者、有道者不与大虑始。"注:"大犹众也。"

《后汉书·苏章传》:"三辅号为'大人'。"注:"大人,长老之称。"

以上六个语例中,"大"各有其指向,因而也各自具有不同的状态:

《吕览》指江河,"大"即是"长",与"短"相对。

《礼记》指学问,"大"即是"博",与"精"相对。

《庄子》指衣之质地,"大"即是"粗",与"细"相对。

《荀子》指看待事物的态度,"大"即是"重(视)",与"轻(视)"相对。

《管子》指人数,"大"即是"(人)众",与"(人)少"相对。

《后汉书》指年龄,"大"即是"长",与"幼"相对。

(3)陈述具体义值的训释。以沟通为目的的训释,往往不以确定义项和明确指向为满足,还要进一步向听(读)者显示说(作)者的主观意图。因此,就出现了陈述具体义值的训释。

试比较以下训释:

《说文·尸部》:"屏,蔽也。"

《左传·襄公二十九年》:"文子曰:'甚乎其城杞也。'子大叔曰:'若之何哉?晋国不恤周宗之阙而夏肄是屏。'"杜预注:"屏,城也。"

"屏"的概括词义是"屏障""屏蔽"。而《左传》所说的"屏",具体指的是"城杞","屏,城也"这个训释,把义值具体化了。

又如上面所说的"大"字:

《老子》:"大巧若拙。"注:"大巧谓多才术也。"

《穀梁传·定公八年》:"大弓者,武王之戎弓也。"

《论语·季氏》:"畏大人。"注:"大人即圣人,与天地合其德。"

上面三个注释都将"大"的义值作了具体的描述。根据训释的描述,我们仍可将以上三个"大"字的指向明确:"大巧"的"大"指技术,义为"高(妙)",与"低(能)"相对;"大弓"的"大"指弓力,义为"强",与"弱"相对;"大人"的"大"指地位,义为"尊",与"卑"相对。又如:

《荀子·大略》:"言而不称师谓之畔。"

《尚书大传》:"改衣服制度为畔。"(逸文,《白虎通·巡狩篇》引)

这是两个在文献原文中的训释。“畔”是“叛”的同音借用字，古代文献中“畔”与“叛”经常通用。例中“畔”训“言而不称师”，是叛于师道；训“改衣服制度”，是叛于旧礼。在陈述具体义值时，把指向也同时肯定下来了。

这三种训释，都是以沟通为目的而作的。第一种可直接用于贮存，因为它训释的是词的概括意义，是贮存诸义中的一项，而后两种则不可直接用于贮存，必须进一步概括才可进入贮存，因为它们训释的是与文意相关的具体词义，离开了语言环境，便难以成立。它只可称作文意训释，而不可称作词义训释。从训释目的分类，我们可以得出以下系统：

<table>
<tr><th>训释目的</th><th>目的的体现</th><th>训释的性质</th></tr>
<tr><td>Ⅰ贮存</td><td>A 多项的，概括而有广义的</td><td>甲、词义（概括义）训释</td></tr>
<tr><td rowspan="3">Ⅱ沟通</td><td>A 确定义项的（唯一义项）</td><td>甲、词义（概括义）训释</td></tr>
<tr><td>B 明确指向的（指向单一）</td><td rowspan="2">乙、文意（具体义）训释</td></tr>
<tr><td>C 陈述义值的（非多义、非广义）</td></tr>
</table>

在编纂辞书选用古代文献已有的训释材料时，分别贮存与沟通这两个目的，弄清词义训释（概括义训释）和文意训释（具体义训释）这两种性质，是非常重要的。严格地说，只有 IA 与 IIA 这两种训释可以直接选入辞书，IIB 与 IIC 是必须经过再度概括才能写作义项的。古代的很多训诂专书如《尔雅》，在集中同训词时往往将文意训释混入，便出现很多同训而非同义的现象；又如阮元的《经籍纂诂》，是将古代文献已有的成训全部编入，词义训释与文意训释不加分辨。所以，严格说来，它们都不是科学意义上的词典，只是一种训释材料的类编或音编。

将以沟通为目的的文意训释误作词义训释来分析词义,在理论上也极易发生错误。比如,根据"化犹生也"与"化犹死也"的"反训"来肯定"化"有"生"与"死"一对相反的意义,就是错误的。这里的"生"与"死"应概括在同一义项——"变化"中,异训却同义。[①]

3. 词义训释的两大方式——直训与义界

我国古代的词义训释,就其训释方式看,分成直训和义界两大类。

直训是以单词训释单词,又分单训和互训两种。互训的训释词与被训词可以两两互易位置或辗转互易位置。例如:

> 《说文·页部》[②]:"頟,顙也。""顙,頟也。"

凡不能作成互训的,即为单训。例如:

> 《玉部》:"瑛,玉也。""珦,玉也。""璐,玉也。"
> 《水部》:"洇,水也。""溧,水也。""湞,水也。"

---

① 详见本书第三部分《训释原理》中《论"反训"》一文。

② 古代的训释专书中,集合贮存型比较多,其中往往掺有文意训释,只有《说文解字》虽然包含字训,却绝无混入文意训释之嫌,只要把不是词义的单纯形训排除,倒是讨论训释方式的好材料,所以本节的例子皆取于《说文解字》,以后所举之例,只出部目,不再出书名。

可以看出，凡是保持单训而不能作成互训的，都是因为训释词是类名（上位概念）、雅名（标准语）、普通名（常用词），而被训词则比较专门（下位概念）、使用比较局部（方言词）、比较特异（生僻词），互易位置就起不到训释的作用了。

在直训中，训释词和被训词之间可能具有三种关系：

（1）共时共域的同义关系。

共时共域的两个词以甲训乙，两词仅在某一义项上相同。这也是造成同训并不一定同义的重要原因之一，因为两词用同一训释词，并不一定取训释词的同一义项。例如：

“艺，树也。”（取“树”的“种植”义）

“立，树也。”（取“树”的“直立”义）

“艺”与“立”不同义。

（2）异时或异地的对当关系。

这种关系适用于今语释古语、标准语释方言或方言词互训。因其异时异地，被训词和训释词不在同一语境中出现，二者具有对当关系。例如：“其”训“那”，是说古代的“其”相当于今天的“那”；“崽”训“子”，是说南方方言的“崽”相当于标准书面语的“子”。

（3）上下位类属关系。

在这种关系中，训释词一般应是上位概念，其外延可以包括被训词。只有在个别情况下，二者才可能发生易位现象，即，训释词成了下位概念。例如“羊,羔也”“木,梅也”。前者是“对文则异,散文则通”的规律在起作用;后者则是为了把类名具体化而出现的文意训释,不在词义训释之列。

直训的实质是显示训释词与被训词之间的相同点,凡是作成直训的两个词,一定有在具体语言环境中得以置换的关系。这一点,从古代的训释材料中可以看得非常清楚:

《孟子·滕文公下》:“勇士不忘丧其元。”赵岐《章句》:“勇士,义勇者也。元,首也。以义则丧首不顾也。”

《左传·成公二年》:“利以平民。”孔颖达疏:“言利以平民者,平,成也,每事有利,所以成就下民。”

第一例中,赵岐训“元”为“首”,又以“丧首”释“丧其元”,是用“首”来置换“元”。第二例中,孔颖达训“平”为“成”,也就是“平民”可置换作“成民”,而“成”即“成就”,以“成就下民”释“平民”,是以“成”置换“平”,又是“成就”置换“成”的结果。置换实质上就是翻译。因此也可以说,直训是为翻译准备的材料。

直训的变式是对举。即,用反义词前加否定词的方式来作训。例如:

《心部》:“惰,不敬也。”

《水部》:“浅,不深也。”

这种训释的特点是用反义词来确定被训词的义项。在言语片段中，可直以“不+反义词”这一形式与原词置换。对于含义浅显、带有模糊义的常用词，这种确定义项的方式，要比任何方式更易准确。

义界是用定义和描写的方式来表述词义的内容，以便展示词义的特点，从而把词与邻近的词或义项区别开来。义界是以句释词。典型的义界是定义式，它的训释方式可以归纳为：

义值差+主训词

我们从《说文解字》中摘取部分义界加以分解，便可展示它的结构方式（主训词加·，义值差加____）：

《彳部》："循，行顺也。"

《目部》："眛，目不明也。"

《羊部》："羜，五月生羔也。"

《肉部》："胆，连肝之府。"（按："府"即"腑"，内脏）

《㫃部》："旂，旗有众铃，以令众也。"

分解以上义界后，我们可以归纳出这种训释格式的规律：义界的主训词可以取直训训释词中的一、三两类，即，共时共域的同义词和上位的类词。所以不取第二类，是因为异时异地的对当词之间一般不存在义值差。义值差不等于逻辑定义中的属差。属差是概念内涵中区别相邻的同位概念的本质属性,是理性的;而义值差则是巩固进词义中去的经验和内容,它可以是性状、位置、动态、形貌、用途……,总之,它一般具有直观性,作训者既要考虑词义的客观特点,又要考虑到读训者的经验和理解能力,才能选定。

除定义式义界外,义界还有两个变式:

①嵌入式义界

训释词语负有对被训释词解释的任务,一般不应再含有被训释词本身。但是在古代训释材料里,常有把被训释词嵌入到训释词语中的义界,这种情况大约可分以下三类:

A. 由于主训词难以选择,便将被训释词本身嵌入义界,占据主训词的位置,而只用义值差来显示词义的特点。例如:

《司部》:"司,臣司事于外者。"

《弓部》:"弦,弓弦也。"

《糸部》:"绠,汲井绠也。"

这类嵌入式义界说明,义界的实质是辨异求别和突出特点,在被训词所指不难理解而其上位概念与同义词都难确定的情况下,义值差明则词义明。

B. 在义值差难以用其他语言表述的情况下,便将主训词详述,造成一个易于理解的语义环境,而将被训释词直接嵌入来充当义值差。例如:

《页部》:"顡,小头顡顡也。"

《豕部》:"豨,豕走豨豨。"

《豸部》:"豸,兽长脊,行豸豸然。"

《人部》:"僇,痴行僇僇也。"

C. 将被训释词嵌入义值差中,但组成双音词或词组以明义。例如:

《宀部》:"宽,屋宽大也。"

《宀部》:"宔,宗庙宔祏。"

《人部》:"佋,庙佋穆。父为佋,南面;子为穆,北面。"

②比况式义界

有两种情况:

A. 选择一个形似比喻物来代替主训词,同时阐述被训词与比喻词之间的差异来代替一般的义值差。例如:

《豸部》:"豹,似虎,圜文。"

《豸部》:"貘,似熊而黄黑色,出蜀中。"

《舃部》:"舃(兕),如野牛而青。"

B. 选择一个形似的比喻物以其特点来代替义值差,同时出示主训词。例如:

《希部》:"𧰲,虫似豪猪者。"

《鼠部》:"𪕊,鼠似鸡,鼠尾。"

《熊部》:"熊,兽似豕,山居冬蛰。"

以上三例中,例一直接以比况物的特点来代替义值差;例二、例三在比况以外,还对义值差作了补充。

如果我们把直训看作是只有主训词而隐去义值差的义界,那么,便可能看出,直训旨在求其同,义界旨在别其异。这两种训释方式体现了训释的总原则:一个好的训释,既要明确而简练地表述词义的本身内容,又要清楚地把这个词的特点,也就是它在意义上和相邻词的差别显示出来。所以,训释的总规律是利用词际和义际的异同关系,使被训词和训释词语的意义达到尽可能严密的对当和统一。任何训释,都是离不开这个总原则的。

九、论形训与声训*

——兼谈字与词、义与训在实践中的区分

古代训诂学家把训释分为义训、声训、形训三类。这种把三者平列起来的分类方法严格说起来是不科学的。从理论上说，训释都是表述词义的[①]。从实际情况分析，形训和声训的目的仍在解释词义，而不在说形、说声。它们不过是两种特殊的义训，是广义义训的下位概念。旧训诂学的术语有相当一批从内在联系看是缺乏清晰的逻辑层次的，现代人沿用和解释这些术语时必须把它们的历史内容（曾被训诂家认定了的实有内容）和科学涵义（按道理应当明确的合理内容）划分清楚。在阐述训诂历史时不妨按前者还其本来面貌，而在讨论理论问题时却一定得采用后者。不然，盲目地跟着古人去说，便容易弄成一笔糊涂账。

形训和声训的科学涵义应当是什么？这是本文要讨论的主要问题。讨论中还会涉及到义和训、字和词的区分问题，这两对概念

---

* 本文是1984年提供给北京语言学会年会的论文《论训释》中的另一个部分，修改后以《论形训与声训——兼谈字与词、义与训在实践中的区分》为名，刊载于《北京师范大学学报》1989年第4期。此次收入本书，亦有修改、补充。

① 我在《论词义训释》（见上一篇）一文中曾说："用语言来表述词义的工作，统称训释。"又说："训释的总规律是利用词际和义际的异同关系，使被训词和训释词语的意义达到尽可能严密的对当和统一。"从本质上说，训释只与意义有关。

在训诂学里也有胡涂账，限于篇幅，只能顺便说一说了。

1. 形训——本义的造意训释

现代辞书给“形训”下的定义从字面上看，好象差不多。下面罗列有代表性的几种：

(1)《辞海》：“形训”指“用分析文字形体的方法来解释字义或词义。”

(2)《简明语言学词典》：“用分析汉字的字形去阐明字义的方法叫‘形训’。”

(3)《简明语文知识辞典》：形训“指从分析字的形体结构来解释词义的释词方法。”

(4)《简明华夏百科全书》：形训是“用分析汉字形体结构来解释字义的训诂方法。”

(5)《中国大百科全书·语言文字》：“形训”是“根据汉字的形体结构解说字义的训诂方式。”

比较以上定义可以看出，各辞书都说明了形训是根据字形而释意义的。它们之间仅有两字之差。一是(1)(3)只说形训分析的是“文字形体”“字形”，而(2)(4)(5)却明确指出形训分析的是汉字形体；二是(2)(4)(5)说形训解释的是“字义”，而(3)却说解释的是词义。别看两字之差，都是关键问题。

形训反映汉语与汉字的特殊关系——汉字是构意文字，早期汉字是根据汉语的词义来构形的。唯其如此，分析汉字形体才能达到解释意义的目的。形训不是一个普遍方式，而是仅仅与汉字、汉语有关的训释方式，给它下定义，还是把“汉字”明确点出来来得好些。

更重要的问题是：形训解释的是字义，还是词义？字和词在国外语言学里可以说完全不是一个东西，可在汉语，尤其是古汉语里，情况就比较复杂，有时候，它绝对需要分开，混淆了会出大纰漏；也有时候，它分不分都没关系，原则上两个术语可以通用。例如说到“通假字”，绝不能换说“通假词”，因为它说的是书写方式问题。“伸”字借作“信”，字是两个，记录的却是同一个词；“信”字当“信用”讲，与当“伸展”讲，写的是一个字，记录的却明明是两个词。在这些地方，“字”和“词”不能乱用，不能混同。又如，在汉语里，“词根”也不好叫作“字根”，它跟字形没有必然关系，而字是没有“根”的。章太炎先生所说的“初文”，指的是独体字，但是，从更早的古文字看，独体字并不都比合体字早出现；有些独体字反而是从合体字中归整出来的。尽管中国古代文献管实词一律称“字”，“字根”恐怕实际上指的是“词根”，但为了说得确切些，还是换成“词根”的好。可是，说“同源词”时，如果说成“同源字”，只要局限在说单音词，这是可以的，不会引起混淆。王力先生的《同源字典》《同源字论》，都用的是“字”，不是“词”，不熟悉中国古代文献的人总要纠正它一下。其实大可不必。《同源字典》搜集的都是古汉语单音词，这些词到了现代汉语里不少已变成不独立成词的语素，如果站在贯通古今的立场上，就得说“同源词或语素”,那多麻烦。说“同源字”,这“字”表示一个单音节的书面语言单位,是很科学的。再说,早期汉语大量采用字变手段来造词,词的派生如果没有语音变化,就要以另造新字为分化的标志。所以,同源字就是同源词,它们是两个等同的概念,在理论上不会犯任何错误。不理解作者的用心,非要在这里掰“字”和“词”的区别,就显得有点教条了。

那么,“形训”所解释的是字义还是词义?二者有没有必要严格区分呢?

形训是一种专门表述汉字本义的训释。本义原是“许学”(《说文》学)的专门术语,它指的是与字形直接相关的意义。形训来源于《说文》,《说文》是以释本义为总的条例的。要了解本义是什么,得具体观察《说文》的训释。举几个比较典型的例子来看:

(1)《二上・半部》:“半,物中分也,从八牛,牛为物大,可以分也。”

(2)《二下・品部》:“喿,鸟群鸣也,从品在木上。”

(3)《三下・又部》:“友(㕛),同志为友,从二又,相交友也。”

(4)《七上・克部》:“克(亨),肩也,象屋下刻木之形。”

(5)《七下・网部》:“羅,以丝罟鸟也,从网(罒)从维,古者芒氏初作羅。”

以上训释,都可以分成两个段落。前半段是这个字所据以造形的单音词的词义,转移到字上,也就是字义。后半段则是结合词义来阐明字的构形意图。例如,用体大的牛来标志从中剖分;用三个口(三个表示多数)在木上来使人想起许多鸟吱吱喳喳乱叫;用相握的两手来象征互相扶助;用房屋的梁木来刻划负担、负荷;用鸟在丝旁网下来体现羅(罗)鸟的情景……这些是对造字意图的阐明。① 一般说来,形训应包含这样两个方面。我们称前一方面为"实义",后一方面为"造意"。形训即是指造意的本义。

实义必须是在言语作品中确曾使用过的意义,所以它是词义,作为词的记录符号的字,自己本没有声音和意义,它的音义完全是由词上转移来的,从这个意义上说,词义也就是字义。至于造意,它既然属于构形意图,自然应为文字所有,只能说是字意,不是词义。

传统训诂学在谈到"本义"时,内涵并不十分明确,有时指的是实义,有时又指的造意。《说文》中所作的训释——特别是形声字的训释,有时貌似实义其实仍是造意。例如:

(1)《五下·㫗部》:"厚,山陵之厚也,从㫗从厂。"

(2)《七下·宀部》:"宰,罪人在屋下执事者,从宀从辛。辛,罪也。"

(3)《八上·衣部》:"裕,衣物饶也,从衣,谷声。"

---

①《说文解字》里对"义"与"意"的区分十分明确,凡用"同意"皆指构形意图一致。例如"爾"下说:"从冂从㸚(lǐ),其孔㸚……此与爽同意。"指"爾"和"爽"在构形时都用㸚表示明亮,有共同的意图。

在这类训释里，“厚”训“山陵之厚”，是为了说明从“厂”（hǎn）的造字意图，而“厚”却不是专为山陵而设的词。《说文》“重，厚也”“管，厚也”……作训释词都与山陵无关。在先秦文献里，“厚”的词义也具有相当的广度，绝非局限在山陵这一小范围内。例（2）“宰”的训释中有“在屋下”的字样，也是因其从“宀”（mián）而设的。例（3）“裕”训“衣物饶”，在先秦文献中是有体现的。《荀子·富国》的“节用裕民”，意为“节约用度，使百姓衣服优饶”，正体现字形从“衣”的意图。但是，早在《荀子》之前，“裕”便有了“宽裕”这一概括义，使用时具有相当广度，“衣物饶”只是“宽裕”义的具体化，在先秦文献里，这一意义从未有过专用阶段。这些训释仍然只是对造字意图加以说明，并未表述出词确曾实现过的意义。因此，它们仍是造意训释，不是实义训释。

经过以上分析可以明确：形训如果没有造意部分，就失去了它的特点而成了义训。所以，典型的形训，还应当是字训。而本义则必须再加以区分：本义的造意是文字（形）范畴的概念，从中概括出的实义，则是语言范畴的概念。

基于以上原因，我们在《训诂方法论》里对“形训”下的定义[①]是：

---

① 见《训诂方法论》附录《训诂学名词简释》，北京：中华书局，2018年，第173页。

> 与字形相贴切的意义训释叫形训。形训表明依义造字的意图,一般是说明本义的。

在这里,我们回避了“字义”或“词义”问题。而对“本义”,我们的定义是:

> 反映在字形上,体现原始造字意图的字义,叫作本义。本义就是词的某一个义项,或是某一义项在个别事物上的具体化。例如“本”(𣎵),以“一”在“木”下表示树木的根,它的本义就是“树根”。古代文献中直接以“本”作“树根”讲的很多,如《晋语》“伐木不自其本”,所以它即是“本”这个词的一个义项。“齊”(“齐”,亝),以三枝齐头的麦穗表示整齐,它的本义是“禾麦吐穗上平也”。古代文献里没有直接使用这个意义的,它只是“整齐”“平齐”这个义项在“禾麦”这一事物上的具体化。

在这两个定义里,都已含有区分造意与实义的思想。到《训诂原理概说》中,才正式把“造意”与“实义”的概念提出。这是理论的需要,也是从历史的实际出发的。

2. 声训——用同源词来显示词源意义[①]

声训是用音近义通的词来作训，因为训释词与被训词之间有声音的关系，所以被称作声训。但是，声训的目的并不是为了显示读音，而仍是为了显示意义。

如果我们对汉语的早期词义加以分析，就会发现，词义的内部实际上存在两种不同的因素：一种是词的表层使用意义；另一种是词的深层词源意义。

词	表层使用意义	深层词源意义
引	开弓也	长(将弓拉长)
延	长行也	长
梴	长木也	长
埏	八方之地也	长(向四方伸长之地)
次(涎)	慕欲口液也	长(拉长的口水)
紖	牛系也	长(祭祀时主祭人牵牛之绳最长)
筵	竹席也	长(向四方延展之物)

词在使用时都有一个表面的义值，除此之外，词义内部还存在一种在表面上并不直接显现的东西，传统训诂学表述这种因素时以“词义特点”来称谓。它来源于造词的理据，由词的内部形式所负载；它贯穿于词义引申的全过程，也贯穿在同源派生词之间——在词义引申和新词的派生中，使用义发生了变化，而词源意义只在某一阶段发生相应的分解，却从不消逝。观察上

① 我在《古代语言学遗产的继承与汉语语言学的自主创新》（见本书第一部分）中将曾被称为“声训”的训释区分为语言声训、字用声训、民俗声训和义理声训四种。本文所说的声训专指语言声训而言。

表同源词,可以看出使用义与词源义的关系:同源词的使用义不论怎样不同,包含在其中的意义特点,即词源意义,是没有改变的。而且,词源意义虽然不在使用中直接实现,但它对使用意义的特点有决定作用,非同源的同义词,只在使用意义上相同,词源意义却不可能相同,用这个方法可以辨析同义词。试观察下列一组词:

词	使用意义	词源意义
说	谈话(说释)	启开(悦、脱、弛……等同源)
论	谈话(论理)	有文理(纶、轮、沦、伦……等同源)
语	谈话(对语)	相对(敔、晤、禦……等同源)

从上例看,"说""论""语"三词都可用于谈话,但因词源意义不同,内在的特点便不一样,也就影响到三个词一般不出现在共同的语境中。

明确了使用意义与词源意义的关系,便可以知道:义训是表述使用意义的,而声训则是通过同源词来显示词义特点即词源意义的。因为只有在同源词的联系中,那种内在的词义特点才能被归纳出来。由于同源词之间共同的词源意义不易从表面看出,而它们之间的声音关系却是外在的,所以,古人因其训释词与被训词的音近关系而以"音训"名之,反而把归纳词源意义的训释实质给掩盖了。试观察以下《说文》声训:

《十上·火部》:"炳,明也。"

《十一上·水部》:"泛,浮也。"

《二上·口部》:“嗌,咽也。”“咽,嗌也。”

《十一上·水部》:“洐,沟水行也。”

《十上·黑部》:“黬,羔裘之缝。”

这些声训,“炳”“泛”是直训的单训,“嗌”“咽”是直训的互训,“洐”“黬”都是义界。但“洐”与“行”直接成为声训,“黬”的主训词“缝”(fèng)暗含“界域”之义,而“域”并未在训词中出现,是间接的声训。前者我们称显性声训,后者称隐性声训。不论它们作成的方式如何,它们的训释词与被训词都有同源关系,属于合理的声训。但是,由于汉人以及师法汉人的注释家在作声训时缺乏对同源词的理性认识,便时有人为的牵合,有时甚至是盲目地追求时兴,所以,古代声训不合理的很多。衡量声训是否合理的标准,应当从义通来看,看训释词与被训词之间有没有共同或相关的词源意义,是否是同源词。下列声训即属不合理声训:

《释名·释言语》:“贪,探也,探取入他分也。”

同上:“公,广也,可广施也。”

同上:“导,陶也,陶演己意也。”

“探”的词义特点是“深取”,与“深”同源,与“贪”无涉;“广”的词义特点是“光大”,与“光”同源,与“公”无涉;“导”则以“通道”为义核,与“陶”无涉。它们都是不合理声训。虽然在声近这个条件上,它们全都符合。可见声训的本质不在声而仍在义,仍属意义训释范畴。

这里还要说明的是：其一，中国古代的声训就其目的看不体现历时推源，只是共时的系源。[①]它的目的在于解释，而不在寻找根词。其二，《说文》的声训还必须同时能说明字形，兼有形训的作用。前者我们只需从声训也能作成互训这一点，即可证明：

（1）《九上・页部》："颠，顶也。""顶，颠也。"

（2）《八上・老部》："老，考也。""考，老也。"

（3）《八上・人部》："倚，依也。""依，倚也。"

（4）《六上・木部》："梡，梱木薪也。""梱，梡木未析也。"

训释词与被训释词可以互易位置，这说明，作训者毫不着眼于谁是谁的根，也并未推究它们的产生孰先孰后，只是着眼于它们共同的词义特点。而后者，我们也只要分析几个非形声字的声训，便可清楚：

《七上・日部》："日(⊟)，实也。太阳之精不亏，从口一，象形。"

《七上・月部》："月(㒼)，阙也，大阴之精，象形。"

《十上・马部》："马(馬)，怒也，武也，象马头髦尾四足之形。"

---

① 这一点，我们在《论字源学与同源字》（见陆宗达、王宁《训诂与训诂学》，太原：山西教育出版社，1994 年）一文中已有论述，这里不再详述。

《十一上·水部》:"水(巛),准也。北方之行,象众水并流,中有微阳之气也。"

"日"训"实",与它的形体封闭而实满有关,而"月"则因需与"日"有所区别,画缺月以象形,训"阙",也与字形有关。"马"训"怒"、训"武"都与字形所显示的马之奔奋形象有关。"水"训"准",取其"平准"的特点,与它的字形用三条平列的水波而象形也是分不开的。所谓"众水并流",是解释三条平行的曲线,所谓"中有微阳之气",是解释中间曲线连贯,而两边曲线断开。正因为《说文》的声训同时要顾及字形,所以它的互训多为同部,唯同部能具部首相同的条件,不失造形之原意。这种声训,其实也兼有字训的性质。所以,对《说文》的声训,更不可以历时的推源看待。黄季刚先生把"推源"改为"推因",以说明声训的目的是推究造词所取的意义特点,也就是成词(音义结合)的动因,便准确得多了。

3. 义训、形训、声训的分类层次

形训、声训、义训都是训释范畴的概念,是以训者所用的手段来区分的。它们是从《说文解字》这种字书中归纳出来的,属文字学内容。只是因为字义原本是由词转移来的,才同时具有了训诂的意义。《说文》以形义统一贯穿全书,它的义训其实就是本义的实义训释。只有它的形训才是本义的造意训释。

声训和义训的区别,从形式上说,前者的训释词与被训释词有音近或音同关系,后者没有。从内容上说,声训的训释词显示词源意义，义训的训释词显示使用意义，它们从本质上都是训释词义的。

义训、形训、声训的分类层次，要看取什么标准来定。从训释手段分，它们可以并列：

- 从训释手段分
  - 形训——以说形来训义
  - 声训——沿声音线索寻找同源词来训义
  - 义训——直接用意义之对当来训义

从释义的内容和目的分，形训与声训、义训不在同一层次上：

- 从释义的内容分
  - 义训
    - 形训—训释本义(造意)
    - 一般义训—训释本义(实义)与引申义
  - 声训
    - 显性声训
    - 隐性声训
    - （显性声训、隐性声训）显示词源义

在论及意义时，字义就是词义。字除了从它据以造形的词和它以形记录的词那里移植意义外，自身并无意义可言。而在论及训时，除词训以外，还可以有字训，就汉语单音词来说，一般的字训就是词训，只有形训的造意训释，因其显示造形意图，是字所独有的，它仅是字训，不是词训。《说文解字》称之为“意”，与“义”迥别，是很有分析能力的。字与词是不同的概念，在理论上务要区分，但汉字与汉语的词关系太密切了，很多地方又不可分，强分之，也有弊病。义与训是直接相关的概念，旧训诂学和旧《说文》学都不注意区分，引起术语定称上和理论论证上的诸多混乱，现代人遇到这些名词，务要明辨之，谨防不严密的提法造成理论的混乱。

十、论“反训”*

“反训”是传统训诂学已经提出来的一个术语。近年来，关心“反训”现象的人很多。有的把它与语言中的“语义对立词”（ambivalent word）来类比，也有的把它当成一个训诂条例来探讨。这说明，“反训”一词，涉及词义问题，也涉及训释问题。对“反训”问题的看法，也有很大的分歧。赞同者搜集数百上千例，给予繁杂的分类；反对者确认“‘反训’之说不可信”，作了全盘否定。因此，“反训”这一术语必须加以清理，也就是说，需要认真分析前人所说的“反训”现象，用科学的训诂学原理来衡量“反训”这个历史概念的定称与定义。

1.“反训”的定称与原始依据

“反”是相反，“训”是解释。“反”和“训”能不能配合到一块儿？先得看看训释是什么。

训释的目的是沟通和贮存，不论何种目的，都要靠训释词语把被训释词的意义表达出来。训释的总规律是利用词际和义际的相

---

* 本文写成于1989年4月，1990年发表在北京师范大学中文系编的系列论文集《学术之声》第三集（语言学专辑）。1995年3月，经修改再次刊登在香港中文大学中国文化研究所编《中国语文通讯》第33期。后再经较大的修改，选入《训诂学原理》。

同关系，使训释词语和被训释词在意义上达到尽可能严密的对当和统一。[①]古人爱作直训，就是用词来训词，汉语里意义完全相同的两个词，或者具有完全等值的义项的两个词不太容易找到，所以凡是直训，训释词和被训词之间在义值上只能有部分的重合之处，又总有那么一部分不相重合。不过，重合的这部分，是构成训释的条件，凡是作训释都得尽量把这一部分找得多一点、准一点，使训释词更具有训释对方的资格。而且，古时候的直训多半是一种代语，就是说，要在具体语言环境里，用训释词把被训释词换下来意义还不走样儿。置换以后，不重合的那部分义值，往往能在语言环境里得到弥补。比如：

“司，主也。”“司”与“主”都有“掌管”的意思，这是二者意义的重合部分，也是这个训释成立的基础和条件。可“司”与“主”在古汉语里又有明显的差别，“司”是一般的掌管，“主”则有“领”的意思，也就是“统领”，必须在掌管中居首位的才能叫“主”，所以，是否强调居于首位，能否统领其他掌管者，是“司”和“主”的义值差，但是，在《左传·成公二年》“唯器与名不可以假人，君之所司也”这句话里，“司，主也”就完全成立了。因为这个“司”的具体语言环境限定了它是“君”的行为，“司”在这个环境里用“主”置换于意义丝毫

① 关于训释原理，我在《论词义训释》（见本书第三部分《训释原理》第一篇）一文中已经说过，这里不再详谈。

无伤。“司”与“主”的义值差在这个环境里得到弥补。

试想,两个意义截然相反的词,究其值,没有重合部分;论其用,不可能发生置换关系,怎么能够互相训释?就训释的实值来说,反义,则不能成训;成训者,必不取其反值。因此“反训”若定义为“训释词与被训释词具有反义”,则是完全违背科学的训释原理的。

“反训”最早的原始依据是郭璞的《尔雅注》,在《尔雅注》里,郭璞提出了“义相反而兼通”和“美恶不嫌同名”的问题:

《尔雅·释诂》:“治、肆、古,故也。肆、故,今也。”郭注:“肆既为故,又为今,今亦为故,故亦为今,此义相反而兼通者。事例在下而皆见《诗》。”

《尔雅·释诂》:“徂、在,存也。”郭注:“以徂为存,犹以乱为治,以曩为曏,以故为今,此皆诂训义有反覆旁通,美恶不嫌同名。”

郭璞在《尔雅》这两条训诂下,用“义相反而兼通”和“美恶不嫌同名”两种提法,来指称“古”与“今”同训、“徂”与“存”相训这种现象,而“古”与“今”、“徂”与“存”都含有相反的义项,所以,这两种提法就成为“反训”的原始依据。其实,郭璞这两条《尔雅》的注都存在问题,郝懿行的《尔雅义疏》已经指出了其中的问题:郭璞认为“古”在前一条中训“故”,而“故”在后一条中训“今”。则是“古”与“今”通过“故”而迭训。又认为“肆”训

“故”,又训“今”,而“故”即“古”,则进一步说明“古”与“今”兼通。郝懿行指出:后一条根据《诗经》毛传与郑笺,应读作“肆,故今也”,而不应读作“肆、故,今也”。

> 《诗经·大雅·大明》:“肆伐大商,会朝清明。”郑笺:“肆,故今也。”
>
> 《诗经·大雅·绵》:“肆不殄厥愠,亦不陨厥问。”毛传:“肆,故今也。”
>
> 《诗经·大雅·思齐》:“肆戎疾不殄,烈假不瑕。”毛传:“肆,故今也。”
>
> 《诗经·大雅·抑》:“肆皇天弗尚,如彼泉流,无沦胥以亡。”郑笺:“肆,故今也。”

以上四例都是文意训释。“故今”即“因此现在”,这是因为“肆”有“遂”意,相当于后来所说的“于是”,表示时间的紧接。“今”表示近指时间,而时间的紧接一般含有逻辑上的因果关系,所以毛传、郑笺与《尔雅》都用“故”来表达这种因果的意味。这就否定了“肆”与“故”都训作“今”之说,郭注所说的“义相反而兼通”起码在这一条上是不能成立了。

郭璞又认为“徂”训“存”是“美恶不嫌同名”,郝懿行也反驳了他。郝的理由更为简单。他认为:“徂”有“往”义,“存”有“在”义,却以“往”与“在”彼此相应,似可称为“相反”,但“徂”训“存”,却不是取“往”义,而是与“且”通用:

《诗经·郑风·出其东门》:“虽则如荼,匪我思且。”郑笺:“匪我思且犹非我思存也。”陆德明《经典释文》:“且音徂,《尔雅》云:‘存也。’”

这里找到了“徂,存也”训诂的来历,《出其东门》共二章,首章中间两句“虽则如云,匪我思存”意即“尽管女子多如云,却没有我的思念所存的人。”首章押“痕魂”韵,二章换押“鱼模”韵,则改“存”为“且”。这是合乎《诗经》变文以叶韵的语例的。毛郑对变文以叶韵的地方,有时用“犹”字例,有时则用直训。这里因“且”有“荐存”之义,与“存”义近,而不用“犹”。王引之《经传释词》在“且,犹此也”一条下,认为《诗经·载芟》“匪且有且,匪今斯今,振古如兹”的“且”当“此”讲,字亦作“徂”,同样引了《出其东门》诗中的《经典释文》之说,王引之还对误将“徂”训“往”的另一例作了批评:

《周书·粜誓》曰:“徂兹淮夷,徐戎并兴。”“徂”读为“且”。且,今也,言“今兹淮夷,徐戎并兴”也。某氏传以“徂”为“往征”,“往征兹淮夷,徐戎并兴”,斯为不词矣。且经言“徂”,不言“徂征”也。

这里所批评的事实,与郭璞不明“徂”与“且”通用而将“徂”训“往”,从而得出“美恶不嫌同名”的结论,犯的是同一个毛病。

“美恶不嫌同名”,来源于《公羊传·隐公七年》:“滕侯卒,何以不名？微国也。微国则其称侯何？不嫌也。春秋贵贱不嫌同号，美恶不嫌同辞。”这里是讲《春秋》在记载历史、表明地位、尊卑之意时用语的凡例，郭璞用“美恶”的对立来指称“往”与“在”的词义对立，也很不准确。

2.“反训”问题的发展

“反训”问题的原始依据虽然是郭璞的《尔雅注》，但是郭璞所说的“义相反而兼通”和“美恶不嫌同辞”都没有涉及“训”的问题，没有把“反”和“训”搭配在一起。只是因为他所举出的“古”与“今”、“徂”与“存”、“乱”与“治”等语例都是从《尔雅》的训释材料中绎取的，所以才被后来的学者应用、演绎、发展成了“反训”。为了看出“反训”问题发展的脉络，我们把有关这个问题论述的代表作列表于后：

朝代	作者	著作	论证用语	举例
宋	洪迈	《容斋三笔》卷十一	“（五经）字义相反”	治之与乱，顺之与扰，定之与荒，香之与臭，遂之与溃，皆美恶相对之字，然五经用之或相反。
元	李治	《敬斋古今黈》卷二	“（辞）无美无恶”	愆、过、尤，皆甚之之辞。爽既为明又为昏，介既为大又为小，乱既为治又为危，克既为良又为狠，扰既为安又为烦，忍既为恕又为暴，媚既为忠又为佞，昆既为长又为后，极既为大中至正之道，又为贫病夭恶之称。

续表

朝代	作者	著作	论证用语	举例
			“(古人文字有)极致之辞”	以不敢为敢,以敢为不敢,以不显为显,以无念为念,以无宁为宁,皆极致之辞也。世俗以可爱为可憎,以无赖为赖,以病差为愈,亦极致之辞。
明	杨慎	《丹铅总录》卷十一	“(古文多)倒语”	乱之为治,扰之为顺,荒之为定,臭之为香,溃之为遂,衅之为祥,结之为解。
明	焦竑	《焦氏笔乘》卷六	“(古文多)倒语”	息之为长,乱之为治,扰之为顺,荒之为定,臭之为香,溃之为遂,衅之为祥,结之为解,坐之为跪,浮之为沉,面之为背,粪之为除,皆美恶相对之字而反其义以用之。
清	段玉裁	《说文解字注》	“穷则变,变则通”“相反而成”	一物成二谓之副,分而合者亦谓之副。相乡为面,相背亦为面。扰,烦也,扰亦得训驯。既,小食,引申之义为尽也、已也,正与小食相反……。
清	邓廷桢	《双砚斋笔记》卷四	“(古人用字往往以)相反为义”“一字兼两义”	毒可为安、为厚,乱可为治,扰可为驯,仇可为好,故可为今,贡可为赐,来可为往,乞可为与。臭兼香、殠,祥兼祥、祲,锡兼上予下、下予上。

续表

朝代	作者	著作	论证用语	举例
清	朱骏声	《小学识余》卷五	“两谊相反之字”	徽为虚，乱为治，苦为快，废为置，置为废，汙为浣，偭为背，徂为存，落为始，完为去，特为匹，薰为莹，脊为出，好为仇，窒为空，穀为养，暘为充，爽为差，压为补，缩为直，去为藏，熄为蓄，更为继，滥为清，靠为倚，汪为池，扰为驯，颠为仆，饮为尿，酲为醒，槁为饫，达为通，斥为充，跻为降，离为别，息为止，旨为止。
清	王念孙	《广雅疏证》	“（义）有相反而实相因者”	敛为欲而又为与，乞丐为求而又为与，贷为借而又为与。
清	钱大昕	《潜研堂答问》	“反训”	窒本训塞，反训为空。
清	俞樾	《古书疑义举例》卷三	“美恶同辞”	委蛇可为美亦可为不美，岂弟可谓美亦可谓不美，畔援为不美而伴奂为美之之辞，耆欲或以善言或以不善言。
清	陈玉澍	《尔雅释例》	“相反为训”	徂为存，乱为治等。

上表中的十一家，有大训诂学家，也有二流、三流训诂家，从他们的论证用语和举例中，可以发现以下两方面的问题：

首先是“反训”的定称问题。前面已经说过，把“反”和“训”搭配起来，是不妥当的。“反训”这个词最好不要用作术语，把“相反为训”说成是训释方法或训释原则就更不妥当。

表中所列的十一家,举的例子虽然都是训释材料,可概括这种现象时绝大多数都没有用“训”这个词,而说的是“辞”“语”“义”“谊”。钱大昕在行文中用了“反训”,但他只是用来叙述一个例子,并不是归纳出的术语。到陈玉澍才把“相反为训”当成《尔雅》的训例,这就走得远一点了。有些讨论者由于“反训”在定称上不科学,加之旧训诂学对义和训不加区别,致使让一个“训”字扰乱了视听,总要把问题往训释、训诂上拉扯,讨论问题经常以“训”代“义”,由此生出许多不必要的纠葛,所以,“反训”这个名称还是不用为好。

其次是这十一家所举的例证。清朝人的训诂书,单条儿的材料价值高,集合起来的材料价值反而差。因为他们的类聚工作有时候方法不是很严密,既不明确类聚这些材料的标准,又不研究这些材料的本质,堆在一块儿老给人似是而非的感觉。就拿前面列出的十一家论“反”“倒”“美恶”“极致”……所举的例子来看吧,不但每家所说的不都是一种现象,而且自家所讲的也都不完全是同类事物:洪迈所说的“治”与“乱”、“香”与“臭”等,名曰“美恶”,其实从字面看是积极与消极的对立概念;而李治所谓“极致之辞”从字面上看是肯定与否定的对立概念。段玉裁提出的“副”有分、合两义是同一行为的两个过程;而王念孙所讲的“贷”有借、与二义是双方交往的施、受两端;邓廷桢所说的“锡”兼上予下和下予上又是动作施予的等级地位反向。洪、杨、焦等人所说的“臭之为香”,涉及两种不同的气味。李治说的“媚既为忠又为佞”和俞樾说的“耆欲或以善言或以不善言”，是对人的行为所作的评价……如果说以上种种情况不管怎么说在字面上还有对立或反向的意味，那么“达”和“通”、“坐”和“跪”、“更”和“继”等等只能是同类的相关意义，在一般的情况下很难说有“倒”“反”的关系。如果我们陷到这样一堆分析和归纳都不透彻的材料里，讨论问题肯定要出许多岔子。所以，摆脱传统训诂学所举出的训释材料，把问题的讨论中心集中在正反两个意义能否共词、如何共词的问题上，论题就明白多了，取证也可少受干扰。

3. 运用训释材料来观察反义同词现象必须遵循的训诂学原理

运用训释材料来观察反义同词现象，必须明了训诂原理。以下几个原则是应当遵循的：

（1）古代训释以字为单位，但字与词往往不是一对一的整齐关系。两个意义同一书写形式，并不一定共词。这里包括两种情况：

①同音借用字与本字（或借音区别字）不记录同词，它们具有的反义，不是共词的反义。例如：

> “介”的本义是“界画”。“介”有“大”义，许慎作“夯”；“介”有“小”义，其字应是“芥”。因为共借“介”字书写，就把两个词的意义并到一个字上。“大”与“小”确为反义，但并不共词。

又如：

> “去”训“藏”本字应写作“笑”或“弆”，“去”训“离”，这是它自己的本义。“笑”和“弆”两字是后出的，而且并未通行，一直写成“去”，使“去”有了假借义“藏”。假借义和本义及引申义从来是共字而不共词的，所以，“离”和“藏”是否反义姑且不论，二义不共词是不需怀疑的。

②已分化的同源字又互相通用，不能作共词看待。尽管两义在分化前可能有共词的历史，但分化本身便说明共词在表达上的不便。何况，它们分为两词已由必然变为已然，就更不能以共词看待了。以“臭”的分化为例：

> “臭”在古汉语里当“气味”讲，是中性的名词，以后引申为“闻味儿”，成了动词，分化出一个“齅”（后简化成“嗅”）字来，气味有香味，又有恶臭，“恶臭”义曾由“臭”分化出来，写作“殠”，是个贬义的名词。后来，“臭”的中性意义彻底消逝了，只剩了“恶臭”的意思，“殠”字失去对立意义，便被淘汰了，仍写作“臭”。在“殠”分化的阶段，因为没有同时分化出一个褒义词，“臭”仍是中性的，有时用作褒义，但这并不能看作褒贬义共词，只能认为是中性词用作褒义，与贬义的“殠”因历史的积淀而共存过。

再以“茀”的“草乱”与“治草”义为例：

> “茀”义为“道多草不可行”,“癹”义为“以足蹋夷草”,也就是“治草”。“茀”与“癹”是同源字,说明“草乱”义与“治草”义本是引申关系,只是一经分化,二义便不再共词。但二字因音近、义近,在分化后仍有单向的通用现象,即,“癹”有时写成“茀”,这便使“治草”这个意义又因通用而被“茀”承担。尽管如此,“茀”与“癹”的分化已成事实,所以“茀”所具有的“草乱”和“治草”两义应分属“茀”与“癹”两词,而不共词。

语言里有反义词,这是大家都承认的一般现象,值得讨论的是反义能不能在一个词上共存。以上情况即使是反义也不属同一个词,因此不在反义共词问题讨论之列。

（2）任何训释所体现的都是义项和义项的关系,也就是说,训释的单位是义项。但是书写训释的却是无法区分义项的字,这样,在理解训释时,便时常会出现偷换义项的错误,运用训释讨论意义关系时,必须防止这种错误。以“苦,快也”为例：

> “苦”的本义是一种味苦的菜,引申为一种刺激性强烈的味道。古代的苦相当于今天的苦与咸两种滋味。古代苦味属火,《礼记·月令》在谈到孟夏之月属火时说:“其味苦,其臭焦。”注:“火之臭味也,凡苦焦者皆属焉。”这说明苦味强烈,

由于通感的引申而有了“急”义。《庄子》《淮南子》都以甘味为缓，以苦味为急。因苦味刺激性大而又引申为情感痛苦。而“快”则有“欢喜”和“疾速”两义。《方言》“苦，快也”，是“苦”的“强急”义和“快”的“疾急”义的对当，如以“苦”的“痛苦”义与“快”的“欢喜”义对当，便偷换了义项而有了反义。这是不能成立的。

所以，运用训释材料，要把训释词与被训释词都具体到义项，才无偷换之虑。有些人对训释材料一边偷换，一边辗转相训，可以弄出很荒谬的结论来。

（3）古代训释（包括训诂专书中的训释），相当一部分是文意训释，也就是说，是对离不开具体文句的言语意义的表述。如果把它当成词义训释来理解，也就是把词的具体义当成概括义来理解，往往会发生一系列的错误。文意训释中有一类称作“义值具体化”的训释最容易出现虚伪的反义关系。例如：

《礼记·乐记》：“和，故百物皆化。”注：“化犹生也。”

《淮南子·精神训》：“故形有摩而神未尝化者。”注：“化犹死也。”

《吕览·顺民》：“则汤达乎鬼神之化。”注：“化，变。”

“化”并无“生”或“死”的义项，它的概括词义正如《吕览》所训的“变化”，“生”或“死”都是“变化”义在言语中的具体化，是文意训释，不足以说明反义共词。又如：

> 《吕览·应同》：“天必先见祥乎下民。”注：“祥，征应也。”
> 《淮南子·泛论训》：“祥于鬼神。”注：“祥，顺也。”
> 《庄子·庚桑楚》：“而蘖狐为之祥。”注：“祥，怪也。”

“祥”在上古汉语里义域较宽，既可用于吉兆，也可用于凶兆，训“顺”是吉兆，训“怪”是凶兆。都是“祥”的“征兆”义的具体化。《吕览》《淮南子》和《庄子》中的“祥”是同一义项，不能理解为“反训”。

文意训释还有些是说明句意的，例如《左传》：“敢辱高位，以速官谤？”注：“敢，不敢也。”这是因为“敢辱”句是反问，义为“怎么敢接受这样高的职位”，实意是“不敢接受高位”。依句意为词义加注，便把否定义加在句子的核心词上了。像这样不科学的注释，更不能用来作反义同词的例证了。

（4）共时的直训只适合在文句中确定义项，而不适合于表述词的贮存义。由于它缺乏义值差这一训释要素，在表述概括义时，很难完整、周全。所以，运用直训来讨论意义问题，一般要把义值差补出来才能明确。例如：邓廷桢《双砚斋笔记》举了一项他以为是“相反为义”的例子：“来可为往。”引《太史公自序》“比乐书以述来古”和《汉书·汉文赐尉佗书》“终今以来，通使如故”，这就是一个含糊其词的直训。如果我们用义界的方式来作训，“来”应当是“由远及近的行动”，而“往”则是“由近而远的行动”。唯独在论及时间时,对已经过去了的时间,可称“来”,可称“往”。称“来”,是把时间消逝看作由远古走向现时;称“往”,则是认为远古离现时越来越远。这是两个立足点不同的说法,而因为在时间问题上“来”和“往”可以置换,作成了直训,便误以为在任何地方“来”都可以训“往”。

(5)异时的直训训释词与被训词从未共时存在过,因而它们所标示的义项不可能共词。不可随意根据这种训释材料来讨论反义共词现象。例如前面所举的“祥”字,自隋唐以后,它的词义便缩小了,只指吉兆,不包括凶兆在内。但它与古代的中性义的“祥”并不共时,不能从后来缩小了的词义出发,视前代“祥,怪也”的训释为反训。又如,焦竑的《笔乘》以“坐之为跪”为“倒语”。“坐”与“跪”是两种不同的姿势,本身无对立或反向意义。即使有反向意义,也不能称为“反训”,因为,今天的“坐”,在古代是不设词的,而古代的“坐”和今天的“跪”又是不共时的,所以从来没有共过词。

以上五条原则都涉及训释的根本原理问题,是不能违背的,但是许多讨论反义共词的文章里,都时常违背。这一方面是人们对古代训释不太熟悉的缘故;另一方面,也是因为旧训诂学讨论训释问题时并不着重探讨它的科学原理,只在“曰”“谓”“之为言”等等程式化的训释用语上兜圈子,因此不可能引导读者科学地运用注释材料来讨论意义问题,由此也可看出改造旧训诂学的必要性。

4. 反义同词存在的原因和条件

前面所举的语例，有的称不上反义，也有的虽为反义而并不共词。那么，反义共词现象是否存在呢？应当说是存在的。要讨论这种现象存在的原因，首先需要界定什么是反义。这里首先需要说明三条：第一条，在逻辑上完全相反的两个意义同时充当一个词的两个义项，在表达上确实会引起混淆。因为反义义项往往可以共境，说话时，另一个相反义项很难被语言环境排除，结果是造成两个意义完全相反的歧义句，对语言的交际职能产生干扰。第二条，反义共词不能包括褒贬义共中性词（这时的褒贬义算不得两个义项，只是中性词的具体化）、修辞的倒反格（修辞的特点是语言使用上的反常，它的表达效果是规律以外的）、反问句的句面义与实际意义的相反（那是语气与句意问题）。第三条，讨论反义共词，不必要涉及汉语动词的施受同词问题。因为这是汉语及物动词的普遍现象，无需再行讨论。除此以外，确实属于词汇意义上的反义共词，在实际语言里毕竟是少数。从郭璞开始，被举出来又真正够格的，连一百个例子也不到，就这几十个例子，还多半有争议。所以，我们只能说反义共词是一种确乎存在的现象，而不是词义发展的普遍规律。这种现象的产生和存在，都有它适应的条件，因为条件难得，所以它的存在不可能大量。反义共词存在的条件是什么呢？主要有下面几条：

（1）反义共词最主要的条件是两义虽然反向，但一定得相因。这一点，我们不能不佩服段、王，段玉裁说“穷则变，变则通”，王念孙说“相反而实相因”，这是他们研究词义问题至深的体会。相因

的情况很多,有的是同一行为相衔接的两个过程。例如:

“副”有分合二义,它的本义是把一物剖成两半,然后再合起来。也就是说,它的原始意义义域较宽,实具分与合两段,所以,“贰”训“副”,贰车又称副车,它跟主要的车分明是两辆车又总得在一块儿;贰令又称副本,它是从主要公文里抄下来成了两份可其实是一份;贰室又称副室,它在正室之外另立而又与正室相辅……所以,祭祀的牺牲从中剖成两半叫副,这两半合在一块儿也叫副。表示分开的词还很多,如“判”“别”“辨”……因为他们只表示分不具备后一个相合的过程,因此不可具有反义。

“置”有“搁置”和“弃置”两义,“搁置”引申为“设立”。《吕览·异用》“汤见祝网者置四面”,是“设置”;《史记·吴王濞传》“无有所置”,是“弃置”。这是因为“置”的词义特点是把一个东西换一个地方。这个行为必定分两段:先由甲处取掉再安放在乙处。“弃置”来自前一过程,“设置”来自后一过程。

有的联系于同一特点。例如:

“藐”当“小”讲,又当“远”讲,这是因为“藐”的词义特点是“藐茫”,也就是模糊不清,小的东西看不清,远的东西也看不清。从视觉来说,越远就越小,所以,与其说“小”和“远”相反,不如说就视觉而言,它们相通。

还有的是同一事物所具有的两种相关的性质。例如：

> “韧”可以是“柔韧”，也可以是“坚韧”，这是因为“韧”从“韦”，或从“革”（靭），它的本义是对熟皮革说的。柔者，可以任意曲直；坚者，不易断裂。二义统一在皮革上，本不相反，因为词义扩大不再单指皮革了，看起来就有些对立了。

以上所说，或具体过程相接，或词义特点相同，或聚于同一事物，这些相同的关系都是具象性、经验性的相关，而不是逻辑上的相关，当词义进一步概括后，这种早期相关的状况不明显了甚至消逝了，反向的感觉才逐渐浓烈起来。

（2）反义而相因，就决定了反义共词的第二个条件，即，所谓反义，只能是反向引申的结果，在意义上，虽反向而不能绝然矛盾。在逻辑上绝对对立的意义不可能共词，在感情色彩上绝然相反的意义也不可能共词。反向除去施与受外，只是动与静、先后两端、不同侧面、相依因果……它们属反向，但不互相排斥。因此，“介”训“大”，又训“小”，我们可以确定其中准有借义，只共字而不共词。也因为如此，如果一个词有共时的褒义和贬义，我们完全可以确定它是中性词，而不是褒贬义共词。这也就是不论有什么样的环境来限定，“好”跟“坏”、“美”跟“丑”、“真”跟“假”、“生”跟“死”……无论如何不能形成稳固的反义共词的原因。

（3）共词的两个反向意义，在使用上必定有较明显的差别。这些差别包括：

①不共境。如“副”的“分”义一般作及物动词，后面往往带有被剖分的牲畜或物件作宾语；而“副”的“合”义一般作形容词，当定语，或作量词，与数词结合。“落”当“终了”讲，一般与人和植物的衰老、死亡相关；“落”当“始”讲，一般仅用于建筑物开始使用。前者，是语法环境的区别；后者，是语义环境的区别。不共境而共词，才不会产生相反的歧义。

②使用频率不平衡。如“置”在先秦典籍里当“设置”“安放”讲是常用义，当“弃置”讲比较少见；而“废”当“安置”讲则只用在个别地方，当“废弃”讲则是常用义。古代的注释书对这类词的常用义一般不注，而对罕用的一义则往往加注，就是为了避免反义共词造成的误解。

③反义共词在使用上往往与另一同义词连用，以示区别。如“藐”有“小”“远”二义，则常以“藐小”“藐远”连用而区别；“韧”有“柔”“坚”二义，则常以“柔韧”“坚韧”连用而区别。这种结合往往是双音词形成的动力，也可看出，反义共词在单音词中较多，所以是古汉语讨论的课题，在双音词里也有些词素具有反义，但因为受另一词素的制约，不会引起混乱，也就不被注意了。

（4）反义共词的内容具有民族性。反义的联系是经验性的相关，而被巩固到词义中的经验性内容是与民族生活、民族心理、民族文化历史分不开的。所以，尽管每种语言里都有反义共词的现象，但哪些反义可能共词，不是每个民族都全然一样。拿汉语来说，习惯把以下这些意义看作是相反相因或互变互通的：

治与乱：这是由因果而相因。“乱”“茀”等属此。

分与合：这是因一事两段而相因。“貳”“副”“离”（“丽”）“辍”（“缀”）等属此。

取与予：这是因一事之两方而相因。“赐（锡）”“赋”“乞”“假”“沽”等属此。

弃与留：这是因同一行为的始末相接而相因。“置”“委”“废”等属此。

独与偶：这是因奇偶的相对关系而相因。“特”“徒”等属此。

这些为全民族所习惯的经验，要想巩固进词里去，而且能够共词，必须有约定俗成的过程，并且同时具有前面所说的三个条件。所以，并不是所有具有这些意义的词都同时具有它的反义。还应当看到，是否能保持反义共词，要受到整个词义系统的制约，而不仅是一字一词自身变化发展的结果。这一点，本文暂不论及，留待另文讨论。

一个词由于引申的缘故而同时具有一对反向的意义，这种情况不是罕见的；但是，如果不具备以上四个条件，它们很难始终保持反义共词的状态，而其出路，则在分化为同源的反义词。汉语中反义同源的情况比反义同词的情况要多得多，就是因为以上四个条件并不那么容易完备的缘故。

十一、李善的《昭明文选注》与征引的训诂体式 *

1.《昭明文选》的传播与关于李善注价值的论争

梁代昭明太子萧统主编的《文选》,成书于公元6世纪初叶,它的出现,是中国文化史上的一件大事。《文选》的成书,结束了秦汉以前文学被经学吞吃的局面,意味着文学的独立和勃兴,并且造就了一门极富民族特点的、内容丰富而涉及多方的专门学问——"文选学"。

选学于唐初正式被宫廷承认,唐以来的选学,大致有五方面的内容,即注释、辞章、评论、广续、校雠。其中的注释一门,含语言的解释与典事的考据两个方面,又是选学其他内容的基础。

《文选》注释不等于文选学,但《文选》之传,首在注释,这是中国古代以"小学"传经学的朴实学风的继承。《文选》成书以来,最早传授它的是萧该。萧该是昭明太子的从子,首撰《文选音义》①,是萧氏家学,但至今片羽仅存,连辑佚也不可能了。萧该之

---

* 本文是在《李善的〈昭明文选注〉与选学的新课题》(载《昭明文选研究论文集》,长春:吉林文史出版社,1988年)与《李善的〈昭明文选注〉与征引的训诂体式》(与李国英联名发表,收入《文选学论集》,长春:时代文艺出版社,1992年)两文的基础上,综合整理、修改而成,标题则仍沿用1992年文章之名。文中有一部分来自《汉书》《后汉书》的语例,为李国英提供。

① 《北史·儒林·萧该传》载萧该撰《文选音义》,为当时所重;《隋书·经籍志》载《文选音义》三卷,新旧《唐书》则作十卷,书皆亡佚。

后，第一个传授《文选》的大家是隋唐之际的曹宪[①]。曹宪是隋代的秘书学士，精通诸家文字之书。自汉代杜林、卫宏之后，古文经学与小学不再流传，到隋炀帝时，因曹宪又复兴起来。他奉诏领头编撰《桂苑珠丛》一百卷，训注张揖《博雅》，又撰《古今字图杂录》一卷，都属文字训诂之学。唐太宗时，曹宪为弘文馆学士，据说太宗读书有难字，录以问曹宪，曹宪都能为他解答。选学传授始于文字训诂家，以注释为首要成果，也就不奇怪了。

曹宪以后，许淹曾作《文选音》十卷[②]，公孙罗撰《文选注》六十卷、《文选音》十卷[③]，都已亡佚，对后世影响不大，只有李善的《文选注》六十卷，完整地流传下来。从李善与曹宪、许淹、公孙罗的关系看，他的《文选注》绝非个人独创，而是秉承师说、广辑多方之注的集大成之作，保存了《昭明文选》成书以来历代传授的内容。李善注内容极为广博，引书多达一千六百八十九种，李善之前的许多亡佚之书都赖以存其片段，因而有“考据之资粮”的美称，所以，《文选》得与李注并存并传，以至研究李善注本身也成了文选学的重要内容。

历史上对李善注的研究，有采其资料者，有辑其凡例者，有集其音词者。南宋以来，以李注合于五臣，辗转讹混，梳剔艰难，为了恢复李善的原貌，独兴一门《文选》校雠，也成为选学的一个内容。

---

① 《旧唐书》一八九卷、《新唐书》一九八卷有《曹宪传》。《隋书·经籍志》可见曹宪著述的一部分。

② 许淹《文选音》为《旧唐书·经籍志》所载。

③ 公孙罗《文选注》《文选音》亦见《旧唐书·经籍志》。

辞章、评论、广续之学，也无法离开李善注去探讨。但是，历代至今，对李善注的看法见仁见智，并不完全一致。特别是对李善注与五臣注得失优劣的比较一直是历代选学界争论的课题。

李善注撰成于唐显庆三年（公元658年），其后六十年（开元六年，公元718年）成书的五臣注，是吕延祚为纠李善注的不足集吕延济、刘良、张铣、吕向、李周翰五人而撰的。吕延祚评论李善注说："往有李善，时谓宿儒，推而传之，成六十卷。忽发章句，是征载籍，述作之由，何尝措翰。使复精核注引，则陷于末学，质访指趣，则岿然旧文，只谓搅心，胡为析理。"[①]——他指责李善注只引经史，不释述作之意义。"释事忘义"的批评，便从此加在李善注的头上。但是，五臣注问世后，李善注并没有因此而贬值，反而因抑而扬，为之申辩的大有人在。且举两个较典型的例子。李济翁《资暇录》说：

> 世人多谓李氏立意注《文选》，过为迂繁，徒自骋学，且不解文意，遂相尚习五臣者，大误也。所广征引，非李氏立意，盖李氏不欲窃人之功，有旧注者，必逐每篇存之，仍题元注人之姓字，或有迂阔乖谬，犹不削去之。苟旧注未备，或兴新意，必于旧注中称"臣善"以分别。既存元注，例皆引据，李续之，雅宜殷勤也。……因此而量五臣者，方悟所注，尽从李氏注中出，开元中进表，反非斥李氏，无乃欺心欤！

① 见吕延祚《进五臣集注文选表》，《六臣注文选》，《四库全书》（文渊阁本）。

李济翁从几个方面举例说明李注的严肃中肯，五臣注的浅薄：其一，李注未详之处阙如而五臣强自注释。例如：《西都赋》“许少施巧，秦成力折”。李善注：“许少、秦成未详。”五臣注：“许少，古捷人；秦成，壮士也。”五臣之注，文中自解，殊为多余。五臣又注“作我上都”说：“上都，西京。”更是赘余之辞。其二，五臣随意改动选文原意，不懂训诂。例如：曹植《乐府》：“寒鳖炙熊蹯。”李善注谓其时腊肉谓之寒，且韩国事馔尚此法，并引《盐铁论》“羊淹鸡寒”和刘熙《释名》“韩羊韩鸡”，而证“寒”是“韩”的同音借字。而五臣以他句附会之，将“寒鳖”改为“炮鳖”。其三，李善依照旧本，不避国朝庙讳，五臣则故意避讳之，求其异而已。李济翁的对比，确能说明一定的问题。

苏轼在《书谢瞻诗》文中说：

> 李善注《文选》，本末详备，极可喜。所谓五臣者，真俚儒之荒陋者也。而世以为胜善，亦谬矣。

他也举例说：谢瞻《张子房诗》有“苛慝暴三殇”句，“三殇”指的是《礼记》中的上中下三殇，说的是暴秦杀戮无辜，以至童稚。而五臣注却引“苛政猛于虎”篇，以吾父、吾夫、吾子都死于虎来解“三殇”。苏轼讽刺五臣不懂“殇”是未成年而夭折的意思，居然父死、夫死也称“殇”。

凡此种种，受过经学和“小学”教育的儒学之士，对李善注盛赞为精博，而都以五臣注为荒陋。这种舆论自唐宋至清代似乎已

成定论,《四库全书总目·六臣注文选提要》概括前代的看法说:

> 观其(按:指吕延祚)所言,颇欲排突前人,高自位置……然唐李匡乂作《资暇集》,备摘其窃据善注,巧为颠倒,条分缕析,言之甚详。又姚宽《西溪丛语》诋其注扬雄《解嘲》,不知伯夷、太公为二老,反驳善注之误。王楙《野客丛书》诋其误叙王暕世系,以"览后"为"祥后",以"昙首之曾孙"为"昙首之子",明田汝成重刊《文选》,其子艺衡又摘所注《西都赋》之"龙兴虎视,东都之乾符坤珍",《东京赋》之"巨猾闲亹",《芜城赋》之"衮广三坟"诸条。今观所注,迂陋鄙倍之处尚不止此。而以空疏臆见,轻诋通儒,殆亦韩愈所谓"蚍蜉撼树"者欤? ……然其疏通文意,亦间有可采。唐人著述,传世已稀,固不必竟废之也。

最后的几句话,对五臣注应算公允的了。

五臣注问世不久,冯光震曾上疏请改李善注,但只注了几卷便停止了。开元十九年(731年)昭明太子的六世孙萧嵩又奏请注《文选》,但萧嵩虽有家学,也未能再超过李善而有新注[①]。以后的注释,只不过在李善注基础上作些修补。选学的历史证明:李善注经过长期的考验,巩固了注释《文选》的权威地位。越到后代,越无人敢与之抗衡了。

---

① 见《集贤注记》(《玉海》五十四引),萧嵩事并见刘肃《大唐新语》。

2. 李善《文选注》所创建的征引训诂体式及其在训诂学史上的地位

李善注在选学历史上的地位，是与它的训诂成就密不可分的。作为古代文献的注释，李善注既与先秦、两汉、魏晋的训诂工作一脉相承，又有自己独特的开创意义。它在训诂发展史上的重大贡献，是全面、系统地创建了征引的训诂体式。

中国训诂学的发展历史上，唐代是一个非常重要的时期。在这一时期，作为训诂基础工作的古代文献注释，较之前代有了很大的发展：

第一，是经部注释实现了经今古文的合流和南北经学的统一，它的标志是《五经正义》的完成。《五经正义》选定了先秦的经本与汉魏的经注，既解经，又解注，是一种贯通三个历史时代的二度注释。它丰富了古书注释的方式与体例，是魏晋以来义疏类的注释集大成之作。

第二，是子、史两部注释范围的拓展，子书中各派的代表作，汉魏以来都已有人注释整理，到了唐代，杨倞注《荀子》、王冰注《黄帝素问》，诸子的著述都有了较为权威的注解。唐代十分重视历史。《史记》在南朝宋裴骃《集解》的基础上，产生了司马贞的《索隐》和张守节的《正义》，这就是宋元丰刊本合为“三家注”的原本。《汉书》的颜师古注和《后汉书》的章怀太子注，也都著于唐代。这是一批取材与方法都较优秀的注释，对后代的影响也很深远。

第三，便是李善《文选注》的问世。东汉王逸的《楚辞章句》，开集部注释的先河,东汉蔡邕曾为班固的《典引》作过注释,颜师古注《汉书》时,也为一部分录入传记的文人作品作过注。但这些都属单篇文章的注释,在体式上也沿袭经注、史注,没有新的突破。而李善的文选注则是中国训诂学史上第一部大规模的集部注释,它适应文人文学作品的特点,发展出新的注释体式,因而突破了两汉与魏晋的经注与子、史注释,在古书注释历史上揭开了新的一页。

李善注以前的古书注释,主要有三种类型:说解式、直译式与考据式。

说解式的典型代表是毛亨的《诗经诂训传》。这种体式以字词为训释的基本单位,以较为严格的程式化注释用语,来显示被训字词与训释词语之间的各种音义关系,词义明则句义明,句义明则文意明。这种注释体式的目的是从考察字词的客观音义出发,来恢复古代文献的原貌。

直译式即汉代的"章句"。赵岐的《孟子章句》、王逸的《楚辞章句》都属此类。这种体式以句子为基本训释单位,把字词的注释融嵌进句子的直译之中,从而达到对章旨的探讨。这种体式的优点是对文献的注释更富于整体性,更有利于对全篇主题的开掘。

考据式是随着魏晋以后的义疏体发展起来的。它要针对汉代已作的注释,对照先秦文献的原文,采用大量的证据,进行再度的注释,对自己认为正确的原注加以维护,对自己认为谬误的原注加以否定。这种体式不但需要证据的丰富与完备,还要讲求合乎逻辑的论辩。有时为了达到最终证明或反驳的目的,还需要进行多层次地论辩,因而十分烦琐。

这三种体式的区别是就注释的主要手段而言的。在实际的注释工作中，说解式里也有个别地方直译句义，直译式里更是经常穿插字词解释，而在考据式里，字、词、句的说解、翻译更可常常见到。

李善的《文选注》，就其注释的主要手段而言，开创了一种全新的体式，即征引式。它主要以钩稽故实、征引出处来达到解词说义的目的。例如：

> 谢惠连《雪赋》："其为状也，散漫交错，氛氲萧索。蔼蔼浮浮，瀌瀌弈弈。"李善注："王逸《楚辞注》曰：'氛氲，盛貌。'""《毛诗》曰：'雨雪浮浮'。又曰：'雨雪瀌瀌'。方遥切。《广雅》曰：'蔼蔼弈弈，盛貌。'"（李善《文选注》卷十三）

《雪赋》的这一段话，连用四个迭字词，形容大雪纷纷扬扬的状态。李善不说解词义，而是连引《楚辞注》、《毛诗》和《广雅》中的两处书证、两处训诂，使读者明了这一系列词都是形容大雪的盛密之貌的。

> 同上赋："白羽虽白，质以轻兮。白玉虽白，空守贞兮。"李善注："《孟子》曰：'白羽之白也，犹白雪之白也欤？白雪之白也，犹白玉之白也欤？'刘熙曰：'孟子以为白羽之白性轻，白雪之性消，白玉之性坚，虽俱白，其性不同，问告子，告子以为三白之性同。'"

《雪赋》这一段话，意在用白羽与白玉的特性，来对比白雪“因时兴灭”的可消散的性能。李善不直译句义，而引《孟子》说明用白羽和白玉来与白雪比较的来历，并引刘熙对《孟子》的解释来说明羽轻、玉坚、雪消的性能，使读者明了三者比较所要阐明的思想。

李善注以征引为主要注释手段，在他对旧注的补充上更可看清。以张衡《西京赋》为例。这篇赋原有薛综的旧注，李善作了补充修改，而所补者，纯用征引手段：

> 《西京赋》："秦据雍而强，周即豫而弱。高祖都西而泰，光武处东而约。政之兴衰，恒由此作。"薛注："作，起也。"善曰："《过秦论》曰：'秦孝公据雍州之地。'《吕氏春秋》曰：'河、汉之间为豫州也。'按，雍州厥土惟黄壤，厥田惟上上，是沃土也。故云'秦据雍而强''高祖都西而泰'。荆、河惟豫州，厥土惟坟垆，厥田惟中上，是瘠土也，故云'周即豫而弱''光武处东而约'。《左传》：'晋叔向曰：存亡之道，恒由此兴。'"（李善《文选注》卷二）

薛综旧注以此六句话没有难解之词，仅于“作”字加注。而李善则先征引历史故实，说明前四句话的由来，又引《左传》原文，以解后两句话的含义："政之兴衰"实由"存亡之道"化来。"恒由此作"，实为以"作"易"兴"、改换字面而成。

> 同上赋："盘于游畋，其乐只且。"薛注："盘，乐也。"善曰：

"《尚书》曰:'不敢盘于游畋。'《毛诗》曰:'其乐只且。'且,辞也,子余切。"

李善引《尚书》与《毛诗》,将赋中两句话的来源说明,含义则不说自明了。

其实,征引这种训诂手段的应用,并不是始于李善。蔡邕为班固《典引》作注时已经多次使用了。例如:

"是故谊士华而不敦,《武》称未尽,《濩》有惭德,不其然欤?"蔡邕注:"《武》,周乐也;《濩》,殷乐也。孔子曰:《韶》'尽美矣,又尽善也'。谓《武》'尽美矣,未尽善也'。舜禅而周伐,故'未尽善也'。延陵季子聘鲁,观乐,见舞《大濩》者,曰:'圣人之弘也,而犹有惭德,耻于始伐也,岂不然乎?'《左氏传》臧哀伯曰:'武王克商,迁九鼎于洛邑,义士犹或非之。'"(李善《文选注》卷四十八)

蔡邕在这里引了《论语·八佾》与《左传·襄公二十九年》季札观乐的评语,以及《桓公二年》臧哀伯的话来解释这段话,虽未注明两处引文的具体出处,在体例上还不够完备,但直说故实而无说解、直译,并不加论辩,这已是征引这种训诂手段的应用了。

蔡邕虽使用了征引作为注释的手段,但并未形成训诂体式。《典引》注征引文献只有17次,范围只限于《诗》《书》《易》《春秋左氏传》和《论语》五种,仍可看出"以经证经"的汉代注释习惯的承袭。李善的《文选注》选择蔡邕旧注后，又作了增补，征引文献81次，引用文献数达30多种，范围扩大到经、史、子、集各部。可以看出，征引形成一种成熟的训诂体式，应自李善《文选注》始。

从蔡邕注发展到李善注，并非一蹴而就，其间也有一个成熟的过程。蔡邕的《典引》注对后代有很大的影响。《晋书·左思传》记载：《三都赋》成，“张载为注《魏都》，刘逵注《吴》《蜀》而序之曰：‘……故聊以余思为其引诂，亦犹胡广之于《官箴》、蔡邕之于《典引》也。’”这就是说，张载和刘逵为左思的《三都赋》作注，就是在蔡邕《典引》注的影响下完成的。现存于李善《文选注》的《三都赋》注（卷四、卷五），题为刘渊林（刘逵）注。注中详引《尚书·禹贡》《汉书·地理志》以明文中的山川城邑；广征《尔雅》《神农本草经》及各地方志以释文中的鸟兽草木；博引《山海经》《异物志》以解文中的珍宝奇怪；钩稽方志野史以注释各地的风土人情；至于文中大量的古事古语，刘注更是大量征引故实旧文。《三都赋》注引用书证高达430多次，引用文献近110种。可见李善《文选注》能形成一种征引式的训诂体式，是前代集部注释发展的结果，而非个人之独创了。

3. 征引训诂体式的特点和作用

征引的训诂体式是以直接援引旧文、旧注、成句与故实，来探明词语源流，而将说解语义与阐明文意融于其中。

说解词义的如：

> 谢灵运《石壁精舍还湖中作》:“清晖能娱人,游子憺忘归。”李善注:“《楚辞》曰:‘羌声色兮娱人,观者憺兮忘归。’王逸曰:‘娱,乐也;憺,安也。’”(李善《文选注》卷二十二)
>
> 谢灵运《登石门最高顶》:“活活夕流驶,噭噭夜猿啼。”李善注:“《毛诗》曰:‘河水洋洋,北流活活。’《楚辞》曰:‘声噭噭以寂寥。’《广雅》曰:‘噭,鸣也。”(同上)

李善在这两处注里一语道破:谢诗中的“娱人”与“憺忘归”,直接取自《楚辞》中的“娱人”“憺”与“忘归”。谢诗中的“活活”取自《毛诗》中形容河水的“活活”,而“噭噭”则取自《楚辞》中形容鸣声的“噭噭”。来源一出,词义自明。

说解句义的如:

> 谢玄晖《京路夜发》:“故乡邈已夐,山川修且广。”李善注:“班固《燕山铭》曰:‘夐其邈兮亘地界。’陆机《赴洛诗》曰:‘远游越山川,山川修且广。’”(李善《文选注》卷二十七)
>
> 谢灵运《从斤竹涧越岭溪行》:“想见山阿人,薜萝若在眼。”李善注:“《楚辞》曰:‘若有人兮山之阿,被薜荔兮带女萝。’”(李善《文选注》卷二十二)

以上两处征引明确指出两谢的诗句都是从古诗文中化用的,而且所写的意境也与其出处相同。引文一出,句义不言而解。

阐明文意的如:

颜延年《祭屈原文》:"兰薰而摧,玉缜则折。"李善注:"《语林》曰:'毛伯成负其才气,常称宁为兰摧玉折,不作蒲芬艾荣。'《管子》曰:'夫玉折而不挠,勇也。'《礼记》:'孔子曰:"君子比德于玉焉,缜密以栗,智也。"'郑玄曰:'缜,緻也。'"(李善《文选注》卷六十,下同)

"物忌坚芳,人讳明洁。"李善注:"坚芳,即玉及兰。刘熙《孟子注》曰:'白玉之性坚。'蔡邕《度尚碑》曰:'明洁鲜白珪。'"

"曰若先生,逢辰之缺。"李善注:"贾谊《吊屈原文》曰:'嗟若先生,独离此咎。'《楚辞》曰:'悼余生之不辰,逢此世之匡攘。'"

"温风怠时,飞霜急节。"李善注:'温风长物,飞霜杀物也。'《周书》曰:'小暑之日温风至。'京房占曰:'三月建辰风衰怠。'桓麟《七说》曰:'飞霜厉其末,飙风激其崖。'"

颜延年此处八句,概括屈原的品质个性和生不逢时的处境、命运。李善每两句下加一处注,纯属自已的说解只用了十五个字,其余都用征引式,连引九种诗文,两种注释,将颜延年八句话的文意来源一一寻出,祭文的痛惜慨叹的深刻含意尽在所注引文中,无需再置一词了。

由以上所举注中引文与说解语义、阐明文意的关系看来,征引式训诂的要点不只是在寻求引文中的词句与被释词句的对应,也不只是在寻求被释典故的典源出处,更重要的是在寻求注中引文与选文在思想感情和意境上的一致,引导读者去体会和欣赏选文。李善的《文选注》所采用的征引体式,已超越以往经、史、子注消除文字障碍、显示典籍原貌这一目的,而成为鉴赏文学作品的导读。

征引式训诂这一更高层次的目的,决定了它的两个重要特点:

第一,是在注释点的选择上。不论是说解式、直译式还是考据式的训诂,都是选择疑难词、句、段为注点的。或含义深刻,或古今差异,或文有脱讹,或说有分歧,非疑难一般不注。而征引式训诂的注点则常选择在需要通过追溯源流而深入开掘作品意旨之处。这就是李善《文选注》虽然面对的是比五经更晚的作品,其注点反比五经注更密的原因。

第二,是在引文的选择和自注词语的选择上。经注的考据一般是"以经证经",如需引文,范围十分狭窄。唐代以前子、史的考据以经书为典范,需要引文时,也以述古为主要标准,以探讨可能探出的最早字源、词源、典源为主要任务。如前所说,李善注的引文根本的目的是在追求与选文思想情感、意蕴境界的一致,它的目的不在探古而在求切。它要追求的是作家之祖述,而非词语的本源,因而,引文的范围必然宽泛,而直接的解说却尽量减少。且看以下的统计:

《文选》卷一,含班孟坚《两都赋》二首,李善注所引典籍计有:

引经书:171 条　其中同时引经注 85 条

引史书:118 条　其中同时引史注 18 条

引先秦子书:25 条　其中同时引子书注 9 条

引小学专书:140 条

自释词句义:12条

《文选》卷二十二,含招隐、游览诗二十七首,李善注所引典籍计有:

引经书:59条　其中同时引经注62条

引史书:40条　其中同时引史注13条

引先秦子书及楚辞:82条

引小学专书:59条

自释词句义:17条

在李善注中直接解说而不引前人著述与注疏的地方虽然不多,但在词汇史的研究上,却很有价值,从另一方面给人以启发:这些自注的词语——注释的词语,除过度性的点睛之笔(前面所引颜延年《祭屈原文》注中"坚芳,即玉及兰"一句即属此)外,有一部分是前人未曾使用或未曾通用的新词语。例如:

谢玄晖《郡内高斋闲坐答吕法曹》:"结构何迢遰,旷望极高深。"李善注:"结构,谓结连构架以成屋宇也。《鲁灵光殿赋》曰:'观其结构'。"(李善《文选注》卷二十六)

"结构"连用,以言建筑,魏晋时已习用。陶渊明《杂诗》"结庐在人境",李善以"结构"注"结",更可见这一双音节词已形成。

谢玄晖《暂使下都夜发新林至京邑赠西府同僚》:“驰晖不可接,何况隔两乡。”李善注:“驰晖,日也。”(同上)

用“驰晖”表示太阳,始于谢朓。他在《至寻阳诗》中说:“过客无留轸,驰晖有奔箭。”就以“驰晖”说日。

依同理也可进一步证实,认为“节俭”“朴素”(《东京赋》)“奢侈”“荒淫”(《上林赋》)“谦让”“洋溢”(《羽猎赋》)……这些双音节合成词在汉魏时已结合成熟,恐怕是证据充足的。

4. 征引训诂体式由李善《文选注》完善的原因

征引的训诂体式很早就有人使用,但都是少量与偶然的,在李善注《文选》时,才因大量使用、主要使用而完善。这在训诂史上不是偶然的,而有着十分深刻的必然原因。我们可以从以下三个方面来分析它的必然性。

首先,是《文选》的纯文学作品性质决定的。

黄侃先生在评点《文选》时,开宗明义第一条就说:

读《文选》者,必须于《文心雕龙》所说能信受奉行,持观此书,乃有真解。若以后世时文家法律论之,无以异于算《春秋》历用杜预《长编》,行乡饮仪于晋朝学校,必不合矣。[①]

① 黄侃平点,黄焯编次《文选平点》,上海:上海古籍出版社,1985年,第1页。

读《文选》而以《文心雕龙》为指导思想，这说明《文选》中的诗文不论什么体裁，都是从文学角度选入的。《文选》选录的作家，五分之四见于《文心雕龙》，《文选》的文体分类和《文心雕龙》相通的地方很多。《昭明文选》所以含有文学批评专书的价值，就是因为他以自己的选文，为《文心雕龙》的文学主张举出了实例，而更能说明《文选》文学性质的，是昭明太子在《文选序》中所提出的“事出于沉思，义归乎翰藻”的选文标准。“事”是文章的内容，“沉思”是作者深切的感受。“义”是文章的主旨，“翰藻”是丰富而多彩的词汇。这两句话的意思是说，只有经过作者深刻的体验而凝就的内容，并以丰富多彩的词藻表达了主旨的文章，才可以入选。前一句，是讲作品的思想性，而后一句，是讲作品的艺术性。这是文学的标准，不是经、史、哲学文章的标准。

汉代的训诂是以注经为主要目的的，经书作为古代儒家思想规范的教材，要求释义的准确性。而文学则以作者个人的视听感受为内容，词义、句义都更富主观经验性，特别是诗，它的丰富而朦胧的意境，它的细腻而深入的情感，都允许读者凭借自己的经验有各异的领会，这就要求释义的模糊性。一般的直训和义界的训诂方式，汉代章句的直译其文，都不但难以完成沟通读者与作者的任务，反而会把读者的思路阻塞。以寻旧章而探来源的方法注释选文，效果确实是超出一般注释的。如：

谢灵运《登石门最高顶》：“晨策寻绝壁，夕息在山栖。”李善注以《江赋》“绝岸万丈，壁立霞驳”，又注以郭璞《游仙诗》“山林隐遁栖”。

谢灵运《于南山往北山经湖中瞻眺》:“俯视乔木杪,仰聆大壑漴。”李善以《楚辞》“听大壑之波声”注之。

阮嗣宗《咏怀诗》:“小人计其功,君子道其常。”颜延年无注,李善以孙卿子“天有常道,君子有常体,君子道其常,小人计其功”注之。

潘安仁《悼亡诗》:“驾言陟东阜,望坟思纡轸。”李善以《楚辞》“郁结纡轸兮,离愍而长鞠”注之。

……

这些都不是仅寻出处,更重要的是以境比境,为读者提供另一个在前的境界,以加深对选诗的体会。这种注释方式是唯文学作品可取、又为文学作品所必取的。

从汉末到魏晋,是玄学的发展时期。汉代尊经尚儒,讲究纲常,束缚人的思想,也束缚文学的发展。玄学兴起后,贵族阶层内部产生了个性解放的趋向,要求摆脱儒教,发展个性。于是,文人作品大量产生,体裁风格纷纭多样,义蕴境界各随己意,这是萧统得以编纂文学总集的基础。文学摆脱经(思想规范)、史(记实)和子(哲学、科学)而独立,产生了审美与欣赏的价值,促使萧统在选文标准上提出“事出于沉思,义归乎翰藻”的主张。《文选》入选的诗文有浓郁的情感抒发,突破了千篇一律的规范化形式,这使得注释者难以严守经书训诂的体例。汉魏六朝文学中蕴含的文人自身的情感,带有大量的经验性,很难用简单的字、词、句的对当反映出来。于是,说解式和直译式不能再成为主要的手段,考据式本是对说解与直译的补充,更难以承担全面注释文学的任务。寻求一种新的训诂体式对注释家说来势在必行。能够完成文学注释任务的,必然是征引体式,萧统所说的"义归乎翰藻",已经说明了他选文的艺术标准,那就是认为善于用典故成辞,善于用形容比喻,善于用华丽词藻,才是好诗。李善注善于释典,正是适应《文选》选文的这一特点的。如抛弃典源而直释典面之义,又怎么能把诗文之意说清说透呢?注释家以忠实传达作者原意、沟通作者与读者的思想为己任,在这点上,李善是较好地完成了他注释《文选》的任务的。

其次,是《文选》的语言特点和语言发展的历史现实决定的。《昭明文选》所选的作品约七百篇,就作家论,有名有姓可考的一百二十九家,绝大部分是当代的鸿儒名士,作品也都堪称"先士茂制,讽高历赏",大多数是有过定论和为当时学士首肯的。就时代论,上自周秦,下至齐梁,断自梁普通七年(公元526年),而周秦作品是少量的,汉代以至齐梁当代作品占大多数,这些作品到曹宪传授《文选》时,早则四百余年而晚则不到一百年。从口语的发展看,四百余年的时间不算太短,语言的内部结构应当发生了一系列的变化;但是,《文选》所选,绝大部分是文人作品,就中国早期的书面汉语看,由于脱离口语的仿古文言的存在,书面汉语的历史综合性与超方言性极为显著,不论是语法还是词汇,甚至书写的习惯,都具有相当的稳定性,四百年的时间变化极小,几乎可以忽略不计,而齐梁当代的作品则对文人说来更无说释的必要。与汉代解释先秦经典的训诂材料比较,李善注直接释义的任务不应是很重的,但是,沟通汉以后仿古诗文与先秦典籍之间的语言继承关系,适应齐梁诗文善于用典的特点而援引旧籍,这又是曹宪与李善这些精通"小学"的学者不可不做的工作。由于书面语需要阅读,无法逃避语音变化的事实,因此,注音工作任务也就显得比较突出,因此便产生了李善注多引旧籍,少释词义,保留旧音的特点。何况,释典本身也就是释义,引旧籍的目的也仍是释义,语义是一种历史积淀,并且要在语境中实现。举例以明之:

> 陶渊明《杂诗二首》:"问君何能尔,心远地自偏。"善曰:"郑玄《礼记注》:'尔,助语也。'《琴赋》曰:'体清心远邈难极。'"铣曰:"问君何能如此者,自以发问将明下文也。远谓心自幽远,虽处喧境如偏僻也。"

"尔"有语气词与代词两种用法,一般情况下,放在句末是语气词,《礼记·檀弓》郑注:"尔,语助也。"李善依句法,对"尔"放在句末,都认为是语气词,例如,《古诗》"相去万余里,故人心尚尔。"李善注:"字书曰:'尔,词之终也。'"这里引《礼记·檀弓》郑注,正恐读者将"尔"解释作代词,张铣以"如此"解"尔",已属浅薄。下文李善引《琴赋》"体清心远邈难极",是以同一意境的文句相释,极为确切,而张铣将原句直译,诗意一概无出,更无从与李善比较。

陆士衡《辨亡论》:“虽兵以义合,同盟戮力,然皆苞藏祸心,阻兵怙乱。”善曰:“《左氏传》曰:‘诸侯同盟于亳。’《国语》曰:‘戮力一心。’贾逵曰:‘戮力,并力也。’”“《左氏传》曰:‘楚公子围聘于郑,郑使行人子羽与之言曰:‘大国无乃苞藏祸心以图之。’又众仲曰:‘夫州吁阻兵而安忍。’杜预曰:‘阻,恃也。’又君子曰:‘史佚所谓无怙乱也。’”济曰:“群雄虽义以举兵,同为盟誓,戮力以匡帝室,将除暴乱,然皆苞藏祸心,欲行篡逆,阻守强兵,恃托除乱也。怙,恃也。”

李善注引《国语》《左传》,一方面是借用前人的训诂通本段文字,一方面也是借用历史事实来使读者加深对文意的体会。李善选用旧训是十分慎重而贴切的,例如,引“州吁阻兵而安忍”,杜预以“恃”训“阻”,又以“君子曰”说明“阻兵”就是“怙乱”,不但说明了“阻兵怙乱”的用语依据,而且,“阻”与“怙”同义,也一目了然了。而吕延济直译原文之外,以“阻守”释“阻”,又作“怙,恃也”的词训,前者不确,后者多余,远不如采用征引式效果好。

援引前代的文献与注疏,却能适应时代不同的文章的语境,达到“释事而寓义”的目的,这与中国古代文人的书面语言的特点是分不开的。在经学笼罩中国文化史的巨大影响下,文人的书面语言,对经、史、子著作,特别是经的语言,有着十分顽固的因袭性。这种因袭主要表现在词语更新极慢而典事转用极快上。齐梁距汉四百余年,不论是哪种体裁的作品,袭用旧词旧典的比例都很可观。《文选》诗的涉典字数约占21.4%,也就是说,每五个字,就有一个入典。这种语言的因袭就使作注者不能不把释典源、解典义作为一个主要内容。有时典源一出，典义自明，例如张平子《思玄赋》："悲离居之劳心兮，情悁悁而思归"，旧注引《字林》："悁悁，忿恨也。"而李善却直引《毛诗》"劳心悁悁"，赋义便一语道破。陆士衡《招隐诗》："富贵苟难图，税驾从所欲。"李善引《论语》："子曰：'富贵可求也，虽执鞭之士，吾亦为之；如不可求，从吾所好。'"引文一出，也把一番穷通的道理和退隐的念头直抒无遗。

更进一步说，李善采用征引体式来注《文选》，又是与汉魏六朝的文风有着密切关系的。

注释是着眼于语言的，汉魏六朝文学在语言运用上的特点是求其典雅。《文心雕龙·体性》说："典雅者，熔式经诰，方轨儒门者也。""熔式经诰"指的是文辞要取法经典语言。汉代以后，体裁虽多样化而因为仿古之风盛行，同一体裁的作品又有很明显的模仿与因袭。所谓"明理引乎成辞，征义举乎人事"，大量的用典成为当时的普遍文风。刘勰在《文心雕龙·通变》中一语道破这种因袭文风的表现："夫夸张声貌，则汉初已极，自兹厥后，循环相因，虽轩翥出辙，而终入笼内。"这就是说，文学摆脱了经、史的规范，追求"出辙"、创新，但由于思想不彻底和形式的因袭，仍然造成了"终入笼内"的局面，所谓万变不离其宗了。李善的征引式注释，正是适应这种文风而产生的。他在开篇的第一个注班固《两都赋序》的注释里说：

"《毛诗序》曰：'《诗》有六义焉，二曰赋。'故赋为古诗之

流也。诸引文证，皆举先以明后，以示作者必有所祖述也，他皆类此。”（李善《文选注》卷一）

这段话几乎可以算作李善注的总条例，征引正是为了揭示文章的源流关系。而汉魏六朝文人作品求古雅，要求字字有出处，不使俚言俗语窜入，正是李善注必可征引的条件。可以李善对扬雄和贾谊二人作品的注释说明这一点。

扬雄以善于模仿著称。他曾仿《论语》作《法言》，仿《易经》作《太玄》，仿《尔雅》作《方言》。他的赋在形式上模仿司马相如，在《汉书》中已有记载：

《汉书·扬雄传》：“蜀有司马相如，作赋甚弘丽温雅，雄心壮之，每作赋，常拟之以为式。”

扬雄赋的旧注中也早注意到这一点：

《甘泉赋》：“左欃枪而右玄冥兮，前熛阙而后应门。”晋灼注：“《大人赋》曰：‘揽欃枪以为旗。’又曰：‘左玄冥而右黔雷。’雄拟相如，故云尔也。”

因此，李善在为扬雄赋作注时，多引司马相如，以说明扬雄对司马相如赋的袭用与化用。

李善对贾谊《鹏鸟赋》的注解也是一个典型的例子，《鹏鸟赋》

是一篇抒情小赋,抒发了作者“外死生,顺造化”的思想,这种思想根源于道家,《鹏鸟赋》的语言形式也多从道家典籍中化出。李善注则多次引用《庄子》《老子》《鹖冠子》《列子》等典籍的文句来说明《鹏鸟赋》之“祖述”。例如:

“祸兮福所倚,福兮祸所伏。”李善注:“《鹖冠子》曰:‘祸乎福之所倚,福乎祸之所伏。’”(李善《文选注》卷十三,下同)

“忧喜聚门兮,吉凶同域。”李善注:“《鹖冠子》曰:‘忧喜聚门,吉凶同域。’”

“水激则旱兮,矢激则远。”李善注:“《鹖冠子》曰:‘水激则悍,矢激则远。’”

……

这些引证之所以具有说服力,不仅是引文与选文的语句在袭用或化用上源流关系十分明显,还在于引文作者与选文作者的思想一脉相承。

因此,我们可以说,李善采用征引式的体式,既是不得不如此——文学作品的个人感受难以用直训、义界、章句等传统方式表述;又是完全可能如此——汉魏六朝作品确是一词一语均有依据,有所祖述。李善注的价值在于他对每一作家、每一作品、每一词句的形式与内容的渊源探求得如此准确,为读者所作的导读如此周到而具有说服力。他的征引式对于精通文学的读者说来,实在是不加说解而说解更确,不需直译而句意更显,不必论辩而考据更明。李善注对后代的集部——文人文学作品的注释能起到那样巨大的作用，后代的诗文注释绝大部分采用征引式，是为历史的必然。

5. 小议李善注与五臣注的优劣

最后需要说明的是，明确了李善注采用征引式的原因和征引式的特点，便不难品评李善注与五臣注的优劣。其实，李善注与五臣注是在不同层次上的相互补充。李善注旨在对文学作品的源流加以探求，引导读者了解作品之祖述，从而欣赏和接受作品的内容。它适合文学的研究者使用，而为一般的阅读者扫除应扫除的文字障碍，则非其主旨所在，因此，五臣注作为另一目的上对李善注的补充，也是不可缺少的。五臣注采用经史注释传统的训诂方法所做的工作，应是先于李善注的基础工作，但它却后于李善注产生。六臣注本在编排上又置于李善之后，便使层次更高的阅读者与研究者感到了它的浅薄和多余。这或许正是在“选学”的研究中贬抑五臣注的不可避免的原因吧！

十二、今注与古注*

1. 现代注释及其不足之处

学习文言文的人，时常要通过注释来理解难词难句，注释是文言文阅读不可缺少的拐棍。初读文言文的人总是先看今人的注释。这种注释一般是用现代汉语的词来解释文言文的词，注释的内容包括现代汉语翻译、词的概括义、词在句中的具体义、作者赋予词的特殊色彩和修辞意味等等。这种注释还可以和现代辞书对照使用。凭着这种注来疏通文言文的句意一般是很方便的。例如：

《齐桓晋文之事》："颁白者不负戴于道路矣。"人教版中学语文课本高中第五册注："老年人不会再背着东西、顶着东西在路上走了。意思是，人们都讲礼义，能帮助老年人了。'颁'通'班'、'斑'，头发花白。负，背东西。戴，把东西顶在头上。"

---

* 本文是我所写《文言字词知识》（叶苍芩主编语文基本知识丛书之一，北京：北京教育出版社，1987年）和《文言文阅读基本能力培养》（叶苍芩主编语文基本能力培养丛书之一，北京：学苑出版社，1990年）两书中有关注释章节的综合和改写。

这条注释分三段——第一段直译全句，从译文和原文的对当关系大致可以看出："颁白者"指"老年人"，"负戴"就是"背着东西，顶着东西"，"于"即"在"。第二段阐明文意，也就是交代这句话字面意义之外的作者意图。第三段进一步释字词，重点解释三个词：一是"颁"，说明"颁"有"头发花白"的意思，是借"班""斑"之义，二是"负"，词义为"背东西"，三是"戴"，词义为"把东西顶在头上"。象这样的注释，对初学者当然是非常方便的。

但是，今注对于文言文阅读能力比较强的人或对于教学者来说，有时是不够用的，为了深入学习的需要往往得参照古注。古注指前代的训诂家为古代典籍作的注。比如对先秦作品来说，以汉代的注最系统全面，后来又有唐、宋的疏来作进一步的阐发和补充，清朝人还往往作有考据、补遗和勘正。这些材料对我们的学习有很大的好处，而且，今注也往往是依据这些古注作出来的，只是因为今天的编注者认为读者用不着掌握这些资料，便不把它照录出来就是了。今注与古注比较，虽有很多长处，但由于往往不录原始资料，不录作注的依据，不录考据的过程，不录有分歧的意见，不录范围更宽的有关知识，加之还有些作注者自己未读原始材料，只是转引他人之注，因此时常只言当然，不言所以然。也有时会出现就事论事，缺乏深度，甚至以今律古，出现错误。这样，便往往不能满足深入学习的需要。

比如古诗文的注释。在专业领域，人们对诗歌鉴赏往往过分强调主观性，有的甚至达到"不可知论"的地步。他们认为，诗歌是诗人内在情感的抒发，作者以外的人只能凭借自身的经验领会诗意,不可能还原作者的原意。由于这种看法,注释就常常违背词义和句义,不能把作者的创作的意境,从客观的词义发掘出来,有时还以今律古,产生误解。这里举几首中学语文课本中选出的古代诗歌为例,来说明今人注释的不足:

首先,有些教材的注释只出文意注释,看似注对了句义,却没有注出所以然来,让学习者不知句义是怎么来的。例如:

> 杜甫的《水槛遣心》被选进初中课本。其中有“澄江平少岸,幽树晚多花”两句,编写人用“锦江水满”来注释“澄江平少岸”;王维的《观猎》也选入了课本,其中“回看射雕处,千里暮云平”两句,编写人用“暮云沉沉”来注释“千里暮云平”。

老师们常常难以解释,为什么“平少岸”的“平”是“满”而“暮云平”的“平”却成了“低”,他们说这是诗人的主观体会。其实仍然是客观词义的体现:这两首诗的“平”都当“平齐”讲,它们不同的形象来自不同的语境,而语境也是诗中描绘了的。锦江的水与岸平齐了,水当然就满了,暮霭平铺在遥远的地平线上,与地面平齐了,当然是低沉的形象——诗人是不能离开客观的词义来传达自己的感受的。

只注出了句义没有指出意义的来源,也是因为作注的人对句义只是笼统地理解,把握语言还不够细致,没有关注到词义的层面。例如:

> 在《信陵君窃符救赵》一文中，有这样一段话："当是时，诸侯以公子贤，多客，不敢加兵谋魏十余年。"有的教材只这样注"不敢加兵谋魏"的："不敢加兵谋魏，不敢用兵侵略魏国。谋，作侵略的打算。"

这段话笼统的意思不难理解：魏公子信陵君贤能，其他诸侯国畏惧他的声名，在战国纷争的时代，信陵君当政的十余年里，没有哪个国家敢发兵侵略魏国。注解准确地翻译了"不敢加兵谋魏"这句话，但是在后面一句对"谋"的解释里，产生了问题。"谋"有"打算"的意思，但并没有"侵略"的意思。"侵略"的意思是哪里来的呢？

如果我们在阅读时做到"字字有着落"，又能从汉字的本义出发，就会知道，"侵略"的意思是从"加"字来的。

这就产生了第二个问题：现代汉语中"加"的常用义是"增多"，它的反义词是"减少"。也可以是"加宽""加长""加深""加强"等，还可以"增加"连用——"增加难度""增加宽度""增加长度"，甚至"增加甜度""增加力度"等等，可以看出，现代汉语里的"加"，是一个和数量有关的词。在现代汉语里，"加"的后面一般不出现消极的词，不能说"加少""加浅""加弱"等等。但文言文里可以。还记得《寡人之于国也》一文中，梁惠王问孟子说："邻国之民不加少，寡人之民不加多，何也？"这算是古今汉语的一个区别，但仍然无法解决"加兵谋魏"的语义问题。

解决这个问题必须从汉字的字形构造入手。《说文解字·力部》:“加,语相譄加也。”“加”从“力”从“口”,“加”的本义是用强力对人说硬话,强迫人接受。当“加”解释其他词的时候,也可以看到这个本义。《说文·言部》:“诬,加也。”“譄,加也。”我们还可以举出几个文言文的语例来证明“加”的词义:

《左传·襄公十三年》:“君子称其功以加小人。”杜预注:“加,陵也。”(“陵”是“欺凌”,也就是高高在上欺压人)

《论语·公冶长》:“子贡曰:我不欲人之加诸我也,吾亦欲无加诸人。”(这里的“加”明显是“强加”)

《左传·隐公三年》:“小加大。”杜预注:“小国而加兵于大国。”孔颖达疏:“加亦加陵。”(用兵强加于他国,正是“侵略”之义)

除以上证据外,有一个现在还常用的成语“欲加之罪,何患无辞”中的“加”,就当“诬蔑”“诬陷”讲,正合“加”的本义。

高明的诗评家从来主张解诗要平实,不赞成用迂回的手法猜测诗人,就因为他们感到,当一个诗人想抒发真情实感,而不是无病呻吟的时候,他们总是选用最客观的词义来表达,而不会迂回玄奥的。而有些注释喜欢用修辞格来把平实的语句说得迂曲。例如:

李白的《望天门山》:“天门中断楚江开,碧水东流至此回。两岸青山相对出,孤帆一片日边来。”

好几本书把“孤帆”解释为“帆”代“船”的借代修辞格。这实在是欠平实了，青山碧水之中，远方的水天交接处太阳升起的地方，一片白帆远远驶来，因为远而不见船身，白帆衬在蓝天下，渐渐远离红日，诗人要说的不正是这种情景吗？诗要突出的是茫远的感觉，他要说的就是“帆”，不是“船”，否则为什么用量词“片”呢？修辞似比平实的词汇语法更具美学价值，可这么一讲，不是反而破坏了美感吗？

诗中平实的词语，常常是诗意的精粹。

这些都是因为传意的沟通者太忽略了诗的意境是寓于客观词汇意义之中的，太把诗主观玄妙化了。刘勰所说的“沿波讨源，虽幽必显”（《文心雕龙·知音》），意思是没有客观的语言，不会有主观感受的表达，既然用了语言去表达，诗人的感受总会在语言中包含的。注释以为平实就是浅显，不需要去提醒读者，其实正是作注人自己的浅薄。

注出错，有时还很难发现。例如：

> 曹植的《七步诗》：“煮豆燃豆萁，豆在釜中泣。本是同根生，相煎何太急。”有的语文教材这样作出这首诗的题解：“此诗用萁豆相煎这个生动浅显的比喻，把曹丕残害骨肉、争权夺利的行径揭露得淋漓尽致。”

这个题解是有问题的，《说文解字》“相”在“目部”解释做“省视也。”意思是“对着看”，本来没有“互相”的意思，“互相”的意思是在语境里产生的。《七步诗》里的“相煎”是单向的，是说豆萁在煎豆，而“萁豆相煎”是二者互相、双向的意思。这与诗意大相径庭。这首诗的后两句是豆在锅里说的话：“你我本来是同根生的兄弟，你在灶里烧火煎我，是不是太狠心了？”按照题解变成豆萁和豆互相煎，岂不是原意尽失！

今人注释产生的问题，要想解决，学习和参考古注是必要的。

2. 参考古注的必要性

遇到下列问题时，需要查找、参考古注。

首先，遇到字面上无法直接解释的典故，今注说得比较笼统的，需要参考古注。例如：

> 《梦溪笔谈·药议》：“天时有愆伏。”中学语文课本高中第二册注：“愆伏，原指天气冷暖失调，这里有变异无常的意思。”但“愆”、“伏”二词均无“失调”“无常”之义，也看不出与“天气”有什么关系，只有查古注。

“愆伏”典出《左传·昭公四年》：“则冬无愆阳，夏无伏阴，春无凄风，秋无苦雨。”杜预注：“愆，过也，谓冬温”“伏阴谓夏寒”“凄，寒也”“霖雨为人所患苦”。“愆阳”“伏阴”“凄风”“苦雨”都是讲四季气侯的反常现象的。“愆伏”是由“愆阳”与“伏阴”中抽出来概括季候冷暖失调现象的。

其次，今注遇到疑难问题，有时兼采两说，这种情况下一般是两说皆通,可以允许读者选取其一或二者兼取。但是,教学者常常希望进一步探求两说的根据,以便心中有数,讲授得当,这就不得不去查阅古注。例如:

《诗经·硕鼠》:"爰得我直!"中学语文课本高中第一册注:"直,这里指公正的待遇,一说,指处所。""直"既没有"待遇"的意思,又不能直接当"处所"讲。"待遇"和"处所"虽然都能讲通"爰得我直"这句话,但二者的意义相距甚远。不得不由古注中去探讨两说的依据。

第一种解释取一般的说法,以"直"为"值"的同源通用字。"直"的本义为"正",引申而有"相当"义,"值"由此派生,也有"相当"义。《说文·十三下·田部》:"当(當),田相值也。""价值"义由此引申而来(价值与物品相当)。"爰得我直"即"爰得我值"。"值"就是"应有的、合理的价值",所以注说"指公正的待遇"。(毛传注"爰得我直"说:"得其直道。"郑笺补充:"直犹正也。"这个注释政治说教意味太深厚,与诗意不甚符合,一般人不取。)

"一说,指处所",取王引之《经义述闻》的说法。王认为:"直"是"职(職)"的同音借用字,"直"与"职"的古音相同,在古代文献中,"膱"与"植"、"职"与"殖"、"埴"与"戠"、"樴"与"脂",都曾互借过,可以证明从"直"得声与从"戠"得声之字音同。而"职"当"所"讲也有很多证据:《左传·哀公十六年》:"克则为卿,不克则烹,固其所也。"《史记·伍子胥列传》将“固其所也”翻译成“固其职也。”可见“所”与“职”同义。《汉书·宣帝纪》:“其加赐鳏寡孤独高年帛,……毋令失职。”“失职”就是“失所”,也就是“没有应得的地位”。《汉书·赵广汉传》:“(广汉)为京兆尹廉明,威制豪强,小民得职。”颜师古注:“得职,各得其常所了。”所以,王引之先以“直”为“职”,又解“直”为“所。”

查阅了两说的来源和依据,就可以进一步判断取哪一说法为好。王引之的说法,符合《诗经》的篇章特点。《诗经》常有“变文协韵”之例。在并列段落相应的位置上,换用一个字,但意义不变,为的是押韵。《硕鼠》的第一章古韵押“模”韵,句末用“所”,第二章押“德”韵,所以改“直(职)”,“直(职)”也在“德”韵,但义仍为“所”,反复咏唱,增强效果,看来是合理的。但在王引之的考据证明中,只证明了“直”、“职”同音和“职”有“所”义,却未能证明“直”也曾有“所”义,从而使《硕鼠》的“直”借“职”的“所”义变成孤例,说服力便不那么强了。而且说法也颇迂曲,反而不如第一说更好。

再有,今注的说法于文虽通,但根据似嫌不足,为了增强说服力,进一步获取一些资料。这种情况下,可以查查古注。例如:

《鸿门宴》:“举所佩玉玦以示之者三。”中学语文课本高中第二册注:“王玦(jué),半环形的佩玉。‘玦’与‘决’同音,范增用玦暗示项羽要下决心杀刘邦。”

注的说法是否有根据？举玉玦是否能使项羽意识到是让他下决心？这是读者常会发出的疑问。不妨查一查古注。

> 《说文解字·一上·玉部》："玦，玉佩也。"段玉裁注："《九歌》注曰：'玦，玉佩也。先王所以命臣之瑞，故与环即还，与玦即去也。'《白虎通》曰：'君子能决断则佩玦。'韦昭曰：'玦如环而缺。'"

段玉裁在《说文解字注》里所引的三个资料对我们理解《鸿门宴》中范增的举玦都是有用的。首先，我们凭着韦昭的说法，知道玦的形状"如环而缺"，也就是课本注所说的"半环形"。其次，我们知道古代的佩玉不仅是装饰品，而且含有君对臣的要求、告诫在内。先王以环召臣还，以玦示臣去，就是一种暗示。最后，我们从《白虎通》中找到了课本注说法的依据，古人佩玦，确有决断之意。所以，范增举玦，不只是含有自己的暗示，而且确知这个暗示项羽能够懂得。

也有时，今注虽已将词义、文意都注释明白了，但学习者对这个问题还想得到更丰富的知识，以便提高自己的文化素养，这就有必要去进一步查阅古注。例如：

> 《后汉书·张衡传》："遂通五经，贯六艺。"中学语文课本高中第三册注："六艺，见《周礼》，指的是礼、乐、射、御、书、数六种学问和技能。"

注释已很清楚,“六艺”见《周礼》,是古代的六种教育内容。如果想进一步了解六艺的具体内容,可以查阅《周礼》的旧注。

《周礼·地官·保氏》:“乃教之六艺:一曰五礼,二曰六乐,三曰五射,四曰五驭,五曰六书,六曰九数。”

根据郑玄的注,这六种学问和技能所含内容如下:

五礼,指五种仪式的礼节。包括吉礼、凶礼、宾礼、军礼、嘉礼。

六乐,指六种配舞的音乐。古代的歌舞是朝见和祭祀时用的,不是单纯的娱乐。六乐指《云门》、《大咸》、《大韶》、《大夏》、《大濩》、《大武》。这六种音乐配六种舞蹈。

五射,指五种射箭的方法。即白矢(一箭穿靶)、参连(三箭连续发出)、剡注(箭尾高箭头低斜插中靶)、襄尺(与君共箭,让君一尺。“襄”是“让”的古字)、井仪(四箭并中靶如井字)。这几种射法都是在正式战争中有实用价值的。

五驭,指五种驱车的方法。即鸣和鸾(车的起动法)、逐水曲(车的曲行方法)、过君表(车的入门方法)、舞交衢(车行交通要道依节奏而行法)、逐禽左(驭车逐猎之法)。

六书,反映汉字的六种造字法,即象形、会意、转注、处事、假借、谐声。与今天通行的“六书”之说名异而实同。

九数,指九种计数公式,即方田、粟米、差分、少广、商功、均输、方程、赢不足、旁要。

查阅古注后，仍不满足，可以参考依注所作的疏，并依注疏提供的线索，进一步查阅有关文献。

除此之外，今注还有含糊其词甚至完全注错的地方，更需要依古注来补充纠正。例如：

> 《关山月》："朱门沉沉按歌舞，厩马肥死弓断弦。"《中国历代诗歌选》(人民文学出版社 1979 年版)注："朱门，指豪家。沉沉，形容深邃。按，考核，检验。"在这条注释中，"按"注成"考核、检验"，就完全错了。

"按"的本义是"向下的动作"，它与"抑""压""遏"是同源词。它很早就用于音乐，当"敲击"讲。例如《文选·楚辞·招魂》："陈钟按敲。"五臣注："按，犹击也。"敲击的动作在音乐中多用为打击乐，而打击乐是司节奏的，在国乐队里，它其实是暗中的指挥，所以"按"引申为"排练"的意思。唐宋诗词中，"按"当"排练"讲，已成专义：李商隐《华清宫》："朝元阁迥羽衣新，首按昭阳第一人。"白居易《后宫词》："泪尽罗巾梦不成，夜深前殿按歌声。"赵佶《探春令》："清歌妙舞从头按。"……这些"按"都当"排练""演习"讲，"首按"就是第一次试演，相当于今天的彩排。拿《关山月》同一作者陆游的诗来说，"鸭子陂头看水生，蜂儿园里按歌声。"(《书感》)"吴波涨绿迎桃叶，穠烛堆红按柘枝('柘枝'即'折枝'，歌舞名)"(《闻韩无咎下世》)这些"按"也当"排练""演习"讲。《关山月》的"按歌舞"，应以"按"为"排演"。

多读些古注,往往能够发觉今注不够准确甚至完全注错之处。拿前面所举《齐桓晋文之事》的那个注释来说,在那个注中,编注者认为“颁”通“班”“斑”。“班”的本义是“分玉”,引申而有“区分”义,“斑”是后出字,正字应作“辬”,《说文》训“分别文也”,意思是两种或多种颜色相间,因而“斑白”有“花白”义。其实,“颁白”的“颁”本字应是“皤”,《说文·七下·白部》:“皤,老人白也。”它异体字作“額”,从“页”,与头部有关,是专为老人头发白造的字。所以,以“班”“斑”为本字,仍未道中根本。“皤白”是老人头发白,不一定是“花白”。

3. 古注的类型和作用

古注对深入学习文言文有很重要的作用,有时甚至是不可缺少的,那么,哪些古注可以供我们查阅呢?可借供参考的古注大约有以下几类:

第一类,是前代注释家给古代典籍作的注和疏。这些注疏都附在原文的后面,随文释义,因此,一般都是针对在具体语言环境中出现的词而解释的。这种注释用在原文上是贴切的,离开原文作用就会减少,甚至毫无作用。用这种注疏,一般选用时间较早的、公认比较权威的、那当然也比较容易找到的。下面举一些常从中选文的古书的注疏,供选用时参考:

《诗经》 《毛诗正义》 汉毛亨传,郑玄笺 唐孔颖达疏
《礼记》 《礼记正义》 汉郑玄注 唐孔颖达疏

《左传》 《春秋左传正义》 晋杜预注 唐孔颖达疏
《孟子》 《孟子正义》 汉赵岐注 清焦循疏
《论语》 《论语正义》 三国魏何晏等注 清刘宝楠疏
《国语》 《国语注》 三国吴韦昭注
《战国策》《战国策注》 汉高诱注
《史记》 《史记集解》 南朝宋裴骃撰
《史记索隐》 唐司马贞撰
《史记正义》 唐张守节撰
（以上三书合称《史记》三家注）
《汉书》 《汉书注》 唐颜师古注
《后汉书》《后汉书注》 唐章怀太子李贤注
《三国志》《三国志注》 南朝宋裴松之注
《荀子》 《荀子注》 唐杨倞注
《庄子》 《庄子注》 晋郭象注
《楚辞》 《楚辞章句》 汉王逸注
《楚辞集注》 宋朱熹注
《文选》 《文选注》 唐李善注
《五臣注文选》 唐吕延济等注
李白诗 《李太白诗集注》 清王琦注
杜甫诗 《杜少陵集详注》 清仇兆鳌注
韩愈文 《昌黎先生文集》 宋魏仲举编
《韩昌黎集注》 宋廖莹中编
柳宗元文 《柳先生文集》 宋韩醇音释

第二类,是训诂学家编纂的专书。这些专书有的把古书的注释按同训者分类排列,如《尔雅》《广雅》,有的把古书的注释按声音排列,如《经籍纂诂》和现代编纂的《故训汇纂》,还有的根据某种原则把汉字编在一起对其形音义加以解释,如《说文解字》。这些专书都编辑了一些古代的词义注释材料,可供参考。这些书与现代辞书不同的是,它们都保留了古代文献原始的用词情况,记载了词的使用历史,可供我们直接了解词在古书中的具体词义。这些书中,《尔雅》《说文》都产生较早,注释词义十分简古,对我们有直接作用的是它们的注本。《尔雅》以晋郭璞的注最为常见,作疏的名家常见的有宋代的邢昺、清代的郝懿行和邵晋涵三家。《说文》的研究者很多,清代有段玉裁、朱骏声、桂馥、王筠四人,合称"《说文》四大家",而对我们有用的,应数段玉裁的《说文解字注》和朱骏声的《说文通训定声》。现在举例说明这类书对教学文言文的参考价值:

《孔雀东南飞》:"卿但暂还家,吾今且报府。"注:"报府,赴府。到庐太守府里去办事。"段玉裁《说文解字注》"报"下说:"(报)又假为赴疾之赴。见《少仪》、《丧服小记》。今俗云急报是也。"查《礼记·丧服小记》:"报葬者,报虞。三月而后卒哭。"注:"报读为赴疾之赴,谓不及期而葬也。"疏:"赴犹急疾也。急葬谓贫者或因事故死而即葬,不得待三月也。"

从以上所抄资料看,中学语文课本注"报府"为"赴府"。查段玉裁《说文解字注》,知道“报”在《礼记》中曾假借为“赴疾”之“赴”。从段注提供的线索查《礼记·丧服小记》,知道段玉裁说的“报疾”,指的是因贫或因事故死亡,不能按常礼三个月以后下葬,以早葬为早安(虞即平安),所以要及早赴丧。“赴”的这个意义,后来派生出一个专门的名词“讣”。而在《孔雀东南飞》里,“报”假借为“赴”,不是奔丧,所以课本注补充了一句“到庐江太守府里去办事”。但是“报”在这里还保留有“赴疾”的“急”义。府吏在刘兰芝被遣还家时,因为急着去到府里当差——他是小吏,身不由己——所以两人匆匆而别。以后,府吏在送刘兰芝回娘家时,又有“吾今且赴府,不久当还归,誓天不相负”的话,再一次说明他们分别的匆忙、誓言的简约和不得已之情。课本在注这一条时,没有注出“报”和“赴”的“急”义,而从段注中,可以掌握词义这个特点。

第三类,是后来的人读前代典籍所写的杂记、笔记。这些杂记、笔记多半都有考据的性质,不是专讲字和词的。这些书在编排上也没有什么固定的体例和次序,一般也没有人给它们作索引。所以,全靠读者随时留意积累。初学文言文的人当然不必要多读这些书;有深入学习要求的人读读这些书,确可以增长知识。

这些资料,有的为我们提供了有关历史和生活的情况,帮助我们了解古代文章的真实含意。例如:

顾炎武《日知录》卷二十七:“诸葛亮《出师表》云:‘后值倾覆,受任于败军之际,奉命于危难之间,尔来二十有一年

> 矣。’所谓‘败军’,乃当阳长坂之败;其云‘奉命’,则求救于江东也。注乃云‘事见上卷文帝黄初四年’,非。”

顾炎武的这段笔记,是驳斥《资治通鉴》注的,为我们理解《出师表》的两句话,提供了很好的历史资料。

有的给我们提供了对诗文的词义如何理解的意见,供我们分析作品、讲解课文或注释篇章时参考。例如:

> 施鸿保《读杜诗说》在“戏为六绝句”下说:“《戏为六绝句》第二云:‘王杨卢骆当时体,轻薄为文哂未休。’注:‘四公之文,当时杰出,今乃轻薄其为文而哂笑之。’又引卢元昌说:‘后生自为轻薄之文,而反哂笑前辈。’今按‘轻薄’字始见《西京杂记》‘茂陵轻薄者化之’,言人之轻薄也。绝句《漫与》云‘轻薄桃花逐水流’,《赠王侍御契》云‘洗眼看轻薄’,《贫交行》云‘纷纷轻薄何须数’,皆是此意。此诗谓后生轻薄之人,讥笑前辈为文也。前二说俱非。”

清代施鸿保的《读杜诗说》,是一部专门对仇兆鳌的《杜少陵集详注》提出不同意见的笔记式的书。仇兆鳌注杜诗,历来为人们所本,施书能提出不同意见,而且有些评论十分精确,是很有参考价值的。这里提出“轻薄”是指妄评前人之文的后生,就是很有道理的。

还有些笔记给我们提供了读音、用字和用词习惯的资料。例如：

钱大昕《十驾斋养新录》卷四："'比邻'之比，有平仄二音。王勃诗'海内存知己，天涯若比邻'，读去声。杜甫诗'暂往比邻去，空闻二妙归'，'休怪儿童延俗客，不将鹅鸭恼比邻'，读平声。考陆氏《释文》，五家为比，比，毗志、扶二二反，无平音。《广韵》始收入六脂部。'比邻'亦云'邻比'。《管辂别传》：'与邻比儿共戏。'"

同上书卷二："《僖三十年》'焉用亡郑以倍邻'，唐宋石经及岳氏本俱作'陪'。据杜注'倍，益也'。则从'阜'为正。《释文》'陪，蒲回反'，是陆亦作'陪'也。"

《日知录》卷二十七："《蜀相》诗'三顾频繁天下计'，《入衡州》诗'频繁命屡及'，《蜀志·费祎传》'以奉使称旨，频繁至吴'，《晋书·刑法志》'诏旨使问频繁'，《山涛传》'手诏频繁'，《文选》庾亮《让中书令表》'频繁省闼，出总六军'，潘尼《赠长正治》诗'张生拔幽华，频繁登二宫'，陆云《夏府君诔》'频繁帏幄'，《答兄平原书》'锡命频繁'。"

以上三条资料，首条讲"比邻"的"比"字读音的变迁，实际上也讲了它的意义。"比"作形容词，当"挨近的""靠近的"讲；"比"作动词，通"毗"，当"连接"讲。这对我们理解"比邻"一词，很有参考价值。二条讲"亡郑以陪邻"的正字，认为根据杜预注，其义是"益"，也就是"使邻国增益"，根据《经典释文》，其音是"蒲回反”,都应作“陪”字。《说文》:“陪,重土也。”一层层往上加土,所以有“增益”之义。这对我们理解《烛之武退秦师》一文,也是很有用处的。三条从杜甫《蜀相》诗出发,引用大量古书,帮助我们理解“频繁”一词的意义。从所引文句看,“频繁”指国事、政事、军事的纷纭繁杂,又多用在君主和上级的诏问、命令。由此可知《蜀相》诗中“频繁”,是指“三顾”而说的,专指刘备多次亲自请诸葛亮申说平天下的大计这一事情,从而突出诸葛亮的历史作用和政治才能。

也还有些笔记,对一些书文中的个别语句作出了与众不同的解释。这些说法我们不一定采用,但也可作为参考。例如:

> 王念孙《读书杂志》:“项伯乃夜驰之沛公军,私见张良,具告以事,欲呼张良与俱去。曰:‘毋從俱死也。’念孙按:從当为徒。项伯以张良不去,则徒与沛公俱死,故曰‘毋徒俱死也’。《汉书·高祖纪》作‘毋特俱死’。苏林曰:‘特,但也。’师古曰:‘但,空也,空死而无成名也。’特、但、徒一声之转,其义一也。隶书從字作‘従’形,与‘徒’相似,故徒误为從。(《齐风·载驱》笺:‘徒为淫乱之行。’《释文》:‘徒一本作從。’《列子·天瑞篇》:‘食于道徒。’《释文》:‘徒,一本作從。’《吕氏春秋·禁塞篇》:‘承從多群。’從,一本作徒。《史记·仲尼弟子传》壤驷赤字子徒、郑国字子徒,《家语·七十二弟子篇》徒并作從。)”

在这一条里,王念孙认为《史记·项羽本纪》中“毋從俱死也”一句的“從”是“徒”字之误。他举出《汉书·高祖纪》来比较,又指出“徒”与“從”隶书字形的相似,并且连举几文,说明古书中“徒”与“從”互讹的情况很多。应当说,他的说法颇有道理。只是因为今人所见的版本中,没有看到“從”作“徒”的本子,而且,“毋從俱死”也能讲通,所以现代的《史记》定本和选文都未从他的说法。而知道他的这个说法,对理解《鸿门宴》一文中这句话,是有参考作用的。

从以上举出的多方面例子中可以看出,学习古代作品,是可深可浅的,提高人文素养,掌握广博的知识,通过多方面的古注来更深入准确地理解课文,要从多读些书开始,也要多掌握一些工具书的编纂特点和用法,必要时,还得学习一点文字训诂学及文献学的知识。当然,这都是对教师和语文工作的专门家的要求了,对学习文言文的初高中学生,能读懂现代注,利用现代注理解浅近文言文,也就可以了。

第四部分　训诂纂集原理

十三、谈谈中国古代的训诂纂集专书[*]

1. 训诂纂集与现代辞书

中国古代的训诂材料，以三种样式保存下来，即注释材料、纂集材料和考证材料。纂集是训诂材料的一种，纂集工作是一种有目的的字、词、义的类聚工作。它的目的体现在编纂的宗旨上，编纂的宗旨简称“编旨”。纵观训诂发展史，纂集有两类层次不同的编旨：一是为了集中使用某些材料而编纂；二是在集中某些材料之外，还要通过编纂证实某种理论。以汉代以前的四部纂集专书来说，《尔雅》类聚同训词，目的是集中先秦古训；《方言》用标准语

* 本文原为初版《训诂学原理》中“训诂原理概说”栏目下的第六部分“纂集论”，修改后以《谈谈中国古代的训诂纂集专书》之名发表在《群言》2003年第10期。此次收入本书亦有修改。

释方言，然后分类纂集，目的是集中方言词的语料——它们属于第一类。《说文解字》集中了秦代规范的小篆，合以古文、籀文，用穷尽的材料证明了汉字形义统一的表意特点；《释名》纂集声训，同时证明了以声音为线索探求名源的原理——它们属于第二类。有人把这些纂集的工作看成早期的语文工作，这是不确切的。纂集标志着字、词、义不再依附各自的环境，而成为互相依附的一群。所以，它体现了综合研究的趋势，是语言文字研究的初阶；第二类纂集是在明确理论指导下的研究结果，本身就包含理论课题。纂集已经进入了语言学的范畴。

有人把训诂纂集称作古代的字典。这个说法不无道理，但不够准确。训诂纂集的确是现代字典的前身，但它与现代的辞书又有很大的区别。从编纂整理语言文字的自觉意识与体例的细密程度来说，第一类纂集低于现代辞书；而从证实某种理论的明确目的来说，第二类纂集则高于现代辞书。不过，古代的训诂纂集经常是现代辞书取材的来源；而且，它们给现代辞书提供的经验方法是非常宝贵的，研究辞书学的人不可不对训诂纂集给予特殊的关注。

训诂纂集的经验与方法涉及的问题很多，有些问题也很深入。鉴于在编纂现代辞书时，对这一部分材料并没有研究得十分透彻，很多重要的内容未被引进现代辞书学中去。由于对古代训诂纂集材料研究不透，采用这些材料便常常出错；因此，有必要提出一个简单的研究纲要，摆一摆在这个领域里应当包含些什么主要的内容，以便引起对这个问题的重视，推动训诂学与辞书学的接轨。

2. 编则与纂例

纂集书编排的原则称作编则。编则体现类聚的目的。以《说文解字》为例,它的总编则是以形为纲,以义为纬,形义统一。具体又可归纳为以下几条:

第一,以540部的部首作为小篆构形子系统的标志。部首将同样的造意代入它所属的每个字。例如:《一卷下》含《屮部》《艸部》《茻部》三个部,它们所代入的造意有明确的分工:

《屮部》带给它所属的字"向上生长""向上冒出"的造意;
《艸部》带给它所属的字"草类植物"的造意;
《茻部》带给它所属的字"草丛""众多"的造意。

第二,每部之字又以义类类聚在一起。例如:《水部》是个大部,共有464个条目。部内按意义可分成以下8段:

(1)部首(1字)

(2)水流名(146字)

(3)水流声、水流貌(99字)

(4)涯、渚、湖、沼等与水有关的地形及泥、沙等与之相关的事物(29字)

(5)与人生活有关的水利及人在水中的行为(41字)

(6)雨水及下雨的状态(17字)

(7)水状貌(33字)

（8）饮水与用水以及人体内的液体（98 字）

第三，收字的原则是以小篆为正篆；以小篆或体与古文、籀文为重文。

第四，每个字先说义，再说形，其中一部分有直音并与经典沟通用字。形、音、义均可存两说。一部分条目引经文、引通人说和引方言、俗语作补充。

用固定的语言或格式来表现纂集者的编纂意图，体现编则，即形成纂例。古代的训诂纂集纂例的形成有两种不同的情况：一种是自觉的纂例，一种是自然的纂例。

自觉的纂例是在纂集者制定编则时有明确理论指导而形成的。纂集者为之设计了固定的表述格式和程式化用语，通过这些格式和用语，起到对相应的语言现象给予归类的作用。例如，《说文解字》的部首一律用“凡 × 之属皆从 ×”表示；前四书的形体说解都采用“象 × 形”“从 × 从 ×”“从 ×× 声”等程式化用语；重文中的古文、籀文、或体……也都有确定的表述语言。又如，扬雄在《方言》中用了“转”或“转语”这一用语，郭璞注《方言》时发掘沿用之。分析其含义可知，这一纂例适用于与标准语相同而因音变引起字变的方言词。把自觉的纂例的内涵总结成文，就是后来的凡例。总结的行为称作“发凡言例”。这一作法始于《左传》:《春秋》是用程式化用语来进行褒贬的，《左传》始为之揭示出这些褒贬的涵义，也就是发凡言例。

自然的纂例缺乏理论的一贯性，是纂集者由于对材料的把握比较熟练而自然形成的较为一致的语言格式。例如《尔雅》的许多注释格式——“曰”“言”“谓”“之为”等。这些用语并不是在每个地方的涵义都一样,也不是凡有这类现象的地方都用同样的表述语言。所以很难归纳成严格的凡例。后来的研究者已经发现自然的纂例不适宜直接用来进行理论归纳,因而便抛开那些貌似纂例的用语来归纳条例。例如,刘师培归纳《尔雅·释草》以下的条例为:

(1)以同类而分别者。其中又包括:

A. 以所生之地辨之,如山葱、山蒜等。

B. 以所生之本别之,如木堇之类。

C. 以颜色别之,如白芹、黑黍、皤蒿、赤苗等。

D. 以种类大小别之,如童粱、女萝言其小,王刍、牛藻言其大。

E. 以种类雌雄别之,如牡蓍之类。

F. 以他类相似别之,如籁萧之类。

(2)有以形状名之者,如鼠尾、狼尾、羊齿等。

(3)有以会意名之者,如竹萌、石衣等。

(4)有以切语名之者,如蒺藜、名茨等。

(5)有以音近名之者,如莪萝之类。

他以为,以上数例皆因一物数名,所以能互相训释。这些物名中,同类、形状、会意三类,皆一为直名,一为文名。切语、音近二类,皆一为方言,一为雅言。

这些条例发掘了事物命名的理据,具有一定的理论意义。

归纳纂例的工作,训诂学中称作条例之学。不论是哪一种纂例,凡能成例者,都在不同程度上体现语言文字规律。什么都归纳不出来的材料,即使也用了一些固定的表述语言,实际上是不含纂例的。训诂学研究条例,就是要从中发掘理论原理。黄季刚先生所说的“论其法式,明其义例,以求语言文字之系统与根源”,就是要从纂例的归纳起步,达到阐明理论的目的。只归纳纂例,不阐明理论,是训诂材料学的任务,而没有进入理论训诂学。

编则与纂例必需自觉,这一点告诉后代的辞书编纂者,想要编一部好的辞书,必需在科学的语言文字学指导下进行。一部辞书要想使查阅者收获大,必须下功夫整理材料。检验一部辞书材料是否整理得到家,要看这部辞书纂例的自觉程度如何,以及体现编则的程式化用语与格式设计和运用得是否有条理。

3. 纂集专书的类型

训诂纂集就其编纂的目的和设立纂例的自觉程度来分,可以分为以下三种:

(1)集合贮存型

在一定的编则统帅下,客观地、按随文训释的本来面貌纂集训释材料,是为集合贮存型。《尔雅》纂集古代同训词,从总体说,属于这一类型。阮元的《经籍纂诂》是最典型的集合贮存型。这种类型的训释材料里包含文意训释。如在“全”字条下收:

有钟有磬为全。(《仪礼·大射仪》“笙磬西面,其南笙钟”注)

全,十五日时也。(《文选·吴都赋》“与月亏全”注)

……

这类条目都是适应文意而发的,不能随便搬用。归纳为词义注释时要经过概括。

这种类型的训释材料里还包含训语虽别、词项实同的训释。如“全”字条下收:

全犹具也。(《礼记·祭统》“不明其义,君人不全”注)

全犹备也。(《列子·天瑞》“天地无全功”注)

两条材料异训而同为“具备”“完备”义,是需要进一步归纳、合并的。

集合贮存型的编纂目的是保留材料的原貌和提供材料的原始出处;所以,衡量它的优劣主要看在其编则范围内的材料搜集是否完备,以及提供的出处是否准确。

(2)整理编选型

对材料进行筛选、处理和加工后再进行编辑,以求对纂集目的的适应,这种纂集为整理编选型。《方言》是典型的整理编选型。与集合贮存型比较起来,这种类型所编入的材料已经更大程度脱离具体的语言环境,因而更接近独立的语言文字研究,但它仍然没有超出资料汇编的性质,自身比较缺乏理论的价值。

(3)理论证实型

带有比较明确的理论目的,并在理论的指导下制定编则的纂集,是为理论证实型。衡量这种类型纂集的理论价值,要看其理论自觉与彻底的程度。《说文解字》在古代的文字纂集书中是理论价值最高的。在《说文解字序》里,许慎明确提出了以下关于汉字的理论命题:

第一,"近取诸身,远取诸物"及"分理之可相别异"——汉字起源论。

第二,"依类象形"与"形声相益"以及"六书"的定义——汉字构形论。

第三,"孳乳浸多"与"改易殊体"——汉字字符繁衍论。

第四,"厥意可得而说"——汉字形义统一论。

第五,"(文字者)前人所以垂后,后人所以识古"——文字的社会作用理论。

这些理论都在《说文解字》的编纂中自觉地体现了出来。所以,《说文解字》一书所能开掘出的理论课题足以建立一门汉字学。

与《说文解字》比较,《释名》的理论价值就相对差一些了。《释名》发掘出事物命名的规律,以声训为主要手段来解释名源,这是十分正确的。但是它对源词与物名音和义的关系很少作出明确的条例,随意系联之处很多。这说明《释名》在关于名源的总体规律确定后,对一些更深层次的问题尚未达到理论的自觉性;这也是它在微观材料上错误较多的原因。

古代训诂纂集经常用来作为现代辞书的原始材料,如何使用这些材料,必须明确它们属于哪种类型。集合贮存型的纂集材料一般应作严格的检验,进一步归纳后方可使用,谨防把文意训释直接采用作词条而出错。

4. 类聚所反映的汉字汉语系统性

纂集是以字、词、义的类聚为主要手段的。字、词、义一经类聚,就显现出内部的系统性,为词义的比较创造了很好的环境。梁启超所说的清代学者"最喜罗列事项之同类者,为比较之研究,而求得其公则"的研究方法,正是通过类聚,将某一方面相同而具有可比性的词或词义集中起来,以便比较其相异之处,求得其特点。实际上,这一工作就是在一定的语义场里观察词汇的系统。

(1)同类类聚

例如,《说文解字・酉部》将有关饮酒生理的一系列词类聚在一起:

酣,酒乐也。

醉,卒也。卒其度量,不至于乱也。

醺,醉也。

酗,醉醬也。

酲,病酒也。

醒,醉解也。

以上六个同类词,可以看到古人对饮酒后产生的各种生理反应的观察:

这里关键的词是“醉”,醉是饮酒的一个限量,刚刚达到自己的酒量叫作“醉’,醉态即是“醺”。醉的正常表现是“寐”,也就是睡着或半睡眠状态。尚未达到醉而又饮到一定的量,是饮酒最舒服的时候,叫“酣”。长期醉醺醺就是“酖”,古人对酖并不十分赞成,这不是从饮酒反应考虑的,而是从处理生活事务考虑的。酖可能误事,也是一种过量——次数和时间不正常。“酲”和“酗”都是饮酒过量的表现。酲的反应是迷糊昏睡,不能正常思维;酗则是醉怒打人骂人,失去理智。最后一个“醒”字,是与“醉”相对而言的:未进入醉的状态是醒,醉劲儿过去了也是醒。对这些词项类聚、排列并进行比较后,我们可以选择出四个词项来,作为正常饮酒的过程,即“醒”“酣”“醺”“醉”,“酲”“酗”作为不正常的饮酒,形成以下序列:

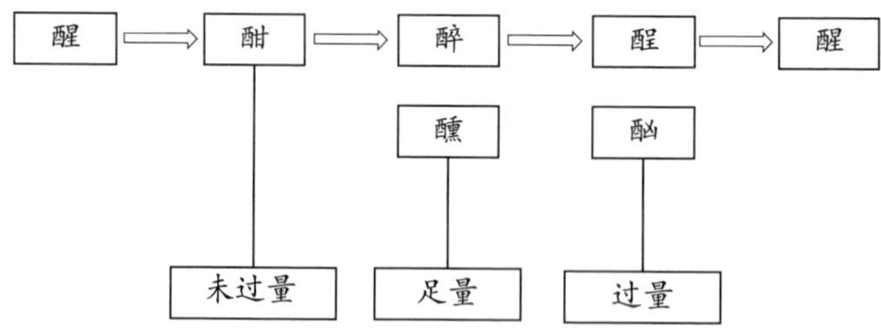

有了这个序列,可用相邻词来确立义域,较准确地把握使用义。

(2)同义类聚

例如,《说文解字》以“言”为部首,将与“说话”意义有关的词收在同一部,可以清楚地比较出以下这些词的意义特点,同时看出在“言语”这个同义场里元素的密度与有序性。

《说文》训释	词义特点
言,直言曰言,论难曰语。	主动与人说话
语,论也。	对话、答话
议,语也。	许多人讨论问题
论,议也。	有条理的说话
说,说释也。	把问题解释开
辩,治也。	法庭辩论
训,说教也。	上对下说道理施教
讲,和解也。	为交好谈话
谒,白也。	当面提出要求

从以上类聚可以看出,古人对说话这一行为着重观察的是三点:第一,说话的对象:身份、多少、是否主动;第二,说话的目的:法律的、外交的或宣教的;第三,说话的状态:是否有条理。

又如,《尔雅·释诂》首条“初、哉、首、基、肇、祖、元、胎、俶、落、权舆,始也”,郝懿行的疏就是在这条类聚材料所提供的词项来进行比较工作。他训释的要点是突出各词项的特点:

①“初者裁衣之始。”

②“哉者草木之始。”

③“基者筑墙之始。”

④“肇者开户之始。”

⑤“祖者人之始。”

⑥“胎者生之始也。”

以上六词直训其特点。“首”“元”“俶”“落”“权舆”五个词情况比上述六词复杂一些，郝疏对这些词的注释，经过分析也可以看出这些同义词的意义系统。

（3）同源类聚

例如，在《释名》中，以下五条分列四篇，首先须要加以系联，才能看出“巠”系同源系统：

《释水》：“水直波曰泾。泾，径也，言如道径也。”

《释道》：“径，经也。人所经由也。”

《释形体》：“胫，茎也。直而长似物茎也。”

《释形体》：“颈，径也。径挺而长也。”

《释典艺》：“经，径也，常典也，如径路无所不通，可常用也。”

以上五条含“泾”“径”“胫”“茎”“颈”“经”六字，字形都含“直而长”的词源意义，均为同源词。

类聚可以显示语言文字系统，这一点告诉后代的辞书编纂者，不论辞书最终的编排形式为何种样式，为了编入材料的全面、系统，最好在开始时用分类的方法先将材料进行整理，以便考查材料的疏漏。

5. 训诂纂集的发展方向

纂集是由训诂工作发展出训诂学的一个重要环节。它产生了三个重要的作用:一是由于纂集专书在不同程度上具有理论意义而推动了理论训诂学的兴起;二是由于语言文字材料的全面而精密的类聚而使考据工作得以系统深入地进行;三是使字料、语料的贮存自觉化,促进了后代的辞书编纂,也为辞书学的发展打下了基础。所以,这是一个值得现代人关注的课题。

十四、《尔雅》及其性质辨正*

我们把古代的训诂材料分为注释、纂集和考据这三种样式，《尔雅》则是纂集类训诂最早的代表作。后代的雅书，在体例上无一不是仿《尔雅》而成的。《尔雅》与毛亨的《诗诂训传》可以称作中国训诂学的"始祖"，它们在中国训诂学史上的地位是毋庸置疑的。本文介绍的是关于《尔雅》的最基本的常识。关于《尔雅》的基本常识，本来没有多少重新介绍的必要，但是关于《尔雅》的性质，却一直存在着一些不准确的说法，所以本文更重要的目的，则要同时对有关《尔雅》性质的问题，作几点辨正。

1.《尔雅》不是经，只是经书训诂的汇编

《尔雅》是十三经里的一部比较特殊的典籍。六朝人称之为"诗书之襟带"（刘勰《文心雕龙》），宋朝人誉之为"六籍之户牖，学者之要津"（林光朝《艾轩诗说》），清朝人更以"训故之渊海，五经之梯航"（宋翔凤《尔雅郭注义疏序》）称之。可见历代学者

---

* 本文初次发表于《文史知识》1982年第2期"经书浅谈"专栏，署名陆宗达、王宁。1984年收入杨伯峻先生主编的《经书浅谈》（中华书局），为其中的一章。1992年经过修改，作为评析《尔雅》的文章收入《评析本白话十三经》（王宁主编，北京广播学院出版社）。1996年，选入《训诂学原理》时，因主题的改变，大小标题均作了更动。

对它多么重视，又可见它在我国典籍中有着多么重要的地位。

但是，从这些评论中，我们又可看到一个问题。那就是不论"襟带"也好，"户牖"与"要津"也好，"梯航"也好，都似乎说它是古代治经学的工具，而不是说它本身就是一部"经"。可《尔雅》确为十三经之一。这个问题必须首先剖析清楚。

《尔雅》为什么叫"尔雅"？刘熙《释名》说："尔雅：尔，昵也；昵，近也。雅，义也；义，正也。五方之言不同，皆以近正为主也。"黄季刚先生对"雅"字有另一种解释。他根据《荀子·荣辱篇》"越人安越，楚人安楚，君子安雅"与《儒效篇》"居楚而楚，居越而越，居夏而夏"对照，以为"雅"是"夏"的借字。因此他说："一可知《尔雅》为诸夏之公言；二可知《尔雅》皆经典之常语；三可知《尔雅》为训诂之正义。"① 综合这两种说法，《尔雅》是一部古代经典的词语解释之书，它在释词上有三大任务：(1)标准语释方言俗语；(2)当代语言释古语；(3)常用语释难僻词语。对文献语言作出的解释，我国古代称作"故训"，又称"训诂"，《尔雅》实际上是一部训诂的汇编。它不像一般的经书，是供阅读的；而像古代的字书，是供查检的。它不属于历史或思想理论一类，而属于语言文字学一类。那么，它又怎样列入了经书呢？

我国经书的数量有一个发展过程，汉代只有六经(因《乐经》实际上并不存在，所以实为五经)，汉末加了一部《论语》，变为七经，后来加上《孝经》，又将《礼》分为《周礼》《仪礼》《礼记》，又

① 黄侃：《尔雅略说》，载《黄侃论学杂著》，北京：中华书局，1980年，第362页。

以《左传》《公羊传》《穀梁传》代《春秋》,便有了十一经。唐文宗太和年间石刻十二经,并置于太学,于十一经中加上一部《尔雅》。十三经就是由唐代的十二经再加上《孟子》发展来的,因此其中包括《尔雅》。

唐文宗时将《尔雅》列为经书,也是有历史依据的。据《孟子题辞》说:"孝文皇帝欲广游学之路,《论语》《孝经》《孟子》《尔雅》皆置博士。后罢传记博士,独立五经而已。"此后,刘歆欲立古文学,曾征募能为《尔雅》者千余人,讲论庭中(见《汉书·楚元王传》)。可见《尔雅》早已具有了被确定为经书的历史依据。实际上,在五经之后增设的经书,很多仅是五经的附庸。例如,《左传》《公羊传》《穀梁传》是对《春秋》史实的详述或对《春秋》词例的解释,《论语》《礼记》不过是言论的辑录……既然这些附庸于五经的传、记后代都要糅到正式的经书里去,那么,解释经传语言的《尔雅》列入经书,也就不奇怪了。所以纪昀的《四库全书总目提要》说:"特说经之家,多资(《尔雅》)以证古义,故从其所重,列之经部耳。"这又从内容上说明了《尔雅》入经的缘由。

2.《尔雅》的训诂材料是积蕴而得,不可截然断代

《尔雅》的价值首在存古,所以很多人希望确定它成书的时间,以便弄清它的语料属于哪个时代。关于《尔雅》的作者与成书的年代,旧有三说:一说为周公所著,成书在西周;一说为孔子或其门徒所著,成书在东周;又一说为汉儒所著。这三个说法,都不够准确。

根据现代学者的考据,《尔雅》中的很多材料,应在《毛诗诂训传》之前就有了。《尔雅》与《毛传》有许多共同的材料,但《毛传》的解释显然比《尔雅》更精确,水平更高。例如,《毛传》已有“辞”(语助词)的概念,已能用“××声”“××貌”等术语来表示迭字形容词与象声词的词性等等,这都是《尔雅》所不具备的。而且,《尔雅》所论的制度多为周制。例如,《释山》中有两处记载“五岳”:一是“河南华,河西岳,河东岱,河北恒,江南衡”,另一是“泰山为东岳,华山为西岳,霍山为南岳,恒山为北岳,嵩山为中岳”。前者为周初之制,后者为东周之制。这都说明《尔雅》不是汉代的著作。说《尔雅》为周公、孔子所著,也不可信。因为《尔雅》释五经的材料连一半也不到,它所采的训诂,旁及《楚辞》《庄子》《穆天子传》《管子》《吕氏春秋》《国语》等,以至《史记》,很多是在周公、孔子之后。从它所涉及的文献和所论的制度、史实看,它不是一人一时之作,而是杂采几代多家的训诂材料汇编起来的。而且,汇编也不是一次而成,而是逐步完善。初具规模的时代大约在公元前400—公元前300年左右的战国时期,汉代古文经典的传注发达起来后,又经过一度增补润色,才成为我们今天所见的样子。

《尔雅》的成书情况决定了它的特点,这是在研究和应用《尔雅》时必须留意的。这就是《尔雅》所取的训诂和经传百家多有相同者。不但释经之条目多与《毛传》相同,其他材料与古代典籍相同之处也很多。如:“师,众也”“晋,进也”“遘,遇也”“履,礼也”“颐,养也”“震,动也”等,都与《易·十翼》同。“勤,劳也”“肇,始也”“怙,恃也”“典,常也”“惠,爱也”“绥,安也”“考,成也”“怀,思也”等,都与《周书·谥法篇》同。“元,始也”“芾,小也”等,与散见他籍的子夏《易》传同。《穀梁传》“平之为言以道成也”“胥之为言犹相也”“寔来者,是来也”等,都同《尔雅》。《礼记·丧服传》中的称谓,大都与《尔雅》一致。《尔雅》“暴雨谓之涷”“卷施草,拔心不死”等,就是《楚辞》文。“扶摇谓之猋”“蒺藜,蝍蛆”等又是《庄子》文……这说明,《尔雅》是汇编,不是独创,它是多有所本的,所以,它可以“观古”“证古”,对了解和研究古代的文献语言很有参考价值。但是,由于材料来源非只一处,材料入书亦非一时,所以,《尔雅》中的材料难免存在矛盾重复。前面所说两个“五岳”便是一例。那是因为采用了两个不同时期的制度。又如,“密肌,继英”“密肌,繫英”,《释虫》《释鸟》两次出现,虽有人笃信《尔雅》,认为它既是虫名,又是鸟名,但仔细考察,这只不过是把对一个名称的两种不同的解释同时收入罢了。在应用《尔雅》时,对它的这个特点,要特别重视。

3.《尔雅》不按义类分篇,而按物类分篇

现存的《尔雅》共有十九篇,有人说它的十九篇是按义类编排的。其实,它除了前三篇是释语词外,自《释亲》开始,都是依物类分篇。物类不等于义类,前者是客观事物的分类,后者是语言内涵的分类,《尔雅》属前者,不属后者,所以,如果要说《尔雅》是一部辞典的话,它的前半部是语言辞典,而后半部却是百科辞典。这十九篇又可分为五大类:

(1)语言类:

①《释诂》;②《释言》;③《释训》。

这三篇是古代文献词语训释的汇编。《释诂》和《释言》主要是单词的训释,《释训》多为迭字词或连绵词。《释诂》《释言》多用直训的方式,有同义词比较的作用。《释训》则多用义界的方式,起"道形貌"的作用。如:

"初、哉、首、基、肇、祖、元、胎、俶、落、权舆,始也。"

"绩、绪、采、业、服、宜、贯、公,事也。"

——《释诂》

"殷、齐,中也。"

"薆,隐也。"

——《释言》

"明明、斤斤,察也。"

"子子孙孙,引无极也。"

——《释训》

(2)人文关系类:

④《释亲》

这一篇主要解释亲属关系的称谓。分为宗族、母党、妻党、婚姻四类。如:

"父为考,母为妣。"(宗族)

"母之姊妹为从母,从母之男子为从母晜弟,其女子子为从母姊妹。"(母党)

"妻之姊妹同出为姨,女子谓姊妹之夫为私。"(妻党)

"女子子之夫为壻。"(婚姻)

(3)建筑器物类:

⑤《释宫》;⑥《释器》;⑦《释乐》。

《释宫》是解释宫室的总体名称和各个部位的名称的;《释器》解释一般器物名称、材料名称和制作工序的名称;《释乐》则专讲乐器。如:

"宫谓之室,室谓之宫。"

"牖户之间谓之扆,其内谓之家,东西墙谓之序。"

——《释宫》

"木豆谓之豆,竹豆谓之笾,瓦豆谓之登。"

"一染谓之縓,再染谓之赪,三染谓之纁。"

——《释器》

"大瑟谓之灑。"

"和乐谓之节。"

——《释乐》

(4)天文地理类:

⑧《释天》;⑨《释地》;⑩《释丘》;⑪《释山》;⑫《释水》。

这一部分中,《释天》包括最广,其中又分四时、祥、灾、岁阳、岁阴、岁名、月阳、月名、风雨、星名、祭名、讲武、旌旗十三类。《释地》解释地域名称和地理环境的特点,又分九州、十薮、八陵、九府、五方、野、四极七类。《释丘》专讲自然形成的高地,分丘和厓岸两类。《释山》讲山脉。《释水》讲河流,包括水泉、水中、河曲、九河四类。如:

"春为青阳,夏为朱明,秋为白藏,冬为玄英,四时和谓之玉烛。"(四时)

"春猎为蒐,夏猎为苗,秋猎为狝,冬猎为狩。"(讲武)

——《释天》

"下湿曰隰,大野曰平,广平曰原,高平曰陆,大陆曰阜,大阜曰陵,大陵曰阿。"(野)

"东至于泰远,西至于邠国,南至于濮鈆,北至于祝栗,谓之四极。"(四极)

——《释地》

"左高咸丘,右高临丘,前高旄丘,后高陵丘,偏高阿丘。"(丘)

"厓内为隩,外为隈。"(厓岸)

——《释丘》

"小山岌,大山峘。"

"石戴土谓之崔嵬,土戴石为砠。"

——《释山》

"大波为澜,小波为沦,直波为径。"(水泉)

"水中可居者曰洲，小洲曰渚，小渚曰沚，小沚曰坻，人所为为潏。"（水中）

——《释水》

（5）植物动物类：

⑬《释草》；⑭《释木》；⑮《释虫》；⑯《释鱼》；⑰《释鸟》；⑱《释兽》；⑲《释畜》。

这部分分别对草本植物、木本植物、昆虫、水生动物（包括爬行动物）、鸟类、兽类、家畜的名称进行解释。其中《释兽》分寓属、鼠属、齸属、须属四类，《释畜》分马属、牛属、羊属、狗属、鸡属、六畜六类。如：

"菉，王刍。"

"荼，苦菜。"

——《释草》

"杜，甘棠。"

"枞，松叶柏身。桧，柏叶松身。"

——《释木》

"蜉蝣，渠略。"

"蟓，蝮蜪。"

——《释虫》

"魾，大鳠。小者鮡。"

"一曰神龟，二曰灵龟，三曰摄龟，四曰宝龟，五曰文龟，六曰筮龟,七曰山龟,八曰泽龟,九曰水龟,十曰火龟。”

——《释鱼》

“舒雁,鹅。舒凫,鹜。”

“皇,黄鸟。”

——《释鸟》

“狒狒,如人,被发迅走,食人。”(寓属)

“豹文鼮鼠。”(鼠属)

——《释兽》

“駮,如马,倨牙,食虎豹。”(马属)

“马八尺为駥,牛七尺为犉,羊六尺为羬,彘五尺为豟,狗四尺为獒,鸡三尺为鶤。”(六畜)

——《释畜》

从以上内容看,《尔雅》并没有为我们展示出较完整的义类。也就是说,它没有对词语的意义进行完整的分类,而只是分出了物类。由于古代自然科学和思维科学还不发达,《尔雅》的分类与归类也多有不合理之处,很难用今天的标准来要求了。

4.《尔雅》前三篇不宜称作“同义词典”,只宜称作“同训纂集”

《尔雅》尽管列入“经”部,就其内容和作用说,却只是一部训诂资料集。它整理、保存了故训,对研究古代文献和古汉语词汇有很大的用处:

首先,它可以帮助我们了解古代的自然状况和社会状况。在阅读古代文献时,遇到不懂的建筑器物、天文地理、动物植物的名称,以及有关的亲属称谓,都可以按物类来查检《尔雅》。

第二,它可以帮助我们了解古代的词义,弄清古今词义的区别。例如,《诗经·郑风·缁衣》:"缁衣之蓆兮,敝予又改作兮。""蓆"在现代汉语里只当蓆子讲,而《尔雅》有"蓆,大也"的训释[①]。这是因为古代的蓆子是乱草铺成的,铺得很多、很厚,所以引申有"大"义,用来形容衣服。《缁衣》的"蓆"正当"大"讲。查查《尔雅》,对古文献难解的词义便能较确切地理解。

第三,它可以帮助我们辨析、比较古文献中的同义词。如,《释诂》第一条:"初、哉、首、基、肇、祖、元、胎、俶、落、权舆,始也。"十一个词都训"始",但含义有所不同:

> 初,裁衣之始。
>
> 哉,即才,草木之始。
>
> 首,人体之始。
>
> 基,筑墙之始。
>
> 肇,开门之始。
>
> 祖,人类之始。
>
> 元,即人头,也是人体之始,又同"兀",地之高处。
>
> 胎,人生之始。
>
> 俶,品德之最高者,引申有"始"义。

① 《尔雅·释诂》文,"蓆"一本作"席"。

落，专指庙堂宫室建成之始。

权舆，草木迂曲出土，即植物生长之始。

第四，它为我们展示了古代词语比较完整的面貌，帮助我们认识古代词汇发展的规律。如，从《尔雅》的《释兽》与《释畜》中可以看出，上古虎、牛、犬的幼子都称“狗”，而马之小者称“驹”，羊之小者称“羔”，“驹”“羔”又都是“狗”的音变。这些字古音都在“侯”韵。可见在汉语词汇发展的早期，词汇的意义偏于综合，统称很多。以后思维细密了，又趋向分析，分化出“犊”“驹”“羔”“狗”等不同的名称。待双音节合成词大量产生，改用词素组合来区别近似事物，词汇的发展又趋于综合了。《尔雅》还可以帮助我们研究名物的来源，从中又可总结字源的理论。总之，它是古代汉语词汇研究不可缺少的资料。

最后，《尔雅》广为搜集故训，又能帮助我们了解古代传注的训释条例。以《尔雅》中的义界为例。如：

“父之党为宗族。”——这是义界中的界说式。

“绝高谓之京，非人为谓之丘。”——这是义界中的排除式。

“山西曰夕阳，山东曰朝阳。”——这是义界中的比较式。

“鸡大者蜀。”——这是义界中的特指式。

弄清这些条例，不但可以帮助我们凭借古注去阅读古书，而且还能有助于辞书编写和教学中的释词工作。

一部有如此众多用途的书，本来是可以作多方使用的，但是《尔雅》之用，难度又很大，时常有些文章将它引错、用错。所以，必须提醒读者，在应用《尔雅》时，有一点是绝不能忽略的，那就是，《尔雅》是将不同时期、不同经传中的故训汇集在一起的。有人称它是“同义词典”，这说法不够确切。在《尔雅》中同用一个词训释的一系列词，虽然同训，却未必都同义。因为，经传的训释都是解释在一定语言环境里的词义，它所取的有的是词的本义，有的是词的引申义，有的是词的假借义。有的是概括词义，也有的是具体环境中的具体词义，甚至有些还带有作者和作品独特的用意，不加分析一律简单理解，便会形成谬误。例如，《释诂》第一条“落，始也”，“落”在这里是被训释词，这用的是它的特殊意义。只有在庙堂宫室落成时，它才有“始”义。而宫室落成虽是使用的开始，却是建造的终结，就这个意义来说，它与当筑墙之始的“基”字虽然同训，却不但不是同义词而且简直就是反义词了。而《释诂》后文“陨、磒、湮、下、降、坠、摽、蘦，落也”。“落”在这里作训释词，倒是用的它的常用义，当从上往下而掉落讲。又如，《释诂》：“台、朕、赉、畀、卜、阳，予也。”同训“予”，却取了两个意义，“台”“朕”“阳”训“予”当“我”讲，“赉”“畀”“卜”训“予”，即“与”，当“给予”“赐予”讲，两组意义相差极远。这类情况在《尔雅》里不是一处两处，所以，在应用《尔雅》了解古代文献词义时，必须首先弄清训释词与被训释词之间发生什么关系。如训释词是多义词，特别要分析在这条里取的是训释词的哪一个意义，还要了解训释词与被训释词在什么语言环境里才能互训。经过一番具体分析，应用时就不至于出差错了。

有人说，以上这些问题的产生，是否意味着《尔雅》这部书很不严密呢？这是用现代人的眼光来苛责古人了，《尔雅》不是一部现代意义的同义词典，它只是一部古代训诂材料的纂集，这些材料又直接来自一些随文释义的注释书。要想用好它，必须懂得注释原理[①]。这也就是训诂学必须进行理论建设，要规范术语，讲清原理的原因。

---

① 参看《试论训诂学在当代的发展及其旧质的终结》(见本书第一部分第三篇)。

十五、扬雄《方言》与古代汉语方言研究*

汉语自古就有方言分歧。研究汉语——不论是语义、语法还是词汇，不考虑方言这个因素是不能成事的。

1. 研究上古方言的两种不同的路线

研究古代汉语方言有两个不同的路线——一个是以求同为主，另一个是以求异为主。求同，主要是想证明方言之间的差异不管有多大，来源仍是一个，再怎么分化，也是可以找到从同一个来源分化的轨迹的，这是顺着几条线往上走。这种路线又有两种方法：一种是中国本土的，宗旨最明确的是章太炎的《新方言》，后来很多方言学家，比如李荣先生等，也赞成这种方法。他们的基本作法是求本字，本字确定了，音与义同时都定了。另一种是从西方来的，用现代方言的语音比较来推求最古的语音形式，其实，这种方法的前提还是要确定不同方言中的同一个词，才能找到语音关系，看起来似乎不考虑意义，其实还是离不了意义，最终仍然回到汉字上。另一个路线以求异为主，主要是想描写不同方言从古到今分化的分歧状态，这是顺着几条线往下走。这条路线走的也是本土

---

* 本文是 2013 年在台湾大学讲学时所作学术报告的讲稿，收入本书时做了较大的增补、修改。

路线，也就是利用古代文献记载的方言材料来考订当时的方言分歧状态。引进的方法和本土的方法都可以用一用，但哪一种更可靠一些、更基础一些，恐怕还要首推本土的方法。在现代语音里去找古代语音，讲关系还是可以的，但汉语的语素大多是单音节的，同音语素太多，光凭语音要梳理出几条脉络，实在很不容易；讲音值危险性就太大了，语音的发展纷繁交错，你中有我，我中有你，一边分化，一边合流，稳态的因素很难提炼，哪里还能从现代找到一种原始汉语的音值！本土的方法就不同了，它利用了一个汉语独有的研究资源，那就是汉字。

2. 汉字在方言研究中的作用

有人说，汉字不表音，而且超方言，用来描述方言是不可靠的。但是他们忘了，中国的音韵学就是适应这个情况而产生的，语音变化因素很多，表意的汉字却是一种稳态，用汉字记录方音在具体音值上可以通过中国音韵学来解决，稳态的汉字帮助我们分辨了大量的信息：

汉字帮助我们分辨了不同方言的词仅仅是语音的分歧还是另造了词。“齐谓芋为莒”——是语音分歧，改写音化字；“秦名釜曰鬴”——是两地造了异词，同时造了两个本字（音义字）。

汉字帮助我们分辨语音的演变是语音系统有规律的自然演进，还是词音个体发生不规则音变。《方言》《尔雅》都认为“火”，齐人语写“燬”字又以“尾”作声符。其中涉及唇音与深喉音的关系，可以解决很多现代方言的语音差别问题。

汉字帮助我们分辨是历时的语义分化，还是异域的方音分化。《尔雅·释言》:“逆，迎也。”“逆”与“迎”是属于异域方音分化。

由于古代没有记录语音的音素符号，以音节为语音单位的汉字难以表达方音的音值，所以，蔽于汉字的字形，很难分辨雅语与方言的差异，造成的后果是，我们会因为混淆各种事实而在解读典籍文意时出错。

正是因为汉字超方言，中国古代的典籍，特别是经过整理的经书，大都是用通语写成的，文言带有泛时、泛域性，不能用典籍的产生地点和作者的籍贯直接来分辨方言。上古方言的材料必须有人给我们标识出来，我们才敢说这是古代方言。或者利用诗词的韵脚系联，参考典籍的产生地点和作者的籍贯从统一的音系中，剥离出部分方音来。这些，都是要利用古代典籍的。《说文》《尔雅》对方言都有标识，它们的材料都来自书面语，但都与当时的方言调查有关；扬雄《方言》则是直接的口语方言调查材料整理，它的价值可想而知。

中国的小学专书是相互依存的系列，一本不通，就丢掉很多信息，所以黄侃先生定了10部小学专书。如果我们不去研读这些书，把文献抛弃，而是脱离汉字和词汇仅仅去比对语音，会产生多少讹误，那是可想而知的。

现代汉语词汇有两个系统，一个是书面语系统，一个是口语系统。两个系统有较大的差别，因为它们的来源很不一样。书面语词汇系统由文言传承的几率较高，口语词汇系统由方言传承的几率较高。二者的区别显而易见，但相互交叉又是必然的。要了解汉语书面语词汇系统不能不通过古代书面汉语，也就是文言，同时参照口语；要了解汉语口语系统不能不通过古代方言，同时参照书面语。所以，我们研究古代方言的现实意义，恐怕很大的作用是为了弄清现代汉语词汇的发展脉络，做这个工作，不从古代小学专书入手，而把其他民族的语言率先甚至单独拿来强加于汉语，在学术上是要冒很大风险的。所以，研究典籍中的古代方言词语，利用古音求本字的方法，正是基于汉字不表音的特点而考虑出的可行而有效的办法。

3. 古代文献解读中揭示方言音义的历史比较法

前面说过，中国古代的典籍，特别是经过整理的经书，大都用通语写成的，所以需要古注和纂集专书有方言的标志，我们才敢大胆肯定这些是方言词语。尽管如此，方言词语流入古代典籍的情况，仍然无法避免。特别在一些特殊的文体里，这种情况更为普遍。比如，来源于民歌的乐府、楚辞和带有口语特点的文学作品中，方言的材料存留的情况常常可以见到。这里举两个陈抡《楚辞解译》[①] 用方言解读文意的例子说明方言转语研究的重要性。第一个例子，陈抡解读“离骚”一词。他说：

> 离：就是“流”，古方俗语谓“流”为“离”（古汉语有的方言把雅言通话的 -iu 韵字读如 -i 韵字。如读“九”如“几”，

① 陈抡：《楚辞解译》，北京：中华书局，2018 年。

> 读“丘”如“溪”,读“求”如“祈”等等)。“流”就是“流放”,“放逐”,这里指接受动作的人,可译为“逐客”。骚:就是“操”,就是“曲”。曲:古方俗语或谓之“操”,或谓之“骚”。谓“曲”为“操”,犹谓“去”为“造”。谓“曲”为“骚”,亦犹谓“去”为“扫”(“去尘”也可以说成“扫尘”)。故《离骚》就是“逐客曲”,“箕子操”就是“箕子曲”。屈子在《天问》里说:“何圣人之一德,卒其异方。梅伯受醢,箕子佯狂?”箕子尽忠以事纣王而装疯装狂替人作奴隶以全身。屈子忠贤而被放逐。箕子名其曲为“箕子操”,屈子名其曲为“逐客骚”。我看,这是有意的模仿,并不是偶然的雷同。

经过这样的解读,还原了《离骚》的原意,深化了屈原的思想,运用的是了历史比较法方言转语与雅言比较的方法,在语音证据上,很有说服力。

第二个例子,陈抡解读“纷吾既有此内美兮,又重之以修能,扈江离与薜芷兮,纫秋兰以为佩”这段话,他在注释里说:

> 纷:就是欣,就是喜,就是欢。欢:古方俗语或谓之“欣”,或谓之“喜”。《方言》卷十,第六节云:“纷怡,喜也。湘潭之间曰纷怡,或曰巸已。”《尔雅》云:“怡,喜也。”《广雅》云:“欢、纷怡,喜也。’《后汉书·延笃传》云:“纷纷欣欣兮,其独乐也。”抡按:“纷”“欣”“喜”“怡”同义,都是从“欢”字派生出来的同义词。王逸曰:“纷,盛貌”,非是。内美:生日。

古方俗语谓“生日”为“内美”。内:就是“生”,古方俗语谓“生”为“内”(音纳)。谓“生”为“内”,犹谓“省”(古俗音生。《说文》“省,视也。”一作“生”。杜甫《望岳》诗:“荡胸生曾云,决眦入归鸟。”抡按:生:同“省”,视也。曾:高。入:眲,视。归:与峕通,大也。两句诗意为:看到泰山上面那高高的彩云,胸襟就感到非常地坦荡;看到那魁梧的异禽,眼界就觉到非常地空阔。)为“眲”(《集韵》“眲,音肭,视也”)。美:音 mi,作“日”讲,古方俗语谓“日”为“美”。今宁波话犹谓“日”为“密子”,谓“今日”为“吉密子”。故“内美”其义为“生日”。王逸曰“言己之生,内含天地之美气”,非是。

重:益,加。之:“支”,作“我”讲,古方俗语谓“吾”为“之”。谓“吾”为“之”,犹谓“梧”为“枝”。修能:修治。能:古音台(楚俗音 téi)作“治”讲。“又重之以修能”的意思是“我又给我自己加了一番修治”。

他引用了四个证据,将“纷”解释为“喜”,而且说是从“欢”派生出来的。结合现代汉语,对“喜欢”“欣喜”“欢喜”“欢欣”这些双音词语素的结合理据,作出了解释。在古音里,h 与 x 本来就有语音交替的关系,在方言里,h 与 m\f 相通的例子也很普遍。他说“能,古音台”,切合了“能”与“態(态)”的声音关系。他还构拟了“能”的方言音,认为“楚俗音 téi”,这样也就解决了“能”与“美”(mei)、佩(pei)的押韵问题。

从以上两个例子,可以看出关注方言用以解读古代文献的重要作用。就方法而言，找出方言词汇，从中国传统语言学而言，用的是因声求义和比较互证的方法；从普通语言学而言，是对历史比较语言学历史语音交替方法的运用。为了说明中国传统训诂学的方法和西方历史比较法的一致性，这里仍用陈抡《古代方言词语考释资料集成》中所聚合的一则材料为例来阐释：

（1）“ling-bi 令—俾”，（2）“ling-bie 另—别”，
（3）“ling-bu 灵—卜”，（4）“ling-bao 陵—暴”，
（5）“ling-ba 岭—岜”，（6）“ling-bo 领—脖”，
（7）“ling-pa 舲—舥”，（8）“ling-po 岭—坡”。

在这一则语料里，作者将8组具有意义关系的词聚合在一起：（1）“令”和“俾”都有“使令”的意思；（2）“别”从“另”得声；（3）“卜”是“灵巫”的行为；（4）“欺凌”与“强暴”同义；（5）“岭”和“岜”都是山的称谓；（6）“领”就是现代汉语的“脖子”；（7）“舲”和“舥”都是船的一种；（8）“岭”和“坡”也都是凸起的地形。而这8组字的语言关系，就声母而言，都是古声纽“来”纽（l）和唇音（b\p）的关系，就韵母而言，又都是古音耕（清）、蒸（登）与歌、鱼（模）的关系。这些语料放在一起，可以用比较互证的方法说明在“来”纽与唇音相通的条件下，鼻韵尾阳声韵部曾与开口阴声韵部有过互转的历史。也可以有另一种说法：鼻韵尾阳声韵部与开口阴声韵部相转的条件下，半舌音“来”纽与唇音之间，发生过历史的语音交替。

十六、阮元的《经籍纂诂》与现代的《故训汇纂》*

由宗福邦、陈世铙、萧海波教授主编的大型训诂纂集专书《故训汇纂》,已由商务印书馆出版。这部现代人历十八年之久编纂成的工具书,原来的编写计划是 800 万字,出版时从实用的角度出发,曾一再删减,编成后的字数仍达到 1300 万字,共 2654 页正文加上 19 页附录。《故训汇纂》编写的早期,还没有电脑能装备这部训诂纂集所需的大型字库,编纂者是靠着手写与剪贴卡片来进入编写资料的准备的。

1.《经籍纂诂》是《故训汇纂》编纂的基础

阮元的《经籍纂诂》是《故训汇纂》的编纂基础,这两部书,都是对传世文献中的训诂材料加以摘录、编排,聚集在一起,为古代典籍的整理研究提供资料的。论起《故训汇纂》出版的意义,要从它所继承的《经籍纂诂》谈起。

阮元的《经籍纂诂》,是应乾嘉考据之学的需要而产生的。清代考据不论是史学、法学、文学、数术或技艺,都要从"小学"——文字训诂——入手,原始的故训材料,必然成为重要的论据。有人

* 本文根据我给《故训汇纂》所写的序增补改写,后收入宗福邦、罗积勇主编《〈故训汇纂〉论文集》,北京:商务印书馆,2006 年,第 10—19 页。此次收入本书亦多有删改、增补。

批评乾嘉考据烦琐细碎，岂不知许多“的证确考”，没有丰富的引证，是难以成论的。乾嘉继承汉唐的学风，反对空疏与虚玄，这是一种还历史以本来面目的“求实”态度，是不能否定的。当然，考据中过分拘泥成说、不肯发疑的保守风气，应当反对，而这绝不是乾嘉学者的主流。清代考据的代表人物，哪一个不是熟悉旧典的，又哪一个不是创新的！

对于历史考据，王国维提出了“双重证据法”，提倡在历史考据中出土文物与传世典籍应当并重。其实，近些年来，“并重”的“并”字并没有落实。由于出土文物在现代问世，其物化的形式可以采用自然科学来辅助研究，符合人们求新的心理，加之可视性强，时代也更为确定；因此，人们对这些资料的价值比较容易认同，而有些研究者——特别是年轻的研究者，对传世文献的价值实际上是比较忽略的，有些还在盲目地加以贬低。这是一种很错误的倾向，对历史的研究是不利的。传世文献从数量上说不但因为用汉字记录而保留众多，而且覆盖的时代全面完整；从文化的积淀说，传世文献世代传演，一直活动在社会上，经过许多大师的整理和研讨，积淀下来的新成分远远超过原典，这些整理和考据的故训是距离原典产生时代未远的训诂大师们对古代文献所作的解释，时代的接近使他们还保留着对原典语言准确的语感；学养的高超又使他们具有对中国文化综合的、深刻的理解力。这些训释材料不但具有传承前代文献的价值，而且具有自身独立的研究价值和异时代相互比较的价值。以他们的训释为引导，我们将会少走多少弯路，少犯多少错误，这是不待言的。正是因为如此，阮元的

《经籍籑诂》才成为许多专业人员离不开的工具书。

《经籍籑诂》汇聚了唐代以前的故训资料，免去了许多人“繙检之劳”[1]。但是，《经籍籑诂》的不足之处，早在20世纪之初，已经显露。黄季刚先生说：“清世阮元有《经籍籑诂》，为小学家常用之书。惜其以《佩文》韵分编，又载字先后毫无意义，至其蒐辑，亦有不备者。今若能通校一过，暂用字典编制法编之，次为补其遗阙，此业若成，则材料几于全备矣。”[2] 这段话已经明确指出了《经籍籑诂》资料搜辑不全和编排体例未妥这两个大缺点。虽然如此，完全籑集故训原形、不另作其他处理的专书，只此一家，它所起的作用，非同一般字书。两个世纪以来，多少人利用这部书的材料作成的考据，已经无法统计；还有全面利用它来进行专题研究的，成功的范例也不少。

2.《故训汇纂》对《经籍籑诂》的超越

《故训汇纂》并没有沿着《经籍籑诂》原来的编纂思路来设置编则与编例。编纂者在设置了更为科学的体例后，为了防止转抄的讹误，硬是把《经籍籑诂》的训诂材料按原书重新辑录，抄成卡片，几经核对，才纳入初稿，更不用说比《经籍籑诂》扩充出来的那一部分所抄、核的卡片了。几十万张卡片每一张都经过多次核实，

① 黄季刚先生语，见黄侃述，黄焯编：《文字声韵训诂笔记》，上海：上海古籍出版社，1983年，第15页。

② 同上，第14页。

还要按照相当严密的体例编在一起，这样大的工程，耗去了武汉大学古籍研究所两代人多少宝贵的时间和精力！现在，堪称厚重的《故训汇纂》摆在读者面前。在全国的高校教师都在被迫积攒所谓“核心刊物”的文章，有些人急于晋升已经不择手段的时候，编纂如此大型的纂集专书，是必须克服急功近利的浮躁心态，打破一蹴而就的短期行为习惯的。一批功底很深、学有所成的专家滞留其中，三位主编从中年进入老年，初编的成员有些已经离世而去，他们为之付出了在当今社会就个人来说难以补偿的代价，这部大型的纂集专书给我们注入了怎样的精神力量！在中国浩如烟海的典籍等待开发，不为人知的古代珍贵遗产急待从尘封中解放出来为今天所用的时候，这部大型的纂集专书为训诂学、文献学、考古学、历史学、文化史学等学科的研究作出了怎样的贡献！

《故训汇纂》和与之相同的编纂工作在现代的价值究竟在哪里？这是我们必须论证的一个课题。

《故训汇纂》的诞生比《经籍纂诂》晚了205年。这两个世纪不是一般的二百年，而是中国语言文字学完成了自身科学改造的二百年。中国的“小学”，从经学的附庸开始，经过两汉的整合、魏晋隋唐的扩展、宋元明的变革、清代的重建，到了20世纪初，由章太炎先生吸收现代语言学的独立精神，提出了“中国语言文字学”的称谓，为之重新定名、定位，确立系统，这才发生了根本的变化。两个世纪以来，训诂学的理论系统初步形成，应用日渐广泛而自觉，在21世纪之初呈现在读者面前的《故训汇纂》，比之《经籍纂诂》，面貌发生了根本的变化：

首先是规模的扩大,《故训汇纂》引用典籍的时代比《经籍纂诂》多出千余年,在范围上,不但收全了十部“小学”专书[①]的义训条目,而且在经史子集故训之外,扩充到近代笔记和佛经注释。其篇幅约1300万字,超出《经籍纂诂》四倍,克服了《经籍纂诂》搜辑不备的缺点。

其次是编排体例的重新设计。全书改用《康熙字典》的214部排列,实现了黄季刚先生重编《经籍纂诂》的理想。

更重要的是,《故训汇纂》的编例,是在现代语言文字学观念的指导下创立的。在词汇学方面,它收录了大量的复音词,包括先秦典籍的复音词,打破了上古汉语极少复音词的成说。在文字学方面,它严格把握异体字,关注了简繁字对应中的诸多复杂问题,清理了字用学中通假、分化等相关概念。在训诂语义方面,它辨析了形训、音训、义训,分清了假借与同源,注意了本义、引申义和假借义。在音韵学方面,它重视《广韵》反切与现代音的配合标注,处理又音问题时,不但从语音发展的角度,分析了又音发展的趋势,而且注意了以音别义的语言事实。应当说,两个世纪以来汉语文献语言学和文字学的大量成果,《故训汇纂》都吸收在它的体

---

① 黄季刚先生在《文字声韵训诂笔记》里列出了治“小学”所需的十部专书,依时代先后排列是:《尔雅》《小尔雅》《方言》《说文》《释名》《广雅》《玉篇》《广韵》《集韵》《类篇》。黄季刚先生还说:“若专就小学之家便用起见,不妨就现存小学十书用字典法编为一部,虽非完备之字书,而研治小学可省无数繙检之劳。”现在,一部《故训汇纂》也把小学十书的义训条目都收全了。

例中了。在前人各种书籍的编纂各行其是的情况下，一部要处理如此众多的材料、又并非理论之作的纂集专书，它所采用的体例就是对各种词汇、语义理论的考验，这正如计算机产生后，汉字和汉语的信息处理，也要考验已有的现代语言文字学的研究成果一样。那些被《故训汇纂》采用而能适应众多语料的理论，才能转化为一种编纂体例。这种转化证明了这些从汉语自身的研究产生的理论对材料是能够全面覆盖的。我们从《故训汇纂》科学的编例中，看到了它所具有的现代理论价值，这是200年前的《经籍纂诂》所无法具有的。

《故训汇纂》更重要的价值在于它的应用价值。

在《故训汇纂》里，聚集了近三千年以来的中国传世典籍的解释材料。这些传世典籍，经过漫长历史无情的筛汰，受到社会劫难残酷的摧残考验而能够保留至今，一般都具有值得流传的价值；而那些典籍的训诂材料，则积淀了历代国学大师的理解、整理，有的经过数度解释，肯定而否定，否定而再次肯定，文化底蕴异常丰厚。经过编纂，它们得以永生和不朽，这对中国文化的发展的确起到了极为重要的作用。这些经过科学编纂的故训的应用价值是多方面的：

从微观的考证说，《故训汇纂》为我们提供了字与词形、音、义、源、用考证的可靠资料的线索。现代人和后代人要了解自己的民族，洞察自己的历史，不能不阅读传世典籍；要准确地、按照本来面貌理解这些典籍，不能不参考这些故训。《故训汇纂》为我们提供的，是几千年历史文化书面典籍多层面的意义信息。这些信息以其本来面貌呈现在专门家的面前，可以使我国古籍整理的速度大大加快、质量不断提高，给历史文化的还原提供了最优越的条件。以同源词的研究为例。汉语同源词是训诂学的一个古老的课题，但仅在20世纪60—80年代才开始进入科学语言学的行列，科学词源学的理论建设要依据大量同源词系联的材料来归纳和证实，而同源词的系联最可靠的材料就是古代随文释义的训释，因为这些训释与文献语料没有分离，最容易显示词义的特点。前不久，我们在给章太炎《文始》作疏证时，需要弄清"扬"与"举"的关系，《文始》认为它们属于同源，为了甄别这个论断的正误，我们从《故训汇纂》中发掘出以下训诂材料：

《吕氏春秋·论威》："则知所兔起凫举死殙之地矣。"高诱注："举，飞也。"

《文选·西京赋》："鸟不暇举。"薛综注："举，飞也。"

《大戴礼记·曾子天圆》："龙非风不举。"王聘珍解诂："举，飞动也。"

结合"举"训"起"、训"兴"，训"拔"等常训，完全可以看出蕴涵在"举"义中"向上"的特点。"举"古音为"模"韵，"扬"为"唐"韵，韵部正对转。从《故训汇纂》中，还可以搜集到"举"与"誉(譽)""舆(輿)""旟"等字假借的用法，说明"见"纽与"以"纽相通的声音关系。"举"与"扬"是否同源，还要一些更硬的材料才能确证，但是有了上面这些资料，章太炎《文始》将"举"与"扬"

系联在一起的依据,应当是弄清楚了,这就使我们的工作向前推进了一步。

这里还要特别提出的,是《故训汇纂》对汉语言文字学发展所具有的重大意义。中国语言学的研究是看重第一手材料的,尽管理论的创建已经受到极大的重视,但是,在材料不足的情况下就建构框架,拟定公式,致使某些结论离语言事实越来越远的做法,是难以被认同的。《故训汇纂》的诞生使语言材料的断代工作和在准确解释前提下的科学处理,都有了更多的依据,因而也会使汉语、汉字的研究成果,更接近汉语言文字发展的事实。汉语的研究将更重视古今的沟通,《故训汇纂》对知古而论今的作用,也是不容忽略的。

《故训汇纂》的材料,不只是可以逐条使用,还可以作为一种可靠的词义、词训和词用的语料库,对不同时代的词语意义进行总体的研究。这个作用,前人使用《经籍纂诂》就已经有了很好的范例。众所周知,被称为清代《说文》四大家之一的朱骏声所编著的《说文通训定声》,其宗旨是将《说文解字》以形为纲的编排改变为以音为纲的编排;将《说文解字》以形义统一的原则作成的字的本义体系,改变为以音义结合的原则作成的词的用字体系;同时将《说文解字》的单义训释改变为词的多义解释。要达到这个目的,必须拥有大量、系统的语义材料,朱骏声正是用《经籍纂诂》为材料库,实现了这三个转换,将《说文通训定声》编纂成的。《故训汇纂》的材料从时代上已经延长到清代,收录典籍与训诂专书比《经籍纂诂》增加了200多种,其中清代的材料尤其值得注意,清代是

“小学”的鼎盛时期，清人的考据成就不容忽视，仅就这一点来说，《故训汇纂》材料的扩充，远远不仅仅是数量的增多，而是质量上前进了一大步。今人如能利用这些材料作线索，全面研究汉语的词汇与语义，应当会作出比朱骏声更精彩的成果。

3. 应用《故训汇纂》需要注意的问题

为了更好的使用《故训汇纂》这部工具书，在这里，我们还必须明确《故训汇纂》的定位和使用它应注意的问题。《故训汇纂》是一部汇集古代训诂材料原形的专书，这些训诂材料，一部分是原有“小学”专书的再度汇编，而更多的是随文释义故训的摘编。随文释义是解释言语意义的，不但紧紧依附语境，而且由于训释意图的不同，采用的是多种训释方法。《故训汇纂》只是提供这些故训原始的出处和环境，而不是像现代辞书那样重新概括和表述它们的语义，也不可能分析这些故训具体的训释意图。《故训汇纂》里的许多训条，属于文意训释，例如：

> “尽”字训“竭”，训“止”，训“极”，训“终”，训“皆”……都可以认为是它“穷尽”的本义或引申义，但《孟子·尽心篇》“尽信书”训“尽”为“专”[①]，“尽”无“专”义，这里是文意注释，把“尽信书”理解为“专门相信书，不相信书上没有说过的

① 《故训汇纂》（2003年版）第1538页“尽”37条：“《艺文类聚》王粲论尽作专。”

事物”。其实，这不过是“尽”的“全部”义的一种理解，有些辞书根据这条训释给“尽”作出了“专一”、“专门”的义项，有些文章认为“尽”可以作排它性的范围副词，都是拘泥于训释词语，把文意训释当成语义训释来搬用了。

使用《故训汇纂》还要知道，由于言文脱节的普遍现象，中国的汉文典籍，大都是用文言写成的，训释语言也大都是文言，不只是被训释语不可以今义附会古义，就是训释语言，也不能认为就是当代口语，也不能用今义去附会文言意义。

所以，《故训汇纂》是提供给专业人员使用的专门用书，不熟悉训诂原理的人必须通过学习，才能使用正确。即使是专业人员使用，也要注意检查原文，参照原来出处的语境，仅仅靠《故训汇纂》提供的语句，有时是难以把握准确的。

何况，故训由于时代和方法的局限，加上固守家法师承带来的一些问题，并非每条都是对的。因此，使用《故训汇纂》，只是以它为线索，找到原始出处后，还要运用文献学、训诂学、文字学、文化学方面的知识去分析，才能使用。保存故训原有形式，是《故训汇纂》的特点和优点，也是使用它的难度所在。虽然随着传统文化越来越被重视，随着古籍知识的普及，人们要求了解故训和运用古书注释的意识会不断加强，《故训汇纂》的使用面也会不断扩大，但它的定位仍应是一部层次很高的、为专门家和专业人员所编纂的专书。

第五部分　训诂考据原理

十七、训诂考据概说*

1. 训诂考据的性质与类型

训诂工作除了对文献词义进行训释外，还有一项更为重要的工作，就是考释与证明，合称考据。考释有两种类型：

第一种，是找出已经作出的训释的原始依据，或对尚未作出明确训释的疑难词义进行探求，找出这个词在该文中的使用义，并用这个词义来疏通文意。这种考据，比较典型的是唐朝人作的注疏，比如孔颖达的《五经正义》。孔颖达的疏证属于二度注释，不但对五经原文进行了集大成的解释，而且对汉人的注做了考释。他的大原则是"疏不破注"，也就是对汉人的注提供更多的依据。究其

* 本文原为初版《训诂学原理》中"训诂原理概说"栏目下的第七部分《考证论》，大幅度修改后以《训诂考据概说》为名收入本书。

本质来说,都属于这类考据。

第二种,是对已有的训释或对认为讲不通的、有错误的训释提出问题,给予新的结论。这种考据最典型的是清朝乾嘉学者的考据。比如王氏父子的《经义述闻》和《读书杂志》,都是对经书和诸子的训释提出异议并给出新的解释的。作这种考据的学者还有一部分被称为"疑疑派",专门对历史上解释过或讨论过的问题再行讨论。

证明则是提出有力的证据,证明考释结果的正确性。任何词义考据工作都是边考边证的。因为,考释的每一步都需要足够的证据,无据之考等于主观臆测,是不能成立的。证据在考释的过程中就产生了,只是在考释有了结果后,需要统一罗列出来,以说服别人。所以,考与证不是两个绝然分开的过程,而是很难分割的,只是在对考据结果进行表述时分开阐述而已。考据的证据有直接的,也有旁证。例如:

《左传·襄公十年》:"与伯舆合要。""合"作何解释?孔颖达疏:"使其各为要约,言语两相辩答。"以"要约"释"要",以"辩答"训"合"。要把这个训释坐实,需要证明"合"是"对答""应答"的本字。"答"是同音借用字,借字通行而本字字义转移至"答"字后,以引申义为常用义。"与伯舆合要"就是"与伯舆答要"。

直接证据:《左传·宣公二年》:"华元逃归,立于门外,告而入,见叔牂,曰:'子之马然也。'对曰:'非马也,其人也。'既合而来奔。”杜预注：“合犹答也。”可见“合”可以直接训“答”。

可以有三项旁证：

（1）“合”有“答”义在文献语言中还有：《礼记·丧服小记》：“诎而反以报之。”注：“报犹合也。”（“报”与“答”同义）《史记·乐书》：“合生气之和。”《正义》：“合，应也。”（“应”与“答”同义）

（2）山东出土的银雀山竹简《孙膑兵法》，“答曰”都作“合曰”。

（3）《说文·五下·亼部》：“合，合口也。”“合口”即是“对答”“应答”。

由此可见，考据是一项综合性的工作，它要综合应用训诂学形音义统一的方法，利用文献语言与已有的训释材料，利用已知的词义来求得未能肯定的词义，利用已有的多个结论来得出新结论。

考证因考释目的和论证取向的不同，可以分成证实与反驳两大类。比如，唐代的二度注释因采取“疏不破注”的原则，其主体多属证实类。清代的训诂大师多以反驳类的成就著称。

（1）证实类

对已有的结论加以考察，证明其正确，属于证实类。证实类可分为初证与复证两种：

初证指对初次发现的问题加以论证。这种考证事先没有已确立的证据，一切从头开始。例如：

俞正燮《癸巳存稿》考定"巡狩"的词义与词源,指出"巡狩"的意义为"天子适诸侯","狩"当"狩猎"讲,用的是本义,因不欲取义征讨,故以狩猎为名。这条材料属首次考定。

复证指对已经提出的问题补充证据或补充论证思路,进一步加以证实。提出复证的问题,是因为清人的很多考证材料,并不是直接针对原始文献和直接的注释,而是对之前提出的问题进行二度、三度的讨论。例如:

《左传·隐公五年》:"故春蒐、夏苗、秋狝、冬狩。"杜预注阐明四种猎名的名源,认为:"蒐,索,择取不孕者;苗,为苗除害也;狝,杀也,以杀为名,顺秋气也;狩,围守也,冬物毕成,获则取之,无所择也。"孔颖达补充《周礼·大司马》文,并提出"名通义,义通实"的考释词源的原则,驳斥了《穀梁传》的说法——前者是补充新的证据,后者是补充新的思路——来加以复证。

(2)反驳类

对已有的结论提出异议,以证据推翻之;同时提出新的证据而易以新的结论,属于反驳类。例如:

《左传·僖公十五年》:"晋人戚忧以重我。"王引之《经义述闻》以为“重”字若以其常用义解之,则义不可通。因“重”有“直龙”“直陇”“直用”三种反切,《经典释文》于此处却无注音,因而怀疑此处可能是“动”字,唐石经始误为“重”字。“动”字可通,意为“晋大夫反首拔舍以感动我”。

《左传·僖公五年》:“吾享祀丰絜,神必据我。”杜预注:“据犹安也。”王引之《经义述闻》认为训“安”未得词义。举《说文解字》《论语》《仪礼·少仪》《诗·柏舟》《国语·周语》《国语·晋语》等多项证据,证明此“据”字义应为“依”。

2. 考据材料的结构

一般的考据材料都由三部分组成:发疑、取证、释理。

(1)发疑

发疑是产生词义考据的动因,考据的特点即是因疑而发,是有针对性的。证实类考据多因语义不明,证据不足或论证不详而发疑:

语义不明的,例如:

赵翼《陔余丛考》证实“猖獗”在史传中作“倾覆”“失败”解。其原因是“猖獗”一词一般都当“猖狂”讲,而放在史传的具体语言环境中不切合,所以需要探讨并证实其更清晰、可信之词义。

证据不足的，例如：

前文所引《左传·襄公十年》“与伯舆合要”一句，孔颖达以“使其各为要约，言语两相辩答”解之，以“答”训“合”，但证据似有不足，直到山东银雀山竹简《孙膑兵法》出土，“答曰”均作“合曰”，才有条件对“答”与“合”的关系进行复证。

论证不详的，例如：

王引之《经义述闻》将《周易·归妹》九四爻辞“迟归有时”的“时”解作“待”，并将“时”与“待”列入假借。其论证不详，应补充以下论据来复证：“时”与“待”均有时间、空间相通的相关义项，这一点可用“时”的同源词“莳”“埘”表地点和“待”有“等待”（表时间）、“待（读平声）在某处”（表处所）两义而证明。说明“时”与“待”为同源通用字。

反驳类考据多因原来的解释违背语言规律、违背注例与违背事理而发疑。

违背语言规律的，例如：

《公羊传·隐公元年》：“母欲立之，已杀之，如勿与而已矣。”何休注：“如即不如，齐人语也。”《左传·僖公二十二年》：“若爱重伤，则如勿伤；爱其二毛，则如服焉。”孔颖达疏：

"如犹不如,古代之语然,犹似敢即不敢。"顾炎武《日知录》说:"如即不如"不是"齐人语",而是"古人多以语急而省其文"。这种考释即是违反语言规律的。在古代汉语中,将某些词语省而不说的情况是存在的,但绝不会因语急而省去否定副词,使否定变为肯定。若以为是语急而造成合音,也缺乏语音方面的根据,所以需要重新考释。而以"应当"训"如",则语理可通[①]。

《公羊传·庄公四年》:"今纪无罪,此非怒与?"何休注:"怒,迁怒,齐人语也。此非怒其先祖,迁之于子孙与?"王引之《经义述闻》述王念孙的意见,认为"迁怒"与"怒"意义并不相同,不可能把"迁"字省去,需要重新考释。这项反驳类考据以为"怒"是"努"的通用字,义为"太过"。[②]

违背注例的,例如:

《尔雅·释训》:"暨,不及也。"依《尔雅·释诂》:"逮、及、暨,与也。"《释言》:"逮,及也。"均以"及"与"暨""逮"迭相训释,这说明"暨,不及也"有误。故而王引之认为此处的"不"字因涉下文"蠢,不逊也"而衍。[③]又如前面所举"晋

① 见《谈先秦文献中"如"的词义》,陆宗达、王宁《训诂与训诂学》,太原:山西教育出版社,1994年,第209—211页。

② 王引之《经义述闻》卷二十四"春秋公羊传",南京:江苏古籍出版社,1985年,第576页。

③ 同上书,卷二十七"尔雅中",第648页。

人戚忧以重我”之“重”，正是因为“重”有三音，依例此处应出注音，而无注音，则必有误。

违背事理的，例如：

《左传·襄公二十三年》：“季孙召外史掌恶臣而问盟首焉。”杜预注：“盟首，载书之章首。”古代的盟书十分简单，没有分章节的，“载书之章首”不合事理。古代“首”“道”为同源通用字，“问盟首”即“问盟道”，也就是问“盟恶臣之道”。①

（2）取证

将能够说明结论的证据搜集起来，编排起来，以证明结论的可靠，称作取证。前面说过，考据中的证据对结论来说，有直接和间接之分。与结论相关而可以直接证明结论的证据是主证。例如，在证明“如”有“应当”义时，以下证据与所要证明的结论是直接相关的，可以充当主证：

《左传·昭公二十一年》：“君若爱司马，则如亡。”杜预注：“言若爱大司马，则当亡走失国。”

——杜注以“当（应当）”释“如”。

① 王引之《经义述闻》卷十八“春秋左传中”，第429—430页。

《墨子·贵义》:“今天下莫为义,则子如劝我者也,何故止我。”孙诒让《墨子间诂》:“如犹宜也,言子宜劝我为义也。如字,古或训为宜。”

——孙诒让以“宜(应当)”释“如”。

与结论虽不直接相关,但经过推论或比较,对导引出结论有积极作用或决定作用的例证,只能作为旁论,例如在证明“如”有“应当”义时,以下证据均为旁证:

《说文·十二下·女部》:“如,从随也。”

《左传·庄公七年》:“星陨如雨,与雨偕也。”

《左传·宣公十二年》:“有律以如己也。”杜预注:“如,从也。”

因为,这些例证只能证明“如”的“从随”“从顺”义,而“从随”“从顺”义又可引申为“应当”义,中间要经过推论,才能间接证明“如”有“应当”义。

也有的旁证是经过比较而对证明结论起作用的。例如《毛传》与《尔雅》都以为“造舟”是把舟比并起来而为桥。关于这一说法,可找到一个旁证:

“造”与“次”双声音转,为同源词。钱大昕《十驾斋养新录》举《诗》“小子有造”与“士”押韵、“蹻王之造”与“晦”“介”“嗣”押韵,来证明“造”“次”音转。《春秋传》:

"使助薳氏之簉","簉"训"次室"。"造次"又可组合成词。"糙米"即"次米",而"茨屋"即"草屋",都说明"造"与"次"同源,引申义列多项重合。"次"有"比次"义,经过比较可间接证明"造"也有"比次"义。

考据取证,应当符合"充足理由律",让持反对意见的人无法找到反证。一般情况下,应当有数量足够的主证,再辅之以旁证。在主证缺乏或证据量不十分充足的情况下,也可先建立假说,以待新的证据发现时进行复证。

(3)释理

在使用证据证明结论时,必须讲述证据的可靠性和阐明证据与结论的关系,这个过程叫作释理。释理是考据非常重要的组成部分。有证据而无释理,是为堆砌,不可能有说服力。释理错误,则证据不能起证明结论的作用。

释理包括释语理与释事理两类。释语理指对语言规律的阐明。例如:

考据"猖獗"为"倾覆",必须解释"倾覆"义如何在"猖獗"这一词形上体现,说明"猖"是"踼"的借字,二字均在"唐"韵。《说文·二下·足部》:"踼,跌踼也。""獗"是"蹶"的借字,二字均在"曷"韵。《说文·二下·足部》:"蹶,僵也。"因此"猖獗"即"踼蹶",有"跌倒"义,可比喻政权"倾覆"。如不经过这一释语理的过程,而只从语境中概括出"倾覆”义，则没有完成全部之考据。

释事理指对历史事实和文化背景的阐释。例如：

沈家本《历代刑法考》考据刑名“陵迟”来源于“丘陵之势渐缓”的本义。证明这一语源，他举出古代陵迟刑的事实：“本言山之由渐而高，杀人者欲其死之徐而不速也……相传有八刀之说，先头面，次手足，次胸腹，次枭首。”这一事实，说明陵迟之刑使受刑人渐缓死亡而延长其痛苦时间的特点，事理与词源义相合，以此证明考释的正确。

释理要注意层次和逻辑。例如：

《孟子·公孙丑下》：“城非不高也，池非不深也，兵革非不坚利也，米粟非不多也。委而去之，是地利不如人和也。”赵岐以“破之走者”解“委而去之”。焦循疏对赵岐的结论加以勘正，采用了以下的逻辑推论：

第一步，首先说明，“走”是解释“去之”的，但“委”无“破”义。

第二步，用阮元校勘记：“岳本‘破’作‘被’。”说明“被”有讹作“破”者。

第三步，用《淮南子·精神训》：“委万物而不利。”高诱注：“委，弃也。”说明“委”有训“弃”者。

第四步，用《汉书·地理志》："千乘郡……被阳。"注引如淳云："一作疲，音罴军之罴。"说明"罴"与"疲"通用，为同音借用字。

第五步，用《国语·周语》注："弃，废也。"说明"弃"可训"废"。

第六步，用《礼记·中庸》："半涂而废"，注："废犹罴止也。"《礼记·表记》："中道而废"，注云："废喻力极罴顿，不能复行则止也。"说明"废"又可训"罴"。

因此得出结论："破之走者"实为"疲之走者"之误。"疲之走者"即"罴而去之"，亦即"弃而去之"，也就是"委而去之"。

我们把焦循的释理逻辑，也就是他梳理的字词关系排比如下：

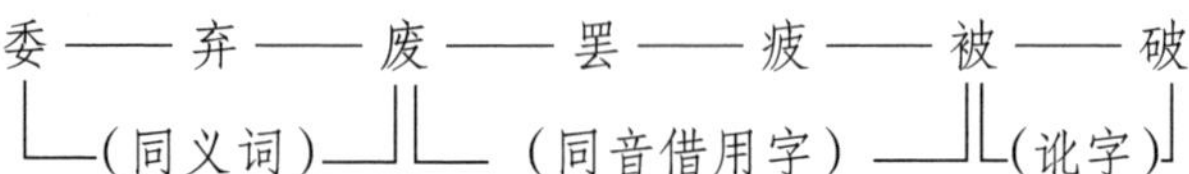

当这些字词关系依次被证实后，焦循要说明的问题也就可以证实了。

3. 声音相同、相近、相异的考据

考据是在对形、音、义综合分析中实现的。证音与证形是证义的手段。证形的工作就是溯本与复形的工作，不再重复，这里主要谈证音、证义。

推源、系源和溯本都需要考据音同或音近。衡量古汉语词音相同或相近必须用古音。考定词音的相同或相近首先要运用音韵学的成果,其次还可以利用文字记载的训诂材料。

(1)同韵和韵转

古韵分部是音韵学研究的一项重要课题,目前已经有了比较值得信任的成果。我们可以利用古韵分部和每个汉字字音归部的成果,来判断音同或音近。这一点利用音韵学提供的韵表和韵转的规律,就可以直接证明声音关系。

(2)同纽和双声

上古的声纽是从中古声纽分合而定的,韵表和声纽表需要配合:如果用黄季刚先生的28部,就要用他相应的19纽;如果用王力先生的30部,就要用王力先生的纽表。这个纽表是把几个已经证明了的声纽定律,诸如"古无轻唇音""古无舌上音""娘、日二纽归泥""喻三归匣""喻四归定"……等吸收到上古纽表中而制成的。前代训诂学家对声纽的要求比较宽,他们所谓的双声只分喉、牙、舌、齿、唇五个大组。略严格些,可将舌头与舌面分开。在同源词和形声系统中,确有声纽距离较远的,如"来"母就可以跟很多组声纽发生关系,这在音韵学上有各种解释,这里不再多说。

训诂家对声调很少计较,在他们看来,只要声韵相同,调不同都算音近。从一般道理上讲,音变与音异都需要"近"。但近到什么程度,有时也很难确定。由于声音变化时间久远,原因众多,过程复杂,个别的特殊例子很纷繁,如果把这些特殊的已然情况归纳在一起,确实可以达到无所不转的地步。正常情况下,论同音一定要同韵或韵近，但对特殊情况，只要证据充足，也是完全应当承认的。

（3）其他证音材料

除韵部、声纽可以直接确定音同与音近外，还有一些材料可以用来确定同音或音近：

①形声系统：同声符的形声字一般应音近，异体字互换的声符也可以确定为近音。如按《说文》“雉”与“锑”是重文，知“矢”“弟”古音近。

②直音材料：“读如”“读若”“读为”“读曰”，不论是否有意义问题在内，声音相同或相近是可以肯定的。《说文·二下·齿部》：“齭，读若楚。”知“齭”“楚”同音，“所”“疋”必音近。

③异文：指同一文献的不同版本、文献的本文以及该书在别处的引文用字的差异。异文中的同音词、同源词和异体字可以考音。如《书·尧典》“平秩东作”，《史记》作“便程东作”，“秩”与“程”为异文，且同音，知“失”与“壬”音近。《说文》“胅”字，《左传》作“抶”，知“失”与“肖”也有声音关系。在运用异文考音时，要注意不要把讹字和置换的同义词当成同音来对待。

④声训：声训一般是同源词互释，即使是错误的声训，也仅仅是训释词与被训释词之间没有同源关系，声音却总是相同或相近的。所以，刘熙的《释名》尽管在确定同源上有一些不可靠的材料，但在考音上却是价值很大的。如：《释名·释州国》：“上党，党，所也，在山上其所最高，故曰上也。”知“党”“所”音近。

运用以上材料时也要在音理上加以解释，以免发生其他的讹误。

4. 证同义与辨义差

两个词是否同义，也需要有文献语言的材料加以证明，而绝对同义的词是没有的，确定同义词的同时，就需要辨析它们的差异。

（1）证同义

哪些材料可以证明词的同义？

①义训：直训的训释词与被训释词如果不属文意训释，则必定同义，互训更易判定为同义词。如“语，论也。”“论，议也。”“议，语也。”“语”“论”“议”辗转互训，可以判定为同义词。同训词如果其中没有文意训释，也可判定在这一义项上同义。如“初，始也。”“元，始也。”知“初”“元”在“始”这一义项上同义。作同一被训词的训释词的两词，也可判定在某一义项上同义。如“素，白”“素，空”，知“白”与“空”在“没有内容”这一意义上同义。

②互言：同义词在使用它们相同的义项时可以互相置换，也就是说，在相同的语言环境里，它们因意义相同，可以同用。韵文中常有互言的现象，可以看出词的同义。如：

> 《诗经·郑风·缁衣》第一章作“敝予又改为兮”，第二章作“敝予又改造兮”，第三章作“敝予又改作兮”。《毛传》训“造”“作”皆作“为”，可见三词同义，都当“人为加工”讲。

③对言：同义词用在相对应的位置上，可以见其同。如：

《诗经·柏舟》："微我无酒，以敖以游。"《释文》："敖本亦作遨。""敖（遨）"与"游"同义。

④连言：在古汉语里，同义词可以连用而义不变，这正是后来发展为双音合成词的基础。如：

《左传·昭公元年》："勿使有所壅闭湫底。""壅"和"闭"同义，都当"堵塞不通"讲。《诗经·唐风·椒聊》："彼其之子，硕大无朋。""硕"与"大"连用而同义，都当"大"讲，具体到这里当身材魁梧讲。

（2）辨义差

证其同必然要随之辨其异，辨析同义词的相异之处，有两方面的内容：一要弄清同义词之间在哪些义项上相近哪些义项上不相近。二要弄清在相近的义项上，它们的义值还有哪些差异。训诂上常用以下三种方法来完成这两个任务：

①置换：同义词在使用相近义项时可以互相置换，凡不能置换的就是它们不同的义项。如：

"完"和"全"可以互训，在当"具备"讲的时候，可以互相置换。如《庄子·庚桑楚》："唯全人能之。"注："全人则圣人也。”《列子·天瑞》:“天地无全功。”注:“全犹备也。”这些地方的“全”,都可以用“完”置换。“全人”就是“完人”,“全功”即是“完功。”王粲诗:“许历为完士。”注:“完谓全具也。”“完士”也就是“全士”。但“完”当“完整”讲,如杜甫诗“出入无完裙”;当“修葺”讲,如《左传·隐公元年》“大叔完聚”,都不能换作“全”。“全”当“全体”“全部”讲,如杜甫诗“幽贞愧双全”,《周礼·医师》“十全为上”;当“保全”讲,如《出师表》“苟全性命于乱世”,都不能换作“完”,知后几个义项都是“完”与“全”的相异之处。

②对举:不同的反义词可以用来辨析同义词的差异。当用置换的办法把相异的义项排除以后,反义词可以有助于辨析相近义项的义值差。如:

“贫”和“穷”,在“匮乏”这个意义上有相同之处。“贫困”可以连言,“困穷”也可以连言。在现代汉语里,“贫”与“穷”本身就可连言。但是在上古汉语里,“贫”“穷”所言的状况是不相同的。“贫”是衣食钱财匮乏,“穷”是进身之路阻塞。“贫”和“富”相对,“穷”和“通”“达”相对。《庄子·德充符》:“死生存亡,穷达贫富。”《礼记·儒行》:“儒有博学而不穷。”“穷”指仕途不顺利。王维诗:“君问穷通理,渔歌入浦深。”“穷通理”指求官之道。再如“坚”“刚”“强”三词,意义也很接近,很多地方可以连用、通用,但它们的词义特点是不相同的，从反义词更可辨别。“坚”的本义为“土硬”，反义词是“脆”；“刚”的本义是“刀韧”，反义词是“柔”；“强”的本义是“弓硬”，反义词是“弱”；它们的实用范围是有很大区别的。

③系联：词的意义特点，应当在它整个的引申义列中来认识，从本义、源词和同源词中，都可以看出词义特点。从整个引申义列来比较可以清楚地看出同义词的意义差别。如：

“关”和“闭”在“闭合”这一意义上可以相通。但“闭”在“闭合”意义上可以引申出“阻塞”“壅闭”等一系列词义。而“关”在这个方向上却很少引申，而在“贯通”“关联”等方面的引申义列很长。可见汉语对“关”的特点捕捉到的是它横贯的一面，而不是关闭的一面。又如“言”与“语”，“言”是主动与人说话，与“问”同义，“唁”是它的同源词，当“慰问”讲。“语”是与人对答或交谈，它与“牾”“晤”“敔”等词同源，词义特点是“相对”。

辨析词义往往将这三种方法合起来使用，便可以准确一些。

5. 义通的考据

词义的引申、同源词的系联、声训的确定，都需要有义通的条件。由义通还可以反证音变。训诂的差错大半还不是出在音同上,而是出在义通上。因为声音的同、异、近毕竟还是可以在韵、纽表上证实的,而义通则牵合的机会很多,客观现实中万物的联系在一定条件下总是可以找到的,但事物的客观联系并不等于词义的相通,被巩固到词义里的东西带有很大的经验性和习惯性,要经过对语言的考察,才能确定,万不能人为地牵合。刘熙《释名》所出的错误并非声音太远,而是义不可通。如“贵,归也,物所归仰也。”“食,殖也,所以自生殖也。”“白,启也,如冰启时色也。”……这样把“贵”与“归”、“食”与“殖”、“白”与“启”牵合在一起,问题还是出在义通上。

证明某义可以引申为某义,或证明某义通某义,首先要看它们的意义关系是否符合古汉语词义引申的规律。例如:

> 《左传·隐公五年》:“君将纳民于轨物者也。”又说:“讲事以度轨量谓之轨。”“轨”当“合乎秩序”讲。而《成公十七年》说:“乱在外为奸,在内为轨。”又说:“御轨以刑”。“轨”当“违反秩序”讲。可以认为“轨”有此二义是合理的。某种正面规则可以与违反规则而治理之意义相通,这是有例可循的。“乱”与“治乱”相通就是如此,这也是古汉语反正引申的典型例子。

但是,古汉语的词义引申规律毕竟是人为归纳的,未能全然准确,更未能全然周全。何况,在状所的引申里,何状与何所相关,也还受习惯制约,因此,证明义通的主要方法还应当是同例互证。

同例互证是指用已知的词义相关来证明类似的词义也相关。例如：

“多”,《说文》以为它的本义是“重复”或“重迭”,因为它的字形“从重夕”。许慎说:“夕者,相绎也,故为多。”这个词的本义在语言中确曾使用过。谢灵运诗:“辞满岂多秩。”“满”是为官期满,“辞满”即“辞以满”——以期满为由而辞官;“秩”是俸禄;“多”在这里当“重”“再”讲,全句的意思是“既已辞官,哪能重领下次的奉禄。”今天所谓“多一个”,即“重加一个”。由“重”到“多少”的“多”,这个引申是否合理?可以证以“重”字,“重(chóng)”是“重复”,孳乳出“重(zhòng)”字,当“轻重”的“重”,可见“重复”与“物量多”二义相通,符合因果的引申。“夕者,相绎也,故为多”的解释可信。

又如：

“所”之“处所”义,陆宗达先生举出《管子·弟子职》“问疋何止”为例,认为借“疋”而来,“疋”是“足”,“足”可引申为“处所”,正如“止”是“脚趾”,派生出“地址”的“址”,“立”是“站立”,必用足,而引申派生出“位置”的“位”。可知人的脚与处所、地点是相关相通的。

运用同例互证的方法，要考据古代的文化与古人的观念。例如：

> 古人以“矢”为度量的象征，“短”、“矮”、“矩”均从“矢”，这是与古人另一个观念相联系的，以为“矢”要中的，本身要直，射程也要直。因而“矢”与“正”“直”义相联。《说文》“短”下说：“以矢为正。”“吉”甲骨作[illegible]，象箭出囊形。所以“吉”由“直”义而有“吉祥”义，正如“幸”由“直”义而有“幸福”义。“鹿”与“禄”相通，因古人以鹿皮为吉礼。《说文》“麗（丽）”下说：“礼：‘麗皮纳聘。’盖鹿皮也。”“慶（庆）”下又说：“吉礼以鹿皮为贽。”

同例互证要有多少相同的实例才能证明其成立？由于词义的具体性很强，这个数目很难由统计学上规定。词义相通不是孤立的，它还有音、形关系可以参考，还有同义词可以比较，也还有文献语言的相通、训诂材料的互训可以作证，这些都要配合起来使用，才能最后确定。

十八、谈训诂考据的结构和立论的规则*

考据是文献学和训诂学必需的训练，与文献学的目录、校勘、辨伪密切相关，于训诂的方法直接为用。考据要凭语感，但更需要理性；考据重材料，更重逻辑。所以需要理论训诂学的支撑。清代考据学成果卓著，在推动经学、史学、诸子学的发展上，起了巨大的作用，的确发展到了高峰。20 世纪初以西学为主流的新学兴起，对考据的批判也达到高峰。把考据当成“在故纸堆里梳爬”的末事，看不到这种学问在史料整理和历史研究中的重要作用，直接的影响是，当现代重新兴起时，没了规则，质量堪忧。胡批乱侃的有之，以是为非的有之，以偏概全的有之，随意而发的有之……现代人读古书的熟稔程度比起古代学人相差甚远，又没有什么根柢，电脑提供的证据虽然很多，不可以为据的情况也比比皆是。既然凭语感很难感觉出典籍文本的解释孰对孰错，理性的指引就更为重要。所以，考据需要立一点规矩，才能通过多次实践，学会理解考据、鉴别考据、作成考据。立规矩，就要继承清代考据高峰时期考据学的理念与方法，发掘前人考据实践中的潜理论。

---

* 本文最初发表在《上古汉语研究》（第一辑），北京：商务印书馆，2016 年。修改后收入本书。

1. 训诂考据应有的结构

潜理论指的是已经形成的自觉认识，这些理性认识已经应用到实际语言的处理中，但没有形成通论的形式。它似乎以经验的形式存在，但由此产生的大量的成功的实践，完全可以证明这种理论已经是自觉的了。古人很少写专门提升理念的通论，继承这份遗产，必须从他们的实践中和他们处理语言材料的条例中将这些理论开掘出来，这就是为古人立言。

先谈考据的内容结构。从清人典范的考据实践中，可以归纳出考据必须经过的五个步骤：

首先是发疑。发现典籍训诂的解释有问题，不合字理、不合义理、不合事理，或者很多人意见不同，需要辨清谁对谁错或者都不对。总是有疑问，才要考证，不像现代的有些人，为考据而考据，做一些古人早已经说过的重复工作。

其次是设问。有了疑问，先要弄明白问题出在哪里，哪里是问题的关键和焦点，是有些地方出了差错，还是有些该说清的地方没有说清？前者需要证伪，后者需要证实。这个环节很重要，找不对问题，罗列材料没有针对性，与"失考"没有什么两样，清代的考据家是不取的。

再次是取证。考据的证据来源于"载籍"，讲究的是"明验"，也就是真确性；"无失"，也就是适切性；"足证"，也就是充足性。在这三个要求的前提下，一个问题会有多次考据，不断补充必要的证据。

又次是释理。这是考据中最不易的环节，也就是要阐明所言的证据与所考的问题的关联。这是现代考据最缺乏的,很多考据材料堆砌,却不做说明,不能论证自己之所举是否做到了字形、词义、句法、文章主旨和事理都能通达。考据的准确和严密在于理论的阐释,考据不是材料多了就能成立,必须有理论的支撑。

经过了上述这些步骤,一个考据才是周全的。但是,即使经过了这些步骤,考据也并不都能得出很确定的结论,这是因为有些问题所能支撑完整、准确结论的证据并不充足。或者由于时代过于久远,材料缺乏连续性;或者由于问题特殊,不同说法的证据大致均衡,难以决断;或者有些作为证据的判断自身还没有确证。遇到这些问题,只能得出一个参考的或过渡性的不完全结果,暂时没有定论。但是,经过上面四个过程,即使做不出有说服力的确证的考,也可以得出一些倾向性的假说,或者证明有些问题属于未可证明,暂时放下。所以,古人对没有把握的考据结果会用"或""拟""盖"等词来表达,不像今人在证据不足的时候也敢振振有词。

考据的结构可以用以下图表来表示:

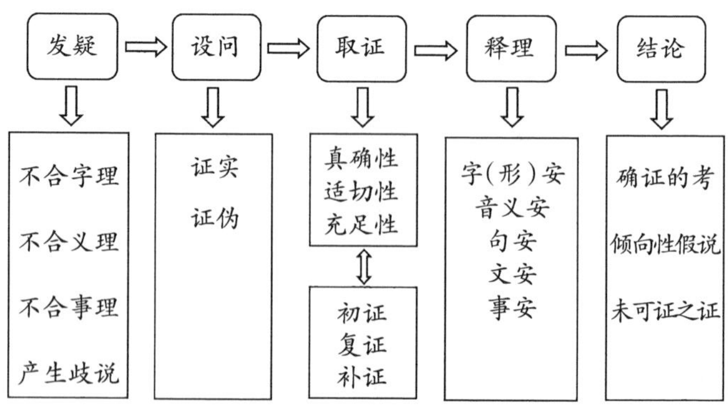

为了说明考据的结构，以《经义述闻·左传下》“造舟于河”为例：

> 造舟于河。《正义》曰：“《诗》云：‘造舟为梁。’是比舟以为桥也。《释水》云：‘天子造舟。’李巡曰：‘比其舟而渡曰造。’孙炎曰：‘比舟为梁。’郭璞曰：‘比船为桥。’皆不解‘造’义。盖造为至义，言船相至而并比也。”家大人曰：“造之言曹也，相比次之名也。（造、次一声之转，故凡物之次谓之莲。《昭十一年左传》：‘僖子使助薳（wěi）氏之莲。’杜注曰：‘莲，副倅也。’张衡《西京赋》：‘属车之莲。’薛综注曰：‘莲，副也。’义与‘造舟’并相近。）故薛综注《东京赋》曰：‘造舟，以舟相比次为桥也。’李巡、孙炎皆言比舟，正释‘造’字之义，冲远不得其解，而转训为至，《尔雅释文》训‘造’为‘作’，宣十二年《公羊传》疏引旧说训‘造’为‘诣’，又转训为‘成’，皆由不知‘造’为比次之义，故望文生训，而卒无一当矣。”

分解这则考据的结构，可以看到，短短数言，结构十分完整：

（1）发疑：《左传正义》对“造舟于河”的“造”提出了两种解释：李巡、孙炎以“比”训“造”，孔颖达（字冲远）以“至”训“造”，解释上有歧义。

（2）设问：王引之转述王念孙的意见，支持“造”训“比次”的意见，问题的关键在于寻找“造”训“比次”的证据。

（3）取证：王念孙证据——“造”与“曹”相通。（“曹”本义为诉讼时的两曹,有“比并”之义);王引之补足证据——“造”与“次”相通(“次”有“贰”义,即“并列”之义);“萑”既是副卒,又是属车(皆需随行,与正者相比次)。

(4)释理:这个考据几乎用全了训诂的主要方法——首先是以形索义,“曹”“次”均见《说文》之本义,形义统一。意义训释皆依靠声训,因声求义,联系同源词解释词义的特点。所举旁证出处真切,也与所论直接相关,具有真确性、适切性。采用的是比较互证的训诂方法,结论与《左传》文意、事理皆通。

(5)这则考据短短数言,结构完整,作成确证的考,是十分典型的考据。

2. 考据实践中立论的规则

考据在辞书编纂和修订中有着直接的作用。一个词条是否正确?是否完整?是否充足?虽然只表现在已经完成的寥寥数语的释义中,但背后却必须有严密的考据支撑。下面举两个《辞源》修订的例子,说明考据在辞书修订中的重要性,也说明考据结构的重要性:

第一个例子是纠正原稿明显错误所作的考据:

“郁樸”,《辞源》第二版解释为“指未经琢磨的玉石,比喻缺乏教养的人”。书证举《论衡·量知》:“物实无中核者谓之郁,无刀斧之断绝者谓之樸。文吏不学,世之教无核也。郁朴之人,孰与程哉?”

（1）发疑：这则释义的错误是明显的，可疑之处有三：①释义和书证不合，书证以“无刀斧之断者”解“樸”，与“玉石”之说不合；②解字与字理不合，“樸”从“木”，《说文》：“樸，木素也。”即未加工的木头。而“未经雕琢的玉石”应从“玉”作“璞”。③事理与物类有矛盾，“郁”是郁李，考证这种果实，也是有核的，文本言其无核，需要进一步论证。

（2）先遣结论：“郁樸”的释义应当改为“没有核仁的果实和无法砍斫加工的木头”。这两样实物都属于不过硬的、欠修整的东西，比喻缺乏教养、没有学问的官员。

（3）取证：除上述《说文》本义以外，还有两点补证：

《论衡》另一处：“以郁樸之实，不晓礼义，立之朝庭，植笮树表之类也，其何益哉！”“植笮树表”显然说木头，而不是玉石。

乾隆《御制诗集·赋得郁樸无成》：“上虞论衡著，长短有攸分。或谓儒为学，不如吏治文。是诚两弗识（用充语），应悉一归勤。少核郁无用，未臻樸孰欣。”以“郁”“樸”对言。不论从句义还是文意，均可证明“樸”是“无法砍斫加工的木头”

关于“郁李”是否“无核”，形成了另一个考证：

“郁”应当是一种果实“郁李”，本字写作“栯”。郁李是什么？唐宋以后增补的《本草》都有“郁李仁”这味药，宋代的经书注释和字书都用《毛诗》为据,把“郁李”解释做《常棣》诗中的“棣”或《七月》诗中的“欝”。讲到来源,都说来自陆机的《毛诗草木虫鱼疏》。其实,陆机并没有说郁李就是棣或欝。他在《毛诗草木鸟兽虫鱼疏》里的原文是:“常棣,许慎曰,白棣树也,如李而小,如樱桃,正白,今官园种之。又有赤棣树,亦似白棣,叶如刺榆叶而微圆,子正赤,如郁李而小,五月始熟,自关西天水陇西多有之。”至于“欝”,他也只说就是棣,并没有直接说是郁李。既然他说“如郁李”,当然就不是郁李。清代陈启源《毛诗稽古编》说:“陆疏以唐棣为薁李,诚误。然以薁李为实大如李,不误也。其释《豳风》之欝、薁,则释欝而不释薁,良以薁即唐棣,不必再释也。其释《葛藟》,以为藟似燕薁,延蔓生。意陆所谓燕薁,非即薁李也。不然唐棣木生,燕薁蔓生,不相类矣。”他在另一处又说:“欝、薁、棣三木相类而结实异。郁、薁大如李,棣小如樱桃,薁李是薁,非常棣,先儒释常棣并无言薁李者。《本草纲目》既以薁为野葡萄,又言常棣为薁李,误矣。然则陶隐居所谓‘子赤色,可啖’,韩保升所谓‘子如樱桃,甘酸而少濇’,寇宗奭所谓‘子如御李子,红熟堪啖者’,定是常棣,但不得谓之薁李耳。”陈启源想把“欝”“薁”“楉”三者做一个分辨,更否认“唐棣”和“薁李”为一物,但也进一步明确了郁李就是常棣。郁李属于蔷薇花科,花有红白两色,果实很小,但果核确似桃李,包住种子的内果皮是坚硬的,核内有仁儿,仁儿是他的种子,也就是中药的郁李仁。这显然不是王充所说的“物实无中核者”。

王充所言,疑是棠棣。《尔雅》将“常棣”与“棠棣”分为二物,但唐宋以后,“常棣”多写成“唐棣”与“棠棣”,所以诗文常有把它们混为一物的。“棠”即“甘棠”,也有红白两种,白棠也称“棠梨”,《说文》:“棠,牡曰棠,牝曰杜。”“杜,甘棠也。”这种植物雌雄分株,历来有“棠不实,杜实而可食”之说。其果核似梨和苹果,内果皮是纸质的或革质的,是软核。

上面的考据属于名物考据,由于古今名物的称谓不同,注解经常有需要辨别的地方,这里的考据需要将名和实统一起来,但又引发出一个字词的考辨,也就是“核”的解释问题:

从今天的观点看,凡果实内中包着种子的部分都叫“核”,果核中有种子,古人把它看成对果实甚至对植物的一种支撑物,所以认为是核就应当是坚硬的。《说文》的“核”本义不训作内核、果核。段玉裁说:“许不以核为果实中者,许意果实中之字当用覈也。”《周礼·大司徒》:“其植物宜覈物”,《经典释文》:“覈音核”,注:“覈物,李梅之属。”李、梅都是坚核,可见古人以为“核”应当是坚硬的。段注:“覈犹骨也”,更说明“核”是植物果实的支柱,没有这种坚硬的内核,也就是没有可支撑者,“郁”与“樸”连用也就可以理解了。按照段玉裁的辨别,不是果实内中间的种子部分都叫“核”,只有坚果核才叫“核”,苹果、梨等浆果的纸质软核是不包含在内的。

在这些问题都解决以后,“郁檏”这一条考证才算完满解决。这正说明考证的复杂性、综合性,也说明,认为考证是“在故纸堆里梳爬的无谓之举”是一种妄说。考证使典籍获得真实的解释,也使历史还原为本来面目。

第二个例子是维护原稿正确所作的考据:

> “将伯”,《辞源》第二版原稿:“《诗·小雅·正月》:‘载输尔载,将伯助予!’传:‘将,请;伯,长也。’意谓车欲堕而请长者帮助,后用作求助或受助的意思。《聊斋志异·连锁》:‘将伯之助,义不敢忘。’”有人根据《正月》之文,对“后用作”提出异议,认为应当改为“指代施助的尊长”或“用作长者的帮助”。

(1)发疑:“将伯”一词属于典故中的语典。语义内涵为“帮助”,《小雅·正月》之文是这个典故的典源,也就是原始出处。不论是典源的实意,或是典面的语素“伯”,都有“长者”的意思在内。有人主张要把“长者”的意思加到典故的释义里,释义改成“长者的帮助”。

(2)设问:从《正月》一诗的内在涵义看,“长者之助”或“取前辈的经验”确实是此处要表达的意思。但是,从典故的使用和发展看,典义与典源之意并不一致,关键看以后发展出的典义重点取典源的哪一个侧面。这个问题讨论的焦点在于后来用典的情况。

（3）取证："将伯"成典故而大量被袭用，大约在明清之际，明末清初用此典甚多，且选几例：

明·钱谦益《牧斋初学集·寿福清公六十序》："以庶几明用讯之心，而冀将伯之助。"

清·顾炎武《急难赠诗》："将伯呼朝士，同人召友生。诗书仍烬溺，禹稷竟冠缨。"

清·吴绮《书陈椒峰册寄留村》："当代论交孰浅深，偏于将伯感知音。"

清·查慎行《堕马歌为朱悔人赋》："卬须肯赴舟子招，将伯谁为辅车助。"

清·查慎行《由关门石步行十里登大林峰》："随身赖竹杖，将伯倘予助。"

清·刘坤一《书牍·复奎乐峰》："无奈罗掘皆穷，点金无术，万不得已，始为将伯之呼。"

在几十则用例中，都采用其"帮助"或"求助"义，"长者"之义已经完全淡化以致消失。《辞源》第二版释义不误。这则考据的焦点在用法，取证是其中最重要的环节。

在考据的内容结构中，发疑与取证是考据立论的基础，是绝对不能缺少的，设问和释理是考据完善的保证，逻辑上不能没有，有时行文中可以省略，是因为内容含在论据中，一目了然，但缺乏这两个环节，也容易使考据无效。结论的可信程度要实事求是，分清确证、假设和不可靠。这几点，可以看作考据立论的规则。

3. 训诂考据立论的连续性与取证的充足性

实际上，考据虽有一些是对整本典籍研读而作的较为连续的相关讨论，但大多是训诂学家在研读经史子书中产生疑惑而做的零散的探究工作。这些零散的考据多半被辑录下来，略加分类，这就产生了一种独特的文体——笔记或札记。清代考据成风，笔记或札记的数量也就逐步增多。互相传读的结果，就产生了一种独特的现象，那就是有些考据提出的问题在引起关注后，会连续讨论，意见纷纭，而正确完整的结论需要适当梳理、归纳，才全面呈现出来。下面举例来说明这种现象。

清代关于“弟子”和“门人”两个称谓异同的讨论。有两个著名的考据：

(1)清·阎若璩《四书释地》[①] “弟子门人”条

后汉贾逵传始析弟子与门生为二，注未备，欧阳公《孔宙碑》阴题名跋云：“汉世公卿多自教授聚徒，尝数百人，其亲受业者为弟子，转相传授者为门生。今宙碑残缺，其称弟子者十人，门生者四十三人。”余按：郑康成传在马融门下三年不得

① 阎若璩(1638—1704)字百诗，号潜丘，山西太原人，清初著名训诂学家，清代考据学发轫之初最重要的代表人物之一。《四书释地》是他重要的考据专辑，有《四书释地》一卷《续》一卷《又续》二卷《三续》三卷。“弟子门人”在《三续》中卷。

见,乃使高业弟子传授于玄,是其证也。然《论语》称门人者八,弟子者三,门弟子者二。《孟子》称弟子者三,门人者二,皆正属一人,此则古今称谓之不同耳。

(2)清·朱尊彝《曝书亭集》[①]:

欧阳子有言:受业者为弟子,受业于弟子者为门人。试稽之《论语》,所云"门人",皆受业于弟子者也。"颜渊死,门人厚葬之",此颜子之弟子也。"子出,门人问",此曾子之弟子也。"子疾病,子路使门人为臣",又"门人不敬子路",此子路之弟子也。"子夏之门人问交于子张",此子夏之弟子也。《孟子》云:"门人治任将归,入揖于子贡",此子贡之弟子也。观洪氏《隶释》《隶续》所载东汉诸碑,有弟子,复有门生,门人、弟子固有别矣。若夫弟子之子,分比于门人,子渊、子舆本门人也,而列于弟子。他如季路之子子崔、子舆之子元及华、子游之子言思、子张之子申详,又齐有芊婴著《芊子》十八篇,亦七十子之后,虽未详其所师,要当互学于七十子者也。

这两则考据,实际讨论的是同一个问题,应当合起来进行梳理。首先看问题的产生,也就是发疑。经学、子学均重师承,所以有《汉学师承记》,更有各种"学案"讲论说的传承、发展。《论语》

① 朱彝尊(1629—1709),字锡鬯(chàng),号竹垞(chá),浙江秀水(今属浙江省嘉兴市)人。清初词人、学者、藏书家。《曝书亭集》是他自己编的诗文集,共八十卷,57—58卷为"考",有关"弟子门人"这段话,是《孔子门人考》一文中的插话。

《孟子》在宋代被朱熹列入“四书”之中，为圣人直接之说，其传播更令学者瞩目。阎若璩《四书释地》首先提出这个问题，他先举出两个实例以提出问题：第一个是《后汉书·贾逵传》在说及二者时用语为“弟子及门生”[①]，虽然注释对此并没有说明，但从行文看，显然二者并非一事。第二个是欧阳修在《集古录》[②]里录出汉代的《孔宙碑》碑阴名跋，将 10 名弟子与 43 名门生分列。之后又举出郑康成与马融作为证据。朱尊彝在“孔子门人考”和“孟子门人考”中，采用了《四书释地》的考据结论，将其演绎，把《论语》《孟子》中“弟子”与“门人”做了区分。但是，这两条考据的结论并不完全一样：阎若璩认为“弟子”与“门人”的区分是从汉以后才如此的，而《论语》《孟子》时代这两个概念还是混用的。而朱尊彝则将二者分别的结论类推到《论语》《孟子》中了。

用今天的眼光看，先秦经典中，“弟子”与“门人”应当符合对文则异，散文则通的语例，分辨需要细致。再往前推，朱熹在《四书或问·论语·先进》一节中提出：

> 或问四科之目何也……曰：何以知其为门人所记也？曰：

---

① 《后汉书·贾逵传》原文：“八年，乃诏诸儒各选高才生受《左氏》《穀梁》《春秋》《古文尚书》《毛诗》，由是四经遂行于世。皆拜逵所选弟子及门生为千乘王国郎，朝夕受业，黄门署学者皆欣欣羡慕焉。”注：“千乘王伉，章帝子也。”

② 欧阳修《集古录》，又称《集古录跋尾》，共 10 卷，宋嘉祐八年（1063）书成。是中国现存最早的金石学著作。孔宙是孔子第十九代孙，碑又是汉碑，其证据之可信度可见。

吴氏例曰,凡称名者,夫子之辞,弟子师前相谓之辞。称字者,弟子自相谓之辞,亦或弟子门人之辞。得之矣。诸说或以此章尽为夫子之言者,考之不审也。

这实际提出了分辨“弟子”和“门人”另一个更具体的标准——以称谓明关系,以关系明身份。加上这一条,这一考据才更为完善。

通过这个例子可以看到,考据切忌孤陋寡闻,以偏概全,一定要注意发疑后取证的连续、累积和辨析,做到逻辑推论精准,符合“充足理由律”的要求。

十九、谈《历代刑法考》的训诂成就*

——兼论晚清实学派考据对训诂学的贡献

1. 实学派考据的代表作《历代刑法考》

《历代刑法考》是清末法学名家沈家本著的一部系统整理我国法制史资料的考据专书。这部书历来被认为是法学著作，几乎没有人把它列入训诂考据的书目。沈家本于光绪二十八年(1902)充任修订法律大臣，在清廷日薄崦嵫的九年里，他参照西欧诸国的法制，特别是日本明治维新的变法实例，拟定了诉讼法与刑律草案，以期法制的全面改革。他在人道主义与民主主义思想的支配下，为废除残酷的肉刑进行了不懈的奋争，终于在《大清现行律例》里永远删除了凌迟、枭首、戮尸等酷刑，洗去千百年来极端违背人道的残酷刑名，一新中外之视听。因此，沈家本是作为一个法律改革家而著名于世的，很少有人把他写进中国训诂学史中去。

清代的考据学由顾炎武等启蒙学者所创建，它的早期是以经世致用为目的、以历史考据为手段的。清初的考据，把儒家经典当作历史，从中总结成败得失，以图在恢复传统的旗帜下，维护民族自尊，致力变革现实。然而自乾嘉以来，由于政治的干预，文网森严，文字狱频兴，学术时有触时犯讳之嫌，因此，顾炎武史学中的经

* 本文是1990年2月我应沈厚铎教授约，为纪念清代法学家沈家本所出文集撰写的论文。后来复载在《河北师范学院学报》1992年第3期。后又收入1996年版的《训诂学原理》，此次收入本书略有修改。

世思想无法继承下来,考据学遂向为考据而考据的名物训诂学发展。一时之间,训诂大师与名著迭出,形成学坛的时潮。梁启超在他的《清代学术概论·自序》里说:“有清一代学术,可纪者不少,其卓然成一潮流,带有时代运动的色彩者,在前半期为‘考证学’,在后半期为‘今文学’,而今文学又实从考据学衍生而来。”在《清代学术概论》里,他又说:“其在我国自秦以后,确能成为时代思潮者,则汉之经学,隋唐之佛学,宋及明之理学,清代之考证学,四者而已。”清代考据学之所以能形成潮流,主要是乾嘉学者全方位趋于考据所形成的巨大力量所致。乾嘉学者的经史考据以名物训诂为主要内容,只探讨先时,不联系今世,这就必然使中国传统的语言文字学(以音韵学、训诂学、文字学为三大分支)与考据学同时兴旺起来,以至成为考据学的一个核心部分。因此,在中国训诂学史上,清代的训诂学,一般是以乾嘉“正统派”[①]学者和他们的著述为代表的。

道咸以来,清代的盛世一去不返,由于政权的衰微,思想统治的减弱,有识之士不耐学坛的沉闷空气,对脱离实际的搜断碑、勾佚句、辨训诂、考异文日渐不满,而国家民族之危机,又使仁人志士不得不将注意力转向社会的变革,训诂考据的全盛时期宣告结束,

---

① “正统派”是梁启超为乾嘉专攻文字训诂的大师所立的称谓,因为他们为考据而考据,得汉代“小学”之正统。一般把他们称作“乾嘉学派”,或因他们的代表人物而称“段王之学”。但乾嘉的考据也有实学派与史学家的考据,“段王”又实无其全面代表吴皖及其他各支派的意义,因此本文只能称他们为乾嘉“正统派”或乾嘉“小学”家。

新的经世实学重新振兴。因此，这一时期的训诂学，一般是不为人们称道的。

沈家本生于清代道光二十年（1840），正处在训诂考据的衰微时期，作为晚清的实学派和法学大家，他的考据不为训诂学界称道，本是毫不足怪的。但是，转换一个角度看他的《历代刑法考》便会发现，这是一部在法学与史学推动下成功的训诂实践，具有乾嘉时代正统派学者考据工作中不可能产生的诸多特色，它所采用的方法，对传统语言学的发展有着不容忽略的价值。在法制史研究之外，这部书应当作为晚清实学派的训诂代表作，受到传统语言文字学研究者的重视。

2. 实学派考据的三大特点

沈家本原籍浙江湖州，少年时在家中接受传统教育，咸丰九年（1859）就学京师，光绪九年（1883）考取进士。他前半生的经历决定了，除了习学八股、获取功名外，他还必然会受到乾嘉朴学训诂考据的熏陶，同时接受浙东史学派爱国求实的态度与方法的影响。《历代刑法考》是沈家本综合运用他的学术的一部著作，这部著作集史学、法学、“小学”于一书，它是以历史为线索，以训诂考据为手段，以法制研究为目的，也就是说，是为自己的变法寻找历史依据的。中国封建社会的革新往往要求助于“复古”，历史依据常常是当代改革的精神支柱。沈家本为改革清代的法制而考据历代的刑法，为废除肉刑而追寻历代刑法中的肉刑发展实况，这既合乎他的治学特点，也合乎他的工作需要。正因为如此，

沈家本的训诂考据与乾嘉“正统派”的训诂相比,便具有了以下几方面的特色:

第一,乾嘉小学家的训诂是为考据而考据,为了避免触时犯讳,他们的训诂只能避开一切政治思想,绝不对任何历史现象作评论。因此,他们往往着眼在语言文字本身的研究上,在名实关系上,他们是以名为研究中心的。沈家本则是为寻找历史依据来运用训诂手段,因此,他必须触及历代刑法的现实,也就是说,他必须由考名出发而达到考实的目的,也必须从辨名出发而辨实。

第二,乾嘉小学家以治经为主要内容,因此,他们的研究范围主要在先秦,由于把先秦文献当作一个共时平面来研究,因此,对语言文字现象,他们是缺乏历史观念的。沈家本要梳理历代的刑法史,则必须建立历史观念,因此,他虽对先秦及两汉文献加以考辨,以溯其本源,但同时对后代刑律的发展,也非常重视,特别是对保存完整为以后各朝法律之本的《唐律》和清代直接承袭的《明律》,更作了精湛的考辨分析。这就使沈家本的训诂,具有发展的眼光。

第三,乾嘉小学家的训诂研究对象是经书和与经书有直接关系的“小学”专书,因此,他们面对的是一批僵死的语言材料。沈家本对刑法的考查,尽管也是以史书、律书为主要对象,但法律与社会生活的密切程度,要远远大于一个时期内的经书。在历代封建朝廷人治高于法治这一事实面前,探讨刑法问题只靠律令的明文规定是不够的,因此,沈家本不只要考据刑律,还特别注意到各种执法史实的记载。所以,在《历代刑法考》里,便时时可以看到一部分活语言的考辨。加之《历代刑法考》专门考据刑法,在语言研究上实际已把词语加以类聚,对探讨词汇系统,也有很大的好处。

以上三点,不仅是沈家本《历代刑法考》的特点,同时也是一切实用考据学必然具有的特点,只是在《历代刑法考》中表现得更为突出罢了。

前面已经说过,沈家本不是语言文字学家,《历代刑法考》也不是一部语言专著。但是,以上三点,虽不是专为研究语言而设,却在无意之中,极大地有利于语言的研究。沈家本的训诂考据方法和功力来源于乾嘉正统派小学,而他在训诂实践上具有正统派小学不可能具有的特色,又往往能在一些方面胜过"正统派"一筹,正是基于以上三个方面的原因。

3. *名实并重的考辨方法*

重视考实,是《历代刑法考》的一个重要特点。乾嘉的训诂学家在名源的研究上主要是以实考名,他们所精的是先秦名物与典章制度,而对考实则广泛搜求较少。沈家本不是为考究名源而考究名源,而是为了梳理刑法的发展,因此,他必须对刑法的实际情况广泛搜求。他的方法是以实考名、以名证实,而且特别重视对实情的考查。例如,陵迟是自古以来最残酷的一种刑法,也是沈家本奏请废除的第一种肉刑。沈家本考订了"陵迟"这一刑名的来源。《荀子·宥坐篇》说:"百仞之山任负车登焉,何则?陵迟故也。"杨倞注:"迟,慢也。陵迟,言丘陵之势渐慢也。"王肃以"陵迟"与

“陂陁”同。“陂陁”也有“坡度缓”的意思。《淮南子》:“山以陵迟,故能高。”可见“陵迟”的本义是“山势渐缓”。沈家本解释“陵迟”刑名的来源说:“陵迟之义,本言山之由渐而高,杀人者欲其死之徐而不速也,故亦取渐次之义。”名源既明,小学家的任务已经完成,但作为法学家的沈家本,却不能只限于此。他需要进一步搜集资料,说明执行陵迟刑法时如何让受刑者受尽磨难、缓缓而死。因此,他引了《读律佩觿》:“陵迟者,其法乃寸而磔之,必至体无余脔,然后为之割其势,女则幽其闭,出其脏腑,以毕其命,支分节解,菹其骨而后已。”又介绍了民间流传的说法:“相传有八刀之说,先头面,次手足,次胸腹,次枭首,皆刽子手师徒口授,他人不知也。”这两个说明实况的材料,充分说明了“陵迟”这种酷刑名与实的关系,同时也揭露了这种刑法残酷的程度。

有些小学家就字形而说义,一般人沿用不疑,而沈家本因注重考实,便能提出疑问。例如“斩”这种刑法,《说文解字》仅就字形而解释为:“斩,截也。从车斤。斩,法车裂也。”段玉裁说:“此说从车之意,盖古用车裂,后人乃法车裂之意而用鈇钺,故字亦从车。斤者,鈇钺之类也。”沈家本根据《韩非子·说疑篇》关于龙逄之死“要领不属,手足异处”之说,判定殷商的斩刑应是腰斩,又根据《商君书》直接有“腰斩”的记载,汉法也有腰斩的规定,证明古代的斩是用斧钺腰斩,而不是车裂。那么如何解释“斩”字从“车”之意呢?沈家本引用《释名》之说:“斫头曰斩,斫腰曰腰斩。斩,暂也,暂加兵即断也。”他针对《释名》的说法,判断汉代应有斩首与腰斩之分,但以“暂”释“斩”,却未必得造字的本义。这些考据,从刑法的历史实际出发来考字形本义,虽未能解释“斩”字从“车”之意,但却更有“为实”的精神,确胜过段玉裁一筹了。

事物的命名由来,往往与词所指物的某一特征有关,名与实的考据本是不可分的。名是实的信息载体,只有深入探讨了所指物的实况,才能更准确、更深刻地理解名源。而小学家不可能同时是各门类学术的专家,在考实上往往难以深入。各门类学术的专家又往往不熟悉语言文字的规律,不懂得通过对字词携带信息的研究来证实某些实况。沈家本既通小学的训诂方法,又对历代法制有深入研究,是法学的专门家,这就使他的《历代刑法考》在法学与小学两方面的研究上相得益彰,因考实而使考名更为准确深入了。

4. 着眼历史的发展眼光

注重对刑名进行多方面的辨析,特别是注重历史发展的考订,是《历代刑法考》的又一特点。乾嘉小学家以研究经学为主,把先秦文献语言当作一个共时平面来探讨,即使涉及后代材料,也是多系联而少分辨,注重求同与沟通,忽略辨异与发展的。沈家本著《历代刑法考》,则要探求历史发展脉络,因此,必须注重名实的辨析与时代的考订。

注重辨名。例如《历代刑法考》对“椹质”与“斧(鈇)钺”的辨析。《公羊传·昭公二十六年》:“君不忍加之以鈇锧。”何休注:“鈇锧,要斩之罪也。”《周礼·秋官·掌戮》:“掌斩杀贼谍而搏之。”注:“斩以铁钺,若今要斩也。杀以刀刃,若今弃市也。”《战国策·秦策》:“今臣之胸不足以当椹质,要不足以待斧钺。”历代小学专书与注释有以铁与椹质为同物者,有以斧与钺为同类物者,又有以刀、斧区别而将斩、杀分立者,说法极为混乱。造成这种混乱的主要原因在于小学家以训诂说名物,过于拘泥文字材料。沈家本则注重史实记载的实况分析,辨析各种行刑情况,然后十分明确地辨析:铁(斧)即钺,单用时与刀有别,但也可互用;锧即铡床,也就是行刑时垫在下面的砧质。施行斩刑的刑具是铡刀、铡床连在一起的,叫作“椹”,又合刀床一起称“铁锧”,这时,刀与铁则指一物。铁锧所施的都是腰斩,以后改为斩首仍称“斩”,不是同一时代的情况,不可强行分立。这种分辨切实可信,符合历史发展,脱离了小学家的书卷气。

注重辨实。例如,不少文献的注释家以陵迟与肢解为同一刑法,沈家本明确指出,二者有所不同。他从文献记载中辨明,陵迟是在生前,肢解则在死后。又如,他对囚与系的分辨,囚著械而系不著械。他对赎与罚的分辨,《吕刑》中,罚为体罚,赎为罚金……这些辨析,都对词汇的研究,有较大的参考价值。

注重分辨时代。《历代刑法考》十分精细地辨析了刑法的形成时代,明确指出哪些是有事而无刑,何时著于律书而成为刑法,并辨析了各代刑法内容的差异。例如,他指出宋、辽、元三史《本纪》所载的“磔”,已是陵迟的别名,不与汉代的“磔”相同。“磔”有“开”“张”义,汉代的磔应是剖张尸体腹而曝于城上的意思,与“膊”相似。又如,沈家本判定腰斩之刑汉以前尚存,魏、晋以后，南朝已不用，而元魏尚用之。齐、周二代又不用。唐、宋、辽也有腰斩的纪事。因此判定，“腰斩”间或行之，不是历代袭用的刑法。再如，《韩诗外传》记载，齐景公时，民有得罪于景公者，景公一怒之下，召左右下令肢解。晏子仰面而问：“古者明王圣主其肢解人，不审从何肢解始也？”景公立即明白，晏子的意思是说古代明王未有肢解的先例，即令放开此人，不用肢解之刑。沈家本由此说明，前代没有肢解之刑。以上对时代的辨析，除根据成文的律令之外，还根据史书的记载，其目的虽是为废除肉刑寻找依据，但无形之中为词汇史的研究提供了很有价值的语料。例如，对“磔”的词义发展，《说文解字》以刑名为“磔”的本义，故以“辜”训释。段玉裁以为是“刳其胸腹而张之，令其干枯不收。”《荀子》杨倞注、《后汉书》李贤注，都以“磔”为祭祀时剖裂牲体的行为，比如夏天剖开狗的胸腹，放在城郭四门，以求禳除热天毒气，叫作“伏祭”。《吕氏春秋·季春纪》：“九门磔禳，以毕春气。”这正是“磔”的较早词义。磔人当是对磔牲的效法，以后才发展为刑名。沈家本的考据，为确定词义的历史发展提供了证据。

清代乾嘉小学家的训诂，为词源、字源的研究开辟了道路，而在词汇史的研究上则贡献较少。它所使用的系联与比较方法着眼于平面的逻辑而不着眼于历史的发展。往往由于时代的划分不细，既有将历时语料强作共时而并列者，又有用后代语料与前代勉为相合者。沈家本对刑名的考据，在历史发展的探究方面，与乾嘉小学相比，是有所突破的。

5. 重视活语言的应用特色

《历代刑法考》在传统小学所涉及的语言文字材料之外，涉及到一些更广泛的词汇，为考查词源、确定词义、研究活的语言，提供了不少新的材料。

在词源的考据上，例如，《说文解字》无“赔”字。《正字通》始收“赔”字，《字汇》说：“赔，古无此字，俗音裴，作赔补之字。”而《历代刑法考》则指出，《三国志·魏书》：“昭成建国二年：盗官物，一备五，私则备十。”其中的“备”，即后来的“赔”。《唐律》：“有赃应备。”《疏议》有“备偿”之语，即今之“赔偿”。所以“赔”的词源应是“准备”“齐备”，以退赃不可一时搜求完备，则补还需先备之。又如，“耐”，《说文解字》释作“罪不至髡也”，正篆作“耏”。沈家本指出：“汉令完而不髡曰耐。”引应劭说：“轻罪不至于髡，完其耏鬓，故曰耏。”髡是剃发，耐是留发剃须鬓，所以又称“完”。汉代刑法，髡与耐都罚其苦役——筑城与舂米，后者刑期减少，后代各有规定，例如明代髡为五年，耐为四年。北齐耐刑刑期一至五年不等。对“耐”的名实考据清楚后，就明白郑玄《礼记注》所说：“耐，古能字”，孔颖达疏：“古者犯罪，以髡其鬓，谓之耐罪，故字从寸。寸为法也，以不亏体，犹堪其事，故谓之耐。”也就明白“能耐”一词合成的原由了。再如，《历代刑法考》考据唐代刑法流放亦名“置”，又叫“安置”。“安置”之名见于《旧唐书》，唐代又称“徙置”，以改派一个艰苦的地方为刑罚。宋代与唐略有异，文武官员犯罪，有削其官爵安置者，有贬其官秩安置者。汉以前有迁徙而无流放。《唐律疏议》：“杀人应死，会赦免罪，而死家有期以上亲者，移乡千里外为户。其有特敕免死者，亦依会赦例移乡。”这种“移乡”的处理，不是流放。《周礼·地官·调人》：“凡和难，父之雠，辟诸海外；兄弟之雠，辟诸千里之外；从父兄弟之雠，不同国。”这是民事纠纷中的回避措施。经过这番考据，便能明白《说文解字》“置”与“赦”字互训，在汉代以前，是赦免的意思。徐锴曰：“（置）从直，与罢同意。”是以唐宋的“置”释先秦两汉的“置”。

有些考据为双音合成词的词源提供了依据，除上述“能耐”“安置”外，又如“要领”。《历代刑法考》指出，古代的斩刑先有腰斩，后有斩首，所以古书往往以“要领”并言。《管子·小匡》：“管仲曰：斧钺之人也，幸以获生，以属其要领，臣之禄也。”《礼记·檀弓》：“是全要领以从先大夫于九京也。”“属其要领”就是脖颈与腰能连着身首。“全要领”就是不从脖子和腰处斩断。今天所说“不得要领”，即以施斩刑找不准脖子和腰，比喻谈问题抓不住要害。

以上诸例都说明，《历代刑法考》虽不是训诂学或词汇学专著，但它从考据刑名以探明实况出发，客观上却为汉语词汇的研究提供了许多有价值的材料，不少地方填补了小学家的不足，确是不容忽视的。

6. 继承实学派考据的经验与方法

在清代训诂学中引起重视的是乾嘉小学家的训诂，对实学派——特别是晚清实学派的训诂，没有给予应有的重视。因为实学派所研究的问题,往往是某一专科,并且不以语言文字为终极目的。但是,词语——特别是它的意义,是文化的载体,词源更与词所指称的事物特点直接发生关系。不考实,名源难明;不对专科知识作深入研究,又绝难对实况考查明白。专科词语与一般常用词之间相通的地方很多,一部汉语词汇史,就是一部贯通古今的中华民族百科全书。因此,在研究中华文化的方方面面时,不可能脱离文字词汇所提供的信息,同时,文字词汇的研究,必须借助各方面文化研究所作出的成果。中国历史上诸如贾思勰《齐民要术》对农业名词的探讨,陶弘景所著《神农本草经注》对中药名源的探讨,郦道元《水经注》对河流名实的探讨……都包含着许多汉语词汇的宝贵资料。这应当是中国古代学术史的重要规律之一,同样,《历代刑法考》所包含的法学名词考据,对汉语词汇研究也是非常宝贵的。

这里还应特别提出的,是清代实学派与乾嘉全盛时期小学家之间的学术渊源关系。清初以顾炎武为首的经世实学家,开考据之先河,本来就是以“致用”为传统的。顾炎武曾说:“孔子之删述六经,即伊尹、太公救民于水火之心……故曰‘载之空言,不如见诸行事’……愚不揣有见于此,故凡文之不关于六经之指、当世之务者,一切不为。”(《亭林文集·与人书三》)这种精神,至全盛时期的小学家,几近中止,学风由实返空。而全盛时期的特点,是在语言文字考据上理论日趋严密,方法日趋精湛。道咸实学派在务实精神上是清初学者的发展,而在训诂功底上又是乾嘉小学的延续,这就使他们的考据,取二者之长亦补二者之短。由于重考实、重历史发展、语料面扩大等特点,在方法上,也对乾嘉训诂有所突破。因此,在清代训诂学史上,理应占有一定的地位。沈家本《历代刑法考》的训诂成就,充分说明了这一点。

把实学派训诂的成就写进训诂学史,以便引导对他们的方法进行研究,加以继承,对于传统语言学的发展是非常重要的。

第六部分　汉语词源学原理

二十、浅论传统字源学 *

1.“字源”定称的辨正

字源问题是传统训诂学的老课题，训诂学中的很多理论命题，如“右文说”与“右音说”、“声训”与“推源（因）”、“音近义通说”、“转注假借说”等等，都与字源问题有关。中国古代的字源问题，大致相当于欧洲的词源学，但是由于作为表意文字的汉字与拼音文字有很大的差异，古代汉语又有自己的特点，因此中国古代的字源学，在方法上和目的上与欧洲的词源学都有显著的不同。为了对这种历史上已经初具规模的学科进行总结，突出它自身的特点，我们把这门学科称“字源学”，而不称“词源学”。需要说明的是，

---

* 本文的初稿发表于《中国语文》1984 年第 5 期，署名陆宗达、王宁；1996 年选入《训诂学原理》时重新作了修改。

中国古代“小学”习惯于把实词称“字”,很多使用“字”这个术语的地方,是可以用语言学的“实词”或“词”来置换的。但是也有一些用“字”的地方与“词”不能等同。[①] 在“字”与“词”需要在科学上加以区分的时候,“字源学”的提法又容易产生误解。为此,我们在“字源学”前再加“传统”二字,表示这是一个历史的概念。有人把汉字原初的字形如何因义构成的来源称作“字源”。为了跟这个“字源”加以区别,我们把探讨构字理据的“字源”称作“形源”。“形源”是汉字学的课题,与研究音义来源即构词理据的“传统字源学”(属“词源学”范畴)各有归属。这样,讨论问题就不至于纠缠概念,总在枝节问题上兜圈子了。

传统训诂学包含许多有关字源的课题:从汉代就出现在注释书中的声训,是字源理论在词义训释中的应用;一大批著名的训诂专书,或全面地(如刘熙的《释名》)、或大量地(如扬雄的《方言》)、或局部地(如《尔雅》《说文》)运用字源理论来探求词义来源,说明词义特点和证实词与词之间的关系了。由此展开了音义关系的讨论,提出了“音近义通”说,“音近义通”说实际上是传统字源学的理论基础;讨论形声字标音偏旁(声符)是否带义问题的“右文说”和“字义起于右旁之声”说(一称“右音说”),实际上是“音近义通”说的发展。尽管当时的训诂家对字源现象的认识,许多是从他们在熟练掌握文献语言材料的基础上所产生的语感出发的,

---

① 关于字和词在训诂学中应当如何区别,我们已有多次论述,请参看《论形训与声训》(见本书第三部分《训释原理》第二篇)。

还没有提到完全理性的高度，因而缺乏系统全面的理论论述，但他们在大量地运用字源规律进行训诂实践中为传统字源学的产生辟出了新路。前代注释家和训诂家的发现，推动了字源问题的讨论，促进了传统字源学的产生。标志着字源学研究进一步成熟的，是章太炎的《文始》。《文始》从理论上提出了音转义通的规律，确定了孳乳、变易的条例，在实践上突破了两两系源的简单做法，进入了由一个起点出发、多方系联、归纳词族的系统做法，把字源研究推向新的高度。此后出现的“音转字源学”“语根字源学”，多半是在《文始》影响下产生的。《文始》是传统字源学到现代字源学的过渡之作。

传统字源学虽然取得了很大成就，但理论上仍是处于混乱状态，不但缺乏系统的科学原理阐述，连科学的术语也还不完备，许多论题都在尚未讨论清楚的时候就终止了，致使结论似是而非。理论的匮乏使探求字源的实践也呈现出不自觉的状态，时而精当无比，时而漏洞百出。有些评论者，在对传统字源学匆匆一瞥之后，或是全面肯定，视为珍奇；或是全盘否定，横加指责，这对字源学的发展都是不利的。本文的目的是想用通俗浅显的例子来阐述字源原理，并从这些原理出发，来申说传统字源学的得失。

2. 同根词的派生与同源字的孳乳及音近义通说辨正

语言中的词是音和义的结合体。音和义是怎样结合起来的？我国古代有两种不同的说法：一是“约定俗成”说，一是“音近义通”说。

《荀子·正名篇》说："名无固宜，约之以命，约定俗成谓之宜，异于约则谓之不宜。"这段在语言学上经常被引用的名言，说明了词的音义联系不是天然的、有机的，而是偶然的，义与音的结合在使用语言的人们千百次重复应用已成习惯之后，才巩固下来，这就是约定俗成说。而另一种说法则认为，音与义之间是有必然联系的，凡音近之字，义必相通。最早的声训就是用音近之字来训义。宋朝王圣美创"右文说"，以为凡同声旁的形声字意义都相近。清代黄承吉在《梦陔堂文集》里提出"字义起于右旁之声说"，又称"右音说"，也认为有某声即有某义。这些说法都指出音近义通现象的存在，因而认为音义之间有必然的联系。这两种说法究竟谁对？音与义的结合循何种规律进行？这曾是许多人十分关注的传统课题。

在语言发生的起点，音与义的关系完全是偶然的，是社会约定的。正因为如此，同一声音可以表达多种完全无关的意义，语言中因此产生大量意义无关的同音词；而相同或相近的意义又可以用不同的声音来表达，语言中因此又产生了大量读音相异的同义词。这都说明音义结合的偶然性。

随着社会的发展和人类认识的发展，词汇要不断丰富。在原有词汇的基础上产生新词的时候，有一条重要的途径，就是在旧词的意义引申到距本义较远之后，在一定条件下脱离原词而独立。有的音有稍变，更造新字，因成他词。例如"超"，《说文》训"跳也"，本义是超越，古音透母豪韵；引申为高远，另造"卓"字，音变为端母沃韵。"卓"是"超"的派生词。也有的音虽无变，字分数形,遂为异语。例如,跳舞的动作叫“舞”,以舞祝神的人叫“巫”,舞蹈的步伐叫“武”,古音虽都为明母模韵,但字分三形,这标志着三个相关的意义已经分化为三个同源词。同源的派生词的音义,由于都是从根词早已结合在一起的音义直接或间接发展而来的,因此带有历史的、可以追溯的必然性。用以上两组词为例,“卓”的词义是由“超”字引申来的,音是由“超”变化来的,也就是说,“卓”的音义可追溯到“超”的音义,“超”是“卓”的源,“卓”与“超”便音相近义相通。“舞”“巫”“武”的词义都与跳舞有关,声音又一脉相承,它们的音义都可追溯到同一根词上去,自然显示音近义通关系。由于派生造词越到后来越成为普遍现象,因此,音近义通说便成为词汇理论中可以成立的规律。

词的派生推动了文字的孳乳。为了从书写形式上区别源词和派生词,便要另造新字。在派生推动下造出的新字称孳乳字,同源孳乳字记录的是同根派生词,彼此自然也有音近义通关系。所以,同源字的产生从实质上说,是词汇派生现象的反映,不是单纯的文字问题。正因为如此,在研究课题的分类上,同源字问题始终是训诂学的课题而不是文字学的课题。

但是,传统字源学在对音近义通现象陈述时,没有科学地规定它的适用范围,而是仅仅举出一些无法概括全面的例证,却冠之以“凡”“皆”等词而作成一种全称判断,这就使他们的理论发生以偏概全的片面性。在这种理论指导下,系联同源词的实践也就多有失当了。从音近义通现象发生的源由看,它只适用于同根的派生词,取消这个条件,把这个理论运用到非派生词或非同源的派生词之间去，就要变成谬误。并且，同源词之间的音近义通关系只能追溯到它们共同的根词，而根词的音义联系又是约定俗成的。所以，从词汇的总体说，约定俗成仍是音义联系的总规律，音近义通不过是词汇发展某一方式所体现出的个别规律，二者在理论上是不可列入同一层次看待的。

3. 同源字的形体关系和“右文说”辨正

同源字是同源词的表现形式，同源字之间的本质联系是音近义通，与字的形体本来没有什么关系。但是，汉字是表意兼标音的文字，音与义在字形上是有所反映的。同源字之间实际上并非绝对不拘形体。从形体关系看，同源字可分三种类型。

(1)形体无关的同源字

这种同源字在孳乳造字时，仅取其音近或音同而已，它们不一定采用形声造字；即使用形声造字，也不一定选用共同的声符，所以彼此形体上不发生关联。例如：

“欺”与“谲” 《说文·八下·欠部》：“欺，诈欺也。”《三上·言部》：“谲，权诈也。益、梁曰谬欺，天下曰谲。”“欺”是一般的欺诈，“谲”是政治欺骗，即政治上耍弄非正当的权术手段。《诗经·周南·关雎》序：“主文而谲谏。”郑笺：“谲谏，咏歌依违不直谏。”孔颖达疏：“谲者，权诈之名。托之乐歌，依违而谏，亦权诈之义，故谓之谲谏。”可见，“谲”与“欺”都是变更正规、正道，而“谲”在初时尚未含贬义，与“欺”略有区别。"欺"为溪纽咍韵,"谲"为见纽屑韵。纽近,韵旁对转。

"藩"与"屏"《说文·一下·艸部》:"藩,屏也。"《八上·尸部》:"屏,屏蔽也。"《诗经·大雅·板》:"价人维藩,大师维垣,大邦维屏,大宗维翰。"毛传:"藩,屏也。"孔颖达疏:"藩者,园圃之篱可以屏蔽行者,故以藩为屏也。"《汉书·梁怀王刘揖传》:"天子外屏。"注:"屏谓当门之墙以屏蔽者也。"《释名·释宫室》:"屏,自障屏也。""屏"的本义是屏蔽,挡门之墙因屏蔽而命名,藩篱之名也因屏蔽行人的特点而得名。"藩"为並纽寒韵;"屏"声为並纽唐韵。二字声同,韵旁转,为同源字。

"欺"与"谲"、"藩"与"屏"都属与形体无关的同源字。

(2)同声符的同源字

只要追溯一下汉字形声化的过程,就可以知道,同声符的同源字,在早期汉字里,是占有相当的比例的。形声字是因增强别词的目的而产生的,在汉语词汇派生的推动下,采用增加义符或改换义符的方法孳乳造字,这是同源词依托汉字而产生的重要形式。

广义而分化的,如物之有加者为"增",屋之有加者为"層",釜之有加者为"甑"等;弓之强劲者为"彊",味之强烈物为"薑",鹿之体大者为"麠",鱼之体大者为"鱷"[①]等,都因广

①《说文·鱼部》中"鱷"为正篆,"鲸"是它的重文,以鲸为鱼类,这是古人的认识。

义分化而孳乳出同声符的形声字。引申而分化的,如“眉”为眼眉,因形似而引申为门楣,造“楣”字;“滴”为水滴,引申为滴水物之称而造“樀”字;“半”为一半,分割、分离而有半,引申为背离而造“叛”字,等等,都因引申分化而孳乳出形声字。这两种形声字都为同源词所依托,它的声符直接或间接的有示源作用。周秦时代,这种声符示源的形声字大量产生,这是因为周秦时代是汉语词汇派生的高峰期,所以这一时期同声符的同源字比例很大。

再以下面两组形声字为例:

“毌”与“贯”“遦”《说文·七上·毌部》:“毌,穿物持之也。从一横贯,象宝货之形。”“贯,钱贝之贯。”《二下·辵部》:“遦,习也”。“毌”即“串”,两形一横书一纵书,象两贝穿在一起,“贯”是它的后出字,在“毌”形外加“贝”字标其义类。贯串的钱贝引申为贯串的动作、行为,孳乳出“遦”字,训“习”,即重复某一同样的行为,也就是练习。“遦”取“贯”作声符,“贯”又取“毌”作声符。

“仍”“艿”“孕”《说文·八上·人部》:“仍,因也。”“因”有重复、因袭的意思。《周礼·春官·司几筵》:“凡吉事变几,凶事仍几。”郑众注:“变几,变更其质,谓有饰也。……仍,因也。因其质谓无饰也。”郑玄注:“吉事……每事易几。……凶事,谓凡奠,几,朝夕相因。”两说虽不同,都将“仍”义释为因袭。《说文·一下·艸部》:“艿,草也。”《玉篇》引《说文》说:“旧草不芟,新草又生曰艿。”也有因袭重复而生之义。《说文·十四下·子部》:“孕,怀子也。”怀子即重身,也有重加之义。“仍”“艿”“孕”词义相通,同取“乃”作声符,为同声符的同源字。

以上第一组为孳乳字取源字作声符,第二组为同源孳乳字同取另一同音字作声符,都形成同声符的同源字。

(3)同形的同源字

词义因引申而变为多义,而且同时发生了音变,这就标志着词形也已分化。但文字上未造新形而沿用旧形,即产生同形的同源字。例如,“数”在《广韵》时期已分化为四音,各承担不同的词义,成为四个同形同源字。字的前三音见于《广韵》,后一音《广韵》未收:

遇韵,今读 shù,基本意义是“数目”。
麌韵,今读 shǔ,基本意义是“计算”。
觉韵,今读 shuò,基本意义是“多次”。
烛韵,今读 cù,基本意义是“细密”。

是否发生音变,是区分多义词和同源派生词的主要条件。义衍音变,虽未再造新字,也应看作已经分化,变成同形的同源字了。

由于形声造字越到后来越普遍,所以,同声符的同源字便大量出现。诸如,同从“斯”声的“澌”“厮”“廝”,同从“仑”声的“沦”“论”“纶”“轮”,同从“由”声的“抽”“袖”“轴”,同从“某”声的“腜”“媒”“禖”,同从“𥁕”声的“温”“醖”“蕴”等等,已经不属个别现象。正因为存在着这类同源字,才产生了“右文说”。用同源字的理论,完全可以解释“右文说”,阐明它的合理性。但是,“右文说”不加分析地把声符带义的现象说成“凡”“皆”,以为这是形声造字的普遍规律,这就走向谬误。实际上,同源字并非都同声符,同声符的形声字也未必都是同源字。也就是说,形声系统并不与同源系统重合。例如,从“厷”得声的字可以整理出两个系统:

A 组　肱(臂,能曲物),纮(冠卷,曲物),鞃(车轼,曲物)……

B 组　泓(下深貌),谹(深谷之响声),宏(屋深响)……

A 组以弯曲为词义特点,B 组以深广为词义特点,又可引申为“大”义。同时,与 A 组音近义通的还有另一些词:

C 组　弓(弯曲物),躬(曲身),穹(古人以为天为圆顶,称天为穹),宫(顶部隆曲之建筑)……(“躬”的异体字作“躳”,“宫”为“躳”省声,“弓”“宫”声母互换,故从“宫”之字与从“弓”之字为同一形声系统。)

与B组音近义通的也有另一些词：

D组　洪（大水）……

E组　江（大河之名），鸿（大鸟）

从同源系统看，同源之字未必同声符。A组与C组同源，但A组从“厷”声，“C”组从“弓”声。B组与D、E两组同源，但B组从“厷”声，D组从“共”声，E组从“工”声。

从形声系统看，同声符之字未必同源。A组与B组同从“厷”声，实际上义不相通。

从声符本身看，声符不必都是根词，而且与所从之字未必同源：“厷”与A组同源，但不与B组同源。“弓”不但与C组同源，而且也与A组同源，弓义由弯曲之物而来，它本身不是根词，而是派生词。至于D组的声符是“共”，E组的声符是“工”，声符与所从字的意义更不相通了。

再加上还有一批非形声字的孳乳字，是根本没有声符来注音的。

这就可以看出，“右文说”的缺欠在于把形声系统与同源系统简单地等同起来，把孳乳造字所形成的局部规律说成了它的总规律，把文字的形与音义的关系一概看作有机和必然，这与语言的社会化本质和文字的符号性特点都是不相符合的，造成了理论上的混乱。在这种学说的支配下，系联同源字的工作极易出现牵强附会的情况，对训诂实践也是有害的。所以清代训诂学家都着力批判这种说法，提出了许多因声求义的主张，最典型的就是王念孙所谓的“就古音以求古义，引申触类，不限形体”（《广雅疏证·序》）。但是，自王氏父子始，对“拘牵形体”的批判就走入了另一个极端。他们没有对形体和音义的关系加以具体分析，没看到作为表意文字的汉字，标音标义的造形特点一直没有完全消逝，即使早被训诂家反复驳斥了的“右文说”，也并非全然错误，而是存在着局部的合理性，概括了相当一部分文字孳乳的规律，通过汉字字形来研究词音词义的传统方法，只能有分析地继承，不能全盘否定。还是章太炎说得对，探求字义时，应当是“形体声类，更相扶胥”（《文始·叙例》），才是全面的。

4. 历史的推源、平面的系源和声训、“语根”的辨正

传统表示字源的方法是声训。声训是选用音近义通的词来作训释，清代学者称之为“推源”或“推因”。这个名称让人认为，声训是用根词来训释派生词，以表明派生词命名的来源。因此，现代学者用历史的眼光来看声训，指责否定之声便纷纷扬扬而起。

为了阐述这一问题，首先得给字源理论的术语加以明确的名称和定义：

约定词与派生词　约定词指在约定俗成基础上产生的词，音义结合是偶然的。约定词也称原生词。派生词指由旧词分化出的新词，新词与旧词之间的音和义有历史渊源关系，彼此音近义通。

同源派生词与非同源派生词　由同一词根派生出的词叫同源派生词，简称同源词。虽为派生而不出同根的词称非同源派生词。

根词与源词　根词指同源派生词的总根，根词一定是原生词。源词则指某一派生词所由出的词。

孳乳和孳乳字　在词的派生推动下而分化出新形，造出新字的过程叫孳乳。在派生推动下所造出的记录派生词的字叫孳乳字。

同源字　记录同源派生词的字群叫同源字，同源字是同源词的书写形式。

根字和源字　记录根词的字叫根字，记录源词的字叫源字。

词（字）族，×族词（字）　在同一根词下派生的全部词归纳在一起称词族，记录这些词的字归纳在一起称字族。词（字）族以根词命名为×族词（字）。

寻找派生词的音义来源，分析派生词的词义特点，都需要做考察的工作。这项工作可以从两种要求来做：一是推源，一是系源。

确定派生词的根词或源词，叫作推源。确定根词为完全推源，仅仅确定源词为不完全推源。

在根词不确定的情况下将同源的派生词归纳和系联在一起，叫作系源。归纳全部词族，叫作全部系源；仅归纳系联一部分同源词，叫局部系源。

推源是历史的。因为，确定了根词，又依次确定了源词，便确定了同源词之间的历史渊源关系，知道了它们派生的先后，同源字的研究，便进入了探求词族历史的领域。但是，这种工作借助传统方法来完成的可能性几乎是没有的。这是由于根词虽在理论上肯定存在，但是语言发生的历史久远，古代的口语消逝，文字后于语言产生，书面材料对完全推源很难提供确凿的证据，对不完全推源也只能提供一部分证据的缘故。系源与推源有很大的不同,它不是历史的,而是平面的,只要确定一个时段——这个时段确定多长可依需要而定——把共时的同源词归纳在一起就可以了。由于根词不确定,加之词在派生时多枝多蔓,悠久的历史和纷繁的方言又使词音与字形变化多端,所以,全部系源实际上也做不到。考察传统字源学的材料,可以发现,前人所作的工作大部分是平面的局部系源和一部分不完全推源。在不完全推源中,源词和派生词的联系是直接的,因此都共时,也可看作是平面的。这就反映出传统字源学的一个重要特点,它虽把字源看作一种历史现象,但研究法却是平面的,不是历史的。

掌握这个特点,对传统字源学的著作——特别是早期著作,才能准确理解并给予公允评价。以《释名》为例,《释名》的声训少部分是不完全推源。如:

《释水》:"山夹水曰涧。涧,间也。言在两山之间也。"两山之间的流水叫涧,"涧"因"间"得名。"间"是"涧"的源词。

《释姿容》:"负,背也。置项背也。""背"的本义是脊背,载物于脊背的动作叫负。"背"古音帮母德韵,"负"古音並母咍韵,"负"因"背"而名,"背"是"负"的源词。

《释首饰》:"冠,贯也。所以贯韬发也。"毕沅《释名疏证》引《说文》云:"冠,絭也。所以絭发,弁冕之总名也。"又说:"贯当作毌,《说文》'贯'乃'泉贝之贯','毌'则'穿物持之也。从一横毌,读若冠',今则通用'贯'字。""冠"因以笄横贯而名。“贯”(古字“毌”)是“冠”的源字。

《释衣服》:“禅衣,言无里也。”又说:“有里曰複,无里曰禅。”《说文》也说:“禅,衣不重。”《释名》未出“单”字,但知“单”是“禅”的源词,“复”是“複”的源词。

凡此种种,都是用源词释派生词,于文字则是源字释孳乳字,皆属不完全推源。从探求词义来源的角度看,这种训释应认为是合理的声训。

另外一些声训虽然也反映音近义通的关系,但无法探求词义来源,大致有以下三种情况:

(1)以派生词反转释源词的,如:

《释天》:“光,晃也,晃晃然也。亦言廣也,所照廣远也。”《说文》“晃”训“明”,与“光”义通。“光明”义与“廣远”义通。“光”“晃”“廣”为同源词。一般说来,“光”的名词义应早于它的形容词义,“亮光”“光照”义,应早于“廣远”义,因此,可推测“晃”“廣”由“光”派生,“光”是“晃”“廣”的源词。

《释形体》:“人,仁也,仁生物也。故《易》曰:‘立人之道曰仁与义’。”“仁”的意义是“人道”“合乎人性的行为”等,属抽象的哲学道德名称。《礼记·中庸》:“仁者,人也。”“仁”是“人”的派生词,“人”是源词。《释名》是以派生词训源词。

在这类训释中，“廣”“晃”“仁”的源词是有了，但给“光”“人”推源的目的没有达到。

（2）训释词与被训释词之间仅能确定其同源和略能推测其派生先后，但没有直接派生关系的，如：

《释长幼》：“女，如也，妇人外成如人也。故三从之义，少如父教，嫁如夫命，老如子言。”“女”与“如”义通，又可见《白虎通·嫁娶篇》：“女者，如也，从如人也。在家从父母，既嫁从夫，夫殁从子也。”说与《释名》同。《说文·十二下·女部》：“如，从随也。”而“女”是古“奴”字，也由“随顺”义而名。“如”和“女”同源，按生活事实推测，“女”应在“如”之前派生，但“三从”之说是后代封建意识的反映，不能说明“女”与“如”在词义初生阶段有直接派生关系。

《释饮食》：“醴齐。醴，體也。酿之一宿而成，體有酒味而已也。”“醴”是一种发酵很差且未经过滤的甜酒，它只有酒的样子，正如人的體仅是人的外形。《周礼·天官·酒正》：“二曰醴齐。”郑玄注：“醴，犹體也。”也是说醴只有酒的外形而无其实。“醴”与“體”都从“豊”，都有外部形式的意义，义通同源，可以确定。二词同源，“體”之用早于“醴”，名“體”先于名“醴”，这一点可以考察出，但说“醴”直接由“體”派生没有根据。

（3）训释词与被训释词之间不但没有直接派生关系，而且很难确定其派生先后。如：

《释典艺》："经，径也，常典也。如径路无所不通可常用也。"《说文》："径，步道也。"因其直而得称。"泾"是直波，"颈"是头项，"胫"是足胫，都是直的。"经"的本义是织布时的纵线，原也因"直"得名。因经线控制纬线，且经线不动，纬线随梭穿动，所以"经"有"经常"之义。"经典"义由"经常"义再引申而来。"经"与"径"通于"直"义，是同源词，但它们不可能有直接派生关系，派生的先后也很难断定。

《释丧制》："冢，肿也。象山顶之高肿起也。"《释山》也说："山顶曰冢，冢，肿也，言肿起也。""冢"是山顶，又是坟头。"肿"是"痈"，段玉裁说："凡膨胀粗大者谓之痈肿"。"冢"与"肿"都因其状隆起而得名，可以断定是同源字。但它们没有相互之间的直接派生关系，派生的先后也无法断定。

如果从历史推源的角度看，这类声训是不合理的，而用平面系源的观点来看，这类声训显然是可以成立的。

声训只是两两系源，如果把可以确定为同源的词尽可能地平面系联在一起，那么，虽然不能准确地依次说明词与词之间的历史渊源，但却可以将同源的派生词归纳在一起，大致显示词族的概况。既然这种系源是平面的，那么，可以根据需要任意选择一个起点。例如，以"离"为起点，可以系联出三组同源词：

离 { A 组 篱缡（以“隔离”为词源意象）
B 组 落零裂冽（以“离开、脱离”为词源意象）
C 组 丽俪两辆裲緉（以“并列、成双”为词源意象）

仍然是这些词，假如换成以“两”为起点，系联的结果是一样的。必须明确，系源的起点仅仅是处理同源词的一种方法，它相当于一个可以自由选择的坐标点，而不是标志着历史起源的根词。用这种方法，章太炎写成了《文始》。《文始》是以《说文》的初文、准初文为起点企图全面系联同源词的创始之作。以《文始·卷一·阳声寒部丙》的“釆（biàn）”“片”两条为例。《文始》以“釆”为起点，系联的同源词有：

釆（biàn） { A 组 番辩辨（以“分辨、区别”为基本词义）
B 组 判班瓣播（分开的意思）
C 组 片楄牑扁篇（分剖开的物件）
D 组 辩 { E 组 辟（法制的意思）
F 组 谝（巧言的意思）

可以看出，以“釆”为起点，系联出 ABCDEF 六组词确定它们之间有同源关系——这是《文始》的基本方法。

如果用平面系源的观点来看《文始》，本来是容易理解的。以初文和准初文为系源的起点，未始不是一个可行的方法。因为起码在文字产生的初期，初文、准初文是先于会意、形声而产生的，而形声孳乳造字又大量存在，所以，在根词未能确定的时候，以系联同源词为目的,选择初文、准初文为起点,不失为一个好方法。不过,传统字源学的研究者们,并没有意识到自己的工作仅是平面系源,反而要用历史推源的术语来阐述问题。比如,他们往往把初文、准初文称"字根""语根"。而且硬要主观地编排"× 字孳乳 × 字"的先后次序。这样倒使后来的人对他们的工作难以理解了。

5. 音转义通的规律和传统系源方法的辨正

传统字源学在进行系源工作时,采用了训诂学形音义统一的方法。观察他们的具体工作程序,不外是在音同或音近的词群中求其义通者,或在义通的词群中求其音同音近者,这样工作的结果,保证了词与词之间音且近、义且通,从理论上说,应当是一种有效的方法。前代训诂学家用这个方法系联同源词(字),作出了不少成绩,留下很多可贵的资料。但是,仔细考察,他们在具体的系源工作中的错误也是很多的,也就是说,他们常常把非同源词作成声训或系联在一起。以《释名》和《文始》为例,《释名》的明显错误近十之五六,而《文始》系联过宽或证据不足之处也近十之三四。这说明,传统字源学的方法还缺乏清醒理论的指导,还是很不完备的。

问题的关键在于如何准确地掌握音近与义通的规律。

同源字之间的声音关系应当是相同或相近。早期训诂学家在作声训时是不定条例的,而近代训诂家们观察音同或音近是利用音韵学的成果,从韵表中来确定的。他们所说的音同,就是在韵表上同纽同韵部之字;而所说的音近,则各自掌握的幅度不同。有人认为纽(声母)和韵部要同时严格掌握,所谓音近,只能是纽为近双声,韵不能超过直接的旁对转(即主要元音相近,韵尾的辅音发音部位相同);也有人认为纽可不计、韵却要严;还有人认为纽与韵有一从严即可,同纽或近双声者,韵可不计;同韵或对转韵者,声可随意。章氏《文始》将他所定古韵二十三部绘成《成均图》,并且定出若干音近的条例。依照条例,不计声母的韵转已经很宽,双声者之韵转几乎无限,似乎音近的范围是很大的,这是从宽掌握者。《文始》的差错并非都出在音转过宽,有些韵似乎很远的字也可确证为同源(《文始》使用次旁转、次对转条例共一百二十余处,其中五分之二强可证其确实同源)。

在字源问题上,音近与音转之说,都是一种平面比较的说法。而从历史的观点看,同源字之间的音近是来自音变。当派生词从源词中分化出来时,时常发生音变以示其区别;分化完成以后,由于语音环境的影响、方言的影响、使用中的讹传等等原因,两词自身还可能各自发生音变,这是从有直接派生关系的同源词来说的。还有些同源词是间接派生的,它们之间可能经过多次音变。这种音变的轨迹越长,同源词之间的语音差异就越大,纽或韵距离远些是并不奇怪的。事实上,语言产生比文字产生早得多,即使在造字初期,派生分化运动也已在语言中发生久远,这一阶段中的音变轨迹是没有文字材料记载的,因而无法推求。所以,同源字之间的音近近到什么程度,不是绝对的。问题在于,音变发生在组成词音的音素中,而汉字不是拼音文字,往往会掩盖音变现象。传统训诂学家一般习用声纽、韵部来思考和表达语音现象,因而对音变的条件和状态很难具体描述,只能笼统称之为“转”。应当说,缺乏科学语音学作工具,是很难绝对准确地完成系源任务的。传统字源学所能做到的,是用音转的方法,掌握严格一些,以文字产生后派生的同源字,一般可以推求并减少误差;而且,借着严密考据的功夫,借助同源字另一个条件——义通的辅助,也还可以证明一部分声音距离较远的词同源,这对词汇发展史已经是很大的贡献了。

如果说传统字源学在音转问题上局限较大,那么,在义通问题上,相对说来,局限就小一些,成功的经验则多一些。在证明同源义通上,他们的工作程序大体如下:

首先从被系联的同源字中,排除借字与借义。因为借字反映的是另一个意义毫不相干的同音词,而借义则是由他词中转移来的,如果以借义来系源,便会混淆同源与假借,把借字系联到意义无关的词群中去。如:“棥”是篱笆,“藩”是屏障,二字同源。但“棥”常写作“樊”,因而“樊”也有篱笆义。如《诗经·东方未明》:“折柳樊圃。”但“樊”的本义是“骜而不行”,篱笆是它的借义,因此,在“棥”“藩”系源时,要排除“樊”。又如“遇”有“逢见”义,是其本义,又有驯顺义。《诗经·巧言》“遇犬获之”,郑笺:“遇犬,犬之驯者。”这个“遇”是“愚”的借字。“驯顺”是借义。所以系源时,要用其本义,与“偶”“耦”“隅”等系联在一起,而不取其借义。

正因为如此,近代的同源字研究者,都以说明本字、本义的《说文解字》为主要系源材料。

其次,借助古文献语言材料的比较来证其义通。除了运用同语言环境的置换和参考古代声训等一般方法外,传统系源方法非常重视字的通用。这是一个合乎科学规律的好经验。同源字——特别是派生距离不远的同源字一般都有通用的历史。因为:

(1)派生词是由源词分化出来的,分化前,派生词的意义包含在源词中,由源词承担其记词职能、表意职务。派生词推动了造字,产生了孳乳字。孳乳字与源字分担了原有的记词职能之后,总要有一个时期,新词与旧词、新字与旧字混用。在这个时期,同源字通用是派生分化尚未巩固的过渡时期所表现出的特有现象。"受"与"授"通用,"段"与"断"通用,"偶""寓""耦"通用,"正"与"政"通用,"风"与"讽"通用等,皆属此例。

(2)有些同源字是由异体字分化而成的。例如,"楙"与"藩"、"凤"与"朋"、"常"与"裳"等,都曾为完全异体字,只是后来才各承担一部分意义而分化。这些字在分化前是异体字,在表意上必然同用,用分化后的观点看,则可视为通用了。

(3)同源字既有义通关系,本身就可以当作同义字来互相置换,再加上音近,又便于当作同音字来假借。

所以,同源字通用的现象是很普遍的,在排除了借字、借义之后,利用通用关系来证明同源字,是从同源关系的本质出发的。

再次,同源词的义通关系和多义词的引申关系是词义运动的两个结果,它们的差异在于是否改变词形。词形的改变——或变音、或造字——意味着词的分化,词形不变则视为引申义共词。因此,同源词的义通规律和多义词的引申规律是一致的。系联同源词必须与整理多义词的词义协同进行。例如：

> “社”与“骀”《说文》:“社,地主也。从示土。《春秋传》曰:‘共工之子句龙为社神。’《周礼》二十五家为社,各树其土所宜之木。”“社”的本义是土神,引申为母亲的称谓,《说文·女部》“姐”下说:“蜀谓母为姐,淮南谓之社。”《淮南子·说山训》:“社何爱速死？吾必悲哭社。”高诱注:“江淮谓母为社。”《尔雅·释畜》:“牝曰骀。”“骀”指一切母畜,以称人之母延伸为称畜之牝,“骀”是“社”的派生词。
>
> “社”当土神讲,又当母亲讲,是引申;由母亲义引申出牝畜义而另造“骀”字,是派生分化,循其意义关系,实为同一义列。

用引申规律来研究义通,这也是传统系源方法科学而可取之处。不过,引申带有强烈的民族习惯性,样式驳杂,规律纷繁,是很难掌握的。因此,传统字源学在义通问题上失之牵强的地方也很多。《释名》的错误多半出在这里,诸如“书,庶也,纪庶物也”“天,坦也,坦然高而远也”“夏,假也,宽假万物使生长也”“饮,奄也,以口奄而引咽之也”等等,实在是缺乏证据,令人难以置信。

综上所述,传统字源学的实际任务是平面的系联同源字,它的理论则局限在研究同源字的形音义关系上。它可以用于探求词义特点、总结词义运动规律、研究形声系统、寻找部分词的直接来源和归纳词族,实用价值是很高的。但它无法完成全面探求词汇历史的任务，只能给词汇史提供某些资料。我们认为，传统字源学只能是词义学的一个组成部分，它可以顺利地转变为科学的词源学，但它本身还不是语言学中的词源学，也不属于词汇史。从这个角度来总结它、评论它的得失，才能既不苛责前人，又不夸大传统语言学的作用；既要吸取前人的科学方法，又要在此基础上继续发展它，这才是对遗产应有的态度。

二十一、汉语词源的探求与阐释

1. 从中国的传统字源学到科学的汉语词源学

欧洲的词源学(etymology),是随着公元18-19世纪的历史比较语言学而产生的。它的基本方法,是通过亲属语言的比较,构拟出词的意义与语音形式结合的原始状态。在中国,相当于欧洲词源学的传统字源学,早在公元2世纪就已奠定了基础,但它的基本方法却与etymology完全不同。它是由表意的汉字入手,用系联同源字的方法,来推求某一事物为什么用这种语言形式来命名,也就是推求原始造词的理据。这个方法对汉语说来,大致是适应的。所以,自2世纪的词源专著《释名》[①],到20世纪的词源专著《文始》[②],其间1700余年,汉语词源的探求,已有大量的成果产生。

传统字源学的基本理论是"音近义通说"。音近与义通,是系联同源词的两个相互依存、不可分割的条件。古代的词源探求者综合地把握这样两个条件,由于这些训诂大师对古代文献十分熟

---

① 《释名》的成书年代不详,但作者刘熙生于汉末桓、灵之世,汉献帝建安中曾避乱交州。《三国志·吴书·韦曜传》记载:韦曜在孙皓凤凰二年(公元273年)入狱,狱中曾上书说:"又见刘熙所作《释名》,信多佳者。"据此推测《释名》成书当在2世纪末叶,至3世纪已广为流布。

② 章太炎《文始》早在20世纪初流亡日本时即已成书,曾由钱玄同抄刻。

悉，而时代越往前，距词的产生时代越近，也使他们在语感上对造词的理据和同源的关系具有相当的锐敏性，因此，他们用声训等方式表现出的同源系联，具有较高的准确度和参考价值。到了现代，系联同源词的工作逐渐有了一个操作的程序：有的是从同音或音转的字表中去求其义通；也有的是从同义或近义词中去求其音近，这样作的结果，便产生了两方面的问题：

首先，是在传统音韵学走向现代语音学以后，确定语音的相同和相近已经形成了一种比较严格的公式。但是，对一部分同源词来说，由于演变轨迹曲折，词音变化复杂，它们的语音形式不可能简单地套进那些公式，用古音拟构作成的公式本身就带有假说性，不具有百分之百的可确证性质。加之，古代汉语的音节数是有限的，如果不同时加上义通的条件，同音词中的偶然现象混入同源系联的情况难以排除，所以，过分强调或简单拘守语音关系，是不能保证同源系联的科学性的。

第二，是在确定义通关系时，同源词的系联者经常会出现两方面的失误：一是用事理来代替义理，把事物的客观联系当成意义联系；二是忽略义通的文化历史内涵与社会经验内涵，用形式逻辑来代替状所关系。这两方面的失误带来的后果，即是由于事物的联系无处不在，而使意义关系的分析带有主观随意性，也不具有百分之百的可确证性质。

为了解决以上两方面的问题，使同源词的系联科学化，必须吸收古代训诂学家的合理经验，把同源词之间音理的探求与义理的探求紧密结合，综合论证而避免分割，同时还必须把词源的探求和阐释结合起来,对已探求到的造词理据的真实性和合理性,从文化历史背景上加以证明和阐发。

探求词源——逐一分析可以追寻到的造词理据,在具有大量成果之后,逐渐建立起一个个局部的词族系统,这属于语言词汇的本体研究;而阐释词源——对这些造词理据的真实性与合理性从文化历史的背景上加以证明和阐发,这已涉及到语言与文化的关系。把阐释词源的诸多成果集中起来,可能大致看出以语言为中心的文化网络,形成语言与其他文化的互证关系。这就超出了语言的本体研究,具有了宏观语言学的意义与价值。科学的汉语词源学应当是这两方面工作的结合。

在词源的探求方面,分析语音关系已经有了一些可操作的法则,所缺乏的,是对分析同源词之间意义关系的规律的把握和由此产生的分析词义内部结构的可操作方法。在词源的阐释方面,首先必须对词源与文化的互证关系,有一个清醒的认识。由于阐释词源要涉足民族文化的大网络、巨系统,因此,找到由语言本体出发、深入到民族文化历史总体的可靠途径,又是解决这一问题的关键。

下面试图对探求词源意义的操作方法和文化历史背景对阐释词源的作用这两个问题进行阐述。

2. 汉语词汇发生与积累的三个阶段

汉语词汇的积累大约经历过三个阶段,即原生阶段、派生阶段与合成阶段。这三个阶段之间没有绝然分清的时代界限,只是在不同的历史阶段,各以一种造词方式为主要方式。

汉语和世界其他任何一种语言一样，有过一段为时很长的原生造词时期。这是汉语词汇的原始积累时期。在这段时期里，词汇如何从无到有，呈现什么状态，这是语言学家和人类学家反复探讨而又难以确证的命题。章太炎先生以为语言最初的发生与人的触受有关[①]；也就是说，原生造词是源于自然之声的揭示。这一说法在某些词上或可得到证实。例如，"蛙"、"鸡"、"鸭"、"鹅"、"鸦"、"猫"、"蟋蟀"……等动物是以他们的鸣叫之声来为之命名的；又如，"淋"、"沥"、"流"、"涟"、"涝"、"潦"……等词的词音似与水的滴沥声相关；"软"、"蠕"、"柔"、"茸"……等词的声母上古音都为"日"纽，发音时舌面腻黏，似能给人柔软的感觉等等。但是，这些现象是偶然的巧合还是理性的必然？在天籁与人语之间存在着哪些规律性的联系？在已被记录下来的亿万词汇中哪些词属于原生造词的根词？由于语言发生的历史过于久远，不要说穷尽性的测查无法进行，就连一定数量的抽样测查和局部语料的归纳都是不可能作到的。所以，关于原生造词的理论只能是一种无法验证的假说。我们所能知道的只是，原生词的音义结合不能从语言内部寻找理据，它们遵循的原则一言以蔽之，即所谓"约定俗成"。

派生阶段是汉语词汇积累最重要的阶段。在原生阶段的晚期，就已产生了少量的派生造词。而当词汇的原始积累接近完成时，派生造词逐渐成为占主导地位的造词方式。这一阶段，汉语由

---

① 章太炎《国故论衡·语言缘起说》，《章太炎先生所著书》正编。

已有的旧词大量派生出单音节的新词,并促进了汉字的迅速累增。周秦时代是汉语词汇派生的高峰,在纷繁的派生活动中,积累了大量的同源词[①]。

合成阶段的到来是汉语词汇发展的必然结果。汉语词汇在原生与派生造词阶段都是以单音节为主的。由于音节数是有限的,区别同音词的手段必然非常贫乏。而且,派生造词阶段正是古代汉语文献大量产生的时期,在书面汉语里,孳乳造字伴随派生造词,成为区别同源词与同音词的一种措施。这便使汉字的造字速度也极快增长。词与字的增长一旦超越了人的记忆可能有的负荷,凭借音变与字变而进行的派生造词便不能符合词汇继续增长的需要。恰好也正是在这一阶段,汉语的构词元素积累到了一个足够的数量,为合成造词创造了必要的条件,于是,在两汉以后,合成造词取代了派生造词,成为汉语主要的造词方式。随之而来的,是汉语由单音词为主逐渐转变为双音词为主。

传统字源学所关注的,是把同源派生词系联在一起,从中归纳出它们的词源意义。从理论上说,在完全的或不完全的系源中,很可能是包含着原生词的,这个原生词起着音与义结合的发源作用,而其他派生词则由之而受源。但是在实践上,哪一个词是起发源作用的原生词,难以确定,更无法证实。因此,汉语词源学只要经过同源词(字)的系联,将词源意义——也就是造词理

① 关于同源派生的理论和有关同源词的术语,请参看《浅论传统字源学》一文(见本书第六部分《汉语词源学原理》第一篇)。

据归纳出来,也就完成了最基本的任务。科学的汉语词源学应当首先继承这一点,并进一步完善有关这一工作的可操作方法。

科学的汉语词源学除探讨单音节派生词的造词理据外,还必须完成以下三方面的任务:

第一,探求后代已成为单纯词的连绵词与叠字词的词源;

第二,探求汉语双音合成词的词源;

第三,分辨汉语词与外来词,并探求外来词的来历及其汉化的过程。

完成这样三方面的任务,都要从探讨单音的汉语派生词起步,也都要涉及汉语的书写形式汉字,所以,传统字源学的经验和成就,对于它们都是有用的。特别是汉语本身的双音合成词探源,与单音派生词的探源,应当是一项任务的两个方面。

3. 单音节派生词造词理据的探求

派生词的音与义是以根词和源词[①]的已经结合了的音与义为依据的,因此,根词、源词与派生词之间,以及同源派生词彼此之间,都存在着音近义通的关系。一组待定为同源词的语料,在已知它们的音同或音近关系后,判定它们之间的义通关系,便成为确立它们同源的关键;而把握义通的规律,从中探求派生词的造词理据,词源探求的任务才算全面完成。

---

① 与传统字源学有关的术语,我们已给出了定称与定义,详见《浅论传统字源学》(见本书第六部分《汉语词源学原理》第一篇)。

由同源词中确定造词理据，一般有两种情况：

词的派生序列难以明确的情况下，造词理据通过同源词系联，从中概括抽取出来。例如下面一组语料：

稍，苗末

秒，麦芒

艄，船尾

霄，云端

鞘，鞭头细皮条

梢，树枝尖端

消，水消减

销，金消减

削，用刀使减少

这组同源词都从“小”得声，它们的意义关系是怎样的呢？如果我们用两分法分析它们的意义内部结构，可以看出以下情况：

稍 =/ 禾类 /+/ 叶末端渐小处 /

秒 =/ 禾类 /+/ 芒末端渐小处 /

艄 =/ 船类 /+/ 尾端渐小处 /

霄 =/ 云霞类 /+/ 最高(顶端)视之渐觉小处 /

鞘 =/ 鞭类 /+/ (系于)顶端而细小处 /

梢 =/ 树木类 /+/ 末端渐小处 /

消 =/ 施于水 /+/ 使之少 /

销 =/ 施于金 /+/ 使之少 /

削 =/ 以刀施之 /+/ 使之少 /

经过分析的两个部分，显示了词义的内部结构，而每一部分都小于一个义项（义位）。借鉴西方语义学的义素分析法，我们把这两部分定为义素。如果我们把分析后的前半部分用 /N/ 表示，这部分含着词义的类别，我们称作“类义素”；后一部分用 /H/ 表示，这部分含着被人们共同观察到的词义特点，也就是造字所取的理据，我们称作“核义素”或“源义素”。有些论著把这一部分叫词源意义，与我们的定称没有矛盾，只是未能明确它的单位，因而也未能明确它在语义内部结构中的层次，在操作上是不方便的。

通过上述例证的分析我们可以看出：同源词的类义素是各不相同的；而核义素是完全相同或相关的。以上一组同源词可分为两组：第一组 6 个词是名词，它们共同的核义素是 / 尖端——渐小 /；第二组 3 个词是动词，它们共同的核义素是 / 使之小 /。“渐小”与“使之小”的相关一目了然。从这里我们可以得到同源词之意义关系的公式：

Y[X]=/N[X]/+/H/

以上一组同源词的意义关系可表示为：

① Y[6]=/ 禾类、船类、云霞类、鞭类、树木类 /+/ 尖端——渐小 /

② Y[3]=/ 水类、金类、刀类 /+/ 使之小 /

同理，下一组同源词在意义关系上也适合这一公式：

遘 =/ 行路类 /+/（二人）交合 /

媾 =/ 婚姻类 /+/（嫁娶关系）交合 /

购 =/ 买卖类 /+/（钱与货）交合 /

覯 =/ 目见类 /+/（目光）交合 /

沟 =/ 水流类 /+/（渠道）交合物 /

篝 =/ 竹编类 /+/（竹片）交合物 /

它们之间的意义关系为：

① Y[4]=/ 行路类、婚姻类、买卖类、目见类 /+/ 交合 /

② Y[2]=/ 水流类、竹编类 /+/ 交合物 /

在同源词里，还可以看到另一种情况，就是由表示特点的词，直接派生出具有这一特点的新词。这时，源词的整体意义，等于派生词核义素所含的意义。汉代刘熙《释名》一书中有不少这类语例。比如：

"冬，终也。物终成也。"

"饼，并也。溲面使合并也。"

"脍，会也。细切肉令散，分其赤白，异切之，已乃会合和之也。"

"冠，贯也。所以贯韬发也。"

"梳，言其齿疏也，数言比（蓖），比与疏，其齿差数也，比，言细相比也。"

"冬"为"终"派生,"饼"由"并"派生,"脍"由"会"派生,"冠"由"贯"派生,"蓖"由"比"派生。这时,源词的词义与派生词的核义素在内容上是同一的,只是前者为义项(位)(用 \H\ 表示),后者为义素,处于不同的结构层次。在比较时,它们之间的意义关系公式是:

Y1=/N1/+/H/

Yh=0+\H\

同理,当我们知道"蟹"是因拆解食用而得名,"蟹"、"解"同源时,它们之间的意义关系是:

Y(蟹)=/ 水虫类 /+/ 解 /

Y(解)=0+\ 解 \

又当我们知道"桌"是因比几高而得名于"卓"时,它们之间的意义关系是:

Y(桌)=/ 木器类 /+/ 卓 /

Y(卓)=0+\ 卓 \

概括这两个公式可以知道:同词性的同源词的意义关系建立在核义素相同的基础上,它们因类义素的对立互补而区别为不同的词,不同词性的同源词一般不具有类义素的对立互补,而它们的核义素却是直接相关的。就源词与派生词而言,源词的意义直接被吸收作派生词的核义素。这时,派生词的造词理据也就直接含在源词的意义中了。

以上运用义素两分法所得的公式,适用于一般同源词的探求与证明。为了不使义素的切分与归纳带有主观随意性,系联第一种派生序列难以确定的同源词时,应在三个以上为好。

4. 双音节合成词造词理据的探求

双音节合成词是由单音节词(词素)结合而成的。现代汉语双音词与词组的区别,应严格按其是否能依据现代语法结构并按其词素的字面意义分开解释为标准。确实已经无法用拆开后两个词素的意义简单相加来解释的双音词,可确定为已结合成熟的词。它们的造词理据应包括以下两个方面:一是参与造词的词素(由古汉语单音节词转化而来)各自意义的来源;二是它们结合并凝固的原因。把这两点合在一起,可以看出以下四种情况:

(一)参构词素起码有一个,或两个都是古义,现代已不能单用。遂使两词素结合后无法拆开理解。例如:

"交际"、"国际"、"边际"、"天际"……等词,都有一个词素为"际"。《说文解字》:"际,壁会也。"墙与墙相交的地方叫"际"。《小尔雅·广诂》释"际"为"接",是"壁会"的广义。上述诸词中的"际"用的都是古义。现代汉语里具有这一义项的"际"已成为不能独用的词素,致使上述词凝固而不能分开。

"失声"、"失态"……等词中的"失",有禁不住而放纵的意思。《说文解字》:"失,纵也。"正与上述词中"失"的语素义相合。现代汉语里具有这一意义的"失"字也已不能独用。因此,上述两词的词素互相依存,不能分开。

"宇宙"在先秦两汉文献中已有连用的词例。《文子》、《三苍》都说:"上下四方谓之宇,往古来今谓之宙。"《庄子》说:"有实而无乎处者,宇也;有长而无本剽者,宙也。"意思是说:虽有边际而不可得到的空间是宇;虽有长度而找不到头尾的时间是宙。《说文·七下·宀部》:"宇,屋边也。"屋边也就是屋檐,它伸出地基与墙围的外沿,覆盖房屋建筑最大的面积,所以古人用它来比喻无限的空间。"宙,舟舆所极覆也。"指的是船和车向两极往返不已。所以古人用来比喻无极的时间。在现代汉语里,"宇"和"宙"已不单用,这两个词素也就无法分开了。

(二)参构词素结合于古代,当时还属于词组,可以分开解释。结合后产生了整体的意义,又在此整体的意义基础上引申。引申后的意义与词素义已不直接相关,遂使两个词素凝固而不可分。例如:

"结束"的"终了"义是由穿衣产生的。古代的长服装襟的上部腋下处有短带,系短带叫"结"。后来改为钮扣,也叫"结"。扎腰带叫"束"。中古时"结束"一词当"着装"、"打扮"讲。李益《塞下曲》:"番州部落能结束。"穿衣到了系短带和扎腰带的阶段,已经是最后一道程序了,所以,"结束"一词才发展出"终了"的意义。而"终了"的意思与"结"和"束"已不易看出直接的关系,当"终了"讲的"结束"也就无法拆开理解了。

“要领”一词指问题的要点、要害。而古代“要”、“领”连用，是与刑法有关的。古时的斩刑先有腰斩，后有斩首。“要”是“腰”的古字，“领”是脖子，所以古人常以“要领”并称。《管子·小匡》曰：“管仲曰：斧钺之人，幸以获生，以属其要领，臣之禄也。”《礼记·檀弓》：“是全要领以从先大夫于九京也。”“属其要领”就是脖颈与腰能连着身首。“全要领”就是不从脖子和腰处斩断。今天所说“不得要领”，是以施刑找不准脖子和腰，比喻谈问题抓不住要害。

（三）参构词素的结合方式是古代汉语常见而现代汉语罕见的，因此，现代人不能将其分开解释。例如：

“蚕食”、“冰释”、“龟缩”、“函授”、“口诛笔伐”……等词，都采用了名词作状语的偏正式。这种语法结构属古代的遗存，现代已不习惯将它们拆开。

（四）参构词素中，有一个或两个书写发生了变化，改写了同音借字，致使结合时的原意无法从字面上解释，遂使两个词凝固不可分。例如：

“刻苦”的“刻”本字应写“核”。《说文·四下·心部》：“核，苦也。”《广雅疏证》转引《通俗文》说：“患愁曰核。”《韩非子·存韩》说：“秦之有韩，若人之有腹心之病也。虚处则恢然，若居湿地著而不去，以极走则发矣。”可见，“恢”的意思是“内心的病患”。“刻苦”即“苦”，也就是因为心中的忧患而勉强自己努力去完成某一件事。《孟子》所谓“苦其心志”的“苦”，意义正与“刻苦”的“苦”相同。但“恢”写成“刻”以后，“刻”的“雕刻”义无法与“苦”相配，于是造成了分则无解、合则义存的局面。

5. 文化历史背景对词源阐释的作用

经过科学的意义比较，同源词的系联科学化了，排除了随意性，避免了因偶然音同而强说意义关系的弊病，这就使造词理据的探求有了一定的保证。但是，为了更进一步地证明已探求到的词源的可靠性，必须对古人更深层、更细微的文化思想有一个深入的了解。因为，词的派生时期的文化历史，通过人的心理与思想，溶注到词的词源意义里，使词源意义与文化历史产生了相互解释的可能性。

词源意义中包含了古人的社会生活。例如：

汉以前“钱”称“泉”。《管子·轻重》：“今齐西之粟釜百泉。”注：“泉，钱也。”《周礼·外府》注曾有“其藏曰泉，其行曰布，取名于水泉，其流行无不遍”的说法。《周礼·地官》有“泉府”，主藏布于泉府。《史记·平准书》：“龟贝金钱。”《索隐》：“钱本名泉，言货之流如泉也。”这些记载都说明“钱”为“泉”的派生词，当时它已有了贮存与流通两种特性。

"题"与"顶"、"颠"、"天"同源,都指动物、人最高最前的地方,"题"引申为文题,可以知道文章的题是先文而有之的。

"落"与"离"同源,/H/为/隔离/,因而知道"院落"、"村落"、"营落"、"部落"……的"落"是因为划分区域时和其他邻近单位相隔离而得名。这是古代农业和军事建制的反映。

词源意义中包含了古人的传统观念。例如下列一组同源词:

囱,烟囱,走烟的通道。

葱,调味菜,其叶中空。

窗,墙孔,室中通空气的。

聪,闻审谓之聪,接收外界事物通达。

它们的意义关系:

Y[4]=/ N[4] /+/ 空——通 /

由此我们可以知道古人对聪明的认识,他们认为聪明是内心对外界的感受通达。这种解释还可以得到一些旁证:"聪"与"灵"为同义词。"灵"与"棂"同源。"棂"是窗户格,也是通空气的孔。"灵"的核义素也是通达,与"聪"不同的是,"灵"着重在与鬼神相通,智慧来源天上;"聪"着重在与自然、社会相通,智慧来源于地下。从"聪"、"灵"的词源,可以证实古人衡量智愚的标准。

从某些词的词源里,还可以反映出某历史时期意识形态的变化。且看以下一组同源词:

> 龢,音乐和谐,最美境界。
>
> 盉,五味和,调味的最美境界。
>
> 和,人和,事和,社会人际关系的美好状态。

“禾”是它们的源词。古人以为,禾苗是天地万象和谐的产物。冷暖中,刚柔适,阴阳调,内外平,上下通,始有禾的成熟;所以,禾苗是自然协调的象征。这是中国社会进入农耕时代所产生的观念。这种崇尚自然,赞美天籁,尊重人与物的本性的审美心理,几千年来,在中国的国乐、国画、诗词曲中时有体现。这是文化的精华。然而,这种观念的另一面,则是对变革、创造、更新的抗拒和反感。奴隶制晚期保守的政治思想,要求旧秩序加以维护的思想,又可以从另一组派生词中反映出来。表示“变化”、“创新”、“超越”等意义的词,常常发展出贬义的派生词来:

> “为”(作为)派生出“伪”(欺伪)。
>
> “化”(变化)派生出“讹”(讹误)。
>
> “作”(初创)派生出“诈”(诡诈)。

这又是古代文化思想的另一面了。

不同时代的语言可以互译,但词义中的文化内涵不同所造成的隔阂有时是很难消除的。以数字为例，现代已把一二三四五六七八九十抽象为不含具体内容的数目，而数的排列都是由少到多逐渐累积的。但是，我们从数字的词源上可以看出中国古代关于数的哲学观念与现代的差异：

"一"与"壹"在《说文解字》里是两个字，它们记录的是一对同源词。"壹"是"专壹"的本字。"懿"字又是它的派生词，训"专久而美"。"壹壹"合成连绵词。《说文解字》："壹，壹壹也，从凶从壶，不得泄凶也。《易》曰：'天地壹壹。'""壹壹"即"氤氲"（yīn yūn），是"一"分音而成的连绵词。古人认为，世界是在一片浑沌中产生的。《说文解字》"一"下说："唯初太极，道立于一，造分天地，化成万物。"这里包含了"一"的词源。

"二"与"耳"、"而"同源。它们都有"分立"的词源意义。天与地是世界的第一次切分。《说文·土部》："地，元气初分，轻清阳为天，重浊阴为地。"从"二"的词源可以看出，远古曾有过只具一、二两数的时代，随之有了二进位的原始计数法。《易经》只有阴、阳二爻，即反映了二进位制。

与二进位制相联系的是"八"的词源。《说文》："仌，分也。""八，别也。"道家所说的"道生两仪，两仪生四象，四象生八卦"，这也反映了在二进制的时代，"八"是"一"的穷尽切分。

"三"与"亼"（集）同源。《说文解字》："亼，三合也。从入一。象三合之形。读若集。”太炎先生以为是“集”的古字，极确（“三”与“集”上古声母皆在“精”组，皆为闭口韵，“合”、“添’，旁对转）。“三”突破了二，集成天地万物，它的词源意义是“聚集”。万物中最大的是人，天、地、人称“三才”。《说文解字》“大”下说：“天大、地大、人亦大。”

“四”是二的二次切分，五是四象的交集点，它与“午”同源。词源意义是交午。《史记·律书》：“午者阴阳交，故曰午。”《仪礼》：“度尺而午。”注：“一纵一横曰午。”《说文解字》古文“五”作乂，作相交形。“五”为个位数之中，“午”为十二支之中。

“九”突破了“八”，又是“三”的再度集合。它与“终”、“究”、“穷”等词同源。词源意义是“终结”。

上述数字的词源表明，古今对数的认识是有差别的。古人把未分的“一”称“元气”。“元”表示最大、最早。“元首”、“元凶”、“元帅”、“元老”、“元年”、“元旦”的“元”都是最大、最前、最早。这种以“一”为大，分而多之，多而小的观念，和以“一”为小，加而多，多而大的累积观念是反向的，这里面包含着中国古代的世界发生的观念。同时，数字的词源意义又影响了它们的语用价值。在汉语的成语里，“三”与“九”总是表示多数：“三番五次”、“三令五申”、“三教九流”、“九流”……都极言其多。而“四”与“八”常配合：“四平八稳”、“四通八达”、“四时八节”、“四面八方”……都极言其全。这些都证明词源与文化的互证关系。

不仅单音词的词源意义与文化历史之间有互证的作用，合成词的结合原因，在相当程度上也与文化密切相关。阐释双音词词源，必须结合词素产生时的历史文化背景与词素合成时的历史文化背景来进行。前面所说的“交际”、“失声”、“结束”、“要领”诸词的词源，无一不要结合文化历史背景来证明和阐释。又例如：

“介绍”一词，三十年代用作“绍介”。“绍”与“介”的结合是有历史文化原因的。周代的礼节，贵族相见时主客都要有人传命和导引。客方的传命人称“介”，分上介、次介、末介；主人的导引人叫“傧”，分上傧、承傧、绍傧。末介与绍傧正是主客之间的中介，所以《仪礼·聘仪》有“介绍而传命”之说。这就是“介绍”一词形成的文化背景。

“物色”的意义是择寻。上古汉语中“物”是畜类的毛色。古人对畜类的毛色十分重视，是因为要选择毛色作旗，而毛色又与祭祀时的牺牲有关。牺牲是要选纯色牛的。“物”因此引申为“外物”、“外形”之义。又引申为“选择”之义。《周礼注》有“物物色而以知其所宜之事”之说，又有“以物地占其形色”之说，都是讲根据事物的外部形状来选择自己的生存条件。“色”的本义是“气色”、“脸色”，《论语》说，尽孝道时“色难”。前人对这个“色”有两种解释。一说指儿子在父母面前要始终保持愉悦的脸色。《礼记·祭义》说：“孝子之有深爱者必有和气，有和气者必有愉色，有愉色者必有婉容。”另一说指父母的脸色，通过父母的脸色来理解父母的需求。不论哪种解释,"色"都是人的外部表情。说明古人认为外部表情是反映人的内心心态的标志。"物色"连用而引申出"择寻"之义,正是古人观物象人色而知天时地利之变,也就是由外部形状入手去探究更远更深事物这种观察方法的反映。

6. 余论:关于文化语言学

上述种种现象,不但可以说明文化对词源的证明作用,同时也可看出词源阐释对研究人类文化的宏观价值。民族文化有很强的传承性,每个民族的历史都是可以追溯的。在了解既往历史时,典籍和文物就是文化传承的桥。在一般情况下,我们都是通过阅读古代典籍和观察出土文物来了解自己民族历史的。但是,正如桥总是架设在要路之津一样,能被典籍记录下来的史实,大都是对政治经济发展起重要作用的史实,更为深层的细微现象,往往是不见经传的。许多观念形态的精神文化,即使是十分发达的书面语言,也难以尽述,追溯这些深层的细微现象,是缺乏桥的。

语言与人类共存,特别是它的词,是文化的活化石,是现代人通向古代文化彼岸的一叶小舟,在没有桥的地方,唯它可以通过。词语的意义内涵是人类经验的历史积蕴,探讨词源,可以起到了解古代文明的作用。而正因为词语的内涵不可能脱离它所产生时代的历史背景,文化对词源的阐释作用也就绝对不容忽视。

灿烂的华夏文化的方方面面,蕴藏在浩如烟海的汉语词语中。探求词语的意义来源与阐释历史文化对词语意义的直接影响可以相得益彰。这一事实,为语文的研究和文化的研究都辟出了新的途径,从个体词语意义(包括它的构词理据与使用意义)的文化内涵考据入手,观察语言与文化关系的种种表现,并从中归纳出带有普遍意义的现象,然后通过对这些现象的解释来寻找语言与文化关系的内在规律,这是传统训诂学早已创建的研究方法。从这个意义上说,汉语文化语言学绝非当代人所首创,更不是由国外引进的。它不但发源得很早,而且从来就是中国语言学的古老传统。这个传统既包含了对语言与文化关系的明确认识,又包含了从第一手材料出发,重视微观分析,不事空谈的求实作风。这两方面,都是我们应当继承的宝贵遗产。

就语言与文化的关系而言,语义所含有的文化因素要比语音、语法更为丰富、明显。因此,文化语言学的重点,应当首先放在语义上。而继承传统训诂学的精华,改变它不适应当代的不理想状态,尊重历史,重视继承,同时也要认真借鉴外国语言学成果——特别是它的科学方法,才能建立起符合汉语事实的文化语言学,达到对汉语宏观研究的目的。

二十二、关于汉语词源研究的几个问题 *

1. 当代汉语词源研究的两个学术渊源

当代汉语词源研究，是从两个学术源头发展起来的：一个是基于西方历史语言学的词源学研究，另一个是基于中国训诂学的传统词源学研究，二者的研究任务本来是一样的，但观念和方法均有较大差别。

西方词源学研究在方法上重视活的语言材料，采用方言、亲属语言的比较，探讨词的语音演变轨迹，以寻求词的早期语音形式和音义结合的理据。传统词源学则从汉语书面文献出发，用汉字为线索，以古音音系研究的既有成果为工具，采取系联的办法，立足汉语内部词的同源关系，来探讨汉语词的构词理据。从他们工作不同的特点可以看出，他们的研究任务虽然都是要探讨语言中的词在发生时的状态，但西方词源学着眼语音更多一些，传统词源学着眼意义更多一些。所以有这样的侧重，是因为由于语言发生久远，人类对词的原初状态的探讨几乎是不可能的，可靠的材料必定是有文字记载的材料。西方的语言学大国多半使用拼音文字，语音信息保留较全面、准确，所以，西方语言学家对语音十分敏感。

---

* 本文发表于《陕西师范大学学报（哲学社会科学版）》2001 年 1 期，收入本书时有较多补充。

语音不只是保留在拼音文字里,更重要的是保留在活的口语里。亲属语言和方言都是现存的语言,都有口语形式,它们又是源语言分化的结果,它们的共时状态,反映的是源语言不同历史阶段的部分面貌。建立在这个原理和事实上的历史比较语言学,把探讨音系演变作为探究词源的手段,是有其学术渊源的。而汉语的相应文字是汉字,汉字是表意文字,保留意义信息比声音信息要准确得多,所以,中国的传统语言文字学自古对意义就十分重视。汉字的表音机制极不完善,但是,在周秦时代,汉语词汇的分化是伴随着形声造字的。有汉字作线索,同源关系的钩稽是有线索可寻的。表意汉字是一个形意结合的符号系统,能够让人们直接感受到的是潜藏在形体下的意义。传统训诂学对意义问题和形体问题的重视自然也很有道理。其实,这两种不同的侧重并不意味着西方不重视意义、中国不重视语音。词源问题必须语音与词义并重,这一点恐怕是东西方没有区别的。二者的区别只是取材的着眼点和由哪里起步的问题。

正因为两个学术渊源在对基本原理的认识上并无对立,因此,在当代,两个渊源在学术上是完全可以相互影响、互相充实的。但由于学术史上的一些原因,两种学术渊源至今没有相互吸收,因而不是没有区别。不是大家不想把二者结合起来,而是由于所受的教育不同,大家的知识结构都有不足。看学者们研究的思路和方法,就可以知道他们更偏重于接受哪个学术渊源的影响。

明白这两个学术渊源是很重要的,当代汉语词源研究中的许多分歧,都与两个学术渊源并存有关。不明白这一点,我们便难以吸收两个学术渊源的优点，寻找适合汉语实际的方法，建立起真正科学的汉语词源学。

2. 汉语词源研究中的音义关系问题

词的同源关系以音近为必要条件，判断音近必须运用历史语音学的研究成果。可是，判断同源词的音近关系谈何容易！

第一，“音近”是一个模糊概念，什么叫“近”，近到什么程度可以列入同源探讨的范围，都难以定出一个标准。传统词源学的大家们定了一些条例，诸如“旁转”“对转”“同纽”“同类”……不一而足，可一旦操作起来，还是仁者见仁，智者见智。都不可避免“无所不转”。

第二，古代汉语的语音系统——特别是古音构拟，都带有一定的“假说”性质，有些结论属于难以证实又难以证伪的疑案，这就必然影响“音近”的判定。

第三，何况，同源孳生呈网络状，既多层，又多向，演变层次越多、轨迹越长，距离越远。就直接的分化孳乳来说，声音肯定是近的，如果把漫长岁月的多层次演变的一头一尾衔接起来，还能保证音近吗？

第四，加之个别词音变化的原因含偶然因素，任何条例都难以穷尽概括，也就是说，都有例外。

基于以上四个原因，纯粹用音系研究的成果来判断音近，又用语音为纲来进行同源系联，免不了滥与漏并存。

为此，词源研究必须关注另一个条件，即义通的条件。意义的内在性、个体化给人们带来一种错觉,认为它无规律可寻,所以有些研究者不但不把它作为系联同源词的纲,连纬都不予考虑。的确,义通规律由于意义研究的薄弱、演变轨迹的难以把握、偶然因素的存在,比音近更容易有例外,探讨起来更容易带随意性。但它有规律可寻是不能否认的。避免随意性的出路在于音近和义通两个条件并重,两个条件互相制约。两维交叉,避免主观随意性。

在词源研究中,义通的探讨有不少误区,最影响系联准确性的有两点:一是把汉字的造字理据与汉语的造词理据混同;另一个是把词源意义与词汇意义混同。造词理据、词源意义,传统词源学又称“意义特点”,它带有具象性,居于义素这个层次上,是与词汇意义不同的概念。

吸取传统词源学义通研究的成果,将传统词源学已有的理论阐发清楚,同时将其经验提升为理论,是使汉语词源学研究方法科学化的关键。

3. 词源意义与词汇意义混淆的问题

在当前的词源研究中,混淆词源意义与词汇意义是很普遍的问题。这两个本质完全不同的概念的混淆,造成了很多汉语同源词系联的混乱与讹误。从理论上和实践上分清词源意义和词汇意义,成为一个十分重要的问题。

词汇意义指的是词的内在含义,它是词汇学的研究对象。词源意义指的是词产生时所取意象,也就是构词的理据,是根词带给同族词或由源词直接带给派生词的,它是词源学的研究对象。举一个非常简单的例子说明词源意义与词汇意义的区别。

> 动物上肢称作“臂”(帮,锡),动物下肢称作“髀”(帮,支),人胳膊腿称作“肢”(章,支),鸟翅膀称作“翅”(书,支),树木条枚称作“枝”(章,支),江河支流称作“派”(滂,锡),血管派分者称作“脉(衇)”(明,锡)。这7个上古音相同或相近的单音词各有各的词汇意义,但是它们的构词都有一个共同的取象——从主干分出来而斜出的旁支。它们的构词理据也就是词源意义是相同的。

混淆词汇意义与词源意义的原因之一是因为他们都用“意义”来称述。所以有些学者避免用“意义”作为词源学的术语。张永言先生说:“用作命名根据的事物的特征在词里的表现就叫做词的‘内部形式’,又叫词的理据或词的词源结构。”[①] 他所说的“内部形式”即指词源意义。蒋绍愚先生在论述前人对音义关系的探求时说:“…… ‘声训’是采用‘A, B 也’这样的形式,……B 是用来解释 A 的,但解释的往往不是字面上的意义,而是 A 的性质或作用,也就是 A 的‘得名之所由’。”[②] 他用“得名之所由”来阐发词源意义,区别了词的所由与所指。这些说法都在术语上指出了词源意义和词汇意义的不同。也有一些说法容易引起对二者的混

① 张永言《词汇学简论》,武汉:华中工学院出版社,1982年,第27页。
② 蒋绍愚《古汉语词汇纲要》,北京:北京大学出版社,1989年,第160页。

淆。比如,笼统地说可以“用训诂材料来系联同源词”,实际上,只有声训才能表达同源关系,一般的义训只能表达词义关系。我曾明确指出,词源意义在训诂的声训材料里,它在词汇的使用中是隐性的,属于义素层面,并用“源义素”(也称“核义素”)指称词源意义。[①] 说“同源字必然是同义词,或意义相关的词”,也容易引起词汇意义与词源意义的混淆。的确,同源词与同义词可以有交叉的部分,有一些同源词本身也是同义词。例如“宽”与“阔”,两词古音元、月对转,这并不能说明两词同源。更多系联它们的同源词“豁”“闲”“间”等,得知它们都取象于空间产生裂隙的情状,这才是它们命名的由来,而“宽阔”只是它们的词汇意义。再如“言”和“语”,看起来古音也是相近的,词汇意义都可以与说话相关。但是,“语”与“午”“五”“晤”“忤”“牾”等词同源,具有相对的意象,所以用于“对话”“回答”等情况下,而“言”的同源词是“传”“谚”等词,只能用于“直叙”“主动说话”等情况下。它们仅仅在词义上都用于说话,但造词的理据不同,特点不同。只能说同义或同类,但不同源。[②]

汉语是单音节语素的语言,不论哪一种方言,总体的音节数都是有限的,再加上音转,音同和音近的词就会非常宽泛。如果对造

---

① 见王宁《汉语词源的探求与阐释》,载《中国社会科学》1995 年第 2 期。收入《训诂学原理》,中国国际广播出版社,1996 年。此文已收入本书第六部分《汉语词源学原理》。

② 关于“言”与“语”不是同源词的详细论证,见陆宗达、王宁《古汉语词义答问》中《“言”与“语”辨》一文,北京:中华书局,2018 年,第 113 页。

词理据的考察再不严格，同源词的系联会出现太多的臆测和误差，这对词源学的研究的科学性，会有很大的负面影响。

4. 汉语词源问题的历史时代特征

汉语词汇的积累大约经历过三个阶段，即原生阶段、派生阶段与合成阶段。这三个阶段之间没有绝然分清的界限，只是在不同的阶段，各以一种造词方式为主要方式。

汉语和世界其他任何一种语言一样，有过一段为时很长的原生造词时期。这是汉语词汇的原始积累时期。在这段时期里，词汇如何从无到有，呈现什么状态，这是语言学家和人类学家反复探讨而又难以确证的命题。章太炎先生以为语言最初的发生与人的触受有关，也就是说，原生造词是源于自然之声的提示。这一说法在某些词上或可得到证实。例如，“蛙”“鸡”“鸭”“鹅”“鸦”“猫”“蟋蟀”……等动物是以他们的鸣叫之声来为之命名的；又如，“淋”“沥”“流”“涟”“涝”“潦”……等词的词音似与水的滴沥声相关；“软”“蠕”“柔”“茸”……等词的声母上古音都为“日”纽，发音时舌面腻黏，似能给人柔软的感觉等等。但是，这些现象是偶然的巧合还是理性的必然？在天籁与人语之间存在着哪些规律性的联系？在已被记录下来的亿万词汇中哪些词属于原生造词的根词？由于语言发生的历史过于久远，不要说穷尽性的测查无法进行，就连一定数量的抽样测查和局部语料的归纳都是不可能做到的。所以，关于原生造词的理论只能是一种无法验证的假说。

我们所能知道的只是,原生词的音义结合不能从语言内部寻找理据,它们遵循的原则一言以蔽之,即所谓“约定俗成”。

派生阶段是汉语词汇积累最重要的阶段。在原生阶段的晚期,就已产生了少量的派生造词。而当词汇的原始积累接近完成时,派生造词逐渐成为占主导地位的造词方式。这一阶段,汉语由已有的旧词大量派生出单音节的新词,并促进了汉字的迅速累增。周秦时代是汉语词汇派生的高峰,在纷繁的派生活动中,积累了大量的同源词。

合成阶段的到来是汉语词汇发展的必然结果。汉语词汇在原生与派生造词阶段都是以单音节为主的。由于音节数是有限的,区别同音词的手段必然非常贫乏。而且,派生造词阶段正是古代汉语文献大量产生的时期,在书面汉语里,孳乳造字伴随派生造词,成为区别同源词与同音词的一种措施。这便使汉字的造字速度也极快增长。词与字的增长一旦超越了人的记忆可能有的负荷,凭借音变与字变而进行的派生造词便不能符合词汇继续增长的需要。恰好也正是在这一阶段,汉语的构词元素积累到了一个足够的数量,为合成造词创造了必要的条件,于是,在两汉以后,合成造词取代了派生造词,成为汉语主要的造词方式。随之而来的,是汉语由单音词为主逐渐转变为双音词为主,同时,大规模造字的阶段也就随之结束了。

汉语同源词系联主要系联单音节词和语素,这就是为什么词源研究一直属于先秦汉语研究领域,这也就是为什么同源词系联都用《诗经》音系为线索。特别要提出的是,汉语的派生阶段,是与汉字的孳乳造字同步发生的；所以，中国传统语言文字学早就发现了“右文”现象，非常重视形声字的声符在同源词系联上的线索作用，而且取得了不少成果。历史上的“右文说”，由于缺乏理论阐释，话说得片面一些，语例举得不一定全对，接受这个说法确实需要分析；但是，有一些偏重接受西方学术渊源的学者只相信声音，全盘否定字形的作用，也有一定的片面性。汉字和汉语的关系与拼音文字和它记录的语言的关系确有不同的地方，中国词源学的传统还是要有分析地继承，不能丢掉。

汉藏语系中语种的分化、汉语中方言变体的分化，应早于汉语标准语内部单音词的分化，所以，要想把词源探讨的历史时代再行推前，必须学习西方语源学的历史比较方法，进行民族语言的比较、方言的比较。这种比较可能会得到早于周秦的语音和词义状况。这就是两个学术渊源必须相互补充的原因。

汉语词汇的派生分化，主要是在周秦阶段，少数是在其它不同的历史阶段进行的，因此，解决词源问题还要涉及历史文化背景的问题。探求词源，逐一分析可能追寻到的造词理据，在具有大量成果之后，逐渐建立起一个个局部的词族系统，这属于语言词汇的本体研究；而阐释词源，对这些造词理据的真实性与合理性从文化历史的背景上加以证明和阐发，这已涉及到语言与文化的关系。把阐释词源的诸多成果集中起来，可能大致看出以语言为中心的文化网络，形成语言与其他文化的互证关系。这就超出了语言的本体研究，具有了宏观语言学的意义与价值。

这一步工作必须涉足民族文化的大网络、巨系统，不应当简单化。解决这一问题,重要的是对词源与文化的关系有一个清楚的认识,并找到由语言本体出发深入到民族文化历史总体的可靠途径;还必须从分析微观的语言事实入手,继而达到宏观认识的目的。这是词源研究中难度更大而又不可缺少、必须面对的课题。

5. 关于汉语词源辞典的编写

近年来,有些人想编汉语词源辞典——有中国人,也有外国人。这自然是一个很好的构想。但是,一部较为完整的词源辞典应当贮存汉语个体词的早期语音形式和造词理据,反映汉语词际的同源关系。而且,辞典的词条必须是模式化了的。词源辞典与以反映词汇意义为中心的词汇辞典在编则与编例上必然是不同的。要编好这样的辞典,必须具备以下几个最基础的条件:

一、科学汉语词源理论及可操作方法的初步完善和系统化。

二、已被证实的个体词的词源及已被系联的同源系列积累到足够的数量。

三、词的词源意义、文化阐释都有了一种模式化的表述形式。

四、词的原初语音形式构拟有了共识,不再众说纷纭。

编这样一部词典不只需要人力,更需要较强的学术功力,应当说,就目前汉语词源研究的现状看,编写这样一部词典的队伍还没有形成。有三个方面的准备工作似乎还没有到位。

第一是语料的准备工作。应当说,汉语词源的探求,同源词的系联,现在已是语言学界的热门课题之一,不是没有这方面的成果。但是,现在已经经过系联的语料,大多是用单一的方法作出来的,因为,参与工作的学者,熟悉亲属语言的,不一定熟悉方言;亲属语言和方言都能把握一些的,又不熟悉训诂学;传统训诂学和古韵学都通的,掌握亲属语言和方言又太少……这其实是因为,前面所说的两种学术渊源尚未综合在一起的缘故。在这种情况下,语料的准备难以全面。还加上,由于词源学的基础理论尚未普及,个别词源的考据往往见仁见智、众说纷纭。前面说到的那些理论混乱,使有些考据难以成为的证确考。而词典是不能搜集未定论的语料的,明显错误的更得抛弃,即使想编一部局部的词典,搜集和选择材料的工作也还有相当的难度。

第二是正确的理论指导。我们看到,有些正在操作的、被称作"词源词典"的项目,由于理论原理尚未理清,总体的编则和编例都很缺乏科学性,有把词源词典与词义词典混同之嫌。例如,有人编写的词源词典按现代音序编排,把同源词分置各汉语拼音音头之下。这种作法说明,编写者不懂得汉语词源据音系联的"音"必须是上古音系而绝非现代普通话音系。他们也不懂得,同源词的音近是用音节为单位来衡量的。用现代普通话的音名为序来编词源词典,把同源词搞得支离破碎,失根失据,对学术是个扰乱。而且,凡是这种"词典",许多词条都分不清词源意义和词汇意义,甚至把纯粹解释造字意图的形源也混迹其中。这种编法,反映出主编或编写者恐怕对两种学术渊源哪一种都没有入门。

第三是编写体例的设计问题。由于系联同源词的实际工作尚未进行到一定的程度,编例很难设计。现有的几种编排方法对

于一般的专著说来,虽都有优点,但是作为模式固定的词源词典来说,都不够理想:

第一种,用“声母”为纲,也就是用形声字的声符系统为纲。这符合汉语词汇发展历程中派生造词伴随孳乳造字的部分事实。但是,造词与造字毕竟是两回事,它们有一部分重合,并不是全部重合。传统训诂学家对“右文”涉及形声字的数量估计很高,认为在《说文解字》中有示源作用的声符可以占到90%以上,这个估计是否符合事实?在同源字系联尚未达到一定数量时,还不能得到进一步证明。因此,以字形为纲不但在理论上让人难以接受,在事实上也总有点让人不放心。

第二种,按上古音为纲来编排。这似乎体现了“音近”的原则,但正如前面所说,“音近”是一个非常模糊的概念,而且,汉语的“音近”以音节作为单位,顾了声纽,顾不了韵部;顾了韵部,又忽略了声纽。何况前面说过,有些同源词由于分化的轨迹较长,声音不一定很近,以古音为纲,免不了把本来是同源的词隔离起来;如果不想隔离而硬置于同条,则弄得一个词条中“无所不转”,使既定的编例不成其为编例。

第三种,按词族类聚,找一个代表字为首。这个办法看起来很全面;但是,词族是呈网络状的、有层次的,用这个办法,在哪个层次分条,也是不好处理的。在系联未能穷尽或者准确系联尚未达到一定数量的情况下,一旦该分的合了,或者该合的分了,涉及到的就不是一个词两个词,而是一大串。

这里反映的虽然是编排体例的问题,其实问题还是出在材料准备不足方面。因为,如果汉语词族的系联达到相当的数量,上述三种办法无非是纲与纬的问题,完全可以合起来使用。

学术研究不能“人有多大胆,地有多大产”,编一个专科词典要是做了夹生饭,将来纠正起来要费多大劲儿,这是我们经历过也有深刻教训的。所以我主张,要尽最大的努力培养一批知识结构比较完备的人才队伍。不同领域、不同学术渊源的学者不要互相排斥,要优势互补。在经过一个积极的、有意识的准备工作之后,大型的汉语词源词典的编写才可以提到日程上来。在此之前,要鼓励局部和小型的专书多出一些,只是要尽量避免那些混乱的做法扰乱视听。

我们正在努力用自己的研究,为促进以上条件的实现尽一点力量,这点力量也只能尽在自己的知识优势方面。全面的实现以上条件,唯有期待来者和假以时日了。

第七部分　训诂学与文字学和音韵学

二十三、论汉字与汉语的辩证关系*

1. 汉字与汉语的关系是一个重要的理论课题

汉字是世界上唯一的一种连续六千多年没有间断而日益成熟了的构意文字。中国语言学在19世纪之前的学科结构按汉字形音义为划分标准，分为文字学（以汉字字形为研究的主要对象）、音韵学（以汉字字音也就是汉语词音为研究的主要对象）、训诂学（以汉字字义以及它反映出的汉语词义为研究的主要对象）——这三个门类对“经学”而言，原称“小学”。20世纪初经章太炎先生定名，统称为语言文字学。这种按汉字形音义来划分为三科、语言与文字一体的学科结构，被称作“字本位”的研究体系。20世纪以

* 本文原发表在《北京师范大学学报（社会科学版）》2014年第1期，此次收入未加改动。

来，西学东渐，中国语言学改变了自己的学科结构，其中的两大变化，其一是语言学与文字学分离；其二是语法学成为它的几个分支中最强势的显学。这两个变化都与接受西方学术直接相关。

西方的现代语言学本来不包括文字学，中国的文字学理论无可借鉴，仍在自己传统的基础上建立体系。古文字大量出土后产生的古文字学，研究对象虽然有所扩大，以形为中心的研究宗旨和形音义互求的方法并没有改变。20世纪以来，受到结构主义语言学的影响，又受到汉字改革理论的冲击，中国语言学在文字与语言关系问题上，产生了一些问题：一方面，有些人信奉“洋教条”，不承认汉字与汉语关系的密切程度远远大于拼音文字与其语言的关系，忽略汉字在语言研究与教学中的作用；另一方面，也有些人混淆汉字与汉语的界限，否认汉字构形与汉语词汇是两个虽互有关联却实质不同的符号系统，甚至分不清“汉字”和“书面汉语”这两个不同的概念，把汉字学和语言学混为一谈，将汉字教学等同于汉语教学。不论在研究领域还是教学领域，理论的混乱是存在的，怎样全面衡量汉字与汉语的关系？需要我们站在今天理论的高度进行反思。

汉字与汉语的关系是一个重要的理论课题。费尔迪南·德·索绪尔在他划时代的著作《普通语言学教程》中说：

> （世界上）只有两种文字的体系：（1）表意体系。一个词只用一个符号表示，而这个符号却与词赖以构成的声音无关。这个符号和整个词发生关系，因此也就间接地和它所表达的观念发生关系。这种体系的典范例子就是汉字。（2）通常所

> 说的“表音”体系。它的目的是要把词中一连串连续的声音模写出来。表音文字有时是音节的,有时是字母的,即以言语中不能再缩减的要素为基础的。[①]

索绪尔的这段话,明确地把世界文字符号划分为两种不同的体系,这种划分其实是从文字符号与语言的哪个要素发生直接关系的角度为标准来判断的。语言的要素要言之只有音与义,这两种文字体系中第一种体系的字形依赖语言的意义来构造,第二种体系的字形依赖语言的声音来构造。如果除去任何分类都可能有的中间状态,从最典型的情况来划分文字的类型,因义构形与以音构形,应该能够穷尽地表达世界文字主要类型的全部。毫无疑问,汉字属于索绪尔所说的第一种类型——因义构形的类型(表意文字)。有些人总在“表意文字”的“表”字上做文章,他们把“表”解释成“表达”“表示”,从而总是这样提出问题:“难道汉字不表音吗?英语不表意吗?”为了免于这种毫无意义的争执,我在《汉字构形学讲座》(上海教育出版社 2002 年版)中事先说明:“就两种文字记录语言的职能而言,它们既是语言的载体,音与义又是密不可分的语言的两大要素,当然同时记录了语言的音与义,表音文

---

①《普通语言学教程》(费尔迪南·德·索绪尔著,高名凯译,商务印书馆 1980 年版,50—51 页)其中“有时是字母的”一句,引自高译原文,应作“有时是由字母表示的音素的”理解。“而这个符号不取决于词赖以构成的声音”一句,高名凯原译为“却与词赖以构成的声音无关”,伍铁平根据法语原文校正。本处引用根据伍校改正。

字绝非只记录音而与义无关,表意文字也不是只记录义而‘与词赖以构成的声音无关’。在记录语言的词的职能上,表意文字和表音文字并无区别。表音文字和表意文字一样,它的符号都是‘和整个词发生关系’,只是他们连接词的纽带有的是语音,有的是意义而已。为了不把文字记录语言的职能和它构形的依据混淆,更准确的称谓应当说,英文是拼音文字,汉字是构意文字。”

由此看来,汉字与汉语的关系问题,既涉及一般的文字与语言的关系,又进一步涉及到表意文字与语言的关系。

现在的问题是,表意文字与语言的关系是否等同于拼音文字与语言的关系?表意文字在受到它所依存和纪录的语言直接影响的同时,是否有、有多大成分能反转过来对语言产生影响?这种影响与拼音文字完全一样吗?这个问题应当是语言文字理论中的重要课题。为了推进这个十分重要的理论问题的解决,我们首先要做的工作,是从汉字这种六千多年没有中断的典型的表意(构意)文字的事实出发,来阐述汉字与汉语究竟发生了和正在发生着什么关系。至于汉字与汉语的关系是否完全等同于英语与英文的关系,再进一步通过比较去判断吧!

2. 中国训诂学“字本位”原则诠释

早期训诂学字词不分,采用“字本位”的原则,那是基于以下三方面的事实来确立的:

首先,是在文言文里,汉字与汉语词汇的单位基本切合。训诂学是为解决古代经典阅读而产生的,古代经典是文言文写成的,文言文的词汇以单音为主,而汉字属于音节文字。汉字与汉语词的单位在语音上几乎完全切合,不切合的仅仅是连绵词;因为只有连绵词被认为是不能分开的双音单纯词[①],与汉字的单音节不能一致。但是,古代的训诂学家也能赋予连绵词的每个音以合适的本字,使其符合字本位的原则。在这一方面,许慎的《说文解字》起到了十分重要的作用。古代的连绵词有多种类型,且看《说文解字》对各类连绵词处理的体例[②]:

(1)义合连绵词。它们本来两个字都有本字和本义。《说文解字》明确了每个字的本字,又充分体现了它们在意义上的不可分。例如:

《十三上·糸部》:"缪,枲之十絜也,一曰绸缪。""绸,缪也。"("缪""绸"都有"缠束"义,合成后始为"枲之十絜"之名,"枲"是麻的纤维,所以连绵词的两个字都从"糸",为形义切合的本字。)

《六上·木部》:"櫪,櫪撕,柙指[③]也。""撕,櫪撕也。"("櫪""撕"叠韵,是一种刑具的名称。"櫪"曾单用为刑具名,段玉裁认为"撕读同析",做刑具名也用本字,所以属于义合连绵词。)

① 连绵词是否绝对不能分开,这个问题是有争议的,下面说到的义合连绵词就是可以分开的,从根本上说,不是单纯词。

② 为便于今人阅读,引用《说文解字》不影响构意分析的地方,均用简化字。

③ 大徐本作"椑指",误,这里从段玉裁《说文解字注》改。

（2）衍音连绵词。它们中只有一个字是有意义的，另一个字属于音化字，本来是没有独立意义的。《说文解字》明确地反映了表义字的本字，而把音化字也随之类推出本字。

《一下·艸部》："菡，菡萏[①]也。""萏，菡萏。芙蓉花[②]未发为菡萏，已发为芙蓉。"（"菡"与"含""函""涵"等字同源，词源意义为"包容"，所以是未发的花苞的本字，"萏"与"菡"叠韵，不能单用，是"菡"从后衍伸出来的音化字，但《说文解字》也从"菡"的部首为它类推出了一个本字，使这个单独没有意义的音也有了本字，与字本位的训释体例切合。）

《九下·山部》："岑，山小而高。""崟，山之岑崟也。"（《尔雅·释山》："山小而高曰岑。"可见"岑"用的是本字本义，"崟"与"岑"叠韵，不能单用，是"岑"从后衍伸出来的音化字，但《说文解字》也从"岑"的部首为它类推出了一个本字，使这个单独没有意义的音也有了本字，与字本位的训释体例切合。）

《十三上·虫部》："蜥，蜥易也。"（"易"在《说文解字·九下》，许慎认为是蜥易的象形字。"蜥"是它前衍出来的音化字，但蜥易是虫名，"蜥"从"虫"，有了本字。后来，"易"失掉了象形性，也加了义符"虫"，本义更明确了。）

---

① 《说文解字》原文"萏"下从"啚"，因字形未编码，今作俗字。

② 原文作"華"，今作俗字。

（3）摹声连绵词。这种连绵词，组成它们的两个字都是音化字。《说文解字》依名定字，使两个字同时具有了本字。

《十三上·金部》："锒，锒铛，琐也。""铛，锒铛也。"（两字相连，是用金饰或玉饰相连锁相互撞击的声音来给金玉饰命名。因摹声而得名，两个字都应是音化字，但加上"金"旁，都有了本字。）

《二上·口部》："呻，吟也。""吟，呻也。"（两字相连，是用人痛苦时的呻唤声来给呻唤的动作命名。因摹声而得名，两个字都应是音化字，但加上"口"旁，都有了本字。）

（4）译音连绵词：与摹声连绵词情况相近的还有译音词（其中也有一部分有双声、叠韵的语音关系），例如"玫瑰""駒駼"等，这些音译的外来词，《说文解字》也都加上义符，将这些音化字转变为本字"汉化"了。

上述情况可以看出，连绵词的每一个音节，都可以按义类加上义符体现其本义。这种处理使双音的连绵词也纳入了"字本位"的原则，古代的字和词就无不切合了。所以，在中国古代的语言学书里，"字"指的是今天所说的"实词"，或者根本就等同于"词"，在解释和考据层面，一般情况下没有出现过什么大问题。

第二，是汉字直接参与了汉语的构词，并推动了汉语构词模式的发展。在词汇发展过程中，"义自音衍"的孳生造词与孳乳造字是同步发展的。这就造成汉语的词的分合有相当一部分不是靠音来判断，而是靠字来决定。这一点，从早期汉语单音词的分化情况可以看得非常清楚：

（1）广义分化：

词有概括性，一个词的意义可以适合多种对象和情况，因而形成自己的义域[①]。词汇使用频繁后，义域也会相对扩大，促使新词从旧词中分化。这种分化的结果是将原有义域的切割，用新的词形来承负分割出的子义域，这种现象称为广义分化。广义分化有两种类型，即同位分化和下位分化：

①同位分化。不保留上位词，义域的切割是均匀的。如：

> “景”原为光照出的物象，光线照射的正面和反面通称“景”。后分化出“影”，将义域切割为二：光照的正面为“景”，背面为“影”；
>
> “迎”的意义原为相对而行。两人相对，先相向，相遇后再行则相背，两个阶段通称“迎”。《方言·卷一》：“逆，迎也。自关而东曰逆。”可见“迎”与“逆”本为意义相同、方音不同的同一个词。二者分化，将相对而行的义域切割为二：“迎”为相向而行，“逆”为相背而行。
>
> “坐”最早既表示坐的姿势、动作（动词），又表示坐的地方、位置（名词）。后分化出“座”，将义域切割为二：坐的姿势、动作为“坐”，坐的地方、位置为“座”。

---

① 我们把词义适用的范围称作它的义域，每一个词都有一定的适用范围，也就是具有由其义域决定的广义。

②下位分化。保留上位词，上位词独用。每一个下位词的意义都包含在上位词内。如：

上位词“和”保留，分化出“盉”，指调味和谐；“龢”，指声音和谐，二者都是“和”的下位概念。

上位词“正”保留，分化出“征”，征伐以正其国；“政”，教化以正其民；“整”，统合以正物。

上位词“反”保留，分化出“返”，反回（平移）；“翻”，反转（180度）。

（2）引义分化

词的意义是不断增加的，通过联想，引申出新的义项，产生多义词。多义词的义项如果产生新形——也就是为某些义项造了新字，就产生了引义分化。新旧的字形将多义词的义项进行再分配。

①双向引义分化。多半产生在施受分化、名动分化、主动与使动分化等两极的分化。

施受分化。如：“受”分化出“授”，又如：“买”“卖”分形。

名动分化。如：“鱼”分化出“渔”；又如：“断”“段”分形。

名形分化。如：“人”分化出“仁”（名—形）；“疏”分化出“梳”（形—名）。

主动与使动分化。如：“见”分化出“现”；又如：“示”“视”分形。

②多项引义分化。这种分化常常是由多层与多向引申形成的。

多向引义分化，如："解"第一个方向分化出"懈"（分解后的状态）；第二个方向分化出"蟹"，需要拆解而食的动物。

多层引义分化，如："半"，分化出"判"（分开），"判"又分化出"副"（分为二又合为一）。

多向又多层引义分化，如：阳：《礼记·杂记》："阳，吉也。""阳，生也。""阳，主养也。"从三个方向分化——第一个方向由"高亮"的意义分化出"扬""颺"，再进一层分化出"翔"字，第二个方向从"吉利"的意义分化出"祥"字，第三个方向从"给养"的意义分化出"养"，再进一层分化出"氧"。

（3）借义分化：早期语多字少，常有用同音字代替本字的，形成一字兼记多词的情况。字的使用频率增加以后，兼职的情况难以维持，产生了增加新字将本义和借义分化为多字的情况，保证了一字一词的区别率。

①新字承担借义，如"辟"本是一种刑法，早期曾兼有"躲开""打开""玉石""比喻""偏爱"等多种意义，后来分化出"避""闢""璧""譬""嬖"等字来分别承担借义。"舍"本是房舍的本字，早期兼有"放弃"的意义，后来分化出"捨"字来承担借义。

②新字承担本义，先秦"邀请"义借用快速的"速"字，后

造“諫”字承担本义；“然”从“灬(火)是“烧”的本字，承担代词“这样”的借义后，分化出“燃”承担原有的本义。

从上述情况可以看出，汉字直接参与了汉语的造词过程，所以，古代汉语单音词新旧词的区分和新词的标志大部分已经不是声音，而是书写形式——字形。在这种情况下，汉语的词与汉字很难绝然分开。

第三，上述两个事实，都与汉字的表意性质有关。汉字因义构形，从字形中可以通过其造意分析出对应词的词义，有了本字与本义的概念，字与词的关系才能说得清楚。训诂学的一个主要内容是处理假借、通用等字际关系，利用本字概念统一字与词。为了完全贯彻“字本位”原则，古代训诂学甚至利用汉字的表意性，采用本字与本义的概念来处理虚词。古汉语的虚词有两大类：一类是关系词，这类词是由实词虚化的，自然已经有了本字；另一类是语气词，这一类虚词主要是音化词，从词源角度看，本来是没有实义的，所以也难以构建本字，但是为了利用“字本位”原则来联系文献语言的意义，《说文解字》甚至利用汉字形义统一的特点来为没有实际意义的虚词创建本字。办法就是给它们一些音化的标志，把没有实意的语气词也纳入了“字本位”的轨道。例如：

“乎”“兮”从“八”，表示出气；
“唯”“哉”从“口”，表示口声；
“矣”从“厶(已)”声，“也”借“匜”声。

所以，训诂学“字本位”的原则，并不是用字把词简单地、无条件地替换下来。综上所述，训诂学用字代词，有三个必要的条件：第一，它利用了古代汉语单音词为主的特点，使字与词的单位一致；第二，它采用“本字”“本义”两个概念，全面地处理了字与词不对应的情况；第三，它利用汉字的表意特点来达到因字而寻求词义的目的，体现了以意义为中心的理念，在这个意义上，“字本位”实际上可以理解为“义本位”。在长期的实践中，古代训诂学家创建了一整套“字本位”的操作原则，其中隐含着也贯穿了他们对字与词关系的理解。

3. 前代训诂学家对汉字与汉语关系的理性认识

什么是古人对字与词关系的理解？他们的认识是否是正确的？古代的训诂学家采用“字本位”的原则来处理文献的意义问题，但他们并没有混淆汉语的字与词。他们清楚地知道，字与词并不是同样的东西，字只是词的记录符号，并不等于词。《文心雕龙·练字》明确说过：“夫文象列而结绳移，鸟迹明而书契作。斯乃言语之体貌，而文章之宅宇也。”齐梁时代的刘勰就知道，文字是一种像结绳、鸟迹一样的视觉符号，它把诉诸音声的言语视觉化为“体貌”，成为文章的载体。唐代的孔颖达在《尚书·书序疏》中更明确地说：“言者意之声，书者言之记，是故存言以声意，立书以记言”——这四句话清楚的说明：语言以音为形式，文字记录语言，以形为本体。上面两种说法又都说明了，联系汉字与汉语的是意义。汉字如果不是表意文字，字与词的关系就不会这样密切。清代是

语言文字理论走向自觉的时期,字与词的关联、差别和汉字对汉语非同一般的关系,有了更为明确的说法。且看下面两则论说:

> 小学有二:首文字,次声音。论其根本,声音原在文字之前,论其作用,必以文字为主,声音反在所缓。盖二者皆易变乱,但文字实,声音虚,既从实处捉定,声音虽变不怕。
>
> ——清·王鸣盛《唐以前音学诸书》[①]
>
> 文者,所以饰声也。声者,所以达意也。声在文之先,意在声之先。至制为文,则声具而意显。以形加之为字,字百而意一也。意一则声一,声不变者,以意之不可变也。此所谓文字之本,音也。今试取《说文》所载九千余文,就其声以考之,其意大抵可通。其不可遽通者,反之而即得矣……然则因声见意者,周人之法也。可以明文字之宜何主矣。"
>
> ——清·钱塘《与王无言论说文书》[②]

如果说,唐代以前字词的正确关系还是不言而喻或论证不详的话,那么,上述有清一代学人的认识,已经完全从理论上自觉化了。上述两段话可以分解为以下四个论点:第一,从发生的角度来说,有声语言在前,有形文字在后。第二,声音与意义先结合,然后移植给字形,文字是用来"饰声"的。用今天的话说:文字是由语

① 采用于王鸣盛《十七史商榷》卷八十二。

② 采用于《说文解字诂林》前编下,说文总论部分。

言产生的第二性符号系统。第三，有了文字以后，字形更为外化、稳定，在讨论意义问题上，文字的作用要大于口语。第四，探求词义，可以由音出发，也可以由形出发，而有了文字，可以音形俱获，使形音义三者通达。这四个论点，清晰而辩证，用今天科学语言文字学的理论来衡量，也是无可挑剔的。

古代训诂学家不是只有空洞的认识，他们不但在自己的训诂实践中对字与词的辩证关系做了深入的处理，取得了大量的成绩，而且从"字"的角度出发，发现了很多十分有价值的具体规律，来阐释汉字与汉语的辩证关系。

比如，转注假借说的提出。汉朝人在训释周代典籍的基础上，提出了分析汉字的"六书"，其中的后二书为"转注、假借"，此后的训诂学家对这两个实际上不能分析微观字形的概念众说纷纭，近代章太炎对前人的各种说法作了综合，提出了一个十分辩证的解释：

> "转注者，繁而不杀，恣文字之孳乳者也。假借者，志而如晦，节文字之孳乳者也。二者消息相殊，正负相待，造字者以为繁省大例。"[①]

章太炎的意思是说：文字的发展变化有两种法则，一种是由于社会发展和人类认识的发展，需要创造新词来表达新的词义，也就需要循新词的音义，各为制字，这就是"转注"造字的法则。但

① 见章炳麟《国故论衡·转注假借说》。

是由于文字孳乳日繁，字数无限增多会超过人类记忆力所能承担的负荷，所以必须加以节制。新的词义产生了，可以利用旧有的词和字而赋予新的词义，不再制造新字，这就是“假借”的法则。这种认识实际上说明，文字的发展虽然追随词汇，但它也有自己的调节规律，并不完全与语言一致。

章太炎的说法不仅是从理论上说明了文字发展的辩证法，而且在经典阅读的时候，有十分重要的应用价值。为了明晰语言与文字既有关联又有差异的事实，训诂学在把引申和同源现象联系在一起的同时，注意到了它们的区别。例如：

本字本义：经（织布的经线）——①经（度）（地球的经线）——②经（过）——③经（典）——④（小）径——⑤泾（波）——⑥迳（自）——⑦（植物的）茎——⑧（头）颈——⑨（脚）胫

上述引申义列，从“经”的本义出发，共引申出9个义项：①—③不造字，④—⑨造了字，从语言的角度说，这个义列加上本义共有10个义项；但从文字的角度说，其中包含了7个同源字，也就是说，这10个义项，已经分化为7个同源词，这就是章太炎所说的“孳乳”，也就是“转注”现象。

正是由于节制文字，产生了文字使用中的假借，造成了同字异词现象，为了不妨碍意义的理解，训诂学必须以求本字的方法处理假借现象。例如：

"容"的本义是"包容","面孔"字也用"容"。《说文解字》认为"容貌"的本字应当是从"页"的"颂"字。"容""颂"古音同,常常混用、通用,"面容"用"容"是借字。

回归本字后,依字别词,"包容"的"容"和"容貌"的""容"的意义才能分清。

这些都说明,章太炎对"转注、假借"的解释里,既看到了文字发展和使用受语言推动的一面,又看到了文字发展和使用不受语言制约的一面,这是因为语言和文字毕竟是不同质的两个符号系统。

又比如,"右文说"和"右音说"的提出。

在孳生造词时,新词往往在旧词基础上加或换一个义符,以起到分化后的区别作用,这使有些形声字的声符具有了示源功能。这些形声字的声符不但是音近字的纽带,而且也是同源词的纽带。例如:

"伴""判""叛""泮"同源而以"半"为纽带。
"祥""养""氧"同源而以"羊"为纽带。
"遇""寓""隅""偶"同源而以"禺"为纽带。

这是孳生造词和形声造字互相伴随现象的反映,是使用形声字作为分化词汇的手段的一种结果。宋人认为是文字现象,所以称"右文说"。清人改为"右音说"("字义起于右旁之声说"),认为实质在音的相关,不在形的相关,也就是说,是词源现象,不是单纯的文字现象。这种认识逐渐接近了事物的本质。这说明,古代训诂家尽管总是把“词”称作“字”,但他们在学理上是把音义结合的词和形义结合的字分得很清楚的。

再比如,“对文则异,散文则通”的提出。

在词汇的上位分化中,有一种半程分化,这种分化的上位词不独用,同时兼作下位词中的一个。例如:

落$_2$(下位词,专用于木落)
落$_1$(上位词) ┤
零(下位词,专用于草落)

由于上位词兼作下位词中的一个词,跟另一个词对立,所以不再分化出新字,就使这个词在书面语里有了两重身份——既是上位词,又是下位词之一。因而既是统称,又是别称。“落”单用时,统称草木的凋落,可以涵盖“零”,所以两个词可以连用作“零落”,这就是“散文则通”。但在木落与草落相对而言的时候,“落”只用于木落,与“零”绝不相涉,这就是“对文则异”。训诂学在讨论这种现象时,虽然表面是从字出发的,但非常明确,问题的实质出在词义的系统关系上,字只是词的书写载体。

从上述原理可以看出,古人在“字本位”的原则下进行文献注释和词义考据时,是有明确的学理在其中的。这种学理的本质,就是既明确汉字在探求和解释汉语意义上的重要作用,又绝对不能以字代词，混淆字与词这两种有联系又必须加以区别的符号系统。

乾嘉学者一再说“训诂之旨，本于声音”，章太炎作为乾嘉学者的殿军，把“小学”改造为“中国语言文字学”，其本质就是要建立在语言层面上的语义学与词源学，他说：

> 学问之道不当但求文字，文字用表语言，当进而求之语言；语言有所起，人、仁，天、颠，义率有缘，由此寻索，觉语言统系秩然。

他进一步明确：

> 余治小学，不欲为王菉友辈，滞于形体，将流为《字学举隅》之陋也。顾、江、戴、段、王、孔音韵之学，好之甚深，终以戴、孔为主。明本字、辨双声则取诸钱晓徵。既通其理，亦犹有歉然。在东闲暇，尝取二徐原本读十余过，乃知戴、段而言转注犹有泛滥，繇专取同训，不顾声音之异。于是类其音训，凡说解大同而又同韵或双声得转者，则归之于转注。假借亦非同音通用，正小徐所谓引申之义也。(《自述学术次第》)

太炎先生的理论认识已经十分到位。我们对他的主张可以这样来理解：第一，汉字作为表意文字，虽然能够从中窥到意义的实际存在，但意义只是文字从语言中移植过来的，不与词结合的形体不是“字”，不可能有意义。第二，词汇的发展在一个时期内虽然是与造字同步的，但是，汉字的形义系统不能替代汉语词汇的音义系统。就系统而言，他们不是完全切合的，只有利用汉字寻求到语音，才能根本解决语义和词源问题。当然，就汉语而言，这种语义学和词源学都是有汉字介入的，汉字在语言研究中可以成为汉语语义和词源研究的线索，但在理论上，"字本位"是有缺欠的。20世纪以来，中国训诂学向理论发展的时候，已经继承了乾嘉学者的先进理念，对"字本位"方法进行了反思。[①]

对汉字与汉语的关系，要采取辩证的方法来认识，但是，当前的语言研究的主要倾向仍然是没有重视汉字在汉语研究中的作用，所以，这里先论证汉字在汉语研究中的作用。

4. 汉字在现代汉语词汇语义研究中的作用

的确，由于语言研究模仿和抄袭西方的不良倾向，汉语研究特别是词汇和方言研究过分强调口语，不重视甚至歧视书面语的倾向是存在的。

汉语词汇的研究与教学不能离开汉字，因为汉语词汇的积累，是从原生词到孳生词再到合成词的，而孳生词是汉语单音词中的大宗，它为合成词积累了大量可以利用的词素。前面说过，汉字直接参与了汉语词的孳生过程，汉字是诸多词汇现象的见证，甚至是

---

① 本书第八部分《训诂学与汉语语义学》，有一节专门谈到"废除'字本位'的观察语义的方法，对字、词、义的单位进行层次区分"，其中的理念是吸收了章太炎先生的学术思想的。这里不再多说。

汉语词汇现象的来源。即使是现代汉语的词汇，在书面语中也不能以音别词，而需要以字别词。随便举几个常用词的例子：

renshi—— rénshì　人士　人事　人世　人氏（认识）

yuanyi—— yuányì　园艺　原意　源义（圆椅　愿意　院医）

wuyi—— wúyì　无意　无益（武艺　舞艺　五一　无疑）

仅仅靠拼音，如果不考虑声调，上面三组双音词，即使在常用词的范围里，也难以完全分辨。声调是汉语重要的别义手段，加上声调，仍然有不能分辨的双音词，更不用说单音词了。

在研究双音词的语素义，探讨双音词的构词理据，从而加深对词义的理解时，汉字起着无可取代的作用。这里只举一个例子：

“澹泊”，“澹”有安定之意，《老子》有“澹兮其若海，飂兮若无止”之说，扬雄《长杨赋》：“人君以玄默为神，澹泊为德”。《淮南子·主术》：“非澹薄无以明德，非宁静无以致远。”诸葛亮《诫子书》套用了这两句话，说“非澹泊无以明志，非宁静无以致远。”后人用“澹泊”，不用“澹薄”。取“在无波的水中停泊船只”之意，形容心无波动。今人改写作“淡泊”，“泊”字无法解释，只能理解为“淡薄”，意为“看轻”“不重视”，字改了，理据也发生了变化，与形象深刻的“澹泊”已经不是同一个词了。

利用“本字”的概念研究方言,弄清俗词语属于语言的地域变体,还是方言新造词,以沟通标准语(共同语)与方言的词汇关系,这种方法称为“方言求本字”,也是现代方言词汇研究不可缺少的方法。章太炎先生的《新方言》、黄季刚先生的《蕲春语》,都是把“求本字”作为寻求语根的一个操作方法。这里也举一例:

《方言》《尔雅》都认为“火”,齐人语写“燬”字,又以“尾”作声符,这涉及唇音与喉音的关系,与“黑”“墨”同源规律相同。利用训诂学比较互证的方法,可以确立方言音变的一些规律,从而解决很多现代方言的语音差别问题。

利用汉字作为线索,对沟通古今、探求词义,也有重要的作用,前面说到的“右文说”,如果“明其理,得其法”,正确应用,对系联同源,也有十分重要的参考价值。这里也举一个方言学家李荣勘改辞书的例子,说明汉字作为线索,对沟通古今、探求词义、研究方言词汇的作用:

1979年版《新华字典》:“牯(gǔ),牯牛,指母牛。”在这之前的《新华字典》,从1953年第一版开始,在这之后的《新华字典》都是:“指公牛”,李荣指出:1979年版《新华字典》是错误的。在这之前之后都是正确的。并指出:这个错误可能来源于[梁]顾野王《玉篇》的刊刻本。《玉篇》卷二十三:“牡,莫后切,飞曰雌雄,走曰牝牡。”(按:这是对《诗·邶

> 风》“雉鸣求其牡”一句的解释）牝：毗忍、脾死二切。牝，畜母也。牯：姑户切，牝牛。（按：“牡牛”错成“牝牛”）《玉篇》［宋］大广益会刊本、［明］内府本照抄出错。清代的《四库全书》收入《玉篇》，仍然是“牯：姑户切，牝牛”，《康熙字典》也照抄，将错误延续下来。接着指出，各种方言“牯”都指公畜。①

这是一个很典型的例子，以汉字为线索，纠正了辞书编纂的错误，解决了字书的校勘，沟通了古语与方言，如果仅有音而无字，是无法做到的。

现代词典的编纂本来是以现代汉语语词为单位的，因为只有以词为单位，才能进入释义。但是在编排上，仍然采用“字头”为条目的标志，这又带有“字本位”的特色。这种“字本位”的编纂原则一直延续至今。例如，可以看出汉字在书面语词中所起的区别作用在辞书里转化为一种具有查检功能的标志作用。

5. 对现代“字本位”理论的讨论

结构主义语言学着眼语言形式，对共时的语言描写起到了重要作用，但对语言解释却无能为力。句法语义学突破了结构主义的纯形式主义，将语义的因素引入句法研究，对句法结构具有较

① 转引自张振兴《从“牯”字说起，并解读李荣先生的学术思想》，全国汉语方言学会第13届年会暨汉语方言国际学术研讨会，苏州大学，2005年9月。

好的解释功能；但是，句法语义学所说的“意义”，仍然没有脱离在组合中产生的“语法意义”，并没有从根本上涉及意义产生的实体——词汇。最富有解释力的意义，应当是词汇意义。当词汇意义直接面对语法意义从而对语法结构起到解释作用的时候，汉字的重要性就变得更为突出了。因为，利用汉字的表意特点和区别同音词的标志作用，会使无形的、内在的意义具有了外化的书面形式。所以，有些学者受到中国语言学传统的启发，从汉语的特点出发，提出要重视“字”的作用，在一些语言基础理论的教材里，也有人主张把汉语词汇的意义称做“字义”，甚至有人提出要重新启用“字本位”的概念来研究语法，这些想法都不是不可理解的，是对创建适应汉语特点的汉语语言学的一种思考，甚至是一种理想，对汉语语言学的研究是有启发的。

但是，语言学和文字学发展到今天，很多基础概念已经确立，字与词的问题早已经经过重新论证，古代训诂学在概念上混淆“字”与“词”的弊病已经得到纠正，而古人明确划分“字”与“词”的理性认识已经得到弘扬。语言文字学发展到这个地步，是无法再倒退了。在这种形势下，不顾忌字与词的混淆，仍然采用以字代词的术语来讨论问题，对理论的发展是否真有好处？以字代词真能有利于突出汉语的特点而不引起混乱吗？把“字本位”引进教学真正能有利于汉语教学的科学化而产生良好的效果吗？这里应当有一些常识性的问题，需要通过讨论来辩正。

前面已经说过，古人在术语上以“字”代“词”，使得“字”这个概念具有了两个内涵——一个是文字的“字”，一个是语言的

"词",但是他们是用另一种办法来弄清字和词的关系,那就是用第一性的"音义关系"说明语言问题而以第二性的"形义关系"来说明文字问题。已经与语言学和文字学接轨的理论训诂学,越来越看清了字与词的辩证关系,越来越懂得混淆字与词在理论上的后果,在清理术语时,也越来越清楚地区分字和词这两个概念,并且提出不再用"字本位"的说法来讨论语言问题了。[①] 不采用这个术语,并不等于否认汉字与汉语的密切关系,两个不同质的事物可以发生相关的关系,但关系再密切,也必须首先将他们区分清楚,而不是由于它们的关系密切,就把他们混为一谈。

从理论上说,词(语言)是第一性的符号,汉字因义构形后,将音义结合的口语,转化为形音义结合的视觉符号,字(文字)是依存于语言的第二性符号。这已经是语言文字学界的共识。在应用上,尽管古代训诂学采用"字本位"来解释和考证语词,有一套严谨的操作原则,但是由于定称时将"字"与"词"用同一个术语表述,也惹出了诸多麻烦,后学者因此产生误解,或在应用上出错的情况,已经不少。

我们必须看到,"字本位"对古代文献语言的适应程度是比较高的,现代汉语虽然保留了一部分单音词,已经以双音合成为主要

---

① 本书第八部分《训诂学与汉语语义学》的《训诂学与语义学》"在观察语义时对字、词、义的单位进行层次区分"一节中,就对"字本位"问题的局限和弊病作了分析,在这一节的最后说:"所以,训诂学不能只从表面出发,笼统以一个汉字为一个单位,在运用传统的、行之有效的系联和比较方法时,对字、词、义的结构层次,必须认真分辨并注意标识。"

构词方式，字与词的单位在很大程度上已经无法切合，文言文适应的主要条件大部分已经不再存在。字与词的对当关系本来就是不整齐的，不是一对一的关系，古代训诂学用本字、本义的概念来协调这种对应关系，使其基本保持一致，在现代汉语里，适用于单音词的本字、本义的概念，也已经不完全适用了。我们可以从几个方面来讨论以字代词的危害：

在双音词里，同词而用不同的字的情况，比比皆是：

(1)给与——给予

(2)谋划——谋画

(3)启程——起程

(4)蜷伏——拳伏

(5)戥子——等子

(6)粗鲁——粗卤(鲁莽——卤莽)

(7)仓促——仓猝

(8)词讼——辞讼(词汇——辞汇)

(9)郎当——锒铛

(10)呱哒——呱嗒

(11)喘吁吁——喘嘘嘘

(12)黑乎乎——黑糊糊——黑忽忽

在上述12组词语中，前后两项的语音完全相同，所指的对象相同，语义、语用均没有区别，所以，它们是同一个词。在这些词语里，书写形式的差异属于文字问题，不属于词汇问题。字与词在这里是不对应的，或者说，这些字不是一个字，也不是异体字，但他们可以记录写法不同的一个词。有些人把这些词语称做“异形词”，裘锡圭明确指出这个术语是不妥当的，他认为：异形词的英文名称是 variant forms of the same word，回译为中文是“同一个词的不同形式”，而且所说的“形式”指的是书写形式，而“异形词”这个术语在有些地方却被说成“不同的词”，这显然是把词汇现象和文字问题混为一谈。在这篇文章里，裘锡圭以现代语言文字学的严谨态度，将“字”与“词”、“几个词”和“词的几个书写形式”分辨得非常清楚。他引用了高更生等人的说法，认为消除一个词有几种不同书写形式的现象，是文字层面上的事，跟词汇的规范是两回事。[①] 可见在应用层面上，分清字和词这两个不同的概念，是十分重要的。

再来看“字义”与“词义”的区别。现代训诂学将以前所说的“本义”明确地区分为“实义”（词义）和“造意”（或称“构意”），沿用了《说文解字》所说的“同意”中的“意”，来称说所谓的“字义”。汉字是构意文字，“造（构）意”，也就是汉字单字造字的意图，或说从汉字形体上分析出的造字理据。例如，《说文解字》解释“齐（齊）”字说：“禾麦吐穗上平也。”这里的“平”是“齐”的词义解释，而“禾麦吐穗”则是解释小篆的“亝”的字形形象，象三个平齐的禾苗。又如：“独（獨）”字从“犬”、“群”字从“羊”，有人解

① 裘锡圭《谈谈“异形词”这个术语》（《中国教育报》2002 年 4 月 23 日）

释说:这反映了古代狩猎和放牧的状况,猎犬只有一只而放羊是成群的。这个说法带有推测性,不论它是否正确,都是在解释造字的意图。实际上,“独”在语言里并不都用来称说狗,“群”也并不是都用来称说“羊”。读《说文解字》这类书,或者进行文字考据,分不清“构意”与“实义”,会带来很多问题。可见,即使在单音词里,笼统地把“字义”和“词义”两个概念混同,对学术研究和实际应用,都没有好处;何况对双音词,用“字义”来称说,只能反映单个字(语素)的意义,无法反映双音词的意义,因为双音词的意义并不等于单音语素意义的相加。

对于单个的字和词、字义和词义,不宜以“字”代“词”,在文字与语言整体层面上,“字”与“词”混淆,更会造成理论上的混乱和实际应用上的误差。

仅仅从一个最简单的应用来说,不能以字代词,还表现在数量统计上。请看下列一段话:“其真无马邪?其真不知马也!”(韩愈《杂说四》)按字来统计,这里共有11个字,不重复的字8个:“其$_{(2)}$、真$_{(2)}$、无$_{(1)}$、马$_{(2)}$、不$_{(1)}$、知$_{(1)}$、邪$_{(1)}$、也$_{(1)}$。按词了来统计,依然是11个词,但不重复的词成了9个,因为两个“其”不是同一个虚词,第一个是反问语气词“岂”的通用字,第二个是揣度语气词“其”的本用。短短11个字的文言语句,在统计上就出现字与词如此明显的差异,在大规模的统计中,由于字词不分而产生的统计上的偏差会更为严重,有人从先秦文献中统计出8000多个不重复的字来,就认为先秦有8000多个词,这个误解就太深了。要知道古代几个词兼用一个字的情况比比皆是。文言文尚且如此,在现代汉语里把字和词混同,对量化统计造成的麻烦更是不会少的。

在共时层面上是如此,在历时层面上,混淆字和词,理论上的矛盾就更多了。

首先,汉字虽然由于记录汉语而从汉语的语素那里移植了音和义,但是它还有属于自身的形式——字形。因此,汉字除受汉语的制约与推动外,同时又有属于它自己的、不受语言制约的发展变化规律和使用规律。汉字在发展中要逐渐形成自己的构形系统,构形系统的总体对汉字个体是有制约作用的。很多与构形系统不相切合的异体字被自然而然地淘汰,很多新产生的形声字对义符和声符的选择,都是汉字构形系统的内部规律使然。汉字的构形系统与汉语的音义系统不是同一个系统,这一点对教学有很大的启示:依靠汉字构形系统集中识字,往往难以设计思想内容切合小学生的课文;而利用言语作品分散识字时,又往往难以完全切合汉字的难易程度。这种现象,就是汉字构形系统与汉语词汇、语音系统不一致带来的。

第二,文字和语言不是同一时期产生的,在讨论它们的历史发展时,不能把二者混为一谈。例如,在汉字中,构形比较单一、理据比较清晰的独体象形字,比由它构成的合体字特别是形声字产生要早;但是,这并不意味着独体字所记录的词都一定早于形声字所记录的词。在汉字中,"马"是独体字,它的产生早于形声字"妈",但是就词而言,"妈妈"这个词,并不比"马"产生晚。从总体看,汉字史与汉语史有密切关系,但并不完全等同。

第三，在汉语的书面语言作品中，字与语素或词的对当关系是不平衡的、不整齐的。在一般情况下，说一个字记录的是一个语素或一个单音词，不会出太大的问题。但是在分析书面文献时，对文字与语言、字与语素或词的不平衡状态，不整齐对应的状态，就要特别引起注意：

由于异体字的存在，不同的作品甚至同一部作品中常常出现异字同词的现象。

由于同音借用字的存在，同一语素写两个字和不同语素写一个字的现象都不乏见。例如："从容""容易""容纳"的"容"和"容貌"的"容"在意义上毫不相干，却写同一个字。又如，在虚词里，字与词不一致的情况更为普遍。例如，韩愈的《马说》最后两句话："其真无马邪？其真不知马也。"第一个"其"与反问语气副词"岂"一样，可译作"难道"；第二个"其"是商榷语气副词，可译作"恐怕""该不是"。

在共时平面上是如此，在历时情况下更为复杂，形体上具有传承关系的字，在意义上并不完全相当。例如，甲骨文的"天""大"同用，周代金文已经分开，先秦典籍"房舍"与"舍弃"的"舍"不分，隋唐时后者已经写作"捨"；现代简化字又都写作"舍"了。

由于以上原因，在教学和研究中分清字与词就十分重要。不但字词考据要注意这个问题，统计时也要注意，当我们要在一篇文章或一部文献里统计共有多少词或语素时，绝不可以它的字数来替代。上述《马说》的两句话中，共有不重复的词 9 个，但仅有不重复的字 8 个。

这些事实都说明,在理论上分清汉字与汉语本质上的不同,在实践中注意字与语素、词的差异,是非常重要的。

汉字对记录和分辨汉语词汇的作用,带有本质的特征,不是用简单的“第二性符号”能够概括的。在教学中,汉字对汉语教学所起的作用也不可忽略。早期处于理论不自觉的“字本位”,理论上虽存在缺欠,但其合理性难以否认。

但是,在自觉理论的支配下,汉字与汉语的关系必须正确认识:汉字与汉语的起源时间不同,背景不同。但汉字切合汉语的性能没有变化,汉字不可能自然发展成拼音文字。汉字是记录汉语的第二性符号体系,汉字构形系统与汉语词汇体系是两个不同的系统。字与词的对应关系不是单一的,更不是绝对的,汉字不是汉语的结构单位。字意与词义是有差别的。词义是客观的,可以从言语的语境中概括出来,字意的取象是根据构形系统和与之有关的历史文化推测出来的,不能用字义直接讲解汉语词义。

6. 对现代“字本位”教学法的质疑

还有些对外汉语教学领域,也提出了一种“字本位”教学法。

不论在小学识字教学中,还是在对外汉语教学中,汉字与汉语的关系如果不能清晰的分辨,将会产生策略性的失误。汉字是表意文字,它凭借汉语语素的意义来构造自己的个体字符,每一个汉字个体字符对汉语意义的依存关系比它对汉语语音的依存关系更密切,汉字构形系统是形义的结合,汉语的词汇系统是音义的结合,所以,词汇的聚合与汉字的聚合是不同一的。

汉字是记录汉语的符号系统,所以,对于汉语说来,它是第二性的。识字教育必须依赖于语言习得,识字教育的效果必然滞后于语言能力的培养,最多与语言习得同步而无法超越语言能力。汉字习得具有滞后性,阅读能力不是汉字教学单独可以培养的。

利用汉字讲解词汇意义是有难度的。汉字教学在一定数量的积累之后,要依赖它的构形系统寻找规律,汉字自身的规律是在个体字符形体类聚中存在并显现的。汉语教学的难度与汉字不切合,要把二者统一起来,需要精心的设计。人对任何一种符号的把握都要在达到整体系统认知后才能自如运用,所以个体字符要依赖整体系统。系统的内在联系必须在个体字符达到一定数量后才能显现。人对符号系统的把握是在个体符号积累基础上达到的。汉字教学与汉语教学结合产生困难的原因在于以下两个矛盾:第一,个体字符与汉语的意义,有绝对的依存关系,构形系统却与语音系统、语义系统不完全一致。第二,个体字符的积累需要有序,依存的环境却是难以有序的言语。这些情况都说明,以语言和阅读为最终目的的教学,不应当在沿用早期"字本位"的原则,而要在"以义为中心"的前提下,按照科学的程序,使汉字逐步介入。在这个过程中,应当充分重视汉字的作用,才能维护依照汉语特点构建的科学教学法。

二十四、论《说文解字》与说文学*

1.《说文解字》在学术史上的地位

《说文解字》(简称《说文》)是我国最早的一部汉字学专书。这部字书收集了9353个正篆,加上1163个重文。一共10516个字形。主要是小篆,其他还有和小篆形体不同的“籀文”和“古文”,对这些汉字进行了形音义的分析。

根据《说文叙》,小篆是秦统一以后用以规范文字、解决“书同文”问题的一种专用字体。它的原始材料是李斯策划的识字读本《仓颉篇》的3300个字。但是,现在出土的《仓颉篇》竹简,都是用隶书写成的,没有见到小篆的原初状态。能够让我们一睹小篆原貌的是峄山刻石,传说那就是李斯写的,把上面的字和《说文》小篆对照,几乎没有多大区别。

《说文》在说到书中所收字时有“今叙篆文,合以古籀”的说法,据王国维考证,《说文》的古文是战国时的其他六国文字,许慎采用其中与小篆不同、又具有讲解五经意义的形体,作为小篆的补充。现代考证证实,《说文》古文很多与楚系文字的结构相同。说明战国“文字异形”主要是风格不同,有少数异写和异构的字,并

* 本文是数篇介绍《说文解字》文章的综合,其中的观点和有关的数据也是多年积累的。

没有超出中华文字的特征,更没有成为完全不同的多种文字。说到籀文,《说文叙》的说法是:“皆取史籀大篆,或颇省改。”还是根据王国维的考证,籀文也称大篆,传说西周晚期周宣王为显示国威,将钟鼎文的文字,加以整理,但周天子已经势弱,大篆并未通行。《说文》收录了西周晚期作的《史籀篇》中的文字,所以称籀文。唐朝时出土的石鼓文,据考证是记载周宣王打猎时所刻,推测和《史籀篇》中文字相似,是目前可见,最接近籀文的代表。秦承袭周制,小篆大部分和籀文形体相似,少部分是大篆的省改。《说文》收入了大篆与小篆不同又仍具价值的一些字。

《说文》收字是有原则的,以小篆为主,因为那是秦规范过的文字,古文、籀文是补充,即使是这三种字体,也不是都收,而是选择字形结构能说明字意的形体,而字意的根据主要是“五经”的词义。这些字的形体,不能与已经通行的汉隶文字的构形距离过远,从《说文》中可以明显看出,有些字的形体,就是秦隶或汉隶的形体。

许慎是东汉一位经学家,字叔重,当时人称“五经无双许叔重”,他最后被任命为洨县的县长,但年老未能赴任。他的生卒年月没有过细的考据,有两个说法:一个说是公元57—147年,另一个说是公元50—125年。他用了22年作《说文解字》。安帝建光元年(公元121年)九月,他在病中,由他的儿子许冲将《说文》献上,推算起来,《说文解字》创稿应当始于汉和帝永元十二年(公元100年),他的老师贾逵生卒年代是公元31—102年,所以,第二个说法更合理一些。他是汝南召陵人,今河南漯河市召陵区东15里有汉召陵故城，故城西3公里处的许庄，应当是许慎的故里。那里有后人建造的许慎墓，1985年大规模纪念许慎时，我的老师陆宗达先生为他写了碑文，清代两通纪念碑文修整后，一起立在许慎墓之侧。

《说文解字》自成书以来，并不是一开始便得到社会的重视。从它面世到徐铉奉敕校订《说文》（宋太宗雍熙三年，公元986年），其间850多年，它在学术上的地位并没有定论。从现在看到的传世和出土的大量文献中，它的引用率和被评论率都不是很高。目前所能看到的，是在郑玄"三礼"注中少量引用过它，最早大量引用《说文》的，是唐代解释佛经的《一切经音义》，按说《说文》在唐代应当十分流行；但是，现在留下的唐代写本，只有两个内容很少的残卷。唐代因科举而重视汉字规范，有很多著名的字样书，例如《干禄字书》《五经文字》等，这些书也并没有把《说文》的字形作为楷书规范的标准或参照。唐代以前，文字学是附庸于经学的。许慎号称"五经无双"，是古文经学家，古文经学主张"实事求是"，也就是利用汉字的表意特点，由形知义，求得古文经书的正确解释。《说文解字》最先被发现的功用是字意与经义的互证。正如北齐颜之推在《颜氏家训》里所说："许慎检以六文，贯以部分，使不得误，误则觉之……其为书隐括有条例，剖析穷根源，郑玄注书，往往引其为证，若不信其说，则冥冥不知一点一画有何意焉。"其实，颜之推的这一番话，已经讲到了《说文解字》的应用价值，而且说明了这种应用价值来源于它的严密的条例——也就是它概括的理论价值；但是，在那个时代，这番话犹如空谷足音，难得而又缺乏反响。可以看出，一部典籍，一份创造，并非一入世就被人注意，大江东去，待到千淘万漉，有了知音，遇到时机，才能显出价值。

《说文》一书生出一门“说文学”来，应当自宋代开始，到清代成熟。说文学几乎就是汉字学的代称，汉字学的很多理论是由“说文学”来的。比如：分析汉字构形的“六书”，归纳汉字形义关系的“部首”，称说构字理据的“造意”和“本字与本义”，以及“重文”“读若”“直训与义界”“义训与声训”等等见于《说文》的体例，或者从《说文》中产生的理论概念，都进入了中国的传统汉字学。在中国的学术史上，一部书衍生出一个“学”，而且经久不衰地被人瞩目、被人传承、被人更新的现象，经学中有《易经》衍生出的“易学”，文学里有《昭明文选》衍生出的“选学”及《红楼梦》衍生出的“红学”，古代语言文字学里，有《尔雅》衍生出的“雅学”和《说文解字》衍生出的“说文学”（也称“许学”）。“学”自书出，是因为书里有“学”的精神，从书里开掘出其中的精神，“学”则能得之书而超越书。在上述所有的书衍生出的“学”中，“说文学”对中华文化和教育的重要影响，十分独特，是其他的“学”不能企及的，因为它讲的汉字，是一切典籍的基石。前人对《说文解字》有崇高的评价。清代吴派考据学大师王鸣盛在《说文解字正义序》中说：“文字当以许氏为宗，然必先究文字，后通训诂。故《说文》为天下第一种书。读遍天下书，不读《说文》，犹不读也。但能通《说文》，余书皆未读，不可谓非通儒也。”苏东坡在《书〈篆髓〉后》说：“学者之有《说文》，如医之有《本草》。”现代国学大家黄侃提出中国传统语言文字学最重要的十部“小学”专书（《尔雅》《释名》等义典、《说文》《玉篇》等字书、《广韵》《集韵》等韵书),并且说:这些“小学”专书,如果按重要性来排,《说文解字》是“重中之重”。潘重规《中国文字学》:“治中国文字当以许书为宗,则其说有不可易者。”从《说文》开创汉字学的作用和科学的思想来看,这些评价今天看来并不过高。在所有对《说文》的评价中,现代古文字学家姜亮夫的评价最为贴切。他说:“汉字的一切规律,全部表现在小篆形体之中,这是自绘画文字进而为甲金文以后的最后阶段,它总结了汉字发展的全部趋向,全部规律,也体现了汉字结构的全部精神。”这段话,说明了小篆在中国文字发展史上的价值,也说明了《说文》学在中国文字学学术史上的价值。

2. 许慎作《说文》的宗旨

《说文》产生在东汉不是偶然的。秦始皇焚书坑儒,不允许民间藏有儒家经典,以“挟书律”来威胁——如有私藏经典者,灭其九族,儒家典籍故不存在民间。汉武帝元光元年(前134年),用董仲舒说,提出“罢黜百家,独尊儒术”,五经立博士。经今古文论辩,有经本和经说之分。今文经用通行的隶书写成,旨在为当时政治服务,重义理。古文经包括孔子壁中书等,用古文字,旨在还原典籍,解读文献和历史,重语言文字。当时叫“小学”。古文经用文字来解读经义,经书提供语境,以文字解之、正之。这就造成《说文解字》是经学家来写。许慎参加过经学论辩,做过《五经异义》。

汉代的古文经学家,“小学”与“经学”是分不开的,王国维

《两汉古文学家多小学家说》:“观两汉小学家皆出古学家中,盖可识也。原古学家之所以兼小学家者,当缘所传经本多用古文,其解经须得小学之助,其异字亦足供小学之资,故小学家多出其中。”周予同《中国经学史讲义》:“没有经学史的古文学,就不会有文字学。而不懂文字学,就不配研究经学。”所以,《说文叙》有宣言:“至孔子书六经,左丘明述《春秋传》,皆以古文,厥意可得而说。”《说文叙》还讽刺用隶书写的今文经因为形体变化了而乱讲汉字:“诸生竞逐说字解经谊,称秦之隶书为仓颉时书,云父子相传,何得改易。……若此者甚众,皆不合孔氏古文,谬于史籀。俗儒啚夫,玩其所习,蔽所希闻,不见通学,未尝睹字例之条,怪旧艺而善野言,以其所知为秘妙,究洞圣人之微旨。……其迷误不谕,岂不悖哉!”他说明自己作《说文》的宗旨:“今叙篆文,合以古、籀,博采通人,至于小大,信而有证,稽撰其说,将以理群类,解谬误,晓学者,达神恉。”这就是说,许慎作《说文解字》的宗旨是要按照“字例之条”也就是汉字构形的规律来说文、解字。为此下了苦功夫,“博采通人,至于小大”,而做到“信而有证,稽撰其说”。弄不明白的事不乱说而“阙如”。就是说,《说文解字》要做到对所收的字按形义统一的原则讲解。也就是我们前面所讲的构形和字理的统一,能够用汉字来讲解五经的文意。

许慎作《说文》是具有理论的自觉性的,这一点并非我们抬高古人,不论是从他亲自撰写的《说文解字叙》里,还是从《说文》体例的实际建构中,都可以看到许慎的文字观。

《说文叙》说:“仓颉之初作书,盖依类象形,故谓之文。其后形声相益,即谓之字。文者,物象之本;字者,言孳乳而浸多也。"这就形成了"独体为文,合体为字"的定义。许慎因此作出了六条定义:"一曰指事。指事者,视而可识,察而见意,上、下是也。二曰象形。象形者,画成其物,随体诘诎,日、月是也。三曰形声。形声者,以事为名,取譬相成,江、河是也。四曰会意。会意者,比类合谊,以见指㧑,武、信是也。五曰转注。转注者,建类一首,同意相受,考、老是也。六曰假借。假借者,本无其字,依声托事,令、长是也。"后代的文字学一直把这六项定义称作"六书",以为是六种汉字造字的规则,因此产生"四体二用"经久不息的讨论。其实,我们从这六条定义里,应当看到许慎在《说文解字》里归纳字理的原则。他先把独体字分成"事"和"象"两类:

一类是事,以直线构字指称比较抽象的事情,所谓"视而可识,察而见意",是说这类他称作"指事"的字,线条虽然简单,但含义有些范畴化,比较复杂,需要仔细观察、思考才能明其内在所指。这些字应当与古老的数术有关,字的形义关系大约来源于契刻。例如:

⊥ ⊤ 一 三 㐅 十 土 爻

这一组字,"上、下"是以线条关系表示位置,"一、三、五、十"是以线条表示数目,"土"是以横线表示地面空间,以竖线表示在地面生长的自然物,"爻"是以交叉的线条表示卜筮出的万象。这些用线条表示的理念,的确是比较抽象的。

另一类是象，所谓“画成其物，随体诘诎”，是用图像直接描绘物体的外部形象，具有直观的具象性。他称作“象形”，注重的是事物的外部特征，应当来源于原始的图画，是比较容易识别的。例如：

鳥 馬 象 鼠 飛 衣 艸 禾

这些字表示的都是十分具体的有形物。“鸟、马、象、鼠”是动物，抓住它们不同的特征，就可以将它们分辨出来。“飞”是动词，描绘鸟飞的头颈和展开的双翼，也就是飞的性状。“衣”描绘古代上衣的衣领和衣襟，也就可以识别了。“艸、禾”是生长着的两种植物，古代的“艸”是自然生长的，“禾”是精心耕种的，它们的外形十分相似，为了区分，“草”成双，“禾”单株。“禾”加上下垂的穗，两个物象区别分明。

有了对这两类独体文的分析，我们可以看到两个问题，先看下面一组字：

吕 回 谷 豆 向 畐 龠 車 果 番

这组字中的十个字，前七个都有1–2个封闭起来的，或用下弧线加上横线封闭起来的口形，但这些形体并不都是“口”（kǒu）字，而是象形符号。“吕”的口形表示人的脊梁骨，“回”的口表示旋转的回水，“谷”的口是山谷的出水口，“豆”的口表示一种器皿的圆口，“向”的口表示房屋朝北边的窗口，“畐”的口表示粮仓的圆口，“龠”的口表示箫笛排在一起的气孔。这些都表示中空的圆形。后面三个字也有圆形封闭的线条，但中间有十字，表示圆形而中间有填充物的东西。分别是“车”的轮子、有汁核的水果、鸟兽的脚。可以看出，“随体诘诎”不是图画，也是有概括的。

从上面三组字，我们可以看到两个问题：第一，许慎为什么会选择小篆作为统一的字体。“事”的这一类，构成的线条完全是直线，今文字的隶书和楷书都是可以表现的，但“象”的这一类，是要随着物象的轮廓描绘其形状的，如果没有曲线，难以绘形。小篆是古文字，具有“画成其物，随体诘诎”的功用。第二，小篆和甲骨、金文不同，它的线条是经过规整的。我们把它的线条归纳为 10 种[①]：

名称	代表形状	说明	例字
横	—	无曲、无折、无断的左右平放的直线	旦 三 雨
竖	丨	无曲、无折、无断的上下纵放的直线	木 中 卜
斜	／ ＼	向左下或右下的斜线条	五 入 [illegible]
点	●	圆点、顿点及极短的横、竖、斜线	[illegible]
弧	㇏	方向没有转换的曲线	[illegible]
曲	⺄	一次或多次转换方向但不封闭的曲线	[illegible]
折	ㄏ	转 90 度的折线（折点为圆角，下同）	[illegible]
框	⊏ ⊔	三面包围的方框	[illegible]
封	▢	除圆形外各种封闭的曲线或折线	[illegible]
圈	○	圆形封闭的线	[illegible]

线条没有规整，部件的样式繁多、驳杂，无法实现文字构形的

① 见《汉字构形学导论》，北京：商务印书馆，2015 年，第 78 页。

系统性。小篆由于线条的规整，脱离了完全个体的图形性，产生了部件的概括性，实现了构形的系统性。有了这两点，小篆应当是建构表意汉字总体系统最优化的字体。

之后，许慎把“形声相益”也分为两类：一类是形和声的相互补益，另一类是形与形的相互补益。不论是形符还是声符，都是独体的“文”兼而用之。例如“口”在组成其他字时，可以表形、表义、表音。一个部件具有三种构字功能，这就是小篆经过形体优选，规整了线条、部件，形成构形系统的有限基础元素。

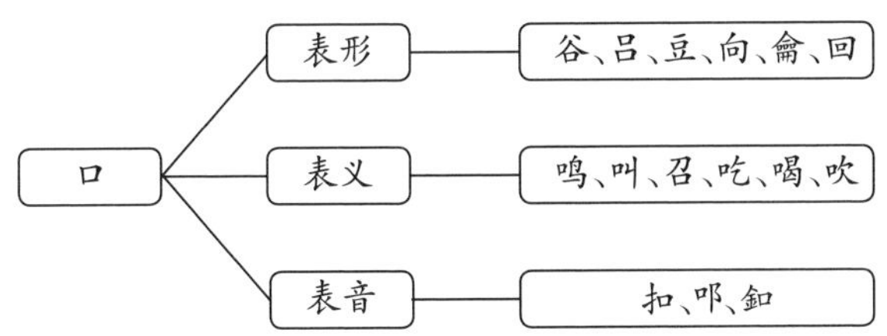

汉字的可解释性对独体字来说，是由象物性来实现的，独体字由形而知意，然后具有了以上三种功能，再相益而为合体字，这就使《说文解字》体现了汉字的系统表意。的确如姜亮夫所说，“汉字的一切规律，全部表现在小篆形体之中”，“它体现了汉字结构的全部精神”。

3.《说文解字》的理论贡献和说文学的创建

在中国古代学术史上，因为一部书而创建一门学问，而且延绵不断地有所发展的，在语言文字领域里，最辉煌的是因《说文解字》而创建出的“说文学”。《说文解字》所含的“汉字的一切规律”，它所具有的“汉字结构的全部精神”，使它成为传统汉字学的

第一部奠基之作。书中有学,学因书而成立。但是由书到学,还是有一个发掘信息、建构理论的过程的。

在谈到《说文》学的创建时,不能不首先提到清代的《说文》四大家。清代研究《说文》的文字训诂学家和考据家众多。丁福保(仲祜)在民国十七年出版的《说文解字诂林》,就编纂了注释和研究《说文》的著作182种,但最有代表性的,应数桂馥、段玉裁、王筠、朱骏声四家。桂馥对《说文》的研究重在还原,《说文义证》的主要任务是找回许书的原貌,理解、证实和阐释许书的形义关系本源。段玉裁对《说文》的研究重在研发,《说文解字注》用引申义验证了《说文》的本义,创"六书音均表"突出了小篆的谐声系统,用《说文》自身的体例来校改《说文》字形和训释,他不但在理解说文的基础上,发扬了《说文》的主要精神,还提出了很多新的课题。王筠是《说文》编纂体例的发明者,《说文释例》的研究重在解释。他揭示了《说文》中各种术语的实质,发掘《说文》的相关体例中反映出的规律,对《说文》中的诸多现象给予了详尽的阐释,从理性的角度,为许书立言。朱骏声可以说是《说文》的转型派,《说文通训定声》用《经籍纂诂》为材料库,将《说文》以540部形首为纲的据形系联的"形—义"体例,转变为以18韵部为声首统帅的据音系联的"音—义"体例,构建出另一个"说文(形)—通训(义)—定声(音)"的新框架,在这个框架下,《说文》的应用价值有了深入的发掘,文字、声韵、训诂的关联更为密切,《说文解字》的基本精神从另一个方面体现了出来。《说文》四大家的论著,虽然不是以通论的形式展示的,但提出和解决的理论问题众多,从多个角度研究《说文》,成为“说文学”创建的开端。

说文学在汉字基本性质确立的前提下,解决了关于汉字的诸多理论问题:

(1)用有限的程式化用语来讲解汉字结构的类型,全面证实了汉字的表意特性。在《说文》一书中,每一个字的构形与构意都是相互支撑着的,这一事实说明,汉字因义构形的原则,可以落实在每一个优化了的字形里。这是汉字科学最主要的精神所在。《说文》以“象某形”(象形或指事)、“从某从某”或“从某某”(会意)、“从某某声”或“从某从某某亦声”(形声)等程式化用语,实际上体现了结构功能的分析法,穷尽地将每一个字的构形和构意统一在一起,证实了“厥意可得而说”言之不虚。

(2)汉字因义构形的原则在《说文》里的全面体现,还表现在《说文》所创建部首上。我们把《说文》部首称作“结构部首”,为的是和现代的“查检部首”划分清楚。《说文》部首遵循汉字以义构形的原则,不但统帅着所辖字的形,还同时统帅着所辖字的义。只要看部首的分工,就可以看到这个特点。例如:

《口部》和《言部》的划分:《言部》所辖的字全部是与人的语言相关的词,而表示非语言行为的口部动作,以及表示禽兽的鸣叫等字,绝大部分在《口部》。

《屮部》字表示向上生出,《艸部》字涵盖草本植物及其有关性状,《茻部》字共辖“莫、藏、莽”三个字,字里的“茻”都表示草丛。

一部分在古文字里从“又”的字演变为从“寸”,是因为他们虽然都表示行为动作,但具有“法度”的含义。

以《木部》字为例,可以将所辖字分解为以下几个小类:①树木的名称,如:松、揄、榛、棣等。②树木的部分,如:根、枝、条、杪等。③树木的状态,如:枉、桡、枯、柔等。④建筑及材料,如:構、栋、楣、植等。⑤木制的器物,如:牀、梳、梠、案等。⑥与树木或木材有关的动作,如:析、休、棫、棐等。从这些小类来看,部首与所辖字的关系,一目了然。

……

整个的540部反映了在人的意念里,外部世界的类别。所以《说文叙》说,各种与人们生活相关的事物类别是“莫不毕载”的。在每个汉字的归部问题上,《说文》也体现了明显的形义统一观点,形声字以义符为部首,会意字以主义符为部首。不会发生《月部》和《肉部》、《王部》和《玉部》的混淆等。“问”在《口部》,“闻”在《耳部》,“闸”在《门部》。在《说文解字》里,严格的“分别部居,不相杂厕”,也体现了汉字的表意特点。在《说文解字》里,部首不止是查检的形式化手段,还是汉字构形的纲,汉字义类的标志和字际关系的枢纽。按部首讲解和理解汉字本义,是表意汉字最深刻的人文性和科学性的统一。

(3)在证实汉字表意特性的基础上,《说文》建构了“本字”与词的“本义”的联系,同时又分清了语言的“义”和文字的“意”的区别,落实了“构意”的内涵。在《说文叙》中说:“至孔子书六经,左丘明述《春秋传》,皆以古文,厥意可得而说。”而且把“构意”落实到具体的字形分析的条目中。《说文解字》有 31 处把用同一个部件体现同一个意义称作“同意”。例如:

> 善,吉也。从誩,从羊。此与義、美同意。
>
> 美,甘也。从羊,从大。羊在六畜主给膳也,美与善同意。
>
> 工,巧饰也。象人有规榘也。与巫同意。
>
> 巫,祝也。女能事无形以舞降神者也。象人两褎舞形。与工同意。
>
> 奔,走也。从夭,贲省声。与走同意,俱从夭。
>
> ……

“构意”术语的确立,将汉字构形显示出来的字意,和在语言里实际使用的语义做了密切联系而又实质不同的区分。《说文解字叙》里所说的“厥意可得而说”,指的就是构意。这个概念的确立,纠正了很多模糊的认识和错误的操作规程,也确立了《说文》选字的标准。

(4)建构了汉字形义统一封闭的构形系统,使表面上零散的汉字,成为互相依存、互相作用、互相解释的一群。汉字发展到东汉,来源多途,各种字体时代叠置,不同载体所用的字形繁杂,必然会也确实已经出现了很多写法不同、形体结构不同的异体字,但《说文》所收的正篆仅仅一个,加上重文,也很有限,它所收入的字形显然是经过选择的。《说文》收字 9353 个,是一个封闭的系统,这一点可以用陈昌治大徐本[①]的字际关系来验证。在《说文》中的训释字中，只有14个字未见于被训释字。而这14个字，绝大部分都被段玉裁依许慎自己的体例改过了。它的封闭性由此可以证实。

《说文》已经形成了以形声字为主体的构形系统，义音合成字，也就是传统的形声字占87%以上。其余结构模式仅占12%左右，而且，它们绝大部分都在义音合成字中充当过构件，因而也可以包含在义音合成字的结构中。《说文》小篆进入了层次结构，它的汉字级层数如下表：

层级	1	2	3	4	5	6	7	8	9
字数	257	1203	2783	2504	1885	632	127	37	3
占比	0.0273	0.1276	0.2951	0.2655	0.1999	0.067	0.0135	0.0039	0.0003

这里以6层次的“薄”字为例来说明小篆的层次结构：

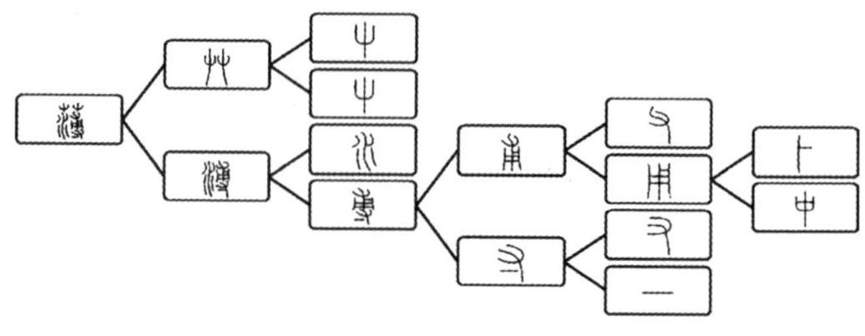

① 宋代徐铉奉宫廷帝王之命，全面整理许慎的《说文解字》，尽量恢复了它的本来面貌和原初字形，徐铉整理过的《说文解字》，称作“大徐本”（徐铉之弟徐锴整理的《说文解字系传》称小徐本）。陈昌治的单行本就是按照大徐本的仿宋本平津馆本再刊刻的。这个版本实际的字数是9431个字，比《说文叙》所说9353字多出88个字。本文的统计依据陈本，有些差距，但可见《说文》的总体面貌。

当层次结构成为主要结构方式后，就保证了其中字与字的关系构成了网络状，并且呈现了有序性。这就是许慎优选字形所搭建的理想的汉字构形系统。有了这样的系统，汉字便有了以字解字的宏观环境。而这个大系统的形成，主要是在形义统一的条件下形成的。

正是由于《说文》所呈现的这种汉字构形系统的思想所表现出来的科学精神，以及它在优选字形前提下建构的理想框架所展示的汉字的构形规律，才使得《说文》学得以产生，而且成为现代科学汉字学的先导。

4.《说文》学与古文字学

20 世纪 80 年代，中国的考古事业有了很大的发展，在大量的出土器物上，有了很多当时汉字的古代字形。《说文》的文字主要是五经文字，小篆是秦代的规范字体，但小篆并不是秦代才有的，也不是秦代的通行文字，秦书八体中，隶书才是当时官方的通用字体。《说文》的小篆，只是许慎选择的一种用来建构汉字构形系统的字体，很多字，是其他字体的形体用小篆转写的。因此，研究《说文解字》的小篆，有两个不同的角度：一个是《说文》学的角度，一个是古文字的角度。这两个角度是有一定关系的，但出发点和所用的方法并不一样。《说文》作为一部杂取不同时代字形以周全总体形义系统的字书，所收字形本不在一个时代平面上，也不是客观穷尽搜集实用文字的字典或字符集，所以，《说文》学研究的重点，在许慎的汉字构形系统建构的成果，在书中所呈现出的关于汉字的构形规律,在许慎从所收字中发掘出的历史文化信息,也在《说文》体例中反映出的具有潜在理论价值的概念。当然,许书经过历代的传抄,自身也有一些恢复文献原貌的校勘课题需要研究,清代关于这方面的考据也不少。《说文》被称作文献文字学[1],以与来源于出土文献的古文字做一个区分。建立在出土文献基础上的古文字学经过考据、识读、断代、整理和辨析,给汉字发展的研究注入了很多可以断代的字形资源,补充了大量的历史资料,极大地推进了中华民族历史文化的考查、梳理与还原。在真实古文字的对比中,《说文》小篆的字形得到了十分确切的证实。很多小篆字形的构意难以讲解的,参照了古文字,都可以追溯出来。例如,最著名的疑难字"为(爲)"字的构意解释:

> 小篆作,《说文》:"爲,母猴也,其为禽好爪,爪,母猴象也;下腹为母猴形。王育曰:'爪,象形也。'古文爲,象两母猴相对形。"这个解释很难说服人。直至甲骨文与金文形体出现后,罗振玉才在《增订殷虚书契考释》中说:"(爲)从爪,从象,绝不见母猴之状,卜辞作手牵象形……意古者役象以助劳,其事或尚在服牛乘马以前。"这个说法解释了《说文》"爲"从"爪"的构意,也将"爲"的"作为"本义做了合理的说明。

① 把《说文》学称作"文献文字学"是文字训诂学家陆宗达先生在20世纪50年代提出的,因为《说文》学是以传世文献丰富的语境和词汇意义为依据来建构小篆的形义统一关系的。

又如，小篆的“监(監)、临(臨)、卧”等字中均有“臣”字，而《说文》均以“君臣”之意解释，甲金文出现后，问题才得到解决：

(甲文) (金文)——所绘为竖着放置的眼睛。

(甲文) (金文)——人伏身看器皿中的水，表示鉴(古代的镜子)。

(甲文) (金文)——以人伏身看低处的事物，表示居高临下。

根据这些字古文字形的类推，杨树达《积微居小学述林》对未见古文字的“卧”字做了如下解释：“余谓古文臣与目同形，卧当从人、从目。盖人当寝卧，身体官骸与觉时皆无别异，所异者独目尔；觉时目张，卧时则目合也。”

类似这样的例子，都说明古文字的发现，更加证实了《说文》的价值。由于卜辞、金文铭文的语境有限，加上都是特殊的文体，与当时的自然语言有一定的差距。加之出土文献多数未经专家训释、解读，字音的信息非常缺乏，所以完全按照“本字—造意—词义本义”的范式来考证其形音义的相合关系，难以做到，所以，在甲金文初期考据认读时，必须以《说文》和传世文献为基础，形成文字发展的历史演变链条，才能得到比较准确的结论。这种做法，王国维称作“二重证据法”。在这种考据中，出土文字与传世文字，都要靠着《说文》所建构的汉字构形系统，采用比较互证的方法来达到完整的结论。这就更可以看出《说文》学的重要作用。因为,单独地、孤立地考订一个汉字,往往很难定论。必须在汉字的关系网中,用周边的字推导出所考字的形音义而没有反证,才是确证的考。这一点,零散的古文字无法实现,只有《说文》具备这种条件。

用古文字学来否定《说文》,在20世纪50年代逐步盛行,到80年代,发展到极致。一方面,在清代的历史考据和“小学”的发展中,的确存在着两种片面的倾向,一种是笃信《说文》,对《说文》中以笔势当作字理讲解文意的误差往往存在。另一种是乱用假借,忽略了因声求义的训诂方法必须要首先从汉字的形义关系上入手,不可滥用。这两种倾向,使清代说文学的科学性受到质疑。

在出土文字里,从殷商至战国的甲骨文和金文有着特殊的价值。已经被解读了的甲金文字表明,这时的汉字应当属于表形文字,有十分明显的图形式的象物性,这批字的发现,进一步证实了汉字的表意性质,也为汉字构形系统的成熟奠定了基础。有一点可以证明,那就是《说文》的一些非字部首,在甲金文中大多是独立的象形符号。例如:

厂 《说文·卷九下》部首,籀文作厈,是一个非字部首,释意为“山石之厓巖,人可居”。所辖之字多为石头的山崖。可见这是“岸”的古代的象形字。战国时加“干”,之后又加“山”,字形才变为“岸”。宋代注音“呼旱切”,这个形体单独使用只见于西周散氏盘,证明《说文》作为部首,不仅仅是从所辖字归纳出来的，在字形上也是有根据的。

宀《说文·卷七下》部首，俗称“宝盖头”，从周代的传世典籍中就没有单独用过，一直是一个非字部首。释义：“宀，交覆深屋也。象形。”所辖字大多与房屋、宫殿有关。在甲骨文里却见到这个字单独使用，作宀或宀，象房屋之状。也证明《说文》用作部首，不仅仅是从所辖字归纳出来的，在字形上也是有根据的。

凵《说文·卷二上》部首。此部首居《口部》之下，当“张口”讲，是一个没有所辖字的部首，显然有差错。朱骏声《说文通训定声》：“一说坎也，堑也。象地穿。凶字从此。”杨树达《积微居小学述林》也说：“凵，象坎陷之形，乃坎之初文。”在战国楚文字中，可以见到象地堑的这个字形单独使用，也可以看到从它的“凶”字，徐锴《说文系传》说：“恶不可居，象地之堑也，恶可以陷人也。”甲骨文的“丞”字作丞，像人落入陷阱，被两只手拉上来的样子，应当是“拯救”的“拯”的古字，也可证明象坎的“凵”的本义。

这样的情况还很多。从殷商到战国的甲骨文、金文古文字发现后，对《说文》语焉不详或阙疑的地方，有所补充或纠正，形义关系统一所显示的汉字表意特点得到了更加有力的证明。熟悉经典、“小学”根柢深厚的一代学术大家，在考证古文字时，善于运用《说文》做成确证，成功的案例很多。真正熟悉文字声韵训诂学又有考古和古文字知识积累的学者，在考证古文字时，都主张以形义统一为原则，也能够熟练地通过传世文献来印证古文字的造意。但是，也有一种不恰当的做法，有一些古文字的识读、考据，专以字形来推测字义，并且不顾汉字发展的事实，不去考虑每一个形制的汉字系统的总体变化，只是因为《说文》字形与古文字有差别，而过分或全盘否定《说文》，认为《说文》学是保守的产物，减弱了这部阅读传世文献的根底书在典籍还原、历史还原中的作用。这种学风，应当得到及时的纠正。

有了《说文》的小篆构形系统，在古文字考据的成果日渐增多的情况下，尽管卜辞和金文铭文的语境数量不足，在汉字形体发展的链条建构以后，识读的数量也在不断增多，确实的证据更有了新的补充。有些虽然在早期甲金文里找不到的字形，由于周边关系的字形渐渐增多，推论的证据也会更加充足一些。例如：

广 《说文·卷九下》的部首，也是一个非字部件作部首，《说文》："广，因广为屋，象对刺高屋之形。（鱼俭切）"所辖字大多也与居住之所有关。但是，与前面讲到的“厂”“宀”“凵”不同，在早期古文字中，找不到它独用的字形。为此，考察它的所辖字，可以作为参考：

[illegible]，朝歌右库戈，战国早期金文；[illegible]，右库戈，战国金文；[illegible]，包山楚简，战国；[illegible]，包山楚简，战国；[illegible]，郭店楚简，战国；[illegible]，班簋，西周早期金文；[illegible]，禹鼎，西周晚期金文；[illegible]，晋公盆，春秋中期金文。

……

从以上字形看，是“宀”的一半，是一面利用自然山崖建造的窑洞。在古文字的形体里，“宀”和“广”实际上是异体字，都是古代居所的象形字，而与“厂”是有区别的：“厂”像岩岸，“广”中间凸起，像利用岩岸挖出的窑洞。在《说文解字》中，《厂部》因有实际的前代字形支撑，没有与居所类混淆，而“宀”与“广”则作了分工，《广部》的所辖字大都为储物、制作的所在，因而高大深广。这些字在楚文字里多见，而在更早的文字里，还是与“宀”混用的。

《说文》的古文，《说文叙》中说是孔子壁中书的文字，王国维考证认为是战国时期秦以外的六国文字，之后的《说文》学研究者，没有突破这种说法。战国古文字较多出土后，经过比较，证实了王国维的说法。将《说文》古文与出土的战国文字比较后，与已经出土的战国文字相合的占多数，其中与楚文字相合的又占多数，更有一部分只与楚文字相合。例如：

(古文“社”)——(战国楚简)
(古文“玉”)——(战国楚简)
(古文“正”)——(战国楚简)
(古文“邇”)——(战国楚简)
(古文“退”)——(战国楚简)
(古文“册”)——(战国楚简)
(古文“四”)——(战国楚简)

（古文"一"）——（战国楚简）

（古文"二"）——（战国楚简）

……

这一方面说明《说文》对汉代以前汉字的字形确实是以构形系统为标准多方收取的，而其中的重文又是对正篆的补充。楚文化与中原文化的差距比较大，古文取得数量多一些，是合理的。

在古文字释读过程中，字形演变链条的梳理，是很重要的方法。在这种方法中《说文》起到了重要的作用。这是因为，汉字在发展的不同阶段，产生了不同形制的变化——包括字体风格的变化和构形系统的变化，这些都是宏观的、总体的改变。这些变化，是由于微观变化积累而成的。就一个单字来说，构形和构意以及它的记词职能都会适应新的形制；所以，字形演变的链条并不是简单的直线，而是错综复杂，有进有退，枝节旁生的。就汉字的构形而言，在演变中会发生如下现象：

（1）汉字构形演变中的职能分合现象

作为第二性的文字，是需要也可以进行调节的。章太炎借助对"转注""假借"内涵阐释，对汉字发展中的自我调节，作出了十分辩证的说明："转注者，繁而不杀，恣文字之孳乳者也。假借者，志而如晦，节文字之孳乳者也。二者消息相殊，正负相待，造字者以为繁省大例。"[①] 这就产生了字用分合现象：早期文字不够用的

① 见章炳麟《国故论衡·转注假借说》。

时候,一个字兼记两个词,这其实就是一般所说的“本无其字的假借”;而发展到一定的阶段,两词共用一字易生混淆的情况日渐增多,于是产生原来合并的字再行分开,而且多半是利用了同一字位中不同的字样也就是异写字来分配不同的语素。例如:

> [古文字形]和[古文字形]在甲骨文里本来属于一个字位,相当于后来的“史”“吏”“事”三个字,在字用上没有明确分工。金文演变为[古文字形]、[古文字形]、[古文字形]三个异写字,仍无明确的字用分工。在《说文》小篆里,呈以下分工局面:
>
> 《一部》:“吏,治人者也。”
>
> 《史部》:“史,记事者也,从又持中。中,正也。”
>
> 《史部》:“事,职也,从史,之省声。”

这说明,周代典籍里,三字同用不分工的格局已经打破,三个同一字位的异写字不但明确分化成三个字位,而且属于三个字种。如果在甲骨文、金文与小篆之间仅仅从字形来认同任何一个字样,即使写法完全相同,意义都是不对应的。

以假借合并字用的现象也很常见。有时合并后再次分化。这些情况都很常见。

> 秦以前的古文字,“舍弃”“取舍”的“舍”都与“房舍”的“舍”共用一字,汉代才分字——前者用“捨”,后者用“舍”。
>
> 秦以前的古文字,“采集”“色彩”共用“采”字,汉代才出

> 现“彩”字,作为“色彩”的本字。

字形职能有分合,一般说来,早期字少的时候,合的几率高一些,典籍大量产生以后,分的几率高一些。但是,分合是在汉字的使用过程中产生的,只能在典籍的行文语境中查到,却无法断定分或合的具体时间。这就给古文字演变链条的系联带来许多不定的因素。

(2)汉字构形演变中的同源分化现象

如果后代汉字都是由前代汉字一对一地直接下传使用,汉字构形的历时认同关系就会简单得多,而实际上,随着汉语词汇的发展,汉字在源字基础上孳乳出新字的情况相当普遍。

> 甲骨文、金文对应后世迎、逆两义。罗振玉《增订殷虚书契考释》以为甲骨文此字“象人自外入,而辵以迎之,或省彳,或省止”。至小篆分化为两字和,《说文》:“逆,迎也。从辵,屰声。关东曰逆,关西曰迎。”《方言》:“逆,迎也。自关而东曰逆。”可见“迎”与“逆”本为意义相同、方音不同的同一个词,两字属于方言字分化。两人相对而行,先相向,相遇后再行则相背,本为同一过程,二者分化后,将相对而行的义域切割为二:“迎”为相向而行,“逆”为相背而行。
>
> 卜辞中(征)与(正)本为一字,(政)已经有分化的趋势,但偶尔使用;金文与为异构字,与已经分化,与两形为一个字位,但已大量与“正”分化。甲金文中已经

明确看到由“正”分化出“征”“政”的趋势。先秦经典中三字明确分化。上位词“正”保留，分化出“政”，教化以正其民。《周礼·夏官·司马》：“惟王建国，辨方正位，体国经野，设官分职，以为民极。乃立夏官司马，使帅其属而掌邦政，以佐王平邦国。”郑玄注：“政，正也。政，所以正不正者也。《孝经说》曰：政者，正也。正德名以行道。”分化出“征”，征伐以正其国。《孟子·梁惠王上》：“彼陷溺其民，王往而征之，夫谁与王敌？”朱熹注：“陷，陷于阱。溺，溺于水。暴虐之意。征，正也。以彼暴虐其民，而率吾尊君亲上之民，往正其罪，彼民方怨其上而乐归于我，则谁与我为敌哉？”形成下位分化的历时发展局面。

同源分化是早期汉字发展中的常见现象，分化后的汉字与源字有音近义通的特点，以添加意符构成形声字为分化的主要形式，所以形声字的声符常常用来作为同源的标记，“右文说”因此产生。但是，古文字同源分化具有层次性，也常常产生声符互换的现象。例如：

，甲骨文“申”，画闪电光拉伸的形状。字形沿着下面形体演变：（春秋早期金文）—（战国楚简）—（《说文》小篆）

（西周晚期）—（战国楚简）—（《说文》古文）—（《说文》小篆）

神(西周中期)—神(战国楚简)—神(《说文》小篆)
绅(战国楚简)—绅(《说文》小篆)
呻(《说文》小篆)
伸(《说文》小篆)

从以上汉字演变的五个链条看,描绘闪电的"申"字,加义符"雨"发展为今天的"电(電)"字,加"示"旁发展为今天的"神"字,加"糸"旁发展为今天的"绅"字,加"口"旁发展为今天的"呻"字,加"亻"旁发展为今天的"伸"字。这五个同源词只在《说文》中聚合,它们每个都是从什么时候分化出的,很难得到确切的信息。因为,古文字的资料是不完整的,我们没有看到,并不等于它没有。

(3)汉字构形演变中的不同字体转写现象

汉字在发展过程中,由于载体、书写工具、传播方式、文化环境的影响,会产生字体风格的演变。而典籍代代传抄,在历时传承过程中,不同形制的汉字字形必然发生转写现象。所谓转写,是指后代字体按照自己的书写规则,对前代或隔代字体的字形刻意模仿。由于这种方法,产生了汉字转写字样与传承字样并存的现象。我们以古文字的隶定和楷化来看转写现象,可以明白看出这种现象所得到的结果:

農—農(金文)—農(《说文》籀文)—辳
農(金文)—農(《说文》古文)—䢉

(金文)—(《说文》古文)—(战国齐陶文)—䢉
(居延汉简),(东汉史晨碑),農(西晋墓志)

上面的“农(農)”字,在楷书里可以看到四个字形,前三个都是古文字的转写。只有“農”是隶书的常用形体,楷书承继之。我们把传承中自然发展的形体称作隶变字形,把模仿古文字的转写字称作隶定字形。

星—(金文)—(战国晋玺)—(《说文》小篆)—曐
(甲骨文)—(《说文》古文)—曑
昔—(甲骨文)—(西周早期金文)—㫺

上面的“星”和“昔”,在隶书和楷书阶段,都已经隶变为现代的形体,但它们的隶定转写字形,仍然保留在隶书和楷书里。

上面转写字样与传承字样并存,而且存在时间的叠置,使字形演变链条产生了分岔,增加了古文字释读的难度。

(4)汉字构形演变中的形体传承与变异

在建构汉字的历史演变链条时,字形的直接传承关系似乎是直线的,但是仔细考察,这种直接传承大约有以下四种情况,也就是说,符合以下四种情况,我们可以认同它们的传承关系。

大部分汉字构形全同,由于构形属性没有发生变化,构意的解释当然也不会发生变化,全然可以断定是同一个字。在古文字阶段,甲骨文、两周金文与小篆的发展具有一定的连续性,都有一些形体具有直接传承的关系。例如：

①鼓：[甲骨文字形]（甲骨文）—[金文字形]（金文）—[籀文字形]（《说文》籀文）—[小篆字形]（小篆）

②马：[甲骨文字形]（甲骨文）—[金文字形]（金文）—[小篆字形]（小篆）

③囿：[金文字形]（金文）—[小篆字形]（小篆）

[甲骨文字形]（甲骨文）—[籀文字形]（《说文》籀文）

④壶（壺）：[甲骨文字形]（甲骨文）—[金文字形]（金文）—[小篆字形]（小篆）

⑤见：[甲骨文字形]（甲骨文）—[金文字形]（金文）—[小篆字形]（小篆）

汉字在发展中如同上述直接传承的情况，并不很多，而发生变异的情况，更为普遍。变异的幅度也是不一样的。

首先是部件变异。经过发展，结构要素、结构模式和结构层次与分布都没有发生变化，只是基础构件或一部分构字能度较大的复合构件的样式发生了变易。例如：

启——甲骨文从“又”作[字形]，金文已经有从“又”从“攴”两形[字形]、[字形]，小篆[字形]承袭金文从“攴”，楷书“攴”样式改成“攵”（反文旁）作“启”。

政——甲骨文[字形]、金文[字形]都从“攴”，小篆也承袭从“攴”，楷书改“攵”。

以“启”“政”为例，小篆形成《攴部》，楷书绝大部分改成“攵”。基础部件样式改变，个别结构做了不影响构意的位置调整，例如："启—啟"，构形属性与构意都没有变化。

变异传承最值得注意的是一部分后来变成结构部首的汉字。以小篆和楷书来说，"彐—又"、"廾—廾"、"曲—曲"、"西—西"……以甲骨文、金文与小篆、楷书来说，甲骨文中一部分俯视的𠂤小篆形讹为臣，楷书从之……这些都属于部件变异。隶变—楷化过程中，产生部件趋同的现象更是值得注意的。由于书写的笔势化，相同的部件实际上是不同部件的变异，而不同的部件实际上是同一个部件的变异，两种情况随处可见。第一种情况，例如：

青（小篆）—青（秦简）—青（东汉隶书）。"丹"变与"月"同。

服（小篆）—服（东汉隶书）服（西汉隶书）。"舟"变与"月"同。

肥（小篆）—肥（东汉隶书）。"肉"与"月"小篆已经近似，隶变趋同。

第二种情况，例如：

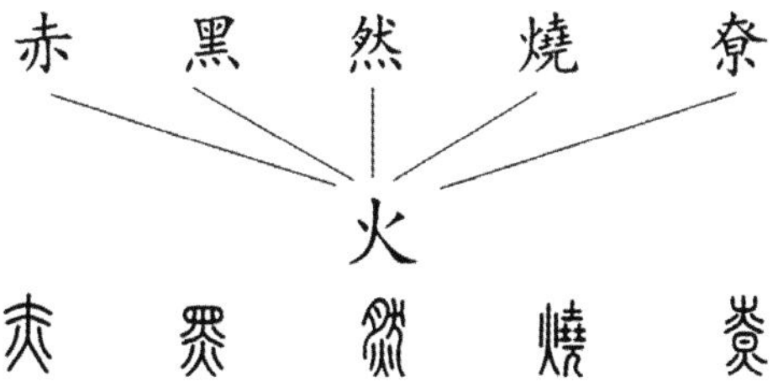

上面五个楷书字，都含有“火”这个部件，分别产生了变异，除了“烧”中的部件“火”原形尚能保留外，其余的都与“火”的原形差别很大，更有些与其他部件趋同，如果不追溯到小篆，理据无法讲解。

字形在传承的过程中产生变异，如果同时伴随着语言意义的变化、文化因素的变化、字体风格的变化、书写习惯的变化等多种因素，使构形与构意的结合脱离了原来的状态，由于表意的汉字培养了使用者对意义信息的追求，人们在理据不够清晰的情况下就会寻求新的理据解释，而这种新的解释有时又会带动构形的进一步变化。这就是汉字传承中的理据重构现象。理据重构是一种自然演变的现象，只要这种演变对新一代的汉字构形系统是符合的，重构字在新的构形系统里可以找到自己的位置，在理论上都不应当以“讹变”来称谓。例如：

> “黹”在金文里作黹，象用针线将织物缝在一起，是一个很形象的会形合成字。小篆作黹，《说文》：“黹，箴缕所紩衣。从㡀，丵省。”徐锴、王筠均以为是针紩、刺绣的形状。《说文系传》：“黹，象刺文也。”《说文句读》：“黹字之形，当以刺绣为专义。”李孝定《甲骨文字集释》：“契文、金文黹字，正象所刺图案之形。”其实，“黹”的小篆形体只要把中间的曲线拉平，完全可以看出古文字会形合成字样的延续。但如此细致的象形构造，不符合小篆的风格体制。在构意上，㡀成为黹的反义，《说文》：“㡀，败衣也。从巾，象衣败之形。”黹的上半部又与

> “丵”的上半部吻合。《说文》:“丵,丛生草也。象丵岳相并出也。”针脚与丛草的密集类似,根据《说文》将象形的非字构件义化为成字的潜规则,黹的构形在演变中重构为会义合成字,构意以“㡀”为背景,认为是以针缝衣,而不说刺绣,更为符合古文字的形象,编排放到《㡀部》之后也很贴切。所从之字均与刺绣有关,恐怕是引申之义了。这样处理,已将它的重构与重释合理化。
>
> 甲骨文的“盡(尽)”作,从皿从手持涤器,象食毕洗涤器皿的形状。金文承襲之。小篆作,《说文》:“盡,器中空也。从皿,㶳声。”《说文·火部》:“㶳,火余也。从火,聿声。”小篆首先改造了甲骨文的,将其中以手持棍棒的部分成字义化为“聿”,加上“火”造成另一个表示火的余烬之字,再将其作声符加“皿”构成“盡”。这一改造实现了《说文》的两个潜规则:一个是尽量把象形字限制在零合成字(独体字)内,另一个是尽量把平面结构变为层次结构。这两个规则对《说文》小篆构形系统的严密化,都起到了十分重要的作用。

上面举出汉字演变中的种种复杂情况,仅见一斑。具体到个别字来说,还可能有更为复杂的情况。这些情况大多是由于出土文字数量不足和语境缺乏造成的。所以,想要由后代汉字通过汉字演变的链条追溯理据而释读一个字,既要考虑文字的职能,又要符合构形的规律;既要联系字位中的各个字样,又要考虑字种中的不同字位;文字在古代典籍中的实际应用更不可忽略;所以,利用

《说文》建构的构形系统,采用《说文》小篆作为系联的一个坐标点,是一个很好的方法。所以,古文字学和说文学实际上也是难以完全分隔的。

二十五、《说文解字》与“以形索义”的训诂方法*

古代书面汉语是用汉字记录的，经过数千年，古代口头语言早已消亡，汉字就成为了解古代汉语的枢纽。汉字是表意文字，最早的汉字是按照字义来绘形的，所以，字形和字义往往发生直接的联系。这就使通过字形来推求和证明文献的词义成为可能。“以形索义”便因此成为训诂学最早提出的一个重要方法。这种方法尽管在应用时限制性很大，离开了训诂的另一个方法“因声求义”，又很难完全准确。但是，由于古代汉字具有表意、尚形的特点。完全撇开文字的形体去研究词义几乎是做不到的。

传统语言文字学把形义统一看作研究古文字和古代文献词义的一个重要原则，看作由字而及词的一个重要途径。最早把理论和实践结合起来，全面系统地贯彻这个原则来说形说义的，是许慎的《说文解字》。《说文解字》就其编排的体例来说，是一部文字专书，但是，作为汉代古文大师贾逵的学生、被称作“五经无双”的许慎，他著《说文解字》的目的却是为了传播和解释古文经典。所以，他是严格地从古代文献的用词中来摘取词义的训释的。从这

---

* 本文写于上世纪 80 年代初，直接收入《训诂方法论》（陆宗达、王宁著，社会科学出版社 1983 年版）。为了说明文字学与训诂学密不可分的关系，也为了说明传统语言文字学以《说文》学为基础的学术渊源，故重复收入此书，免去读者查找之麻烦。

个意义上说,《说文解字》又是一部在训诂上作出重大贡献的专书。历来运用“以形索义”的训诂方法,都不能离开《说文解字》。今天,在总结“以形索义”的训诂方法时,也必须以这部书作为实践的主要工具和理论的原始依据。

1. 形义统一的一般规律和“以形索义”的适应条件

传统语言文字学是用“六书”① 来分析字形的。“六书”中反映字形结构的是前四书,即象形、指事、会意、形声。但是就据义绘形的类型来看,这四书实际上只有两种类型:

第一种类型包括象形、指事和会意。它们共同的特点是利用字所记录的词义中具体的一面来直接绘形。因此,在这三种形体结构中,形与义的联系是个体的,又是具体的。对于相近之字,直接以形区别。例如,囗是“围”的原始字形,象包围之状;回即“回转”之“回”字,象回转之形。一静一动,意义相近。绘形时则一作单环,一作双环,或以[illegible]别之。“围”本应呈圆形,整齐化以后写作方形,又需与“方圆”的“方”字区别,“方”则作匚,留一面不封口。“围”与“包”情状近似,“包”则作[illegible],以与彼区别。又如,牛与羊在生活里虽然一看便能分开,但绘成文字符号却很难区别,于是只得采取不同的角度,突出它们各自的特点,小篆“牛”作[illegible],

① “六书”指象形、指事、会意、形声、转注、假借。这是有关汉字较习见的术语。对于“六书”的解释,前四书一般分歧不大,转注与假借本文不准备过多涉及,因此,这里不再作详细论述。可参看《说文解字通论》一书。

《说文》说“象角头三封尾之形”;“羊”作⺶,“象头角足尾之形”。实际上是前者突出牛的肩部,后者突出羊的犄角……从这类形体中,既可以分析出它所记录的词义,也可以分析出古人对这个意义的具体观察和认识,还可以从它与其他近似字的区别中了解它的词义特点。因此,这类形体在索义时可参考的价值是较大的。

第二种类型包括形声。它是半标形,半标声。标形的一半也只是借别的字义来表明它本身意义的类别,而不是直接根据自己的意义绘形。因此,它的形与义的联系是间接的,成批的,带有概括性的。对于义类相同之字,它们的区别在标音的那一面。所以,这类形体在索义时可以提供的依据是比较笼统的。例如:从“辵”的“迎”“遇”“迪”“返”“遲”“追”……;从“走”的“越”“趁”“趮”“趣”“趌”“赶”……;从“足”的“跟”“蹐”“路”“蹸”……;从“止”的“歱”“歫”“歷”“歸”……;它们字各有别、义各有异,从这些形体中能给我们辨别字义的参考有一点是共同的,那就是它们的意义都与行走有关。而每个字之间意义的差别和更具体的词义特点,只有从声音中去进一步探求了。

尽管这两种类型就形义关系的联系方式和密切程度来说是有区别的,但形义必相贴切却是共同的。这一点,在《说文解字》中少有例外。黄季刚先生在论及《说文》之训诂必与形相贴切时说:“《说文》之作,至为谨慎。叙称博考通人,至于小大,是其所说皆有来历。今观每字说解,俱极谨严。如‘示’云:‘天垂象,见凶吉,所以示人也,从二。三垂,日、月、星也。观乎天文,以察时变,示神事也。’‘示’,合体指事字,为托物以寄事,故言‘天垂象,见凶吉,所以示人’也。如不说‘天’,则‘二’无根据,不说‘垂象’,则三垂无所系,言‘示神事’,为在下凡从示之字安根。……又如‘璗’云:‘金之美者,与玉同色’,‘与玉同色’句为下文‘从玉’二字而设,‘𩆜’云:‘巫以玉事神’。‘以玉事神’句亦为下文‘从玉’二字而设。凡说解中从字必与其形相应,字不虚设。”(《训诂学讲词》)这段话说明了许氏《说文》的一个体例,也说明了许学在形义关系上的一个重要观点。

《说文解字》在贯彻形义结合这一原则时,并不是只以字义的说解去附会字形,而是严格按照实际语言中确曾用过的词义来求得与字形的一致的。例如,《说文·一下·艸部》:“若,择菜也。从艸右。右,手也。”许书因“若”从“艸”、从“右”,而“右”代表手,所以训“择菜”。而手之用于艸,可以拔,可以种,可以修,可以剪,何以非训“择”不可呢?段玉裁在注释这条训诂时,引《国语·晋语》中秦穆公的一段话:“夫晋国之乱,吾谁使先若夫二长子而立之,以为朝夕之急。”段说:“此谓使谁择二公子而立之,‘若’正训择。择菜,引申之义也。”其实,金文[illegible]字即“若”字,正象以手择菜之状。择菜并非引申之义,不过是“择”这个概括词义在造字绘形时的具体化。段玉裁的这条注释,确实很能反映许慎对“若”字形、义解说的根据和意图。又如,《说文·十四上·车部》:“斩,截也。从车斤,斩法车裂也。”“斩”当“截断”讲,是它的概括词义,具体到字形上,从“斤”的根据见《周礼·秋官·掌戮》:“掌斩杀贼谍而搏之。”郑注:“斩以铁钺,若今要(按:即“腰”)斩也。”《国语》《公羊传》等也有斩用铁钺的记载。“斤”即铁钺之类,所以从“斤”。为什么从“车”?《说文》明言:“斩法车裂也。”《车部》:“轘,车裂人也。从车睘声。《春秋传》曰:‘轘诸粟门’。”《周礼·秋官·条狼氏》:“誓驭曰车轘。”郑注:“车轘,谓车裂也。”可见“斩”从“车”和“轘”从“车”之义相同。

许慎的说解都能从文献上找到根据。这就说明,形义统一的原则并非人为的牵合,而是反映了早期汉字造字的客观规律。义是形的根据,所以王筠在《说文释例·序》里说:“其字之为事而作者,即据事以审字,勿由字以生事;其字之为物而作者,即据物以察字,勿泥字以造物。”他的意思是说:字之有义,是由语言而来,有文献可考定;而字之有形,是据义而绘写。形是语言之外的东西,所以,考定形义关系时,要从客观词义出发,而不能凭着人为的字形去附会。文字是一种符号,形体不断发生着脱离语言的自身变化,望形生训是极为危险的。《说文》中确有讲解字形失误的地方,但因为它的字义说解不是“由字而生事”“泥字以造物”,所以仍能反映客观,对统一形与义有较大的参考价值。例如,《说文·二上·口部》:“吉,善也,从士口。”从说解看是个会意字,但“士口”与“善”的关系无法解释。要解决这个问题,需从“善”这个意义入手。“善”与“恶”相对,古代以直为善、为幸,以曲为恶、为凶。《说文·十下·夭部》:“夭,屈也。”即是“歪”,也就是“不直”,所以“妖”从“夭”。而“幸”下说:“吉而免凶也。”“绛”从“幸”,训“直也”(《十三上·糸部》)。“婞,很也。”(《十二下·女部》)“很”就是“鲠直”。《楚辞·离骚》“鲧婞直以亡身兮”,《惜诵》“行婞直而不豫兮”,都是“幸”与“直”相通之证。“吉”与

"幸"同义,与"凶""夭"反义,也有"直"义。《说文·九上·页部》:"颉,直项也。"《八上·人部》:"佶,正也。"《六上·木部》:"桔……一曰直木也。"都可证"吉"训"善",义通"幸"通"直",从这些词义出发,参照甲骨字形,形义关系便清楚了。甲骨"吉"作"𠮷",于省吾说,仐象句兵(戈),𠙵象笭卢(竹器),是置句兵于笭卢之状。这个说法有一定道理,但未能尽善。其实仐是箭,𠙵是囊,用以保护自己,所以有"善"义。而"矢"在古代又是"正""直"的同义词。"榘"下曰:"矢者,其中正也。""短"下曰:"有所长短,以矢为正。""矤"下曰:"从矢,取词之所之如矢也。"箭矢射出方向正,去向直,就能猎获,所以有"直"义,也有"善"义。由此可见,"吉"从士口,已经是演变以后的字形了,"士"是"仐"的演化,"口"是"𠙵"的演化。许慎按符号化后的文字来说字形,自然不准确,但从客观词义出发,参照更早的文字形体,仍可将形义统一起来。可见许慎的字义说解并非只为附会字形,而是为了解释文献语言,有确实曾被用过的词义为根据的,《说文解字》所以能成为我们运用以形索义方法的重要工具书,正因为它是立足于文献语言来研究文字的,不会使我们堕入文字游戏的歧途。

从造字的原则看,形义的统一应当是没有例外的。但是,字和词都在不断地发展,造字时形义统一的原则,越到后来就越看不清楚,甚至渐渐在发展中被破坏了。所以,"形义统一"不是在一切情况下都绝对成立。在运用字形来探求词义的具体实践中,必须符合以下几个条件:

第一,只有本义才直接与字形切合,近引申义与字形的关系只能见其端倪,而远引申义与字形的关系则是模胡不清的。但是,由于本义乃是引申义的源头,所以,根据字形来推求引申义或根据引申义来解释字形又是可以做到的。例如,《说文·一下·屮部》:“屯,难也。象屮木之初生屯然而难。从屮贯一。一,地也,尾曲。《易》曰:‘屯刚柔始交而难生。’”许慎的说解既详尽又具体地体现了形义的统一。草木初生时需拱土而出,形状都是弯曲的,卜辞“屯”作[古文字形],“春”以“屯”作[古文字形],作[古文字形],更可见它的形体是一个正在破土而出的子芽。这个形状反映了“难”义,也很容易理解。《说文·十四下·乙部》“乙,象春艸木冤曲而出,阴气尚强,其出乙乙也,与丨同意。”段玉裁注:“冤之言郁,曲之言诎也。乙乙,难出之貌。”又引《月令》郑玄注:“乙之言轧也。”“时万物皆抽轧而出,物之出土艰屯,如车之辗地涩滞。”正可作“屯”有“难”义的佐证。“屯”训“难”,文献可找出多种根据。《庄子·外物》:“慰暋沈屯。”司马注:“屯,难也。”《文选·幽通赋》:“纷屯亶与蹇连兮”,曹注:“屯、蹇,皆难也。”但是“屯”的常用义不是“难”,而是“聚”。《广雅·释诂三》:“屯,聚也。”《汉书·陈胜传》:“胜、广皆为屯长。”颜师古注:“人所聚曰屯。”所以聚兵叫“屯兵”,聚农而耕作叫“屯耕”,人之聚处叫“邨”(按:即“村”),也从“屯”。要想理解这个词义,还要从“屯”的草木初生之形去找。草木之芽始生时,先在土下屯居,生命力聚于地下,所以“屯”引申而有“聚”义。“屯”又有“满盈”“固”“厚”等义,又是从“聚”义引申而来的。《周易·序卦》:“屯者,盈也。”《左传·闵公元年》:“屯固比入,吉孰大焉,其必蕃昌。”《国语·晋语》:“厚之至也故曰屯。”这些意义都必须依次追溯到它的本义，才可用形体来解释。

第二，只有本字才能直接反映本义。用借字的字形来解释词义，必然犯“望形生训”的毛病。例如，今天“冒昧”一词的“昧”字写“昧”。《说文・七上・日部》:“昧，爽旦明也。从日未声。”“冒昧”意思是不顾一切的举止，“昧”从“日”，很难解释“冒昧”之义。“冒昧”的“昧”本字在《九上・页部》:“顋，昧前也。从页㬎声，读若昧。”“顋”从“页”，有迎面向前之义，可见“冒昧”本应作“冒顋”。又如，《史记・平原君列传》:“平原君，翩翩浊世之佳公子也。”《索隐述赞》也有“翩翩公子”之说。《说文・四上・羽部》:“翩，疾飞也。”有人从这个形体出发，把“翩翩”解释作体态轻盈，一似疾飞之状。这未免望形而生训了。曹丕《与吴质书》有“元瑜书记翩翩，致足乐也”，刘良注：“翩翩，美貌。”这里“翩翩”一词显然与“翩翩公子”的“翩翩”同义，便难以用“疾飞”来穿凿了。《说文・九上・页部》:“頨，头妍也。从页，翩省声。读若翩。”《说文》的“读若”又一次启发我们，经典所用的“翩”，本字应是“頨”。“頨”训“头妍”。汉人以“妍”为“妍媸”之“妍”，当美貌讲。《方言》卷一：“秦晋之间，凡好而轻者谓之娥。自关而东河济之间谓之媌，或谓之姣。赵、魏、燕、代之间曰姝，或曰妦。自关而西秦晋之故都曰妍。好，其通语也。”可见“妍”即是面貌俊美。“頨”训“头妍”，“頨妍”又常合成叠韵连绵词，“頨”的词义当“美貌”讲便不容置疑了。“翩翩”即是“頨頨”，义为面貌俊美，引申为文辞佳妙，字从“页”，表示颜面，形义确是统一的。训诂家们要从《说文》中找到本字，并非复古保守，要提倡人们按《说文》来写本字,不过是为了求得反映本义的原始字形,以便运用以形索义的方法,对这个字所记录的词义作进一步的探讨罢了。

第三,只有“笔意”才能与意义切合,“笔势”大部分已游离了字义。许慎在《说文解字叙》中提出“厥意可得而说”的问题,黄季刚先生从“厥意”中得出“笔意”这个术语,是指能够体现原始造字意图的字形。与“笔意”相对的是“笔势”,是指经过演变,加以符号化,从而脱离了原始造字意图的字形。《说文解字》的小篆是比较晚的文字,这种文字已经过一番加工整理,许多已是“笔势”了。许慎常有依笔势来说字的地方,往往发生错误。可幸者《说文》所收之字来自古代文献,互相有联系,彼此成体系。佐之更早的甲骨、金文,则可由笔势推出笔意来,然后便可贯彻形义统一的原则。例如“因”。《说文·六下·囗部》:“因,就也,从囗大。”从许慎的说解看,形义的关系很难琢磨。段玉裁强为之注说:“从囗大,就其区域而扩充之也。”说法也非常牵强。《说文·一下·艸部》:“茵,车重席。”字或作“鞇”。甲骨作“因”。“席”的古文作“𠩄”,从厂,因象席形,正是“因”字。可知“因”即是“茵”的古文,正如“互”是“笠”的古文。“因”象席子,中间是席纹,是个纯象形字。所谓“囗”“大”已全是笔势了。席子是人所凭依的,所以有“靠”“就”义,古代席重于筵上,所以有“因袭”义。就其笔意看,形义完全是统一的。再如“辰”。《说文·十四下·辰部》:“辰,震也。三月阳气动,雷电振,民农时也。物皆生。从乙,匕象芒达,厂声也。辰,房星,天时也。从二,二,古文上字。”古文“辰”作“[illegible]”。许慎的这个说法,根据汉人阴阳五行的谬说以解干支,把“辰”的形义关系复杂化了。其实,“辰”就是“蜃”的古文。《说文·十三上·虫部》:“蜃,雉入海化为蜃。”即是一种海生的大蛤蜊。金文“辰”作(盂鼎)、(毕仲孙子敦),甲骨作、,都可明显看出象蛤蜊的形体。太古以蛤壳作犁头,进行耕种,卜辞“辰”刻作,纯为犁头之形。所以“农(農)”从“辰”。《一下·蓐部》:“蓐,陈艸复生也。”《六上·木部》:“槈,薅器也。”重文作“鎒”,从“金”。可知犁地首先除草,而犁头先用蛤壳,后用铜铁,而犁柄则用木制。农贵时,所以“辰”引申有时义。“晨”因此从“辰”。《十四下·辰部》“辱”下说:“辰者农之时也,故房星为辰,田候也。”脣形似蛤,故“脣”从“辰”;女阴与蛤形似,故女子月经称“月辰”。《礼记·内则》:“妻将生子,及月辰,居侧室。”“月辰”即是月经。而“辱”从“辰”,有污脏、耻辱之义。(一说月经称“月辰”,又称“月信”,是由“时”义引申。)可见,《说文》中小篆和古文的形体,都是蛤形和犁头形进一步符号化的结果,已经变为笔势了。找到它象蛤与象犁头的笔意后,“辰”与从“辰”之字的意义就不难理解了。

以上三条,是运用“以形索义”的训诂方法的适应条件。但是,在古代文献中,完全具备这三个条件的用字是比较少的,即使在《说文》这部书里,也有相当一部分字并不符合或不完全符合这三个条件。要想运用“以形索义”的方法,必须对形义关系变化发展的规律和形义脱节的各种表现作深入细致的探讨,在这个基础上,求得正确而有效的途径,将不适应的条件改变为适应的条件。

2. 字与词的差异和形义关系的复杂性

在古代文献阅读中,人们常把字与词的关系简单化,除了少数双音或多音的单纯词(如连绵词)外,一般认为一个字就是一个用书写形式表现出来的单音词。这对已经用作记录符号写进文献的字来说,本来是无可非议的。但是,文字是记录语言的符号,它的发展固然相当一部分动因来自语言的变化,而它的特殊职能和本身的特点,又决定了它还有脱离语言制约的自身发展规律。前一种发展使文字与语言发生密切的、不可分割的关系,而后一种发展则形成字与词的各种矛盾与差异。将全部文字系统与整个词汇系统作一比较,就可以看出,字与词绝非一对一的简单对当关系。形义关系存在各种复杂性。只有剖清各种复杂的现象,才能正确运用以形索义的方法来探求词义。

许慎在《说文解字》里力求用形音义统一的原则,通过五百四十部,以"六书"为分析字形的准则,达到将文字系统化、规范化的目的。但文字比之语言虽然带有一些人为性,却毕竟不能完全由一人一时来决定。因此,《说文解字》未免存在很多斧凿的痕迹。从《说文解字》看形与义的关系,既能看出由于文字和语言发展造成的自然复杂性,又能看出由于强求形义统一而形成的人为复杂性。既然研究《说文解字》是运用"以形索义"训诂方法的必由之径,那就必须把《说文》中的一些复杂现象摸清,并根据其中的规律,排除障碍,求得正确的途径。脱离《说文》往往行不通,而拘于《说文》更易误失。正确的方法应是依靠《说文》,参照其他,分析综合,去伪存真。

下面列举的几种情况都是在运用"以形索义"方法时必须注意的。

（1）非字之形

《说文解字》中有许多形体是不曾被当作字来用过的，特别是在部首中，这种现象更为普遍，所以它其实不可能有确定的音，也不可能有固定的义。例如：

"一"。《说文·一上·一部》对"一"的解释是："惟初太始，道立于一，造分天地，化成万物。凡一之属皆从一。"古文作"弌"。这个"一"应是数目字的"一"，但从"一"之字并无用"一"之义者。不但《一上·一部》的"元""天""丕""吏"从"一"之义与数目字无关，其他部的从"一"之字，表示的也都是其他意义：

在上表示天，如：

《十一下·雨部》"雨"下说："一象天。"
《十二上·不部》"不"下说："一犹天也。"

在下表示地，如：

《一下·屮部》"屯"下说："一，地也。"
《七上·旦部》"旦"下说："一，地也。"
《七下·韭部》"韭"下说："一，地也。"

表示某个部位，如：

《六上·木部》“本”下说:“从木,一在其下。”“朱”下说:“从木,一在其中。”“末”下说:“从木,一在其上。”

表示某种障碍,如:

《二下·正部》“正”下说:“从止,一以止。”

《十一下·川部》“巛”下说:“从一雝川。”

表示某种细而直的物件,如:

《十下·夫部》“夫”下说:“一以象簪也。”

而且,从“一”之字有时还可写作“二”,如“示”或作“𢀓”,“正”或作“𤴓”……可见“一”只是一种字形的局部构件,甚至是一种笔划,并非字的全形。所以从“一”之字大多不算合体字,许慎在“一”的字义说解中用了那样一段虚玄而含混的话,除了当时的文风、学风所致,与从“一”之字并未采用“一”的固定音义也是有关的。

“丨”。《一上·丨部》:“上下通也,引而上行读若囟,引而下行读若退。”大徐本[①]给它注音读“古本切”(今读gǔn),与“囟”“退”均不同音。首先,“引而上行”“引而下行”之说很难

① 南唐徐铉校定的《说文解字》本俗称大徐本。

站住脚，因为文字是以静态的形体向读者传达语言，“引而上行”或“下行”是无法起到“分理别异”的作用的。从“丨”之字如“中”“㫃”“中”“玉”等，无非是用“丨”标志一种上下通的直立形象或贯穿物。“上下通”不能说是“丨”的字义，最多只能说是一种造形的意图。

“丶”。《五上·丶部》：“有所绝止，丶而识之也。”从解说看这个形体也不过是个标点符号，其实并无意义。“主”字中的“丶”不过是“主”字形中的一个构件。

“丿、乀”。《十二下·丿部》：“丿，右戾也，象左引之形。”“乀，左戾也，从反丿，读与弗同。”这两个形体都不是字，只是将“乂”分成左右两个形体，“乂(刈)”与“弗”的形体只是在构件上有丿、乀两个笔划，并非从丿与乀。

……

在《说文》中，有的还为这些构件注了音，如乀，“读与弗同”。“主”从“丶”声。这些都是从它们所从之字附会出的。

在形体中，构件与全字本是相互转化的，独体字单用是全字，用来构成合体字时则成为合体字的构件，但以上形体是不能当作独体字用的，所以只能看作构件。它没有自身的读音，也没有在运用中显现出的词义，只有一种文字学家分析出的构形意图。在运用以形索义方法时，必须注意这种形体。

除了许书明列为一字的情况外，有些非字的构件还因为与另一全字偶然同形暗含在其他字中。例如《八上·尸部》：“尸，陈也，象卧之形。”这个“尸”即是“尸体”之“尸”字，从“尸”的字多与人体的臀尾部有关，便可知道它的本义。但是，从“尸”之字也有“屋”“㞟”（此宫殿之殿字）“層”等与建筑物有关的。这个形体还可以在“克”的字形中找到。《七上·克部》：“𠅞，肩也，象屋下刻木之形。”“克”下的“尸”，即是“屋”“㞟”“層”中的“尸”，画的是建筑物的栋梁，弯曲表示承担重量之形。“屋”的古文作“𡴖”，“克”的古文作“𠧚”，“丰”与“米”代替“尸”，也是画的房梁。所以，“屋”“㞟”“層”等字中的“尸”并非“尸陈”“尸主”之“尸”字，乃是另一个与之同形的文字构件。“克”之训“肩”（担负）而从“尸”，正是体现了这个构件的形体意图。不能正确了解有形无义的现象，而将构件与全字混淆，就很难正确解释这些字的形义关系。

（2）一形数用

形体对于它所记录的词义，只能是大致地、象征性地反映，不可能如绘画、摄影般地细腻精确。由于书写、记录的需要，字形总是向着整齐化、简略化的方向发展。因此，不同的词偶然采用了同一形体的现象就在所难免。笔划越简单，象征性越强，数用的情况越容易发生。文字是要求“分理别异”的，同一形体兼作两字两义，对作者和读者都不方便，而文字的整理者出于规范化的要求，也不愿承认这种一形数用的情况。所以，《说文》的正篆中绝不出现两个重复的字形。但是，《说文》从文字的实际出发，又不能否认一形数用的情况是大量存在的。因此，它用三种方法来搜集一些重复的字形：

第一，介绍古、籀文与小篆的同形异字。如：

"屮"。《一下·屮部》"屮"下说:"古文或以为艸字。"(小篆"屮"与古文"艸"同形。)今《汉书》"艸"每作"屮",《荀子》"艸"也有作"屮"的。

"𤴓"。《二下·疋部》"疋"下说:"古文以为《诗·大疋》字(按:即"大雅"),亦以为足字,或曰胥字。"(按:"足"或因形体相近而相混,"胥""疋"为古今字,均不算一形数用。)

"廿"。《三上·䇂部》"童"下曰:"籀文童,中与竊中同从廿,廿以为古文疾字。"《三上·十部》:"廿,二十并也。古文省。"

"爰"。《四下·𠬪部》"爰"下曰:"籀文以为车辕字。"(按:《十四上·车部》"辕"下不出此形。籀文或为用字之假借。)

第二,介绍某些专书或字说采用的同形异字,如:

"𢾭":《三下·攴部》"𢾭"(大徐本注"市流切")下曰:"《周书》以为'讨',《诗》云:'无我𢾭兮。'"(按:《说文》取《诗经》的音与义,而《周书》与《诗经》同形异字。)

"𢍏":《三上·廾部》:"𢍏,举也。从廾甶声。《春秋传》曰:'晋人或以广坠,楚人𢍏之。'黄颢说:'广车陷,楚人为举之。'杜林以为麒麟字。"以杜林说与黄颢说异。

"頫":《九上·页部》:"頫,低头也。从页逃省。太史卜书頫仰如此。杨雄曰:人面頫。"徐铉说:"頫首者,逃亡之貌,故从逃省。今俗作俯,非是。”(按:“頫逃”与“頫(俯)仰”义近。兼用一字,非偶然。)

第三,介绍因方言差异而产生的同形异字。如:

“𠂆”:《九下·厂部》:“㫃,仰也。从人在厂上。一曰屋梠也。秦谓之桷,齐谓之㫃。”《六上·木部》“楣”下说:“齐谓之檐,楚谓之梠。”《木部》“檐”训“㮰也”,“㮰”训“梠也”。可见“㫃”又与齐方言“檐”的音义相同,曾作过“檐”的异体字。

这样的介绍使一形数用的情况在《说文》中能较为合理地存在。但是,从文字的实际出发,在整个汉字体系中,形体的重复绝不都是以这种合理状态出现。即使在《说文》本书中,对一形数用的情况也无法都用古、籀、篆的区别,文献用字或字说说字的分歧,以及方言差异来解释。《说文》本书中也还存在着毫无缘由的重复形体。例如:

“𢆯”《四下·玄部》以为它是古文“玄”字,而《十四下·申部》又指明它是古文“申”字。

“𤓽”。《八上·人部》以为它是古文“保”字,而《十四下·子部》又明言它是古文“孟”字。

……

可见同是古文，又无字说分歧和方言差异，也可以出现一形数用的问题。而且，除了《说文》明文介绍的一形数用外，还广泛地存在着一形数音的现象。“玖”“丨”“蹁”“зр”“囟”“訇”“皀”“邪”“囧”“瘟”“袋”“狋”“猲”“狛”“ 㚔”“媒”“铦”“輥”“輴”等字在《说文》的说解中都有明确的两个以上的读音。字是记录音义结合的词。《说文》中记录的不同读音，一般不包括语法音变或训诂音变，所以数音必然意味着数字、数词，也必然有数义。

除了明确的一形多音多义外，从《说文》和其他典籍及专书对照，还可以考察出一些同类情况。比如“丱”字，《说文·九下·石部》：“磺，铜铁朴石也。从石黄声，读若穬。丱，古文矿，《周礼》有丱人。”《周礼·地官》“丱人”，郑注：“丱之言矿也。金玉未成器曰矿。”可见“丱”即是古“磺”（后出作“礦”，简化为“矿”）字。唐人张参《五经文字》说：“丱，古患反。《说文》以为古‘卵’字。”唐玄度《九经字样》也说：“《说文》作丱，隶变作卵。”《周礼》贾公彦疏说，“丱”字除为“磺”的古文外，“复为总角之丱”。这些说法都是成立的。《诗·齐风·甫田》“总角丱兮”，“丱”即“卵”，是梳在头两边的髻。《说文·十三上·絲部》“𢆶”从“丱”得声，读“古还切”，证明“丱”确有“卵”的读音。

一形多音多义现象比较复杂，它与“本无其字，依声托事”的假借不同。假借虽不同义，但却必须同音，而一形数用多义必伴之以多音。它与孳乳分化也不一样，孳乳字必然音近义通，而一形数用则音义均无相同的渊源。它只是造字中字形的偶然重复。明了这种现象，在运用以形索义方法时便可避免拘于一音一义，而使语义难明。如不承认“卝”代表两字，“总角卝兮”硬用“磺”来解释，未免失之千里了。

（3）一字多形

一字多形即是异体字，这本是一种容易理解的现象。《说文》中的“重文”就是许慎对这种现象的公开承认。一字多形对“以形索义”是大有好处的。因为，不同的形体可以增加比较和参考的因素，使我们对这个形体所记录的词的本义得到多方面的了解。例如，“造”的古文“艁”从“舟”，可以帮助我们了解它的本义是集舟而为浮桥，所以它与“集”“就”音相近，义相通。“羌”的古文作“[illegible]”，象羊之形，知“羌”与“羊”本是一字，确由“羊”得名。“備”的古文作“[illegible]”，从“女”，可以确知它与“婦”（简化作“妇”）“服”均是同源字。

重文中有一部分是独体象形与加形旁标类后仍为一字的。例如：

> “畫”与“劃”。《三下·畫部》：“畫，界也。象田四界，聿所以畫。”它有两个古文，一个从“聿”、从“田”，另一个从“聿”、从“田”还从“刀”。从“刀”的重文说明，古文中“界畫”与“刻畫”是统一在一字中的多义。
>
> “互”与“笠”。《五上·竹部》：“笠，可以收绳也。”古文作“互”。收绳之器为竹制，象形之后加“竹”旁标其类。
>
> “哥”与“謌”。《五上·可部》：“哥，声也。从二可，古文以为謌字。”“哥”是“唱歌”的“歌”的本字，后加“言”以标其类。

"喜"与"歖"。《五上·喜部》:"喜,乐也。"并说:"歖,古文喜从欠,与欢同。""欢"训"喜乐",从"欠",表示一种溢于言表的欣喜,与仅仅心中的高兴有所不同。

"朮"与"秫"。《七上·禾部》:"秫,稷之黏者,从禾,朮象形。"或体"朮",省禾。"朮"本独体象形,加偏旁表示其为禾类。

……

这种公开标明的重文,又可证明异部的"共"与"拱","因"与"茵""鞇","次"与"茨"……凡所加偏旁表明的仍是原字的义类,那么,加上偏旁后与不加偏旁之字也是重文。

异体字在使用时是多余的,往往成为阅读的干扰,但在训诂中运用以形索义方法时,却大有裨益,不可忽视。

(4)广义分形

词义是概括性与具体性的统一,概括性表现在运用中则有广义。也就是说,词义的概括性越强,它所应用的范围越广。但是字形往往只能从它的具体性出发来绘制,所以,如果完全按照字形来解释字义,则字义往往比词义狭小。《说文》"若"训"择菜",是因为泥于它形体从"艸";而在应用时,却只有广泛的"择"义,并不必是"择菜"。"辅"从"车",必以"车辅"义解之,但文献中却常以之用作广泛的"辅佐"义,不必是"车辅"。这样,《说文》中有许多字义稍别而字形不同的字,从词的角度看,便可归纳为一个广义之词。只是因为《说文》把形义结合作为释字的准则，所以将记录广义词的字分形过细。这些字虽在字书中承担着包含在广义词里的各种具体词义，但在文献中却往往通用，而且都能承担广义。所以应当看作字分词不分，实际上也是一种异体字。章太炎先生《文始》中的多数“变易字”，即是指的这种情况。在运用以形索义的训诂方法时，必须将广义而分形的字归纳到一起，才可于多种具体词义中见其概括词义。例如：

“噂”与“僔”。《二上·口部》：“噂，聚语也。从口尊声。《诗》曰：‘噂沓背憎。’”《八上·人部》：“僔，聚也。从人尊声。《诗》曰：‘僔沓背憎。’”两字下都引《诗·十月之交》文。《释文》“噂”下引《说文》作“僔”，《左传·僖公十五年》也引作“僔”，可见“噂”下引《诗》为后人所加。其实这两个字在应用时通用，意义都是“聚”，引申为“多”，本可不分形。但《说文》因“噂”从“口”，便训为“聚语”，而将从“人”之字训“聚”（实际为“聚众”）。二字应归纳为一词。

“连”“辇”“聯”。《二下·辵部》：“连，员连也。从辵从车。”段玉裁以“员连”无解，改为“负车”，即人在前輓车而行。《十四上·车部》：“辇，輓车也。从车从扶。在车前引之。”与“连”完全同义。《周礼·乡师》“輂辇”，故书“辇”作“连”，郑众注：“读为辇”。《十二上·耳部》：“聯，连也。从耳，耳连于颊也。从絲，絲连不绝也。”这三个字都可通用为“连缀”“连接”“关连”义。本来包含在同一广义之中，只因造字时体现了不同的意图而使字形有异，《说文》即分成三部放置，其实是一词。

“嘒”与“譿”。《二上·口部》：“嘒，小声也。从口彗声。《诗》曰：‘嘒彼小星。’”而《三上·言部》：“譿，声也。从言歲声。《诗》曰：‘有譿其声。’”“有譿其声”即《云汉》“有嘒其星”，知“嘒”“譿”实为一字。

“諐”与“愆”。《二下·辵部》：“諐，过也，从辵侃声。”《十下·心部》：“愆，过也，从心衍声。”籀文作“𠍴”，正从“侃”。“侃”“衍”都在“寒”韵。“过”有“经过”“过失”两义，所以一从“辵”，一从“心”，实为一字。

“豉”与“投”。《三下·殳部》：“豉，繇击也。从殳豆声，古文设如此。”《玉篇》作“遥击”，《字林》始有“遥”字，《说文》“繇”即“遥”之借。向远处扔击，也就是“投”。《十二上·手部》：“投，擿也。从手从殳。”与“豉”同义。

……

这种现象，有人称作“异部重文”。而许书放在异部，与他正式标明的重文还有些差别，归纳更需花一番功夫。

运用以形索义的方法，须将这些材料归纳到一起。通过这些异体字来考察词义，可以更准确，更见其特点。

以上情况说明，以整个文字与全部词汇比较，它们的差异是显而易见的。“以形索义”的方法目的是为了通过字来研究词，所以，就必须重视这种差异。形同义分的，要将形分析区别开来;形分义同的,又要将形归纳统一起来。在矛盾中寻求统一,从差异中见其一致。这是从训诂的角度来研究文字不可缺少的工作。

3. 汉字的表音趋向和造形与用字的矛盾

从汉字原始的造字原则来说,形义是统一的。但是,由于表意文字无法适应语言逐渐丰富和书面交流日益频繁的需要,就使汉字的表音趋向越来越明显。反映在造字上,首先是象形、指事和会意造字的能产量比例逐渐减少,形声成为主要的造字手段,后出的派生词大部分是用形声来造字的;其次,在派生词采用形声手段造字时,声母(按:指形声字的表音构件)的选择也渐渐只存声音这一因素而不泥于根词的形体了。因此,在理论上,“右文说”必然为“右音说”所代替。反映在用字上更为突出。说字之书尽管重形而用字之人却往往重音。同音替代的现象大量产生,有的已经过一段约定俗成被固定下来。这就使形与义脱节的现象越来越突出,而原来被形义关系冲淡了的音义关系越来越明显。字书与文献的用字已有很多地方不能统一,以致忠于文字现实的许慎,不得不在《说文》中对这种现象加以反映。《说文》中的“读若”和引经,有相当一部分是反映这种同音借用现象的。

造形与用字的矛盾尽管越来越大,但是汉字却始终未能发展成拼音文字,仅仅处在音意并存的状态,而且仍然是尚形的。因此,在研究古代文献的词义时,从形义矛盾的情况中追溯其发展线索,认识其演变规律,把声音这个因素考虑进去,仍可以探求到形义统一的原始状态。在做这个工作时,《说文》仍然可以给我们提供必要的线索。

造形与用字的矛盾主要来源于一般所称的“用字的假借”或“通假”。实际上,所谓的“通假”反映了两种不同的文字现象:一是同源通用字;二是同音借用字。

(1)同源通用字

新词因词义引申而派生后,便孳乳出相应的新字。新字的字义已由发源字(按:指孳乳字的直接发源字)分化出来,但是,由于过去长期的习惯,在新字尚未被完全习用的过渡阶段,有与发源字通用的情况。这就是同源通用字。例如:

“風(风)”与“諷(讽)”。《说文·十三下·风部》:“风,八风也。……”指自然之风,引申为“风化”,《诗·序》:“上以风化下,下以风刺上。”后将“下刺上”的意义分化出来,产生了孳乳字“讽”。《广雅·释诂》:“讽,谏也。”《后汉书·李云传》:“礼有五谏,讽为上。”注:“讽谏者,知患祸之萌而讽告也。”可见《后汉书》“讽谏”义已习用作“讽”。但《汉书》“讽谏”义仍用“风”,凡几十见,并多处注“读为讽”。朱骏声认为“反以借字为正字,失之矣。”其实,这不过反映孳乳字与发源字在过渡阶段的通用现象,很难说孰正孰借。

“正”与“政”。《说文·二下·正部》:“正,是也,从止,一以止。”从字形看是“正直”“方正”“中正”的本字。引申为“教化”“治理”(即“使民正”)之义,孳乳出“政”字。“政”

的词义本来包含在“正”中，所以，两字有相当一段时间通用。例如，《书·微子》“乱正四方”，《史记》“正”作“政”；《左传·文公六年》“弃时政也”，《昭公十五年》“以为大政”，《汉书》“政”皆作“正”。《尚书》《论语》《周礼》等文献中，二字互训的情况更为常见，都反映孳乳字与发源字的通用。

“時(时)”与“蒔(莳)”“塒(埘)”。“時”有定时与定点两义。分秧匀插即使秧苗定点，孳乳出“蒔”字。每晚鸡禽所归的定点叫“塒”，也由“時”孳乳。但“蒔”与“塒”与“時”仍有通用的时期。《书·舜典》“播時百谷”，《诗经·王风·君子于役》“鸡栖于塒”三家诗或作“鸡栖于時”，……都应理解成“蒔”与“塒”未习用时仍用发源字的现象。

……

这种现象，一般认为是“通假字”中的“通用字”。因为孳乳字的意义是由发源字引申而分化出的，所以，它们之间意义有相关或包括的关系，从本质上说，是孳乳造字在过渡时期必然呈现的状况，不是文字的借用问题，必须与后面所谈的同音借用字分开。

（2）同音借用字

同音借用是用同音之字替代本字的现象，它是造成形义脱节的主要原因，也是把文字单纯看作声音符号的一种表现。大量的同音借用字，由于长期沿用，约定俗成，借用字已经通行而为用字者和阅读者共同承认，与字形相贴切的本字反而不再承担这个意义了。这种情况在《说文》中已有大量反映。例如：

“離”(“縭”)。《说文·四上·隹部》:“離黄,仓庚也,鸣则蚕生。”从形体看,不可能产生“分离”的意义。《十三上·糸部》:“縭,以丝介履也。”“分离”“隔离”义由此引申,而“縭”废“離”行。

“畢”(“斁”)。《四下·華部》:“畢,田罔也。从華象畢形微也。或曰由声。”假借为“完畢”之“畢”字。后出“斁,尽也”(在《三下·攴部》),“斁”作“完畢”字,形义切合,但“畢”通行而“斁”废用。

“油”(“膘”)。《说文·十一上·水部》:“油,水出武陵孱陵西,东南入江。”本义是水名,借用作“油脂”之“油”字。“油脂”之“油”本字应是“膘”。《说文·四下·肉部》:“膘,牛胁后髀前合革肉也……读若繇。”“繇”与“由”通。“膘”与“腴”为同根词,“腴,腹下肥也”。都说明“膘”是“油脂”的“油”的本字。但“油”通行而“膘”不再直接用于此义。

“楚”(“齭”“黼”“所”)。《六上·林部》:“楚,丛木,一名荆也。”借用为“痛楚”“激楚”“衣冠楚楚”之“楚”字。而“痛楚”字于《说文》当作“齭”。《二下·齿部》:“齭,齿伤酢也,从齿所声,读若楚。”即“酸楚”“痛楚”字。“激楚”按《说文》应作“歘所”。《八下·欠部》:“歘,所謌也。”此处应作“歘,歘所,謌也。”“衣冠楚楚”依《说文》当作“黼”。《七下·黹部》:“黼,合五采鲜色。从黹虘声。《诗》曰:‘衣裳黼黼。’”而“楚”行,“齭”“黼”废用,“所”也不曾用于“歘所”。

“僚”(“撩”)。《八上·人部》:“僚,好貌。”借作“官僚”之“僚”字。“官僚”之“僚”本字当作“撩”。《十二上·手部》:“撩,理也。”即今之“料”。“官僚”即“管理”。但“僚”“料”行而“撩”不用作此。

“康”(“犺”“甿”)。“康”即“穅”的重文。《七上·禾部》:“穅,穀皮也。”或体作“康”。借作“康健”“康庄”之“康”字。“康健”之“康”字应作“犺”。(“犺,健犬也”),《广雅·释诂》:“犺,健也。”“康庄”之“康”字应作“甿”。《十三下·田部》:“甿,境也。一曰陌也。赵魏谓陌为甿。”但“康”行而“犺”“甿”废。

“容”(“颂”)。《七上·宀部》:“容,盛也。”古文“容”从“公”作“宆”。这是“容纳”的“容”。“容貌”“容颜”的“容”应作“颂”。《九上·页部》:“颂,貌也。”籀文作“額”。但“容纳”“容貌”共用一字而“颂”作他用。

“委”(“媪”)。《十二下·女部》:“委,委随也。从女从禾。”徐铉说:“委,曲也。取其禾谷垂穗委曲之貌,故从禾。”“委弃”即是“唾弃”,“委”字应作“媪”。《九下·丸部》:“媪,鸷鸟食已,吐其皮毛如丸。”皮毛为食罢吐弃之物,引申有“弃”义。但“媪”废而用“委”字。

“斤”(“釿”)。《十四上·斤部》:“斤,斫木也。”此是“斤斧”之“斤”。作量词的“斤”与“斤斤计较”的“斤”当作“釿”。《十四上·斤部》:“釿,剂断也。”但“釿”废而“斤”行。

“所”(“疋”)。《十四上·斤部》:“所,伐木声也。”此是象声之词。“处所”的“所”应是“疋”。《二下·疋部》:“疋,足也。上象腓肠，下从止。”引《管子·弟子职》“问疋何止”。“疋”是“足”，引申为“处所”义，正如“止”是“足”而派生“地址”的“址”一样。但文献“处所”字多作“所”，“所”的本义反而很少用了。

……

以上情况由于约定俗成，本字的意义完全转移到借用字身上，与借义重新结合的形自然无法与借字的本义相贴切，必须沿着声音线索找到本字，才能窥见形义结合的原始状态，从而对词义的发展有进一步的了解。同时，运用形义统一的原则，才能把一个字所承担的两个词分析开来。例如，同一个“所”字，承担着本义“伐木声”，又承担着被“疋”借用而产生的“处所”义。将两个字形分析开，才能将“伐木声”和“处所”这两个不相干的意义离析开，从中看出两个词来。同样，“委曲”与“委弃”，“斤斧”与“斤斤计较”，“容纳”与“容貌”……都是同字异词，也都需要用“以形索义”的方法加以离析。

这种现象由于词义全然转移，本字不再通行，借用字反而通行，对阅读者说来，也便不再追究原来的形义关系，情况倒比较简单了。还有另一种同音借用字情况较为复杂，那就是本义并未彻底转移到借用字上，本字与借用字同时通行，都可承担同一意义。例如“伸”与“信”。“屈伸”“伸展”的“伸”字常写作“信”。而“信”训“诚”，与“伸”义毫不相干。但“信”仍主要承担它的本义，承担“伸”义是临时的。而本字“伸”又同时通行。这就出现了一种比较复杂的情况。对于“屈伸”“伸展”义来说,可同时用“伸”“信”两个字来承担,便出现了同词异字的情况;对于借用字“信”来说,可同时承担“诚”与“伸”两个意义(包括由此产生的引申义),便又出现了同字异词的情况。这种现象在今天的阅读中尤为重要。一般认为的“用字的假借”,多指这种情况。对这种情况,用形义统一的原则判别本字和借用字又是必不可少的工作。文献中常见的“拒”与“距”(《墨子·公输》“子墨子九距之”,“距”是“拒”的借字),“悛”与“诠”(《左传·哀公三年》“外内以悛”,注:“悛,次也。”“悛”是“诠”的借用字)等均属此类。

为什么有的同音借用字通行而有的却不能通行呢?从语言统计观点看,主要是本字与借用字出现频率的差异决定的。本字是非常用字而借用字是常用字,往往本字废用而借用字通行;本字与借用字都是常用字或都是非常用字,往往本字与借用字同时通行;反之,借用字是非常用字而本字是常用字,则借用字只能偶或用之,很难长期存在。

从文字的角度来讲,往往把字书所收形义贴切之字目为“正字”;但从训诂的角度,则无法否认通行的借用字所承担的词义。只不过为了探求本义,从而进一步研究词义的发展,才去追究形义统一的原始状态罢了。

4. 文字形体不断增多与古今字形的差异

文字的演变是由两方面的动因决定的:一方面表现为自身形体在运用中的变化——不断有新的创造和取舍。另一方面,而且是主要方面,它要受语言的制约。语言中词语的增加和书面表达内容的逐渐复杂,要求文字在原有基础上分形日细,减少字与词的矛盾而使书面语记录口语的功能不断增强。但是,词语本身是随着社会的发展和人的认识发展无限增多的,而字形的发展却不可能无限。过多的字形为人类的天然智力所不容。因此,表意文字必须借助于声音来合并、节制。章太炎先生的《转注假借说》,辩证地解释了字形的增多和节制这种相辅相成的运动。章太炎先生说:"盖字者,孳乳而寖多。字之未造,语言先之矣。以文字代语言,各循其声。方语有殊,名义一也。其音或双声相转,叠韵相迆,则为更制一字,此所谓转注也。孳乳日繁,即又为之节制,故有意相引申、音相切合者,义虽少变,则不为更制一字,此所谓假借也。"① 我们且不去讨论章氏的"转注"与"假借"是否符合许慎的原意,也不去讨论这样确定"转注"与"假借"的义界是否妥当,只就这一说法所阐明的表意文字发展的总规律来说,应认为是切合实际和符合辩证法的。

文字虽然在增多与节制互相制约的情况下发展,但在表意文字未能彻底改变为拼音文字时,字形的增多是绝对的,节制是相对的。汉代的《说文》所收字形加上重文才 10516 个,梁代的《玉篇》收字达 16917 个,清代的《康熙字典》收字增到 47035 个……从这里即可看出汉字增加的总趋势。

由此看来,《说文》所收的字形不但对后出的字形未能包括,

---

① 见《国故论衡・转注假借说》。

便是对当时已产生和流行的字,也未能尽备。最有力的证明便是,《说文》的说解中,就有相当一批字是不见正篆与重文的。这种情况便是完全拘守《说文》的学者也无法否认。前代的经学家和小学家常以《说文》为根据来“正字”。例如,唐代颜元孙《干禄字书》将文字分为“俗、通、正”三体,清代毕沅作《经典文字辨证书》将字分作“正、省、通、别、俗”五例。近代学者黄季刚先生“依毕氏之言,更加研索,取证刘歆、许慎之言,得分古今为二类八目”。即:第一类,《说文》正字,又分“正、同、通、借”四目;第二类,《说文》后出字,又分“讹、变、后、别”四目。这种种说法,都以《说文》为正,以不见《说文》之字为“俗误”,自然包含着一定的偏见。但如果就各种字形与《说文》对比,通过它们与《说文》所收之字的关系来探索文献词义,这些分类尚属较为全面,有可参考的价值。

不过,从字与词的关系看,《说文》之外的字形与《说文》所收的字形比较,实际上只能有以下三种情况:

(1)字形本身的演变——新形反映旧词

《说文》中已有为这些词所造的字,只是未能通行,别体字反而通行。这些别体字《说文》未收作重文,或因古文经典未用,被认为是“俗字”,或因隶变后才出现,被古文家许慎所不取。但它实际上也是一种字形的重复,即异体字,并未反映词语的增加。例如:

“帆”,《说文》作“颿”。

“尖”,《说文》作“鑯”。

“村”,《说文》作“邨”。

“亮”,《说文》作“琼”。

“剃”,《说文》作“鬀”。

“针”,《说文》作“鍼”。

“晴”,《说文》作“姓”。

“瞬”,《说文》作“瞚”。

“蹤”,《说文》作“鞑”。

“酽”,《说文》作“醶”。

……

对于这种字形,不论它出现得多晚,仍可以追溯到《说文》,找到与之相应的正篆,并且将它的形义关系考察清楚。

例如,《说文》没有“丢”字,但不等于说当时没有“丢”这个意义,没有与之相应的词。考之《说文》,“投”“豉”都与“丢”同义声近。而《十下·幸部》:“盩,引击也。”读“张流切”,音义与“丢”全同,可见“丢”这个词当时是用“盩”字记录的。又如,《说文》没有“噁”字,也不等于说当时没有“噁心”这个意义。《八下·欠部》:“欸,心有所恶,若吐也。”正是“噁心”的“噁”字。又如,今天说有人讲话重复罗嗦叫“唠叨”。《三上·言部》:“詾,往来言也。一曰小儿未能正言也。一曰祝也。”“唠叨”源于“詾詾”。(古音“见”系、“帮”系、“端”系的塞音常与“来”纽相通。如“路”“络”从“各”得声,“裸”从“果”得声,“變”从“䜌”得声,“稟”从“亩”得声,“裥”从“同”得声,“剅”从“豆”得声……知

“詾詾”变“哰叨”有迹可寻。）再如，今天所说“滑澾澾”，“澾”声作“滑”的词尾，即《十一上·水部》“泰，滑也。从廾从水大声”的“泰”字。

尽管一部分后出之字甚至现代方言字可以由《说文》中找到来源，但由于词义本身也在发展，后出字所记录的词与《说文》中的字所记录的词不可能完全一样，许多是音义都有了变化，只不过究其根源，仍可见其内在的联系罢了。找到这种内在联系，对词的发展线索和字形演变的情况便可作进一步的研究，对训诂学探求词义是十分必要的。

（2）根据新派生词所造的新孳乳字——新形反映旧词的发展

《说文》反映的是记录古文经典的文字。但是这些文字产生也有先后。《说文》所收之字既有发源字，也有孳乳字。《说文》之后，派生词仍不断产生，文字随之继续孳乳。《说文》之外的字形中，就有相当一部分是根据新的派生词而产生的新孳乳字。这些字虽脱离了《说文》的本字本义，但仍可通过《说文》找到它产生的源头。例如：

> “件”。《说文》正篆及重文本无此字，只在“牛”字的说解中有之。《二上·牛部》：“牛，大牲也。牛，件也。件，事理也。象角头三、封尾之形。”徐铉在《八上·人部》的末尾增加了“件”字，说：“件，分也。从人从牛。牛大物，故可分。”段玉裁因为“件”字是徐铉增补的十九文之一，便将“牛”字的说解改为“事也。理也。象头角三、封尾之形也”。其实段

玉裁只知其一,不知其二。《说文》的说解中常有不见正篆和重文的后出字。“件”字正是“健”“腱”后出的孳乳字。《八上·人部》:“健,伉也。”“伉”训高举,牛的肩封坟起,为服轭负重之处,表现为用力之状。而用力之处多筋腱。《四下·筋部》:“笏,筋之本也。”重文正作“腱”。所以“健”与“腱”是同源字。“件”正是它们的孳乳字,所以字从牛。因筋腱有膝理,所以“件”训“理”,有“条”的意思,后代通行作量词,“一件”就是“一条”。通过“健”与“腱”,便可知道“件”的形义来源。

“绽”。北方话口语衣服的缝线开了叫“绽线”,引申为花蕾初开叫“初绽”。《说文》没有“绽”字。但《十三上·糸部》:“组,补缝也。”《八上·衣部》:“袒,衣缝解也。”缝线裂开叫“袒”,裂处缝合叫“组”,反义词同源。正如“裂缝”与“缝合”同字。很明显,“绽”就是“袒”因音变而更换声旁造的后出字。或以为是“组”的新孳乳字。

“描”。《说文》无“描”字。《八下·皃部》:“皃,颂仪也。”重文作“額”或“貌”。“描”字正是“貌”引申为动词后的新孳乳字。杜甫诗中“曾貌先帝照夜白”“画工如山貌不同”“貌得山僧及童子”……其中的“貌”都等于后来的“描”,即可证此。

“浑”。当“完整”“完全”讲,音 hún,为借用字(《十一上·水部》“浑,混流声”,无“完整”义)。“浑身”即是“全身”。陕西方言“整裆裤”叫“浑裆裤”。或分为双音缀连绵词，字写作“囫囵”。《说文》没有“囫囵”二字。但《六上·木部》：“梡，棞木薪也。”音“胡本切”。“棞，梡木未析也。”音“胡昆切”。“浑”正是“棞”“梡”的新派生词，字以“浑”代，而“囫囵”则是因派生词而产生的孳乳字。

……

这类字虽不见于《说文》，但可通过《说文》溯源，并因此而将今义与古义联系起来认识。

（3）根据新的音义结合体所造的新字——新形反映新词

字的增多主要动因是由于词的增多，而有些新词则由于新事物或新思想的产生而采用新音与新义结合而成。由此产生的新字，在《说文》中不一定找到字源。如：

《说文》没有“鳃”字，说明当时生物学还没研究鱼腮并为之命名。

《说文》没有“孀”字，说明当时还没有为死去丈夫的妇人专门命名为“孀妇”，经典或称“寡”，不是专名。“嫠”字则是《说文》新附字。

《说文》没有“泵”字，那是因为当时根本没有这种机器。

……

总之，想把每种方言中的每个词每个字都从《说文》中找到根据是不可能的。不论是索求形义贴切的“正字”，或是探求反映本义的发源字,都需持之有据,不可牵强附会。

用发展的观点看待文字,既要看到字与词的继承性,又不能排除新词、新字因音与义偶然结合而产生的可能性。这样才能正确参照《说文》,从文献用字的实际出发,运用“以形索义”的训诂方法来探求词义。

5.“以形索义”训诂方法的提要

前面说过,“以形索义”的训诂方法必须在本字、本义、笔意这三个条件具备的情况下才能使用。而古代文献中直接具备这三个条件的情况又是较少的。因为,文字的发展恰好向与这三个条件相反的方向前进:词义不断通过它的基本运动形式引申而发生着变化,引申是多向的,又是多层的。引申的层次越多,引申义与本义的距离越远,与原始形体的联系也越模胡。造字与用字的表音趋向越来越突出,同音借用使本字不通行的情况日益增多。加之文字隶变、楷化,再加上后来的简化,已经完全成为一种符号,笔势占了绝对优势,而笔意早已不复多见。这就使“以形索义”的障碍越来越多,训诂家在运用这个方法时,必须克服这些障碍,将不适应的条件转化为适应的条件,而不能简单从事。

而且,在运用“以形索义”的方法时,又必须依据《说文》。因为《说文》用形义统一的原则,系统地反映了当时文字的整体,形、音、义的说解来源于古代文献,能够实事求是地为我们提供直接的根据或有用的线索。甲骨、金文虽早于《说文》,但较为零散,缺乏大批有影响的文献语言作根据。以后的字书虽然较之《说文》收字更全,但综合各代之字,于历史的探求又嫌杂乱。所以,《颜氏家训》说:"大抵服其为书(按:指《说文》)隐括有条例,剖析穷根源,郑玄注书,往往引以为证;若不信其说,则冥冥不知一点一画有何意焉。"这个说法实非复古保守,而是比较客观。离开《说文》,不但无法直接推求上古文献的词义,就是前代训诂大师的注释,也很难理解贯通。尽管如此,《说文》的局限性也是明显存在的。由于当时所见材料的限制和许慎语言文字观的某些缺欠,加之他所从的古文师说未能兼收并包,所以,《说文》所收之字和其中少部分形、音、义的解释,就难免有失误和遗漏之处。这种情况当前已发现不少。许慎泥于阴阳五行之说牵强解释形义的地方,就是明显的例子。就材料的全面来说,例如:以《说文》的重文与《玉篇》比较,《说文》的同部重文而《玉篇》异部的,共331字;《说文》的重文,《玉篇》分为两字不作重文的,共51字;《说文》的重文,《玉篇》不收的,共116字;《说文》未收之重文,《玉篇》新出的,更不计其数。这自然相当一部分是反映了文字的发展,但也同时可以看出,《玉篇》时期比《说文》掌握的资料也更多了,准确性也相对大了一些。后来发现的更早期文字甲骨、钟鼎,既有相当一部分进一步证实了《说文》的正确,也有一小部分足以说明《说文》的纰缪。因此,前代训诂学者泥于《说文》之形而说义必会有不少错误。

由于以上原因,在运用"以形索义"方法时,必须进行以下几方面的工作:

(1)匡谬:参照前代的甲骨、金文,同代的训诂专书(如《尔雅》《方言》《释名》),后代的字书、韵书(如《玉篇》《广韵》),将《说文》

关于字形说解的谬误之处改正，求得原始笔意的真相。

（2）离析：将同源通用字和同音借用字按其与意义贴切的字形离析开来。

（3）归纳：将异体字（包括同时的和后出的）、广义分形字的不同字形加以归纳综合，以便从多方面了解形义的发展。

（4）追溯：遵循词义发展的线索，由孳乳字追溯至发源字，由引申义追溯至本义，才可用字形证明字义的存在和发展状况。

（5）核证：探求字义不能只凭字形附会，必须核证文献语言，做扎扎实实的调查研究工作，才能使形义的统一关系反映无误。

只有通过这些工作，在运用“以形索义”的方法时，才能不犯“望形生训”的错误。因此，“以形索义”的训诂方法运用时必须和“因声求义”与“比较互证”这两种方法结合起来，一方面因声而归形、析形，再以形而索义；另一方面贯穿系联意义的引申线索，溯其本义，再以形而证义。这样便可使词义的探求更为准确了。

二十六、《说文解字》及汉字的字理研究[*]

不论是汉语母语教学还是以汉语为目标语的双语教学，都不能离开汉字教学。教学汉字有很多方法，其中有一种字理教学。有些人把字理教学当作一种“流派”，提出一些字理教学模式，与其他教学方法等并列起来。字理问题仅仅是教学方法的一种吗？应当说，其他的教学方法都属于教学的具体方式，而字理问题则是汉字教学的一个重要原则，与那些教学方式是不在一个层次上的问题。这一点，需要从理论上进一步说清。要想说明字理问题，就必须涉及一部中国古代的文字学专书《说文解字》，这部书从理论和实践两个方面，全面系统地解决了汉字字理的问题。

1.《说文解字》与“字理”的定义

许慎的《说文解字叙》说：“黄帝之史仓颉，见鸟兽蹄迒之迹，知分理之可相别异也，初造书契。”这几句看起来很普通的话，其实含有很深刻的理念。它说明，早期的表意汉字是按照现实物象的存在来设计文字的形体。物象之文理构成汉字的字理。由于物象具有各不相同的外部形象，才使不同汉字的构形能够“别异”，

---

* 本文是我在韩国庆北大学校主办的汉语汉字学术研讨会上的发言，论文发表在庆北大学的《中国语文学》74辑（2017年），此次收入有所增改。

也就是具有区别性。这就产生了表意文字最初的“字理”概念,同时也确立了表意汉字构形的区别律。《说文解字叙》接着说:“仓颉之初作书,盖依类象形,故谓之文,其后形声相益,即谓之字,字者,言孳乳而浸多也。”这段话进一步说明,表意汉字先由直绘物象的象形字出发,积累了一批形义结合的初文,再运用这批初文的音或义生成其他的字,这些生成的字有了更复杂的字理。这就对汉字的字理概念有了更全面的阐释。

字理成为汉字学的一个基本概念,指的是汉字字形构造的理据。汉字根据汉语中与之相应的某一个词的意义来构形,这种汉字的形体中携带着的可供分析的意义信息,也就是字理。汉字具有字理,因此,汉字形体的构造具有可解释性。从造字的角度看,字理也就是根据词义设计汉字构形的意图,所以字理也称作“构意”。

这里有两个概念是需要厘清的:

一个是构意(字理)与词义的区别。在中国汉字学里,构意(字理)指汉字构形的意图;构形的根据虽然是语言的词义,但它并不是语义本身,只是语义在汉字里的具体体现。例如:

> “理”字从“玉”,是因为玉有纹理,雕刻玉器、玉饰需要顺理而行,因此有如此的字形构造。“理”的语言意义都与“条理”“纹理”有相似之处,但他的语言意义又并不只限于玉,“文理”“道理”“原理”等意义与玉石这种事物的联系已经很疏淡了。

又如：

> “降”的古文字字形左边“阝”是“阜”的变体，其实是竖着放的土山，右边是两只脚，像人走下山的形象，这是汉字构形的设计。但是“降”这个词当下降讲，并不一定是下山，更不一定是用脚。飞机降落不从山上，也不用脚。“降级”“降价”“降温”……只是等级、数量的减少，和文字的构造没有直接关系。所以，字理并不直接表示语言的词义。但是，字理表现的“下降”意义，却映射到每个语言意义身上。

字理是汉字表意性最本质的表现。在教学中，不懂得利用汉字的字理来统帅语义，不能纲举目张，是放弃了对汉字性质的教育，固然不可取；而有人把汉字构造的字理直接当成语言意义讲，也走入了一个误区。

另一个是字理与字源的区别。我们现在真实可见的最早汉字是殷商的甲骨文，这种文字距今3400多年。从其中汉字字形构造的状态来看，不可能是原初最早的汉字。所以，汉字真正起源时的原生状态，是无法知道的。作为表意文字的汉字，字体不断发展，每进入一个新的字体系统，字形构造都有一定的变化，来适应它所记录的语言的意义。也就是说，有些字后来的字理，与它原初的字源有演变关系，但是不完全一样。有些演变只是书写风格的变化，结构完全继承，也有些在字体演变的同时，结构也发生了变化，作为形义统一的字理，也就随之重新解释。这种现象称为“字理重构”。例如：

① …—禾—禾

禾苗的“禾”本是象形字，画出稻麦的穗沉甸甸地垂下的样子，从甲骨文到小篆（1–3）一脉相承，隶书、楷书（4–5）转成笔画，仍可直接回溯古文字的样子，属于结构完全继承。

② …—網—網—网

网络的“网”，甲骨文（1）是象形字，金文（2）虽有变化，但理据未变，小篆（3–5）第一个字形承袭金文，第二个或体递加了声符“亡”，第三个或体再加了义符“糸”，信息在原有形体上增加，字理比之早期字形越来越详尽、清晰。隶书（6）、楷书繁体字（7）与小篆最完善的形体一脉形成，简化字又回到金文，反而是一个古字。这属于继承之余再加信息。

③ …—徒—徒

徒步的“徒”，步行。甲骨文（1）是一个多体象形字，上面是土（中空的是土块，小点是尘土），下面是一只脚。表示用脚在地上走路。金文（2）“土”“止”（即脚）都成字化，又加上“彳”表示街道，字形成为“从彳从止从土”，用脚在地上走路的字理更加清晰。小篆（3）“彳”与“止”拼合成部首“辵”，“土”成为声符，字形成为“从辵土声”，字理保留了走路的意思。从这个演变的轨迹中可以看出，“徒”的字理随着部件组合的变化，不断重新解释。这种情况，称作理据重组。

④ [illegible]—[illegible]

天空彩虹的“虹”字，甲骨文（1）画出像桥一样的弧，根据传说，两端是一种神兽的象征。小篆（2）将两端相连的曲线改造为“工”字，成为声符，取“虫”为义符，字义未变，字形演变为形声字，如同新造一字，字理自然要重新解释。

上面4个例子说明，真正原始的汉字形源是无法寻求也难以证实的，我们所能看到的最早的殷商甲骨文和西周金文字形，与原始字形虽有一定的距离，但从中可以窥到汉字较早的状态。从上面的例子还可以看出，后代字形几经演变，形体与意义的关系发生了变化，但仍要保持形义统一的关系，因而在发展中产生汉字字理的重新解释。只要这种解释与同一时代和同一体制的汉字构形系统可以兼容，就是有益的，也是科学的。

厘清了上面两个问题，我们可以知道：字理是对不同时代表意汉字的构造意图作出的解释。这种解释一方面根据汉字的形体构造，另一方面还要根据汉字造字所依据的词的某个义项。字理解释的正确与否，要看对这个汉字的形义关系的阐发是否合乎事实，更要看它与所在的汉字构形系统是否切合，也就是与系统中的其他相关汉字的字理解释是否一致而无矛盾。

为什么说汉字字理的概念产生于《说文解字》呢？《说文解字》收正篆9353字，加上重文共10516字，它所存的小篆，和今天古文字学界整理的字表性质完全不同。那些字表是把从出土文献和文物上找到的字整理出来，编排在一起，存储起来，那些字都是实际所有的。而《说文解字》中的小篆，是许慎把他找到的传世文献和遗存文物中的汉字进行了系统化的处理，选择可以相互依存与兼容的形体，用篆体的形式表现出来、编排起来、讲解出来的，形成了一个汉字音义结合的总体，因而做到了就在这个封闭的聚合里以字解字。

需要说明的是，现代汉字进入楷书阶段，由于书写要求工整美观，有些汉字的字理不可以直接看出。一般情况下，需要借鉴小篆的字形。《说文解字》的小篆字形便成为不可或缺的十分重要的参照。

1. 字理是汉字根本性质的集中表现

讲解字理是汉字教学不可或缺的内容，这一内容要贯穿汉字教育的全过程。很多老师认为，在汉字教育中贯穿字理的讲解，只是为了激发学习者的兴趣，不使教学太枯燥，这种认识是远远不够的。字理涉及汉字的根本性质，汉字教育失掉字理，就失掉了汉字的灵魂，不但会增加教学的难度，还会使教学无所依傍，不得要领。

汉字是表意文字，这种类型的文字与拼音文字（比如英文、俄文）的根本区别在于，每个汉字的构形，都是以语言的意义为依据的，可以说，表意汉字的一切规律都建立在这种书写符号的表意性上，因此，汉字构形的设计可以用意义来解释，形义统一的字理便成为汉字表意性质的标志。只有理解了表意汉字的这一特点，学会分析汉字的字理，才能对汉字有准确的感觉和清晰的认识。讲解字理的重要目的，是使学习者对汉字的表意性质有所体会，而认识汉字的表意性，是把握汉字科学的最重要的前提。

如果不讲字理，下面3组字将会被认为是有直接关系的：

①三、王、丰　　②工、土、干　　③口、日、曰

其实，它们只是笔画相关，内在的联系几乎没有。而下面3组字却会被认为是没有关系的：

④赤、炎、光　　⑤典、删、扁　　⑥看、推、承

其实，如果我们有字理的观点，再写出这6组字的《说文解字》小篆与前面的楷书一一对应，就可以得出完全不同的结论。

①三、王、丰　　②工、土、干　　③口、日、曰

④赤、炎、光　　⑤典、删、扁　　⑥看、推、承

前三组，①的三个字楷书都有三横，但分别来自三个源头："三"以三横表示数目字三；"王"的古文王，像一把斧子，代表王权，下面曲线拉平才有了三横；"丰"的小篆形体来源于"生"，"生"的小篆作生，像草芽从土里长出。中间的一竖直通下来就是"丰"，表示草木丰盛，上面曲线拉平才成了三横。不论是形还是意义，三个字的三横彼此没有关系。②的三个字虽然都有两横，"工"的两横像四肢平展的人形，意为工整；"土"的两横像地，出头的一竖像

草木生出;"干"从"入",叉到"一"中,意为干预,上端拉平了才成为两横。③组的三个楷书"口"和"日"只差一横,"日"和"口"只是外框一长一扁,转成小篆才知道,"曰"和"口"确实有点关系,"曰"是"口"上加以个像上的弯折,表示说话出气,但它们与"日"没有任何关系。由以上三组例子可以看出,楷书笔画的相似,与字的构造意图不可以任意牵合、随便联系。用笔画来教字,是不正确的。笔画只是汉字书写的单位,不是汉字构造的单位。

汉字构造的单位是部件,也叫构件。要想理解汉字的构造意图,讲解汉字的字理,首先要认同部件。后三组,④组的三个楷书字从笔画看似乎毫无关系,一旦转成小篆,"赤"下面的部件是"火",从大从火,是火烧得最旺的颜色,所以古代以赤色为正色。"炎"从两个"火",表示烈焰。"光"的上方也是"火",从人从火,人持火把表示光亮。这三个字的字理都与火有关,只是到了楷书阶段,由于书写的缘故,"火"的形体发生了变化,"炎"用正体,"赤""光"都用变体。⑤组的三个楷书字,初看起来没有相似之处,转成小篆后,"典"上从"册",册表示书册,下从"几",书册置于几上,即为典——典籍、盛典。"删"从刀从册,古书写于竹简,用刀具刳去书册中的字,即为删。"扁"原本是官员任命的名册,后来成为一种书体,秦书八体有"署书",专门用来签署姓名。《说文解字》说:"扁,署也。从户册,户册者,署门户之文也。"⑥组的三个字,从笔画看也归纳不出相通之处,转成小篆后可以看清,三个字都从"手"。"看"上部件是"手",下部件是"目",以手遮目远观是它的结构原理。"推"是从"手""隹"声的形声字,日常生活中可以徒手完成的动作，诸如“推、拉、提、按”等，都是从“手”的形声字，“手”变“扌”（提手），是置于左边的部首有规则的变体。“承”是“丞”加“手”，“手”放在中间，与“丞”中的竖交合，表示承托，它的构造原理在小篆里才能看清。

汉字的独体字，由于是象形字，它们的形体要到古文字阶段才能清楚地看到象物性，从古文字过渡到楷书，也必须经过《说文》小篆：

上面9个字，第一行是甲骨文，第二行是小篆，第三行是楷书。甲骨图形性强，难以立即与楷书联系，小篆采用8种线条（横、竖、斜、弧、曲、折、封、点）构字，与楷书的笔画逐渐接近，构意可见。除此以外，这些字形与造字意图的关系，以及映射到构形上的词义，在它们构造其他字的时候，也是可以完全显示出来的：“日”从“晴、旦”等所从字中可见他“太阳”的意义，“月”从“朗、期”等所从字中可见他“月亮”的意义，“山”从“峰”“峦”等所从字中可见他“山峰”的意义，“雨”从“露”“霖”等所从字中可见他“雨露”的意义，同理，“马—骑、驾”“鹿—麗、麈”“魚—渔、鲈”“车—轮、辙”“衣—袖、襟”等，都可以在构字环境里，从他们的所从字中看出他们所表示的意义。

将字理贯穿汉字教育的始终,正确讲解字理,使学习者了解字形构造的意图,是为了在认字的基础上,从本质上把握汉字的特性。完成这个教学任务,必须从部件着手,不可以把字拆成笔画。对于使用拼音文字的非汉语母语的学习者来说,这一点更为重要。如果没有形义统一的观念,离开了字理,每个汉字只不过是一堆没有规矩的笔画堆砌,毫无规律可寻,其后果必然使初学者认字难以记忆,写字缺笔少划、撇捺错位、交接混乱,成为无效的教学。以字理教学为中心的汉字教育,从一开始就能培养学生对汉字正确的感觉和认识,使他们对汉字的构造充满了探索的兴趣,能够举一反三,化难为易,这个很重要的教学目标,是在每个字字理的讲解中潜在完成的。

2. 汉字在字理的前提下构成系统

汉字的构形是一个系统,每一个字的设计都不是孤立的,只有讲解字理才能看到这个系统。在字理的前提下,汉字之间的关系形成网络状,讲解汉字字理必须顾及每个字周边的关系,一旦字理的讲解冲击了周边的关系,产生了讲解中的矛盾,就可以证明这个讲解是错误的。

汉字之间的关系可以从多个方面论定:

根据系统论的原则,汉字有一批基础的构形元素,在汉字构造的顶层,部首统帅所属字,起到分类的作用。《说文解字》首创的结构部首,形成了 540 个汉字形义结合的类聚。同一部首的字,形体含有部首,意义也包含在部首中。将部首略加整理,即可找出构成汉字的基础元素。

在部首的分工里，凝聚了中国社会的历史文化。例如：

甲骨文草与木没有明确的分工，而在《说文》里，《木部》与《艸部》划分十分明确——草本植物的名称都在《艸部》，木本植物的名称都在《木部》。在甲骨文里，草木的数量多少不区别意义。发展到小篆，屮、艸、茻明确分成三个部首：《艸部》是大部首，草本植物的名称及一部分与草有关的词都在这一部。而《屮部》从“屮”有6个字，都带有向上生长和冒出的意义，举三个常用字说明：

> (屯)，像草芽出生拱出地面、向上生长的形象。下端弯曲，说明破土时为凝聚力量而屈曲。
>
> (芬)，小篆从屮，表示草出生时向四方冒出香气。现代楷书归入《艸部》。
>
> (熏)，《说文》训释作“火烟上出也。”和现代熏香、火熏的意思一致。

《茻部》只有3个字“莫、莽、葬”，其中的“茻”都表示草丛。我们把《艸部》归纳为基础部首，《屮部》《茻部》归纳为分化部首。部首带给每一个所从字的字理是有规律的，其中一个瞎编了，其他的字就难以讲通。这就产生了“本字”“本义”两个概念。“本字”指为某一个词所造的字，他的构形依据是这个词较早的某个义项，“本义”就是为这个义项造字的理据。词的意义在不停地发展，义项越来越多。但后来发展出的义项，都与本义有关。有了本义的概念，对理解双音词也有直接的作用。例如：

"继—续""缠—绕""缔—结""纺—织""经—纬""编—绎"……都从"糸",说明他们原初造字的时候,都取象于古代丝织的情景,这些词后来发展出的意义,都和最初的形象有关系。

需要说明的是,《说文解字》的部首,称作"结构部首",是跟字理紧密联系在一起的。现在汉字字典的部首,已经不是结构部首,仅仅是查检部首,就是为了给汉字定位,便于找到这个字,在许多地方,已经与字的结构无关了。

除了部首具有形义统一的归纳作用,构成字与字的有序关系以外,还有一点也表现出汉字构形是有系统的,也关系到字与字关系的有序性。那就是多数汉字的结构是有层次的。

以"诺"的楷书繁体字为例:

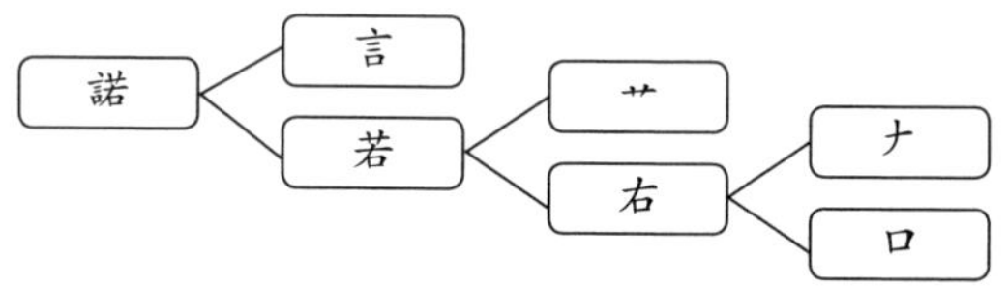

"诺"的本义是"应允之声"(《说文》:"诺,应也。"),所以在《言部》,"若"是他的声符,在早期古文字里,"若"是个象形字,画一个跪坐的人在理顺他的头发,小篆"从艸从右"的字形是经过理据重构的——《说文解字》解释为"择菜也",也就是把菜理顺。这个解释既说明它从"艸"之意,也说明它从"右"之意:古人以右为顺,左为不顺。"诺"采用了"若"声,也取了它"顺应"的词源意义。就从上例可以看出汉字不是部件的随意堆砌,而是一层一层建构起来的，层次不能混乱。讲解层次结构汉字的字理，必须明白相邻层次的结构是相互依存的。随便乱讲字理，前后相邻层次不可能支持，由此即可以证明这个讲解是错的。

再以“薄”为例：

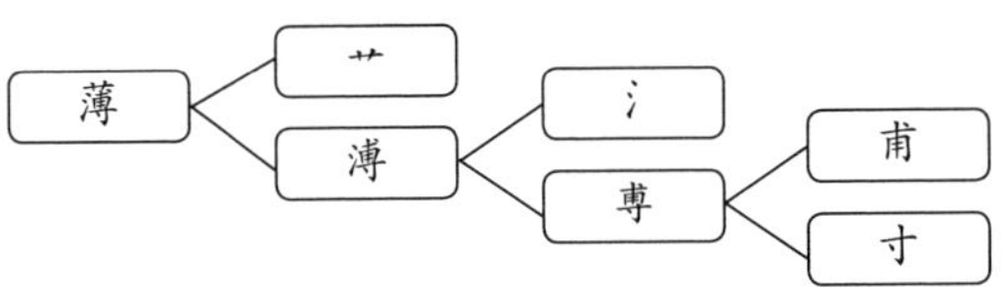

《说文解字》解释为“林薄也”。段玉裁注：“林木相迫不可入曰薄。”“薄”的本义是草木成林，生长过密，缺乏应有的空隙，所以字形从“艸”。他的声符“溥”与“尃”，都有传布的意思，《说文解字》“溥”训释为“大也”，“尃”训释为“布也”。《礼记·祭义》：“溥(尃)之而横乎四海。”传布广远、普遍，含有“薄”的词源意义。它的基础声符“甫”从“父”，也含“大”义。“薄”的构形层次，是按照字理确立的，不能增减、颠倒、混乱，比如，若“溥”去掉“寸”，“浦”加“艸”成为“蒲”，就完全是另外一个字，没有“薄”的意思了。所以，汉字的层次结构形成的各级部件的有序关系，也确立了汉字字理讲解的客观性，也就是字理讲解的对与错是可以判断的。

讲解字理，必须建立汉字构形系统的思想观念，养成不孤立去看单个汉字的习惯，从多角度探讨汉字的相互关系，从字与字的真实关系中用此字去解释彼字。

3. 字理是沟通汉字与汉语词汇的纽带

汉字与汉语的关系，与拼音文字与记录它的语言的关系，是不同的。最主要的区别，是汉字与词汇语义直接关联，教汉字直接与汉语词汇教学相关，字理则是汉字和汉语词汇关联的纽带。

汉字教学不是仅仅为了认字，为了口语的书面化。在有些教学里，汉字教学的目的只是为了读教材，所以，遇见什么字教什么字，不去考虑字与字关系的有序性，或者，由于对汉字的表意特性没有足够的认识，只关注字形，用笔画教字，不考虑意义，导致学习者死记硬背还错误百出。

这里还要说到前面提及的本字、本义两个概念。字理就是从本字里分析本义，一个单音词，大多是多义词，词的义项是有关联的，分析和证实这些意义，要从本字的字理中发掘。如果要教“一诺千金”这个成语，关键是解释“诺”。前面说过，“诺”从“言”，“若”声含有它的词源意义“随顺”，从字形中可以得到它“承诺”“允诺”的词义，这个成语“只要答应了，就有千金的分量，不能失信”的意思也就一目了然。如果要教“日薄西山”这个成语，关键是解释“薄”。“薄”的本义是草木生长过密，也就是树木之间的距离太近，引申而有“迫近”“靠近”义，“日薄西山”就是“太阳挨近了西山”，也就是将要从西方落下，时间正是黄昏，可以比喻国家、民族、制度、事业消亡的前夕。“薄”还是“厚薄”的“薄”字，也是从“距离近”的意义引申出来的。这个“薄”还可以用于“单薄”“淡薄”“凉薄”等更抽象的意义上，也都可以从本义中引申出来。

再举几个例子，说明字理的讲解对古今词汇的学习都能起到作用：

> 《说文解字·㸚(lǐ)部》："爽，明也。""爽"用㸚表示稀疏的空间，本义是"疏朗"，也就是"有空隙"，因而引申为"清爽""爽快""凉爽""豪爽"，由"有空隙"又引申为"不一致""有差异"，这个意义古代就有，《诗经·氓》："女也不爽，士贰其行。"孔颖达疏以"差贰"解"爽"。意思是"有贰心""有异心"。"爽约"的意思是与原来的约定有差异，正好与"女也不爽"是同一个义项。
>
> 《说文解字·足部》："踐(践)，履也。从足，戔声。"古义是"踏""踩"，引申为"履行""实行"。这个意义保存在现代汉语双音词"践踏""糟践""践约""实践"等词中。
>
> 《说文解字·矢部》："矫，揉箭箝也。从矢，乔声。"本义是"把箭弄直的工具。"引申为"人为改变不正的状态"，这个意义保留在现代汉语双音词"矫正""矫形""矫情"等词中。

汉字本字中可以分析出的字理，不但关联了本义，也关联了词的多义，这是学习汉语举一反三的关键。为了说明字理是联系字与词的纽带，这里还需要重提前面说到的两个概念"字理"和"词义"，字理是造字的意图，所以也叫"造意"，词义是语言的意义，对"造意"来说，也称"实义"。"造意"是"实义"的可视化。造意是字意，实义才是语义。造意和实义在有一些字与词里是统一的。

比如：

> “江河湖海”从“水”，它们都是水流或水域。
>
> “梅柳橘棠”“栋梁楣椽”都从“木”，前一组属于木本植物，后一种属于土木结构建筑物的木质构件。
>
> “忧愁思想憎恶愤怒”都从“心”，它们都是心理活动。

这些字大多是形声字，造字理据与它们的词义完全一致，可以凭着字的形体理解和记忆它们的词义。教字也就同时教了词，汉字教育与阅读中的词汇积累同步完成，一举两得。

但是另一种情况就不同了。有一些造意与词义——特别是现代汉语的词义只有一种折射作用，如果不从分析字理入手来转向词义，是难以通过字来理解词义的。例如：

> “理”字从“玉”，但解释这个词的词义并不能够很快与玉联系上。通过它的造意分析，才能明白它取象于玉的原因——因为将玉雕刻成玉饰或玉器要顺着玉的纹理从事，治理、整理、理顺等意义都是一种条理化的行为，治玉是这些意义所选择的相似的典型形象。
>
> “解”字从刀，从牛，从角，它所具有的解开、解脱、解散、分解、化解、溶解、融解……等意义与刀、牛、角并不能直接联系到一起。分析它的造意，从用刀来解剖一头牛的取象中，可以得到将结合的事物分解开来的意义，解牛是它的造意，分解

的词义由造意中可以体现出来。

从上面的例子可以看出，词义（实义）具有广义，也就是人们常说的具有一定的概括性，而字意（造意）是词义的具体化，是从词的广义中选择一个单一的、可视化的典型形象来完成对广泛词义的表现。经过字理的分析，将具体的造意与广泛的实义沟通，也就是把字与词联系在一起，可以达到既能了解表意的汉字，又能理解语言的词义的双重目的。这正是阅读与识字“双赢”的做法。

4.《说文解字》在字理探求中的作用

前面讲到汉字字理的举例，都来自许慎的《说文解字》。讲汉字字理，一般根据《说文解字》这部书。

《说文解字》是我国最早的一部字书，这部字书收集了 9353 个正篆，加上 1163 个重文。一共 10516 个字形。主要是小篆，其他还有和小篆形体不同的“籀文”，和“古文”。根据考据，《说文》古文是战国时除秦系文字以外的其他六国文字，根据今天出土的文字比较，与战国楚文字更接近一些。籀文则是周宣王时期初步整理过的文字。古文和籀文只是选取与正篆不同的字形，所以数量很少。

《说文解字》是一部为解释经书而编写的字书。秦始皇焚书坑儒，有“挟书令”，儒家典籍不存在民间。汉武帝元光元年（前 134 年），用董仲舒说，提出“罢黜百家，独尊儒术”，立博士讲解五经，出现了两种经本和经说。今文经用通行的隶书写成，其经说旨在为当时政治服务，重义理。古文经是鲁恭王发现的孔子壁中书，用古文字写成，其经说旨在还原典籍，解读文献和历史，重文字。许慎是古文经学家的学生，才能写出用文字解释经书的《说文解字》。

历来研究汉字、考证古文字、讲解汉字的字理，都离不开《说文解字》，对这部书的评价非常高。南北朝时期的颜之推在《颜氏家训·书证篇》中说："许慎检以六文，贯以部分，使不得误，误则觉之。……大抵服其为书隐括有条例，剖析穷根源，郑玄注书，往往引其为证，若不信其说，则冥冥不知一点一画有何意焉！"清代吴派考据学大师王鸣盛在《说文解字正义序》中说："文字当以许氏为宗，必先究文字，后通训诂。故《说文》为天下第一种书。"现代国学大家黄侃提出中国传统语言文字学最重要的10部"小学"专书（《尔雅》《释名》等义典、《说文》《玉篇》等字书、《广韵》《集韵》等韵书），并且说：这些"小学"专书，如果按重要性来排，《说文解字》是"重中之重"。现代文字学专家姜亮夫在《古文字学》一书中说："汉文字的一切规律，全部表现在小篆形体之中，这是自绘画文字进而为甲文金文以后的最后阶段，它总结了汉字发展的全部趋向，全部规律，也体现了汉字结构的全部精神。"现代传统语言学大家潘重规在《中国文字学》一书中说："治中国文字当以许书为宗，则其说有不可易者。"所以有这样高的评价，是因为《说文解字》对汉字的解释确实是可靠的、权威的——首先，《说文解字》所用的小篆字体，是连接古文字和今文字的承上启下的字体，书中汉字的结构，与现代楷书的字形，已经没有多大差别，同时他所选的字形，在已经出土的甲金文和战国文字中，都能找到传承的依据。从古文字关联现代楷书，它是最好的过渡。其次，许慎作《说文解字》的宗旨，就是采用经典已经用过的、在经书语境中出现过的字形，作为本字，并且讲解这些字的字理，也就是它们的本义，亦即造意。与我们今天的字理讲解，目的是一致的。第三，《说文解字》不是罗列实用小篆的字表，而是经过整理、建构了汉字构形系统的一部理论证实之作。它以540部统帅了9353个汉字，并且搭建了汉字之间的多角度关系，使每一个汉字字理的讲解，建立在系统的基础上，具有了可以判断的科学性。这些，在前文的举例中，都已经可以看到。所以，讲解汉字的字理，有些用楷书字体就可以做到，做不到的，追溯到《说文》小篆，大部分可以做到，《说文》小篆的讲解有明显矛盾、不够合理或明言“阙”的，再继续向古文字追溯。也只要追溯到甲金文，应当属于有根据了。这里只举一个例子：

乙1290/　静簋，西周早期/　《说文》正篆/　《说文》或体/　睡胡地秦简/

“射”字楷书从“身”从“寸”，与《说文》或体相同，直接来源于秦隶，这个字形还看不到“射箭”本义的充分体现，但《说文》正篆从“身”从“矢”的字形，就完全可以体现“射箭”的本义了，因而可以推测，楷书的“寸”，是与“矢”形似而变。凡从“寸”，表示有法度，“射”是古代六艺的一个科目，与考试有关，确实是有法度的。这个重构的理据，已经可以讲解字理。甲金文出土后，可以看到“射”原来直接画的是箭(矢)搭在弓上,更繁的形体右面还画了一只手。这只手启发我们,“寸”原来是“又”变的,与“封”“爵”“寺”等字“又”变“寸”同理。这就使我们了解了《说文》理据重构的线索,也了解到这个字更为原始的形义关系。

二十七、字用合并与简繁汉字转换问题*

简化字与繁体字共存，是汉字在海外和港澳台地区传播无法避免的问题，而且，这个问题存在的时间还会较长。在互联网时代，简繁在电脑上自动转换问题，成为一个必须解决的问题。解决这个问题，最大的难度是简繁字不对应的问题。这是一个新时代的新问题，解决的办法却要到传统训诂学的字用理论里去寻找。

1. 简繁不对应情况的形成

汉字作为一种记录汉语的符号系统，要受到区别律与简约律的制约，而区别与简约恰恰是一对矛盾，需要在二者之间调适。过去的简化汉字，从两个方面促使了一繁对多简情况的形成：

第一方面是因为注意减少字数，采用了较多的同音替代进行简化，或合并了一些已经分化了的字形。例如：

（1）干—干（干犯）、榦（枝榦）、幹（幹練）、乾（乾燥）

（2）舍—舍（房舍）、捨（捨棄）

例（1）是多项同音替代，例（2）是将已经分化的字再行合并。

---

* 本文是为研制计算机“简繁转化系统”提供的汉字相关关系的理论研究，是训诂学理论方法在信息处理上的应用。

这就必然出现一简对多繁的现象。

第二方面也是为了减少字数，取消了一批异体字，而这批异体字有一部分不是严格的异体字，无法用正字取代。例如：

①背—揹，布—佈，欲—慾

②玩—翫，游—遊，志—誌

③雕—鵰，哄—鬨，斤—觔

④昆—崐、崑，侖（仑）—崘、崙，修—脩

以上四组字，①意义上有包含关系，它们不是异体字关系，而是源字与分化字的关系；②意义上有交叉关系，它们不是异体字关系，而是同源字分化后又通用的同源通用字关系；③仅在一部分义项上有通用关系，它们不是异体字关系，而是个别义项通用的通假字关系，一般在词的异写时表现为局部的同一用途；④声音相同意义毫无关联，它们不是异体字关系，而是通假字中典型的同音借用字关系。既然前面一个字代替不了被取消的字，也可以视为一种替代，一对多的情况当然也会产生。

这两种情况，都可以称为“汉字简化系统的字用合并”，加在一起，使一个简体字对应两个以上的繁体字的情况比比存在。

2. 如何看待汉字简化系统的字用合并

有人认为，现代汉语以双音词为主，单字组合后，歧义会自然消除，在双音词里消除不了，也可以在具体的语言环境里通过上下文来辨别。持有这种意见的人还认为：古代文言文就有很多因为假借而产生的异词同字现象，发展到今天，也没有产生什么问题，他们认为同音借用完全可以大量应用。

用古代文献中的假借字来与今天的同音替代模拟，不可以简单化。汉语词汇意义的数量是随着人类的认识发展而无限增加的，但记录词汇的汉字的字数却不能无限增多；因此，在汉字造字时，就有了增字之法与节字之法互相调节的现象。章太炎先生在谈到"转注假借说"时指出：

> 转注者，繁而不杀，恣文字之孳乳者也。假借者，志而如晦，节文字之孳乳者也。二者消息相殊，正负相待，造字者以为繁省大例。[①]

对章太炎的说法，陆宗达先生有一个浅显的说明：

> （词汇）的发展变化有两种法则：一种是由于社会制度改变，或者由于生产、文化、科学等等的发展，需要创造新词来表达新的词义……从造字来讲，也就要循其声义，各为制字，这就是"转注"造字的法则。另一种是由于文字孳乳日繁，必须加以节制。新的词义产生了……可以利用旧有的词和字而赋予新的词义，不再制造新字……这就是"假借"的法则。[②]

① 见章炳麟《国故论衡·转注假借说》。

② 见陆宗达《说文解字通论》，北京：北京出版社，1981 年，第 52 页。

可见,汉字发展中字数的调节是通过自组织的管道自然进行的。有些异词同字现象使用至今也没有改变。例如:

> “容纳”与“容貌”共用“容”字;
> “花卉”与“花钱”共用“花”字;
> “举国上下”与“举起”共用“举”字
> ……

古往今来,汉字的同音借用产生的异词同字现象,可以经过调节,通过语境、频率、读音等因素加以区别,很多是不会妨碍书面表达的。认为同音借用完全违反科学性,不符合汉字应用的事实。但是,假借现象虽然存在,也是不能违背区别律而无限增加的。在古籍里,很多同音借用字又用增加偏旁的方法产生借义分化,就是对异词同字现象的一种限制。例如:

> “舍”本义为“房舍”字,借为“舍弃”字,后来产生“捨”字;
> “开闢”“逃避”“偏僻”原来共用“辟”字,后来分化出“闢”“避”“僻”三形;
> “商贾”与“贾值”共享“贾”字,后来分化出“價(价)”字;
> ……

这些后出本字,就是在区别律的制约下,对汉字假借的控制。所以,即使在古代,同音借用也不是一律无碍,也要在发展中自动调节。汉字在文言文里的异词同字现象,经过两千多年的语言文字自组织调节,已经逐渐从多方面找到出路:有些产生了后出本字而分化,有些另造了新字而分化,有些因为形成了双音词而分化,留下来的经过协调,不会造成严重歧义了。而简化汉字是用人为的手段在极短的时间来代替这种历史长河中的自然协调,而且带有强制使用的性质,如果不遵循科学性,就会造成汉字使用中的极大不便。使用同音借用来求得笔划和字数的减少,首先要做到研究和实验,可以采用但必须慎重,对增加异词同字可能产生的歧义事先应当测算统计,这样才不会为了减少笔划和字数在表达上产生新的负面效果。

正是由于上述情况,主张对同音替代的汉字恢复一部分繁体字的呼声,一直非常高,这些呼声是对规范科学性的合理要求,是完全应当听取的。但是,前面说过,同音替代并不是全都不合理,不是绝对不能使用,而且对减少总字量又有积极的作用,即使恢复繁体字,恢复多少、恢复哪些,也要经过科学测查。大量改动异字同词情况,恢复繁体字,必然给普及领域带来麻烦,引起社会学习和使用上新的不方便。我们是否可以定出一些原则,来控制改动的数量,尽量少改一些?但是,汉字的分布是一个完整的体系,牵一发而动全身,例如“干”字在简化字里承担了“干犯”“枝干”“干事”“干燥”等义项及其相关的引申义,产生了一对四的情况,歧义过于严重,而且,“干”所对应的四个繁体字都能单用,无法借助双音词分开。加之四组意义都是高频词,意义负荷过重。有人主张将繁体字“乾”恢复。但是,一旦以“乾”的恢复为样板,与“乾”“干”情况相同的“一对多”字组，大约有9组之多。恢复9组繁体字，专业领域是否会认为是一种修修补补，没有解决根本问题，而在我国教育的普及还没有完全到位，人民的汉字素质还不很理想的情况下，会在普及层面上引起什么波动，却是很难预料的。还有一个教训应当吸取，那就是在处理一些问题，对某些已经规定的事情做个别调整时，最忌在没有全面研究的基础上，灵机一动，想到什么改动什么，结果常常是改了这里，那里的矛盾又显露出来，人们把这种缺乏总体规划的个别改动称为“添乱”。为了避免“添乱”，我们是否应当首先考虑到全民的需要，暂时维持原状，等待时机成熟，经过研究深入，再统一改动。这样做，并不是对群众的意见置若罔闻，也不是有意违背汉字的科学性，而是避免在条件不成熟的情况下产生新的矛盾，从另一个角度违背科学规律，造成社会的波动，反而在以后合理处理这一问题时，产生更大的阻力。因此，在这次重新修订的规范汉字表中，决定异体字的定义要严格，这样可以减少一部分一对多的情况，但恢复繁体字的工作，由于研究不到位，还不准备实行。

3. 简繁不对应现象的分析

不论是对于两岸汉字沟通还是现代汉语与文言的用字转换来说，计算机简繁汉字自动转换的问题都必须尽快解决。现有的转换系统在准确性上存在较大的问题，我们通过实际语料测查的结果，在500万字的语料中，虽然有470多组同音替代字完全可以通过语境来分辨，但是也有将近160组歧义产生。例如：

①生发——生发（頭髮）油

②下面——下面（麵條）

③外面糊纸——面（麵粉）糊糊

④二十余（餘）家——对面余（姓）家

⑤六出祁山——六出（齣）戏

⑥大斗（升斗）进，小斗出——大斗（鬥争）特斗

⑦有表（表格）——有表（手錶）

⑧干（gān）休——干（gàn 幹）休所

分析歧义产生的原因，是因为这个转换系统是依靠一般的词库来产生对应而实现转换的，但是简繁对应的情况相当复杂：

（1）产生歧义的单位非常复杂——有短语对短语的，如例①；有多音词对短语的，如例②，一般的词库仅以词典所载的词为单位，不能适应自动转换的需要；

（2）在实际的文本里，一个字的环境既有它的成词语素，还有它的双向临近字，产生属上与属下难分的情况，如例③，基于一般字库的计算机转换系统，识别不了这么复杂的环境；

（3）相当一部分字属于自由语素，可以单个使用，如例④、例⑤、例⑥、例⑦，这些单音词的临近字毫无规律，没有适当语境可以分辨，或即使可以分辨，但藉以分辨的词语距离很远，采用词为单位转换无法避免转错；

（4）有些双音词可以用音来区别，但计算机能标识符，不能识别音，环境仍然无从分辨的，如例⑧。

现在看来，计算机简繁字自动转换产生的问题，还不都是简化字本身的问题，需要设计更多的自动转换技术来解决，而最重要的是先要扩充和修改现有的词库。建设可辨析双音词的简繁对应词语库，准确设定简繁之间的对应关系。

4. 字用合并与简繁汉字平行词语库建设的原则

针对上面测查出来的情况，基于简繁汉字转换的平行词语库建设（以下简称“转换词语库”），需要遵循以下平行对应的原则：

（1）繁简对应要以繁体为坐标，以保持区别，辨析混同。

（2）一律不采用词汇转换，而采用单音词素用字转换。保持两地文本用词的原貌。例如：不要把“信息”与“資訊”对应，“信息”对应“信息”，“资讯”对应“資訊”；不要把“软件”与“軟體”对应，“软件”应对应“軟件”，“软体”应对应“軟體”。因此，平行词语库应收录双方不同的词语。

（2）以双音平行对应为基础。分别处理有区别作用的前属字与后属字①、前邻字与后邻字②，这就需要对相当数量的语料进行测查。弄清哪些属字与邻字是具有区别作用的。

（3）适当增加多字短语与字段的平行对应。例如，四字格

① 属字指双音词中被分辨字的另一个语素所用之字，例如：“复活”，“复”是“活”的前属字，“活”是“复”的后属字。属字的概念也可以扩大到符合规律的词组，例如：“吃面”，“吃”是“面”的前属字，“面”是“吃”的后属字。

② 邻字指在结构上没有直接关系的相邻的字。例如：“没有解不开的疙瘩”，“开”是“的”的前邻字，“疙”是“的”的后邻字。

不要仅限于成语，只要区别因素在内，可以不计较字段结构的完整性。

（4）充分利用远距离搭配关系，以便尽量发挥远距离区别语境的作用。例如："齣"与"戏"、与疑问代词"哪"、指示代词"这"、"那"常常处于远距离搭配的状态。这些区别因素都要充分使用。

（5）对以上原则实施后仍难以处理的个别字，采取个案攻关，尽量利用计算机技术实现简繁转换的全自动化。

二十八、谈传统上古音研究的观念和方法*

古代的上古音研究，是传统“小学”的一个部分，最早是从释读经典文献的实用目的出发而发展起来的。它的研究材料主要是中国古代文献典籍语言文字中存留的语音现象和古代的韵书。它的主要方法一言以蔽之，是形音义互求。这种研究从汉代开始，宋代有了较大的推进，清人达到一个高峰。20世纪以来的汉语音韵研究，因为方法的更新、材料的扩大、工具的改进，比清代传统古音研究有了很大进步。西方历史比较语言学被中国语言学吸收后，历史语音的研究在方法上有了一个新路子，对传统上古音研究有补充，也有推动。人文科学随时代发展，总要有继承在内，上古音研究属于继承成分很大的学术领域，其实，研究汉语的上古音，不论谁来做，不论用什么方法来做，都要以传统音韵学已有的成就为基础，而在方法上，也无法脱离传统方法的主要精神和已经建立的操作程序。学术是随着社会的进步而发展的，有了一条新的路子就去否定传统，似乎有点“过河拆桥”。显然这不是一种正确的科学态度，更不是一个有效的办法。新的学术要在传统的基础上发展，传统的本身也在寻找新的形式。传统上古音研究的观念和方

---

* 本文是根据2007年3月17日在北京大学中文系举办的汉声社沙龙上发言的讲稿改定的，整理成文时补充了一些口头难以传述的文献语例。初次刊登在《汉藏语学报》2008年第2期。

法究竟有哪些特点哪些精神，是值得今天甚至永远要吸取的，这是我们需要认真总结和阐发的一个课题。

1. 以追求解释力为研究的重要目标

早期传统古音研究的一个首要任务，是为解释经典文献服务，具体说，它是为训诂服务的。承认这点并不贬低它在学术史上的价值。人文科学是以认识自己为终极目的的，六经皆史，为解释文献典籍服务，就是为史料服务，也就是为还原自己的历史服务。人文科学同样是追求真理的，检验真理的重要标准就是要符合语言文字的客观实际。

（一）上古音研究首先要对文献字、词及其意义进行解释，通过这种解释做到对文献思想内容的还原。

现代科学发展后，传统“小学”这个“附庸于经学”的特点，曾经被不少人否定过。但是，如果我们把它看作是一个起点，一个过程，而不是终点的话，这应当是一个最好的起点。汉语音韵研究一切好的品质，正是这个从语言文字实际出发又为解释语言文字服务的起点带来的。

“小学”为解读古代文献服务，清代著名的乾嘉学者戴震对此有过明确的说明。他的著名的比喻说：“六书、九数等事，如轿夫然，所以舁轿中人也。”[①] “六书”就是汉字造字的方法，“轿中人”就是经典中的道，语言文字是抬“道”的轿夫，也就是负载思想的工

① 段玉裁《戴东原文集序》，《戴震文集》，北京：中华书局，1980 年。

具。他说：

> 经之至者道也，所以明道者其词也，所以成词者未有能外小学文字者也。由文字以通乎语言，由语言以通乎古圣贤之心志，譬之适堂坛之必循其阶，而不可以躐等。是故凿空之弊有二：其一，缘词生训也，其一，守讹传谬也。缘词生训者，所释之义非其本义。守讹传谬者，所据之经并非其本经。[①]

文字、音韵、训诂之学是古代的小学，小学是为大学"学以致其道"打基础的，学道超越小学，就会蹈空。这就清楚地说明了音韵学解释文献、还原文献思想内容的功能。清人戴震曾举例说，是汉代人创建了古音学，他说：

> 古音之说，虽近日始明，然郑康成氏笺《毛诗》云："古声填、寘、塵同"，及注他经，言"古者声某某同""古读某为某"之类，不一而足，是古音之说，汉儒明知之，非后人创议也。[②]

《豳风·东山》一章："蜎蜎者蠋，烝在桑野。"传："烝，寘也。"笺："蠋蜎蜎然特行久处桑野，有似劳苦者。古者声寘、填、塵同

① 戴震《古经解钩沉序》，《戴震文集》，北京：中华书局，1980年，第146页。

② 戴震《书〈广韵〉四江后》，《戴震文集》，北京：中华书局，1980年，第84页。又见《声韵考·古音》，《戴震全集》第五册，北京：清华大学出版社，1997年，第2278页。

也。”毛传说“烝在桑野”当读作“窴在桑野”，郑笺说“窴在桑野”是“塵在桑野”。因为“窴、填”与“塵”古音同，“塵”通“陳”，都有故旧即陈旧义。(《释诂下》:“塵，久也。”)“塵在桑野”是久在桑野的意思。又《小雅·常棣》四章:“每有良朋，烝也无戎”，笺:“古声窴、填、塵同。”又，“常棣之华，鄂不韡韡。”笺:“不当作拊，拊，鄂足也。……古声不、拊同。”在这里，郑玄明确提出“古声某与某同”的论断，目的就是通过古音关系来解决古代文献的用字问题，从而解释文献的意义，正确阐发古书的思想。

(二)从解释具体意义，提高到解释语言文字中特殊的语音现象，从一些反常的情况中，看到材料的时代、地域差异。

语音随时代而变，后人阅读古代韵文感到不协，更加从音韵方面产生了解古音的需要，进一步促进古音研究的产生和发展。六朝、隋唐的“协句”、“协韵”说，实际上接触到了语音演变、古今音异的问题。罗常培先生说:

> 沈徐两氏所谓“协句”、“协韵”，与他家所谓“取韵”、“合韵”等，皆指古音而言，此唐以前人已知古今音异之证。①

按照当时的读音，古代韵文无法押韵了，为了解释这种现象，才有了“协句”“协韵”之说。如，《召南·何彼襛矣》一章:“何彼襛

---

① 罗常培《周秦古音研究述略》,《罗常培纪念论文集》,北京:商务印书馆，1984年，第1页。

矣,唐棣之華。曷不肅雝,王姬之车。”“華”与“车”为韵,《释文》:“车,协韵尺奢反。又音居。或云古读華为敷,与居为韵。”陆德明说“车”字“协韵音尺奢反”,“或云古读華为敷”,不管是读“车”为尺遮切,来与麻韵的“華”协,还是读“華”为敷,来与鱼韵的“车”(音居)协,猜测古音的读法,就是为了解释以今音读《诗》感到不押韵的现象。通过这种解释,六朝、隋唐发展了汉代关于古今音异的思想。

音韵学与文字学、训诂学的明确分界,始于隋唐时代,到有清一代的乾嘉,音韵学不但明确了自己的研究对象和领域,而且有了自己独特的研究理念和方法。但是,上古音的研究仍然是在追求解释力的目的下发展。“协句”“合韵”问题的产生,增加了新的解释角度。

顾炎武从《诗经》与《周易》《楚辞》的用韵差异出发,提出先秦有方音。他在《易音》中说:

> 真谆臻不与耕清青相通,然古人于耕清青韵中字,往往读入真谆臻韵者,当繇方音之不同,未可以为据也。《诗》三百五篇并无此音,孔子传《易》,于《屯》曰:“虽盘桓,志行正也;以贵下贱,大得民也。”于《观》曰:“观国之光,尚宾也;观我生,观民也;观其生,志未平也。”是平、正皆从民字读矣。于《革》曰:“天地革而四时成,汤武革命,顺乎天而应乎人。”……至屈、宋亦多此音,《离骚》以名从均读,《卜居》以耕、名、生、清、楹从身读,《九辩》以清、平、生、声、鸣、征、成从

> 人读,而秦汉之书亦时有之。……今吴人读耕清青皆作真音,以此知五方之音,虽圣人有不能改者。

他认为,《诗经》时代中原地区,耕、真是不同的韵部;孔子齐鲁方言以及《楚辞》代表的楚方言中,耕、真常有合韵,这种合韵正是方音的表现。

江永进一步提出,不只是《骚》《易》用韵与《诗》韵有方音的不同,就是《诗经》中也有方音。他在《古韵标准》"平声第一部总论"中说:

> 《诗》中亦有从方音借韵,东冬钟既借侵,亦可借蒸,皆转东冬钟以就侵蒸,非转侵蒸以就东冬钟也。要之,此皆方音偶借,不可为常。

读音和押韵违背了常态,是时代和地域差异的反映。规律之外,还有新的规律,不论是用古今音变,还是用方言分歧来解释"协句"和"合韵"现象,都使我们一步步接近了上古汉语语音的事实。音韵学的解释力,在这里更好地显示了出来。

(三)对字词语音关系的解释,也就是对汉字构形系统、词源系统的解释,是古音学解释力的进一步拓展。

"古音"概念最初的提出就是缘于对上古汉语事实解释的需要,古音研究的发展就是缘于对众多上古汉语事实的综合、全面解释。古代汉语语言文字材料是古音学的土壤,对语言文字现象的解释是古音学的发展的动力。从这块土壤里成长起来的古音学，是为了解释汉语言文字现象，也只有从汉语言文字土壤里成长起来的古音学，才能真正解释这些现象。人们以前往往说，清代古音学的发达推进了训诂学和文字学的发展，殊不知清代音韵学的发展，实际上也是训诂和文字材料来推进的。正是古音学和语言文字解释之间的这种互动和辩证关系，成就了乾嘉传统语言文字学的高峰。乾嘉学者哪一个不是从解释上古语音现象的宗旨出发来发展自己的音韵体系的，戴震的九类二十五部与《转语》、王念孙的古韵二十一部与《广雅疏证》、段玉裁的《六书音均表》与《说文解字注》，都是以语言文字材料进行古音研究，又以自己的古音体系解释汉语古代文献和汉字中存在的语音现象的。

语音相同相近的关系除去偶然的情况外，更重要的，是反映了词语渊源上的联系。从汉语同源词的两两系连，到成群的局部系联，再到网络状的词族系联，人们一直在探讨汉语词汇之间在不同阶段的渊源关系。这种探讨，使音韵学的解释语言现象的目标从文献解释的目的，提升为语源学的目的。

词源关系的探讨一开始就以语音为线索，所以，上古语音关系是词源研究最重要的标准之一。最初的词源关系研究是零星的，因为，在古音学还没得到很好发展的时代，是不可能有条件进行较为全面、较大规模的词源关系研究的。到了戴震、段玉裁、王念孙时代，古音体系的框架基本构成，就有可能进行较系统的词源关系研究。他们把自己建立的古音体系，首先施之于文字训诂学中的音近义通现象。段玉裁《六书音均表》成而后注《说文》，王念孙用他的古韵二十一部疏证《广雅》,都是以当时古音学的最高成就解释古代文献中的音义关系,达到因声求义的顶峰。

在戴、段、二王的训诂学之后,章太炎要开拓的是现代语言学意义上的词源系统研究。词源系统的研究,需要一个古音系统的支持。在王念孙、江有诰的古音二十二部基础上,章太炎从“脂”部中立一“队”部,成为二十三部,并创制了《成均图》。上古文献和字书中表现出词的同源关系,不是同一时、地的产物,用一个统一的音系去解释,语音关系会很纷繁,因此,清人开始用“转”的概念,来描写各部类之间的多元关系。这些各种各样的“转”如何从现代语音学的音理上解释?它们之间是散乱的还是互有关系?章太炎综合清代古音学体系对各部之间关系的安排意见,使韵类的多重的复杂关系统一于一个整体的理论框架之中,解释了上古汉语同族词的孳乳与变异。

王力的《同源字典》弁以《同源字论》,其中的《韵表》和《纽表》就是解释同源词语音关系的标准。跟章太炎一样,除了声、韵的部类划分,他还建立了声、韵的系统,据以确定对转、旁转、通转、准双声、旁纽、邻纽等语音的远近亲疏。这些都是为了用在漫长的历史进程中发展出的复杂的语音关系,来解释复杂的词族关系。

古音研究的这种追求对语言事实的解释力的传统,是值得我们继承的。古音研究如果不能解释古代文献中反映的各个层面的语音事实,它的科学性是很难得到证实的,方法再“现代化”,也难以论定其价值。

2. 遵循“内证为主”的基本原则

从清代就发展起来的考据学，到了20世纪，由微观的个体考证发展为宏观的系统考辨。这种考辨经过发疑——取证——推论的过程才能得出结论，而结论的正确与否很大程度上要依靠证据的可信程度。上古音的研究在取证上一直遵循“内证为主”的基本原则。

与论证的主体同时代、同类别的事实证据，就是“内证”，这些材料是保留在古代文献和韵书中的。音韵学的内证材料包括：

（一）古代韵文。谁都知道，科学意义上的上古音韵部的研究是从《诗经》韵脚的系联开始的，但韵文材料在反映上古音韵部关系上数量不足。先秦十三经不重复的单字将近6000个，至于魏晋，《昭明文选》的用字将近万字，而《诗经》入韵字只有1850个，[①] 据此不能确定其他几千个字的音读；其次，有些入韵字出现的次数少，与之押韵的字也少，例如，在《诗经》中，“包”“诱”只在《召南·野有死麕》一章中各出现一次，除二字相押外，不再与第三个字押韵；“条”“聊”二字，各出现两次，但两次都仅仅是这两字相押（《唐风·椒聊》一、二章）……遇到此类情况，系联必然中断。所以，必须补充其他韵文材料，《易经》《尚书》《左传》《楚辞》《老子》《管子》《庄子》《韩非子》《吕氏春秋》等典籍中的部分韵文，在一定程度上补充了《诗经》韵脚的不足。

（二）汉字的谐声偏旁。汉字的谐声偏旁弥补了韵文材料的不

① 王力《诗经韵读》中的《〈诗经〉入韵字音表》涉及1850个单字。该表中区别了一字二词而音不同的情况。统计时这种情况计为二字。

足。吴棫的《韵补》已经注意到利用谐声考求古音,顾炎武已经大量考证谐声材料,段玉裁提出“同声必同部”,作出了规律性的总结。钱大昕在古声母考求上也利用谐声,如:“古读‘冯’为‘凴’,本从冰得声。”[①] 凭字之声符相同而推定其必同韵部、同声母。以谐声推断字的古音,如“麟”字归部的推定,大前提是如下的语音定律:造字时所取声符的韵跟谐声字的韵必定相同;小前提是如下的事实:“麟”与“粼”同从粦声;结论是:“麟”与“粼”同部(《唐风·扬之水》二章“粼”“命”“人”为韵,在真部)。清代研究上古音的学者,没有不采用谐声来推导、证明古音的。不过,必须明确,谐声时代“声符”相同,却不能直接拿来作研究上古声母的材料,需要经过甄别和整理:第一、时有古今,地有南北,所以同一个声符在先秦两汉的不同的时地代表着变化了的不同音值;第二、汉字不是标音文字,汉字的声符是起区别作用的,只是与所谐字近似;第三,声母中同部位的字或同为鼻音的字(明、泥、疑、来等)这些听起来很近的音,不是在任何情况下都能凭借耳力严格分辨。第四、汉字在一个很小的两维空间构形,早期的非形声字,时常可以记录不止一个词,是为同形字,所以它在作声符时也常常代表不同的音;第五、较晚时期的形声字,有时是早期古文字中多体象形字的理据重构,并非原初的形声字。这些复杂的现象如不认真分析,就会产生对语音现象的错误解释。

---

① 钱大昕《古无轻唇》,《十驾斋养新录》卷五,上海:上海书店出版社,1983年,第110页。

（三）古代文献的字用材料。研究上古音的语音规律，首先要考虑声韵的类别与声类、韵类的配合关系。上古声母方面的一些主要的语音定律，如古无轻唇音，古无舌上音，娘日归泥，照二归精，照三归端，喻三归匣，喻四归定，古无邪纽等，很多是通过古代文献中的字用材料和直音材料来证明的，诸如异文中的同音借用字、同源通用字，以及声训、读如、读若等。韵部方面的一些主要结论，从顾炎武 10 部，到王力 30 部（战国），俞敏 32 部等，也都用先秦两汉文献中的假借、直音和读若等材料来作为辅助的证据。

内证为主的原则，要贯穿到语言比较、对音等研究方法中。如果我们想从与其他语言的比较中找出上古语音的状态，首先要把从上古文献材料中归纳、整理、验证过的语音系统描写出来，一切比较和构拟如果不能符合形音义全面的事实，就难以成为结论，甚至不能成为科学的假说。这就是"内证为主"的基本原则。内证为主，外证为辅，这不仅仅是音韵学的原则，而且是一切科学研究必须遵从的最起码的原则。

内证为主，在亲属语言比较中，就是先要系联上古汉语内部的同源词，再系联所谓的亲属语言内部的同源词，然后对两方面的同源系列进行声音和词源意义的全面比较。仅仅从个体词的语音相似来确定同源，难免会产生附会，是有一定危险性的。例如：有人根据上古汉语与藏语的"米"声母都是唇音而断定它们是同源词，但他们忽略了汉语的"米"与"迷""谜""眯"等词同源，词源意义为"细小—隐"，而古代藏语的"米"与"结籽"相连。它们在各自的语言里属于不同的词族，也就有着不同的词源意义。把词汇意义的对译当成词源意义进行词源比较,难免会产生借词与同源词混淆的问题。再如:有人把汉语的“含”与藏语的“含食”比较,又把上古汉语的“念”与藏语的“思想”比较,也忽略了上古汉语“含”“念”等是同源词,其共同的词源意义是“隐于内”,他们不应当按照词汇意义分别进行比较。正是因为没有对上古汉语同源词进行系联而仅仅进行单个字的比较,很多比较带有随意性,同一个词会得出不同的结论。遵循以内证为主、外证为辅的原则来进行亲属语言比较,应当先各自进行内部的系统研究,各自形成系统后,如果有可比性,再进行相互的比较。如前所说,章太炎在“成均图”里从音理上厘定了23部的关系,同时又有《文始》之作;王力先生在前人古韵学的基础上,创建了科学的音系研究方法,同时又有《同源字典》之作。他们都是首先在上古汉语语音与词汇的关系上下功夫、在上古汉语音系与同源系列互证的事实上下功夫。

在历史比较语言学里,有一个构拟出的“始源语”概念:

> 始源语又称“母语”、“基础语”。历史比较语言学用语,指一个语系中最古老、最原始的语言,作为这一语系各个成员的共同始源,其他语言都是由它繁衍出来的。例如,汉藏语系的始源语是原始汉藏语,印欧语系的始源语是原始印欧语。始源语已不复存在,它是运用历史比较法根据同一语系诸语言中已经证实的形式构拟出来的,所以只是一种假设的语言模式。①

① 戚雨村等《语言百科词典》,上海:上海教育出版社,1993年,第364页。

如果我们将其他语言的语言形式认定为汉语虚拟的始源语，而放弃汉语内部由于同族词系联得到的实际读音形式，这种方法的可信度究竟有多少呢？坚持内证为主的原则，不是不可以采用历史比较的方法，只是要把汉语自身的上古音形式当成主证，而把与其他语言比较得到的语音形式当成旁证。当二者发生差异时，要慎用虚拟的外证。避免把其他语言的状态强加给汉语。

利用现代方言上推古音时，要考虑方言的地域差异与古今差异经过数千年的历程，分化与融合共存，发展多途，演变多向。从音类上追溯语音演变扩散的层次不可简单化，验证古音的音值更需谨慎。

各地方音比通语更有存古性，由此，清代以来的古音学家都不同程度地利用当时的方音来研究古音。除了传世文献中的方音材料，近现代用来研究上古音的还利用现代方音。上世纪二三十年代开始，受西方语音学影响，一些学者拟测古音韵母音值的主要根据不但有现代汉语各地区的方言，还有汉音、吴音、高丽音、安南音等。这些材料中的方音信息，可据以考古音，但需要注意的是这些材料在多大程度上反映古音音值，不同方音之间，哪一种方音的哪一种成分更接近上古音的真实，这需要具有科学的语音历史演变的观点，具体材料具体分析的方法，综合比较各种材料的能力。

高本汉用现代方言材料构拟中古汉语语音，其《中国音韵学研究》第四卷《方言字汇》利用了 26 种方言，其中包括 22 种现代方言和“高丽”“汉音”“吴音”“安南”4 种域外方言。他首先构拟了中古汉语的语音体系,又在此基础上利用《诗经》等古代韵文,构拟出上古音系统(35 部,含独立的去声韵)。[①] 高本汉的构拟,当时和后来的人都有不同意见。如,高本汉据高丽译音,认为四等有介音[i]。这个意见目前学术界一致否定。因为反切一、二、四等为一类,三等为一类,四等与一、二等具有一致性,一、二等没有介音,四等也就不可能有[i]介音。又如,《广韵》有开合同韵和开合分韵的做法,高本汉根据现代的一些方言和蟹摄的安南译音,提出合口介音分两种:u 和 w。这也遭到普遍的批评。因为《广韵》中开合分韵,在《切韵》中本来并不分。陆志韦说:

> 二三四等的合口,高氏一概作 w,惟独文韵系作 u,而真韵系的 w 跟谆韵系的 u 居然并驾并驱。那都是陋点。《切韵》并不分真谆(就说《广韵》吧,谆韵系也并非没有开口字。两个合口可以强作分别,两个开口怎么办呢?)。[②]

诸如此类的意见还有很多。高本汉运用西方语言学的原则和方法来研究汉语音韵,方法上是比较现代化的,而结论往往受到怀疑,其原因是,汉语的方言之间的关系与印欧语系各语言之间的关系并不一样,前者要比后者复杂。从《切韵》到现代方言,是不是

① 见高本汉《中上古汉语音韵纲要》,聂鸿音译,济南:齐鲁书社,1987 年。

② 陆志韦《古音说略》,《陆志韦语言学著作集(一)》,北京:中华书局,1985 年,第 21 页。

都有直接的对应？中间又有几个阶段？各阶段中孰与孰对应？从上古音到《切韵》，是不是直接的相承与对应？上古音是不是一个包含着方音和历时音变的复杂体系？再往前点说，上古音是不是一个理想的来源于同一母语的体系？这其中哪一个问题没有解决，都可能影响到由现代方言上推上古音的结论。

对音的方法是要利用拼音的外语与汉语的对译材料，将外语已经分析了的语音结构移植到汉语这种音节文字上来。这是研究上古音韵特别是分析每一个音节的内部结构很好的办法。但是，运用这种方法，要考虑到音系不同，两种语言对译中具有不切合性，这种不切合性表现在：不同的语言之间，由于音系不同，此语言中的某些音，在彼语言中没有相同的音来对应，只能用相近的音去代表。如，梵文与汉语的对音就不是十分精确。周法高说：

> 我们知道：早期的梵文译音，除了用知、彻、澄母对译梵文的 ṭ, ṭh, ḍ, ḍh 外，还可以用来母字对译它们。这究竟是什么缘故呢？原来梵文的 ṭ 等，相当于国际音标的[ʈ]等，在汉语里没有这一类的音，于是除了借用知系字外，有时还借用来母字。①

又如，俞敏先生在进行梵汉对音后发现"汉末的汉话没有 c 组塞擦音"。证据是当时对译 c 组的汉字杂乱。如，对译 c 的有照组的

① 周法高《梵文 ṭḍ 的对音》，《历史语言研究所集刊》，第十四册，1949 年，第 252—253 页。

"周、舟、旃、招、遮、瞻、震、支、真",还有"坻"(定)"作""甾"(精)"沙"(心)"懿"(影)"檐""阎"(喻)。① 即,汉末对译梵语的 c 的字,除了照三,还有定纽、精纽、心纽、影纽和喻纽的字。这说明两种语言的音系不同,一些音的对译无法完全准确,只能是相近的。如果没有内证为主的原则,这些例外的情况发现不了,结论就容易错误。

3. 充分估计汉语内证材料的泛时和异域特点

内证材料这样重要,我们为什么还要采用其他方法和证据来补充呢?这是因为,语言的系统应当具有共时性,因此描写音系应当选择共时材料来进行。但是,汉语的书面文献材料很难完全共时和共域,往往有泛时和异域的材料介入其间。

上古音研究必然涉及"上古"时间外延的问题。传统古音学的"上古"指先秦两汉,我们遵从前人的主张。对于古音史,王力先生先后有"三点一线式"和"九点一线式"的框架。"三点"即先秦两汉为上古,魏晋南北朝隋唐宋为中古,元明清为近古;"九点一线式"以先秦为一期,两汉自为一期。何九盈先生(2003)在《汉语语音通史框架研究》中说:"这两个'框架'现在都有读者,新旧'炉灶'都在冒烟。"分为九期应该更细更科学,这是没有疑问的,但为什么"三点一线"的炉灶还在冒烟呢?从研究语音史的角度说,当然分得越细越精确,但是考虑到文献材料有泛时和异域的材

① 俞敏《后汉三国梵汉对音谱》,《俞敏语言学论文集》,北京:商务印书馆,1999 年,第 12 页。

料介入，时代的划分略微长一些，反而更容易接近事实。也正是由于这种情况，采用单一的方法，不用其他方法来参照，结论的证实性会受到局限。

先说谐声材料的泛时性。

研究上古音的谐声材料，一般以《说文》所收及其分析为主。《说文》是东汉时成书，而里面包括的是从商周到两汉造的形声字。甲骨文已经有了27%的形声字，周代是中国本土典籍大量产生的时代，也是形声造字的高峰时代，《说文》总收了商周典籍所用的形声字，占全部小篆的87%，但是，春秋战国时的语言分化速度很快，中原文化、楚文化和齐鲁文化的差异已经较大，这些字不可能是一种地域、一个时代的创造，所以形声字的声符与所从字的读音只能大致相似。段玉裁《六书音均表》表二的“古十七部谐声表”，即以《说文》声符归类，他提出的“同声必同部”，被认为是上古音研究的重大发明。他在《诗》韵系联的基础上，以这个原则给九千多汉字进行古韵归部，得出的结论用于《说文》字义注释和界定声训，被认为是《说文》四大家中成就最高的，说明他的古音归部的结论是基本正确的。但是，他所说的“同部”，也包括“转”的概念在内，那些声音的差异反映的正是谐声材料的泛时性和异域性。

再说词族形成的历时性与表音字符的沿袭性。

汉语词族是在词义不断增多的推动下分化或孳乳而形成的。一个词族的各个同源词，其产生时代贯穿于从殷商到两汉的一千多年时段里，这从现在能看到的文献中是可以证实的。在这么长的历史时期内,语音不可能不发生变化;所以,严格说来,系联同源词所用的上古音,应该分成若干阶段。用统一的音系去系联同源词,例外很多,经常发生“无所不转”的现象,其实,那些例外常常是不同时间层次的反映。

但从词的派生往往依赖原来的母字而孳乳新字的角度看,表示词的古音线索的字符,从殷商到两汉一直是相承的。文字的稳定性高于口语语音许多,不管实际语音发生了多大变化,书写形式的延续性可以帮助我们做好系联工作。问题在于当文字返回语音形式时,语音的关系有时仍然会有超规律的情况。例如,传世文献中的“位”,古文字中作“立”。汉代的训诂家就指出“古立位同字”。《周礼·小宗伯》:“小宗伯之职掌,建国之神位。”郑玄注:“故书‘位’作‘立’,郑司农云:‘立读为位,古者立位同字。古文《春秋经》“公即位”为“公即立”。’”这种情况在两周金文中常见,如,《毛公鼎》:“粤朕立……余一人在立。”“在立”即“在位”。近些年出土的战国秦汉简帛文字也常见。如,《诗》“静共尔位”,《郭店楚墓竹简》作“情共尔立”,上博楚简作“静龏尔立”。[①]《易·萃》“萃有位”,《马王堆汉墓帛书·周易》“位”也作“立”。“位”和“立”如果用先秦的语音标准去衡量,是不易被承认的。又如,“百姓”的“姓”本作“生”,卜辞有“多生”一语,郭沫若谓“多生盖犹言百姓”。[②]《广韵》“出生”之“生”,为审母二等,“百姓”之“姓”,

① 马承源主编《上海博物院藏战国楚竹书(一)》,上海:上海古籍出版社,2007年,第176页。

② 郭沫若《卜辞通纂别录一》,《卜辞通纂》,北京:科学出版社,1983年,第580页。

为心母。要上推起来它们的古音是不同的，但声符相同。又如，古文字“史”“事”本同字，后来分化为二字。《广韵》“史”字读生纽，“事”字读崇纽。这些现象反映出不同的语音层次，用一个简单的韵表是难以容纳的。

再说古代文献语言的模仿性。

汉语书面语沿用先秦的文言，不随口语变动，这样就产生了文献语言的模仿性。而历代的训诂材料都是用文言训释文言，想要靠文献注疏材料来分清语音发展的层次，是很难准确的。汉人注释先秦古文常用的读如、读若、读为等，训诂家往往以先秦的音义关系为标准来衡量。如，《考工记·鲍人》：“卷而抟之。”郑众注云：“抟，读为‘缚一如瑱’之缚，谓卷缚韦革也。”《考工记·弓人》：“老牛之角紾而昔。”郑众注云：“紾，读为‘抮转’之抮。”《考工记·梓人》：“则春以功。”郑玄注云：“春读为蠢，蠢，作也，出也。”这类注释，作注的是汉代人，而说明的是先秦时两字之间的音义关系，跟汉时各组之间的语音关系如何、读音是否变化并不一定有直接关系。在书面语里，有时同一个词可用古音不同的字表示。如，《周礼·弁师》：“王之皮弁，会五采玉琪。”注：“会，缝中也。琪读如‘薄借綦’之綦。綦，结也。”“薄借”，《仪礼·丧服传》注作“不借”，同是郑玄而一作“薄借”一作“不借”。

文献语言的模仿性还表现在汉字的字用也带有因袭性。例如：《史记·五帝本纪》：“轩辕乃修德振兵。”《正义》曰：“振，整也。”“振兵”就是“整兵”。“整”音转为“振”，当是先秦某方音的现象。《小雅·采芑》：“振旅阗阗。”《左传·隐公五年》：“三年而治兵,入而振旅。”注:“入曰振旅,治兵礼毕,整众而还。振,整也。旅,众也。”振旅即振兵,亦即整兵。《周礼·大司马》:“中春教振旅,司马以旗致民,平列陈如战之陈。”注:“春习振旅,兵入收众,专于农。平犹正也。”“平列”之“平”训的是“振”,故又曰“平犹正”,正与整古音义同。“整”古耕部字,“振”古文部字,耕部字舌根鼻音易转为舌尖中鼻音,发生耕真通转;真部又转至文部。《说文》“鄭”从奠声,以现在的古音标准看,奠在文部,鄭在耕部。这种方音现象是局部的,但经典文献却是通行的。不能认为各个方言中都把“整”读作“振”,但这种用法在先秦两汉的许多文献中都出现,这说明历代文献语言具有模仿性,有时不可简单根据它们的通用情况来分别其时代和地域。

这种复杂现象的存在,一方面说明,考古与审音的工作一定要过细,而上古音的分期不可过于理想化,在资料的分析尚未达到完全清晰的状态时,以宽泛为宜。另一方面,也说明在内证为主的同时,古韵研究也不应当拒绝其他方法的尝试和外证材料的应用。只有多方参照,相互比较,上古音的研究才能逐步接近语言实际。

在分期宽泛的同时,音韵史的研究仍要特别关注更细致的分期。在可能的情况下,不但先秦和汉代可以分开,先秦至少可以分为早期和晚期。我们曾认为黄侃的“古本音”指的是先秦早期的音,指出:“黄侃古本音……指的是‘上古’的起点时代的雅音(政治中心的共同语、读书音)。”意思是说,根据音理,从文献语言材料看,最早只有 19 纽。但这不能扩大化理解为上古一千多年的众多方言中的实际语音都是19组。①

4. 音类关系的确立比微观音值的构拟更为重要

上古音研究工作的内容一是音类的研究,二是音值的构拟。传统古音学主要关注古音的分类,但是,他们在进行音类关系研究时,头脑里是有音值观念的。音值问题没有十分明确的成果,一方面,跟现代比起来,由于当时缺乏一种描写音值的符号,用表示音节的汉字来记音,微观音值的探讨带有隐性的特征;另一方面,就古音学的研究目的而言,音类关系比微观音值更重要。

传统上古音研究在进行音类研究的时候不可能不关注音值,讨论微观音值,有古典语音学作为学术基础。中国古代的语音学著作,唐《守温韵学残卷》就有五音清浊等第轻重的辨析,此后,以宋代的《韵镜》《七音略》《切韵指掌图》等为代表的韵图,清代江永的《音学辨微》、《四声切均表》等都明确辨析音值——对于声母则说明、辨析发音部位、发音方法,如五音、清浊,对于韵则辨析开口、合口(后来更分别开、合、齐、撮四呼),四等洪细,用韵图的形式就是用结构的观念表现音韵体系;用对比的方法来分辨各种区别性特征。等韵学立出字母名称以后,用"唇音""舌音""牙音""齿音"等术语来说明发音部位,用"清""次清""浊""次浊"等术语说明发音

① 王宁、黄易青《黄侃先生古本音说证辨》,《民俗典籍文字研究》第一辑,2003年。

方法。清代音韵学家还用"戛""透""拂""轹""揉"描写声母发音方法,用"穿鼻""展辅""敛唇""抵颚""直喉""闭口"分析尾辅音;陈澧《切韵考》分析《切韵》声韵部类,并给每个音注上《切韵》反切。江永说:"一等洪大,二等次大,三、四皆细,而四等尤细。"[①]这就是在说明元音的舌位高低。这些都说明他们是有音值观念的。

有了古代语音学的基础,前代音韵学家对中古音的研究,不但研究音类,也研究音值。以黄侃的今音研究为例。其《音略》"钱夏韵摄表"阴声有(一)蔼摄,(二)阿摄,(三)依摄,(四)乌摄,(五)讴摄,(六)爊摄,(七)哀摄,是"纯粹用喉音收韵者"。阳声有(八)安摄,(九)恩摄,分别是阿摄、依摄之"加鼻收韵";(十)鸯摄,(十一)翁摄,(十二)碚摄,(十三)罂摄,分别是乌摄、讴摄、爊摄、哀摄之"加鼻带颚收韵";(十四)谙摄,"即蔼摄之加鼻音,亦即安摄之加鼻收唇音";(十五)愔摄,"即依摄之加鼻音,亦即恩摄之加鼻收唇音"。入声有(十六)遏摄,(十七)麧摄,分别是蔼/阿与安、依与恩摄之促音;(十八)恶摄、(十九)屋摄、(二十)沃摄、(二十一)餩摄,分别是乌与鸯、讴与翁、爊与碚、哀与罂摄之促音;(二十二)始摄、(二十三)揖摄,分别是蔼/阿与遏、依与恩与麧之收唇促音。[②]把相配的阴阳入三声对齐,得到下表:

---

① 江永《四声切均表例言》,《四声切均表》,渭南严氏成都刻本(壬申),1932年。
② 黄侃《黄侃论学杂著》,上海:上海古籍出版社,1980年,第78—87页。

传统方法描写的音读	喉音收韵	喉音加鼻收韵			促音		
		加鼻收韵	加鼻带颚收韵	加鼻收唇音	鼻收韵之促音	鼻带颚收韵之促音	喉音、鼻音之收唇促音
现代术语	开音节	闭音节					
		收 –n	收 –ŋ	收 –m	收 –t	收 –k	收 –p
韵目	蔼(去)阿	安		谙	遏		姶
	依	恩		愔	[illegible]		揖
	乌		鸯			恶	
	讴		翁			屋	
	熝		碚			沃	
	哀		罂			餕	

不难看出,传统古音学不但注意对音类的分析,在音值的描写上也是精确到音素的。

上古韵部的研究一直是与对古音音值的拟测同为一体的。如对《诗经》古音的研究,原因就是因为今音与古音不同,读起来觉得不押韵,因而用“协韵”等观念和方法改读今音以合于古音。宋代的古音研究,就是在这样的前提背景下进行的。清代段玉裁与江有诰讨论韵值,有一个很让人感动的实例。段在给江有诰的信上说:

(足下)能确知所以支、脂、之分为三之本源乎?何以陈隋以前支韵必独用，千万中不一误乎？足下沈潜好学，当必有能窥其机倪，仆老耄，倘得闻而死，岂非大幸也？[①]

段玉裁古音支、脂、之三部分用的结论，为一大发明，而三部之所以相异，它们在音值上有何区别，段玉裁一直不能说明白，到老了还一直在思考这个问题。这些探讨，反映了传统上古音研究在研究音类关系的同时，并不忘音值的探求。宋吴棫分古音九部，其中认为《广韵》支脂之微齐灰以及佳皆咍诸韵古音通为一部，就是他把这些韵的字的古音都拟读为相同的音的结果。如，皆、佳、该都是“坚奚切”，丘、开都是“祛其切”。[②]清儒的古韵分部一直与拟测音读相伴而行——古韵分部与古音拟测是密不可分的。顾炎武先由平水韵而恢复至《唐韵》；再正《唐韵》，由《唐韵》恢复至上古音。其中孰正孰变，不只是分类，更是改正反切，恢复其上古音值，所以顾炎武的音韵学成果，与《诗本音》相配合的是《唐韵正》，把《唐韵》反切中不合古音的一个个改正过来，恢复其古音读法，最后才得出古音十部的结论。江永《古音标准》将真元分立，幽宵分立，侵谈分立，他的最主要的根据就是在音理上区别音之侈弇。戴震古音九类二十五部的韵目字，用的是影纽字，以强调韵目字的韵母的音值，如“阿、乌、垩”“翁、讴、屋”之类，并且在与段玉裁讨论古音分部时说“真以下十四韵皆收舌齿音”，“东冬钟江阳唐

① 段玉裁《答江晋三论韵》，《音学十书》，北京：中华书局，1993 年，第 10 页。

② 吴棫《宋本韵补》，北京：中华书局，1987 年，第 3—4 页。

庚耕清青蒸登皆收鼻音”①,指出其收尾辅音的发音部位。他的阴阳入三声相配,用今人的说法就是,元音相同、发音部位相同而发音方法不同的韵相转。专门研读梵文三年的章太炎,作《二十三部音准》,根据汉字谐声、《广韵》音系和各地方音构拟古音。黄侃的古本音说,也就包含音值的拟测,所以王力先生、俞敏先生都曾用音标表示黄侃用汉字所拟测的古音二十八部音值。王力先生并且说:

> 我在《汉语音韵学》中说:“古韵学家只知道分析韵部,不知道研究各韵的音值。”这话说得不对。古代音韵学家所谓“古本韵”,就是先秦古韵的音值……②

虽然传统古音研究不但注重音类关系,而且在音类关系的研究中实际上不能也没有不论音值,但是,传统小学以文献阅读为主要服务对象的宗旨,决定上古音研究是以音类关系研究为最重要目的,音值构拟实际上也是以音类关系作为依据,以反映音类关系为重要目的。因为,第一,由于记音工具缺乏,微观音值的描写,很难复原到当初的状态;第二,音韵研究不需要模仿古人说话,只需要在确立古声韵的部类以及字的古音地位后,解决文献阅读中出现的相关问题。

---

① 戴震《答段若膺论韵》,《戴震文集》,北京:中华书局,1980年,第67—68页。
② 王力《汉语语音史》,北京:中国社会科学出版社,1985年,第41页。

对于上古音研究来说,工具不是越“新”越好,而是越能揭示语音事实、探求语音规律越好。即使没有《二十三部音准》的拟音,章太炎《成均图》的二十三部也有很高的理论价值和实用价值,因为《成均图》不光有韵部,还有韵部之间的相互关系。段玉裁以来各家对古韵部安排的次第,都显示了韵部之间的关系。王力的二十九部(战国三十部),如果没有拟上音标,是否他的《古韵表》就显得粗疏呢?也不是,因为韵表已经排列了各部之间纵横之间的次第远近关系。现在有的人把古音拟得很复杂,但是,本来材料上证明两部关系很近,经他一拟反而看不清关系了,这种“细而差”的拟音,远不如“粗而准”的拟音有用。

实际上,有了声音关系,足以说明古代文献中诸多语言文字问题。上举《豳风·东山》传:“烝,窴也。”笺:“古者声窴、填、塵同也。”毛传解决了《诗》中“烝”读作“窴”,说明了二字古音有演变关系,郑笺说明了“窴”与“塵”古音的相同关系,这里虽然主要只是古音关系的说明,即使我们不去考究郑玄这里对“窴”与“塵”的音值意见是什么,不去构拟它们是什么音,也可以知道,“烝在桑野”就是“塵(陳)在桑野”,即久在桑野。同样的道理,段玉裁不知道支、脂、之三部音值上的区别,但他分别了它们古音部类的不同,不但使得此前阳声耕、真、蒸的分别(顾炎武古音十部已分别),入声锡、质、职的分别(江永入声八部已分别)能与阴声整齐相配,在经典阅读上更是可以解决大量问题。

重视声音关系而不一定要求出其准确音值或加以音标,是汉语和汉字的特点决定的。汉字的谐声、重文以及文献中的异文读若等,从形体上本来就能直接显现声音关系,包括字词之间的关系以及声类与声类的关系。黄侃总结了推求古音变化的材料和方法,其中有些意见很有代表性。他说:

据许书以推音之变者,一据重文,二据说解,三据读若,四据无声字而细索其音,五据有声字而推其变。

据重文者:重文之字,取声多在同部;而亦有在异部者,则其变也。是故玭之重蠙,比在今韵灰属,賓在今韵先属,此可悟灰、先相转也……

据说解者:说解兼用叠韵、双声,而用双声者,即可得韵之变。旁训溥,上唐而下模,唐、模固对转也。祈训求,上痕而下咍,痕、咍固相转也。(存、思两字,一自咍入痕,一自痕入咍。)……

据读若者:《说文》取读,大氐用彼时之音;而古音与汉世之异,于斯可得其本。在同部者,不必论矣。转入异部,即可知韵转之理。如櫜读舂麦为櫜之櫜,而舂麦之櫜实应作糓,此可知寒转入曷矣。蠸读蜀都布名,而布名之字实应作繕,此可知由曷转入寒矣……

据无声字者:《说文》之字,有本有声而不言声者。道,从辵,从首,实首声也……

据有声之字者:如祼,从果声,而读古玩反,是由歌转寒。玭,从比声,而读步因反,是由灰转先。玟,从文声,痕也,而转

灰,读莫杯反……[①]

王力先生也曾纯用声类说明字词的古音关系。他说:

> "仍"字古音在蒸部。《广韵》如乘切,蒸韵。等韵曾摄,日母,开三。《说文》:"仍,因也,从人,乃声。"按"乃"古音在之部,之蒸对转。[②]
>
> "伊"字古音在脂部。《广韵》於脂切,脂韵(平水支韵)。等韵止摄,影母,开三。《说文》:"伊,殷圣人阿衡,尹治天下者,从人,从尹。"小徐本作"从人尹",云:"俗本有声字,误也。"今按有声字不误,"尹"在谆部,谆脂可对转也。[③]

因声以求义的工作,最集中地体现在同源词研究中。同源关系判断的声音标准,传统是根据声音关系。韵的方面如段玉裁的十七部,王念孙的二十一部,章太炎的二十三部,黄侃的二十八部,王力的二十九部(战国三十部),皆足以说明声音关系。声母方面如黄侃十九纽,王力三十三纽。声与韵同时验证,可以

---

① 黄侃《声韵略说·论据说文以推声之正变》,《黄侃论学杂著》,上海:上海古籍出版社,1980年,第107—108页。

② 王力《了一小字典初稿》,《龙虫并雕斋文集》(第一册),北京:中华书局,1980年,第382页。

③ 王力《了一小字典初稿》,《龙虫并雕斋文集》(第一册),北京:中华书局,1980年,第400页。

说明声音关系。王力的《同源字典》,也是以声音为纲,分为三个层次:以韵尾不同分为甲、乙、丙三大类,八小类;以二十九个韵部为第二个层次;各韵部之下再依三十三个声母列出同源词组。可见,先弄清了声音关系,音值拟构只是对一个音的多边关系加以外化,今人所增加的,主要是作为工具的音标。

何九盈比较过传统词源研究与高本汉的词源研究,他说:

> 高本汉之前,中国学者研究语源不用国际音标,只能用比较模糊的声类、韵类、声转、音转来说明其语音关系。高氏对所收的每一个字都标注了起首辅音、中介元音、主要元音、韵尾辅音,并建立了"转换的法则"……人们常批评《文始》音转过宽,谁知高本汉的"转换法则"有过之而无不及呢!高本汉的构拟只顾头尾,不顾中间。他说:"我对于元音没有加以区分。从西藏语上所得的经验指示着我们,这种语言的演化有很多的'元音变换',因之在同一语根之内容有极多变异的韵素。我也要判定中国语里也可以得到同样的现象。"(张世禄译《汉语词类》,第107页,商务印书馆,1937)这种判定,相当主观,依据这种判定得出的所谓"法则"实际上没有任何意义……1935年王力先生发表《评Word Families in Chinese》指出:"高氏没有把上古音值研究得一个使人深信的结论的时候,他的字谱实嫌早熟。"(《王力文集》第20卷335页,山东教育出版社,1991)我以为即使高氏把上古音研究好了,他也很难把汉语语源问题研究好,因为他的文字训诂功底实在

欠缺。[①]

我们的理解,这段话不是讨论古音研究要不要构拟,也不是讨论用什么手段和工具来说明同源词的古音关系,只是客观地说明“用比较模糊的声类、韵类、声转、音转来说明其语音关系”的学者与用音标说明古音关系并建立“转换的法则”的学者,在文字训诂功底上的差别,最终会影响到同源词研究的结论。这与我们历来的一贯主张是一致的。传统古音研究最重要的是古音部类的分合,音标的构拟对于词源研究乃至对于上古文献的释读,都有可能会帮上一些忙,但也有可能因为走上形式主义的道路而“以音标而害义”。

---

① 何九盈《二十世纪的汉语训诂学》,《二十世纪的中国语言学》,北京:北京大学出版社,1998年,第70—71页。

第八部分　训诂学与汉语语义学

二十九、汉语语义学在训诂学基础上的重建与完善*

20世纪的后20年，是汉语研究走向世界的20年；是汉语研究进入自己方法论的探讨、寻找自己道路的20年；也是中国语言学逐步有了自己的流派、自己的理论、自己的队伍的20年。

20—21世纪之交，汉语研究在走过很多曲折的道路后认识到，固守旧传统而不加变革是没有出路的，全盘西化不但没有出路，而且是危险的。遵循汉语的事实、继承和发扬自己的优秀传统、学习借鉴西方真正先进的语言学理念，在方法上走向辩证和综合，应当是今后发展的趋势。

中国语言学学科结构的完善，是哲学社会科学学科建设一

* 本文初次发表在《宁夏大学学报(人文社会科学版)》，2004年第4期；后修改发表于《民俗典籍文字研究(第二辑)》，北京：商务印书馆，2005年。

盘棋上的一个棋子。如果说,20 世纪中国语言学学科结构的进步表现,是语法学打破文字、音韵、训诂的格局得到发展;那么是否可以预测,21 世纪中国语言学学科结构的进一步完善,应当是文字学的回归和语义学打破语音、词汇、语法的格局得到大力的发展。

1. 汉语词汇语义学在当代兴盛的必然性

语义学的兴盛是世界语言学的发展趋势,更是汉语语言学发展的必然。

西方结构语言学从语言形式出发,进行普遍句法的描写,在发展比较成熟以后,由于方法论的缺欠,产生了危机,需要增加新的解释机制,语义因素的介入于是成为必然的趋势。

在当代经济全球化的环境中,人机的对话与多语的对译成为迫切的需要,这一工作赋予语言学新的任务,就是从信息论的角度处理语义,探讨语义解释的模型。

高科技的发展迫切要求人类智力的开发,语言习得问题成为不可避免的尖锐话题,引发了认知心理学对语言学的介入。认知心理学探讨接受者对语言理解的速度与信度,最关注的必然是语言的意义。

正是在西方语言学打破纯形式研究为主流的格局、向语义关注的时候,汉语训诂学复苏后,明确地找到了它在当代汉语语言学学科结构中的位置。

中国传统语言学的核心是研究意义,“小学”以意义的解释为研究的出发点，又以对意义系统的认识为研究的落脚点，积累了丰富的处理语义的经验，形成了围绕意义考虑语言问题的习惯。加之汉字是表意文字，它使意义脱离语境仍然是既可识又可辨的实体，在汉语研究中，对意义的关注，产生意义不依附语境而独立存在的意识，都是“与生俱来”的。19—20世纪西方语言学传入中国后，虽然很多人亦步亦趋地对它模仿，向它学习，但是由于汉语缺乏典型的语法范畴，对纯粹形式化的句法研究不能适应，因此，并没有也不可能完全剥夺中国传统语言学发展的空间。旧训诂学由于实用的目的，理论的提炼是不够的，内容有一定程度的芜杂，因此定位不明，难以进入现代语言科学领域。训诂学在20世纪80年代恢复了正常的继承后，意识到自己的弱点，努力寻找它在当代的定位。

学科的定位必须做到：研究的对象是固定的，与周边的关系是清晰的。一个历史的学科要在现代定位，取决于两个方面：第一，历史为之积淀的先天基础是什么；第二，现代科学已有的结构给它留下了什么位置。

章太炎先生把旧“小学”改定为“中国语言文字学”[①]，内容包括自隋代开始就已经逐步界划明确的文字学、音韵学、训诂学三科[②]。

① 章太炎：《论语言文字之学》，载《国学讲习会略说》，1906年9月日本秀光社印行；又载《国粹学报》，1907年第24—25期。

②《隋书·经籍志》在刘歆《七略》列“小学”的基础上，将“小学”分为训诂、体势、音韵三类。宋代王应麟在《玉海》里解释“体制”一词说：“谓点画有衡纵（横纵）曲直之殊，《说文》之类。”这就是“小学”的下位概念，专门研究文字形体的“文字学”。

三者都以汉字为基础单位。训诂学研究的范围是意义——文字的造意映射出的语言的词义。训诂学的这个历史定位,成为这门学科走向现代的先天条件,决定了训诂学在现代语言学领域里只能是也已经是汉语词汇语义学的前身,但它立足于实词意义系统规律的探讨,是与西方词汇语义学立足点、方法论和追求目标完全不同的词汇语义学。

2. 中国训诂学继承下来并在现代发展起来的语义观

语义是语言的内容,如何看待语义,是语言研究中最重要的问题。19—20 世纪的语言学,实际上是根据对语义不同的看法来形成流派的。当代语义学主要源于以拉丁语族和斯拉夫语族为母语的欧美国家,训诂学则以汉语为主要研究对象,决定了相互关注的重心不同,研究的切入点不同。

近年来,关于语义问题的争论焦点,主要围绕以下三个问题进行:第一,语义与语法的关系;第二,语义在语言学里的独立研究价值;第三,音义关系的任意性和理据性。首先通过下面的表格,来比较中国训诂学和当代语义学在这三个问题上观点的异同①。

---

① 下表中对西方语言学流派的语义观的概括,是我在学习西方各语言学流派的代表作和介绍这方面文章后按自己的理解归纳的,其中参考我国学者的介绍评论论著较多的是张志毅、沈家煊、石毓智三位。除向他们致谢外,还需说明:上表所说是很简单的概括,如果有不完全、不准确的地方,是我自己的理解、综合有误,与介绍者无关。

结构主义语言学	句法语义学	认知语言学	训诂学
句法是人类共有的自足系统,一个不受语义支配的系统	语义范畴是从语法范畴中生出的,句法支配语义	语义与语法有对应关系,语义支配句法	词汇意义与句法结构是两个不同的系统,语义是语言的核心
语义不是语言学研究的对象	语言学要研究的是语义范畴对语法范畴的解释	语义、语法是语言学不可分割的研究对象	汉语词汇意义的研究,应当也可以脱离句法而独立
强调音义关系任意性		强调音义关系的理据性	音义关系是总体的约定性和个体的理据性的统一

在本文里,我们暂不涉及音义关系的问题,仅从语义与语法的关系上来看基于训诂学的汉语词汇语义学与西方语义学的区别。分解上面的比较表的前三栏,可以看到其中包含三个相互关联的可以讨论的问题:第一,语义是否是语言中相对独立的要素?第二,语义在语言中依存的形式是什么?第三,语义和语法谁决定谁?——在这三个问题上,今天的理论训诂学有自己与西方不同的语义观。

怎样衡量语义观的正确与否:第一,看这种观点是否符合语言事实;第二,看这种观点在哲学上是否符合辩证唯物主义世界观——不要怕西方接受不了我们的观点,我们应当有自己信奉的哲学方法论,没有必要迎合西方的意识形态和学术口味;也不要怕有人说我们教条,辩证唯物主义是经过验证的科学。从训诂学里体现出来又经过现代进一步概括出的语义观,是中国固有的语义观,是符合汉语实际的语义观,也是符合辩证唯物主义的语义观,它包括以下三个主要的观点:

(1)语义中心论

语言中的语义首先指的是实词的词汇意义,而且是词根的意义。它被词形(口语:音;书面语:字)承负而成为实体。语义中心,就是语义首先决定语音、语法。语义是语言的内容,根据内容决定形式的普遍哲理,不但首先是语义决定语法,而且语义系统也决定音系的规模。语法、语音在自成体系并且成熟后,对语义也要产生影响,甚至在一定程度上还有制约作用,但这只是反作用。

(2)词汇意义系统论

语义中心论建立在语义独立的基础上,实现这一点的前提,必然是实词的词汇意义自成系统。语义以词音和语法为依托形式,但它是一个具有独立价值的系统,它的系统首先在自身的聚合中实现,并不依靠语法。

传统"小学"从完全依靠语言环境的随文释义,发展到脱离文献的纂集专书(《说文》《尔雅》《方言》《释名》等等),实现了意义的类聚,使意义脱离了文献的言语,不再依赖具体环境,而成为互相依赖的义群。这就使它很容易从具体词语释读的目的,进入词汇意义系统的思考。

词汇意义系统论的具体观点是:同一种语言的意义之间互有联系,或处于级层关系,或处于亲(直接)、疏(间接)的关系,词汇意义的演变牵一发而动全局,首先是自身系统决定的。

(3)语义的独立研究价值

语义系统和语法系统、语音系统都是相互关联的,但他们是不同的系统,只承认形式有系统不承认意义也有系统是不彻底的语言观。语义和语音、语义和语法是不可分割的整体，具有协同发展的关系，具有解释对方的价值；但是，这一点只有在三者独立的系统都描写清楚后，才可能验证。

这种彻底的语义观，才可以使语义学脱离语法学而成为独立的语言学门类。

3. 词汇系统是不依赖语法而存在的系统[①]

语义系统不是一个理论推理问题，它应当是可以描写的，正如语言形式之可以描写。不承认语义系统可以独立描写，是不彻底的语言观。但描写的作用不是复写，而是为了验证，语义的具体性和经验性，决定了它的普遍存在是个性化的，数量十分庞大。词汇随着社会发展的细节而衍生，经常处于动态，内部的能量交换无时无刻不在进行，因此，只能人为封闭，难以穷尽归纳。但是，局部的描写和实际的验证是完全可以作到的。下面举出若干汉语语言事实，来证实语义系统的存在。

一、从历时的角度观察，语法化与词汇化常常处于反向推动的关系中。这里举出两个事实来证明。

第一个事实，语法结构模式弱化和消失推动词汇化。例如：

名词做状语弱化后，“名状式”构词能产量提高：

---

① 本文第三部分和第四部分所用语例，有一些我在其他论著中曾使用过，这次因为论证的重点不同，因此作某些补充后，再次使用。

名＋形："油滑""天大""雪亮""血红"……

名＋动："笔谈""袋装""雷鸣""冰释""鞭策"……

使动形式弱化后，形容词兼类现象大量出现：

"热饭""松绑""紧扣儿""亮灯"……

第二个事实，双音合成词的词汇化，是以单音语素退出造句法、沦为不（半）自由语素为代价的：

"践"有"踩"义，引申为"实行"，这个意义现代汉语已经不能单独直接进入造句法，下面词汇凝结成词：

"践踏""糟践""践约""实践"

"矫"的本义是"将弯曲的东西弄直"，这个意义现代汉语已经不能单独直接进入造句法，下面词汇凝结成词：

"矫正""矫形"

"响"的"响亮""声响"义在现代汉语里还保留单独造句功能，而"回声"义现代汉语已经不能单独直接进入造句法，下面词汇凝结成词：

"响应""影响""回响""反响"

"宿（夙）"的"住宿"义在方言里保留单独造句功能，而其引申义"旧有的"现代汉语已经不能单独直接进入造句法，下面词汇凝结成词：

“夙（宿）愿”“夙（宿）怨”

这种现象在汉语里非常普遍。

二、从共时的角度观察：构词法则与造句法则在很多层面上没有同一关系，构词不保护语法属性。

第一个事实，在造句法中，联合短语的词性与两个语素的词性是一致的，但汉语的联合式构词法不保护语素原有的词性：

“开关”“语言”“告示”“出入”“得失”“丧葬”（动词+动词=名词）

“肥瘦”“深浅”“利害”“方圆”（形容词+形容词=名词）

“物色”“介绍”（名词+名词=动词）

“寻常”（单位[名]词+单位[名]词=形容词）

“的确”（形容词+形容词=副词）

“根本”（名词+名词=副词）

“一再”“再三”“千万”（数词+数词=副词）

第二个事实，构词也不保护造句法的语序：

名词→形容词≠主谓：

“油滑”“天大”“雪亮”“血红”

名词→动词≠主谓：

“笔谈”“袋装”“雷鸣”“冰释”“鞭策”

动词→形容词≠述补：

“飞快”“滚圆”“张狂”“流畅”

动词→动词≠联合和连动：

“渴望”“跃进”“飞奔”“绕行”“游说”

第三个事实,语法解释不了双音词语素的结合关系。这里,我们用同义词构成的联合式双音词为例。以下三组双音词都属于这类双音词,如果从语法的角度看,他们是因为词性相同而具有联合凝聚的可能性的：

(1)土　地　壤—土地(天地)、土壤(天壤)、* 壤地、* 地壤

(2)燃　烧　焚—燃烧、焚烧、* 焚燃、* 燃焚

(3)亲　近　切　密—亲近、亲切、切近、亲密、密切、* 密近、* 近密

从上面三组同义词组合为双音词的事实看,同一组同义词有的可以结合为双音词,有的却不能。这个原因,只能从语义特点的角度去解释：在(1)组中,是“壤”是耕作过的松土,“土”既是“壤”的上位概念,又可以与“壤”相对,作为“坚土”来使用,所以可以以后一身份和“壤”结合。“地”是天的反义词,“土”是“地”的质地,所以可以与“地”构成近似同一关系的结合。但“地”与“壤”不经过“土”则不存在语义关系,因此没有结合的内在因子。

在（2）组中，“燃”指燃烧物的自燃，“焚”指燃烧物的被燃，二者不可能涉及同一对象，反映在语法关系上，“燃”的宾语只能是燃料，而“焚”的宾语只能是被点燃的他物，二者无法沟通。只有“烧”可以二者兼顾，所以“燃”“焚”只能分别与“烧”结合，彼此不能结合。在（3）组中，“亲”与“切”都是两两无距离的接近，“密”则是多向的无距离接近，因此，“亲”“切”与“密”可以合成，而“近”是两两距离短，又并不一定紧挨，与“密”的共同因子十分缺乏，所以二者不相结合。因此可以看出，双音词语素的结合，是按意义系统的内在关系互相选择的。这种选择是语法关系无法体现的。

4. 词汇遵循自组织的原则在累积中自成系统

汉语词汇遵循以下三个规律发展演变：第一，累积律，词汇不是以新旧替代的方式增长，而是以新旧并存的方式逐步累积起来。第二，区别律，一切新词的产生必须与已有的旧词相区别；因此，语言必须不断增加别词的手段，才能保证词汇的累积。第三，协调律，词汇遵循自组织的原则自成系统，词汇的内部词与词之间必然时时协调其音与义。其次，词汇是语言的材料，它与语音、语法是协调发展、相互制约的。

在以上三个规律的支配下，汉语词汇的递增速度一般要高于综合性语言和分析性较弱的语言。汉语词汇的增长必然带来适合于他自身的构词方式的演变。从上古单音音（字）变造词，到汉代能产量剧增的双音合成造词，是汉语构词方式演变的基本事实。

汉语在单音造词阶段，是在语义分化基础上形成系统：

1. 广义分化:切割词的义域,用新的词形来承负分割出的子义域,这种分化有三种类型:

(1)同位分化。不保留上位词,义域的切割是均匀的。如:

内向精神为“性”,外泄精神为“情”;

面向为“迎”,背向为“逆”。

(2)下位全程分化。保留上位词,上位词独用。如:

上位词“和”保留,分化出“盉”“龢”。

上位词“正”保留,分化出“征”“政”“整”。

(3)下位半程分化。保留上位词,上位词兼用。如:

保留上位词“落”,草落曰“零”,木落兼用“落”。

使“落”具有泛指与专指两重身份。这种分化形成“对文则异,散文则通”的格局。

2. 引义分化:分割词的义位,用新的词形来承担引申出的诸义位,这种分化也有两种类型:

(1)同类分化。词类相同。如:

“唱”“倡”分化,

"武""舞"分化。

(2)异类分化。词类不同。如:

"解""懈""蟹"分化。

这说明,词汇分化是自身系统能量的加减交替,不受语法的制约。这种分化使汉语单音语素得到系统的积累,构成了远近亲疏井然有序的语义关系,从而使词汇之间的级层关系能够保持平衡。

3. 发展到现代汉语,大量的双音词合成,单音词与双音词之间仍然保留了系统的分布。双音合成词与现代汉语单音词在表义功能上构成系统分布,或互补分布。它们可以构成上下位关系,例如:

"光"与"光泽""光亮""光芒""光彩"……
"分"与"切分""划分""瓜分""等分"……
"大"与"庞大""伟大""肥大""高大"……

可以构成不同语体色彩的互补,例如:

"长"与"冗长" "巧"与"工巧" "迷"与"迷失"……

可以构成不同感情色彩的互补，例如：

“成”（中性）与“酿成”（贬义）、“告成”（褒义）
“取”（中性）与“攫取”（贬义）、“捞取”（贬义）
“久”（中性）与“悠久”（褒义）、“恒久”（褒义）……

这说明，不论是双音化，还是单音词的存留，都是汉语词汇系统自身决定的。一个词，必须在词汇系统中具有自己的位置，构成自己有序的周边关系，成为词汇系统有机的组成部分，才能有生命力。

5. 结　论

汉语词汇语义学应当在自己的传统中总结，因为汉语研究的传统含有最全面、最彻底的科学语义观，因而有可能产生最先进的方法。在语义的研究上，全盘西化是舍本求末，舍近求远。

传统汉语研究中，语音与语义一直是结合的。在主要借鉴西方的语法学产生后，语义有了语法系统做参照系，在建立自身系统时，决不可置语法于不顾，因此存在重建与完善的问题。当然，汉语语法有了词汇语义系统做参照，也需要有新的思路。

汉语词汇语义学的重建和完善，要坚持内容决定形式、形式对内容起反作用的观点，也要坚持内因起主导作用的观点。这不是教条，是经过无数语言事实验证了的；要坚持系统论，这是中西方成功的研究中的共识。世界观和方法论问题是最大的问题，正确的世界观和方法论是我们选择继承与选择借鉴的第一个标准。

三十、论词的语言意义的特性*

语言学里经常所说的词义，指的是词的语言意义。这种意义是脱离具体语境而存在的，是在词的聚合状态下贮存着的，所以，我们称之为“无语境义”或“贮存义”。没有哪一个人说话可以全面体现一个词的语言意义所包含的全部内容，但是，任何人说话都不能违背这个词的语言意义。词的语言意义是词的言语意义的集中和综合。这种意义被记录在词典里，已经含有了编者的主观理解，由于这种主观理解的动机是尽量向语言实际靠拢，而且也可以按照语言实际去检验，所以辞书的释义尽管并不等于词义本身，却还是带有客观性的。对于这种不同于言语意义的语言意义，很多论著受逻辑语义学的影响，用逻辑学的概念内涵去比附词义，经常称之为“概念义”。“概念义”这个术语是不准确的，会引起一系列的误解。逻辑概念是用词来表示的，词义与概念的内涵当然也有——起码有一个义位是重合的；但是，词与概念在本质上应当不是同一的关系。在语义学里，语义的基础单位是词，词义究竟是什么，应当是讨论问题的起点。只有弄清楚语言意义的特性，才能在讨论词义关系和词义系统的时候不出差错。

---

* 本文初刊于《北京师范大学学报(社会科学版)》2011年第2期。

本文试图对这个问题加以论证。

1. 社会性是语言意义的本质特征

语言意义是使用同一语言的社会集体在相互交际的过程中经过磨合而形成的，这种磨合以相互理解为前提，是不经公开商榷地暗中进行的。只有社会成员对同一个词的词义有着共同的理解，人们彼此间的交际才有可能顺利进行。随意更改或歪曲词义会造成意义传递上的混乱，使语言这一交际工具的作用受到影响，甚至导致交际的失效，也就必然造成社会语言的被破坏。

由于语言意义的社会性而产生它的广义性。语言意义的广义性表现在词所指对象有限的广泛性。我在 1987 年谈到词的贮存义和使用义（即言语意义）时，对词的广义给予了如下说明："所谓词的广义，是从两个方面来说的：一方面，词的某一义项所能适用的物类和事类往往不止一种……另一方面，某一义项能适用的是这一物类和事类的全体，而不单指其中的某一个。任何词在贮存状态时，都具有这两种广度。但是当它一进入使用状态，这两种广度都要受到不同程度的限制，指向单一了，有的甚至具体到某一特指对象上去。"① 我们可以换一个角度说明广义性：任何言语的词，指向都是单一的，而语言的词是把全社会所有具有现实性的言语意义综合在一起而具有了广义性。所以，词的广义性更准确的说，应当是社会的词在它所适应的全部语境中指向的广泛性。

---

① 王宁《文言字词知识》，北京：北京教育出版社，1987 年版，第 69 页。

这种广泛性是有限度的。以形容词“粗”“细”为例，我们可以在大量的语料[①]中统计出他们指向的对象：

指向	粗		细	
指向名词	粗大	①钢筋粗、脖子粗、粗麻绳、腿短而粗、粗的竹筒、指头粗、碗口粗的树、脸盆粗的松树、又粗又长的铁链、腰粗、粗线条、粗眉大眼	细小	①细绳子、细枝条、细竹笋、细脖子、涓涓细流、细铁丝、细线、
	粗糙	②粗钢、粗面馕、粗硬的铺板	细密	②细小米、细布、细磁碗、细皮嫩肉
	粗重	③喘粗气、粗声吼着、粗嗓门	轻微	③细声细气、慢声细语、细嗓门
	粗鲁	④对媳妇动了粗、粗言、粗话、令人恶心的粗口、报粗口		
指向动词	粗疏	⑤做事过急过快过粗、方法过粗、工作做得粗、粗选、粗读、大类粗分	细致	⑤细化、细分、了解得细、深挖细查、做细工作、细想、细读、细听、看得细、细数、细细品味、精挑细选、细嚼慢咽
	粗略	⑥粗放式、耕种有精粗之分	详细	⑥精耕细作、精学细研、精雕细刻
	稍微	⑦粗通文墨、粗通汉语		

“粗”和“细”相对而言，①可以用在圆柱或圆条的物件上，形容它们横切面的大小程度，意思是“粗大－细小”；②可

① 统计的语料来自《人民网》（http ://search.people.com.cn/rmw/GB/rmwsearch/dj index.jsp）2001—2009 报刊。

以用在材质上，说明它们内部元素结合的紧密程度，意思是“粗糙－细密”；③可以用在呼吸和出气上，说明呼出气流的用力轻重与气量多少的程度，意思是“粗重－轻细”——上述这些都指向名词；④也可用在说话上，说明态度和内容低俗，意思是“粗鲁”，对立的意思不用“细”，而用“雅”。⑤可以用在行为上，说明操作过程周到完满的程度，意思是“粗疏－细致”；⑥可以用在工艺上，说明操作方式详略的程度，意思是“粗略－详细”；⑦“粗”可以用在认识上，意思是“稍微”，对立的意义不用“细”，而用“精”，——上述这些都指向动词。这些从言语中总括起来的词义，都是语言意义社会性的表现。词可以指向的范围是汉语母语的人群共同认可、在共同使用过程中巩固下来的。一个词只要还在被使用，它的广义度就会随时发生变化，所以是开放的。

词的广义度只能搜集、描写，不能全然采用逻辑推论去确定。也用上面举到的“粗”与“细”来说，我们在语料搜索中可以发现：用在材质上的粗、细具有“粗疏－细密”的意义，可以经过联想引申到行为动作上，这个意义的指向可以扩大到思想感情等精神层面上。由外部触觉上的感觉到内在的心理感受，这可以说是合乎广义扩展规律的。除了“粗心”“细心”外，我们还可以说“心硬”“心软”“硬道理”“软道理”，可以说“热心”“心凉了”，可以说“心宽”“心胸狭窄”等等，但“长”“短”用来指向心理活动的例子却很罕见。这是很难用逻辑性来解释的。

词义的理解不能完全依靠逻辑类推，还因为意义有时要服从语用的习惯。例如：同样是物件的直径大，汉语只说“肥裤腿”“袖口宽”不能说“*粗裤腿”“*袖口粗”；同样是材质的粗细，汉语只说“细木家具”“细瓷器”，不说“*粗（细）铁家具”“*粗（细）玻璃窗”，能说“粗话”，对应的不是“细话”而是“雅语”，能说“粗通”，对应的不是“细通”而是“精通”。又如：同样是金属的名称，“金”“银”在现代汉语中已经沦为半自由语素，一般情况下不能单说，只能说“金子”“银子”；而“铜”“铁”“锡”“铅”仍可以单说，组句的功能相当自由……这种伴随着语用习惯产生的状况，都不是逻辑推理所能覆盖的。

正因为词义社会性造成了它的广义，所以释义需要适当概括。有人把释义需要适当概括说成是词义的概括性，这是不妥当的。用逻辑概念的内涵来代替词义，一般的生活用语是很难适应的。

2. 经验性是词义有别于概念的重要特征

意义在最初被词形也就是语音所负载，是人们体验或观察某一事物或事件后所获得的感知成果，也就是一种经验，经验是人在实践过程中对外在世界的心理反映。与构词有关的经验往往只是对事物表层的可观察现象的感知。词义不同于概念，正是由于它来源于人的感知经验，并不都是或大部分不是经过抽象思维提炼本质属性的结果。例如“水”：

①《说文解字·水部》：“水，准也。”

②《白虎通·五行》:“水之为言准也,养物平均有准则也。”

③《尚书大传》:“非水无以准万里之平,非水无以通道任重也。”

④《管子》:“水者,地之血气,如筋脉之通流者也。”

⑤《孟子·离娄下》:“孟子曰:原泉混混,不舍昼夜。盈科而后进,放乎四海,有本者如是,是之取尔。苟为无本,七八月之间雨集,沟浍皆盈;其涸也,可立而待也。”

⑥《易·说卦》:“坎为水……润万物者,莫润乎水。”

⑦水:最简单的氢氧化合物,化学式 H_2O。无色、无味、无嗅的液体,在标准大气压下,冰点 0℃,沸点 100℃,4℃时密度最大,为 1 克 / 毫升。

这 7 条关于“水”的知识,都来自人在近距离接触水或直接运用水产生的经验。我们来分析这些感知和认识与词义的关系:

①②和③的前一句,反映了人对自然水“平准”[①] 特性的感知,水和农业生产实践有着密切的关系,在农田的浇灌中,最容易体会到水的平准特性,浇灌必须整地,低洼的地方水满了才能再向前流动,高出的地方水总是最后到达,这就是“盈科而后进”。人对水独特的特点的感受,又是从生活经验中与相关参照物的比较中得

① 《说文解字》:“水,准也。”“准,平也。”这里的“准”是表面呈水平状态的意思。古代的水平度量器就是利用这个原理制作的。《史记》有讲古代经济的“平准书”。

来的。水的参照系是金、木、火、土这些固态、气态的自然物。水与这些参照物的差别在于它不论是流动还是静止，都能保持表面的平准。“水”古音在“书”纽“旨”韵，“准”，古音在“章”纽“文”韵，《说文解字》和《白虎通》以“准”训“水”属于声训，不论是经验事实还是语言关系，都说明“水”和“准”是同源词。也就是说，“水”是以它在自然状态下表面永久保持平准而命名的。因为平准这个特征被凝固到语音中，所以“平准”成为词义的一种内部形式，也就是它的词源意义。

③的后一句和④⑤，是人对地面上的水和地下水的流动状态和天上雨水落到地面的状态的认识。地面上的水和地下水都是流动的，所以“流”是水的必要属性，在双音合成词“水流”里，这个“流”被作为义素析出。天上的雨水则是落下的，《说文解字》：“雨，水从云下也。”“雨水”即“落下的水”，“下雨”的“下”，也是从单音词中析出的必要属性。这些都说明人的经验已经凝聚在词义里，属于语言意义。

⑥是对水能够浸润万物的功能的认识，这种认识与靠天吃饭的农业有直接关系。在实践中，人们还可以通过观察对水的功能作出很多判断，例如：水能载舟，又能覆舟；水能养鱼，水能洗涤，水涝可以成灾……这些认识都准确地反映了水的某一种实际情况，但是这些经验没有被“水”的语音承载；也就是说，在“水”的词义里，没有将这种认识注入，因此，它只是一种认识，要用句子来表达，而不是词义。

唯有⑦，才是化学和物理研究的成果，这里给水下的定义是经过科学实验、运用抽象思维概括出的概念定义,反映的是水的本质属性。只有"水"作为化学或物理学的科学概念时,这种完全脱离感性的定义,才能存在。科学概念是世界通用的,科学概念没有下面我们将要讲到的民族性。

如果我们再仔细考察①—⑤那些已经被凝结在"水"的词义里的认识,就会发现它们都没有经过逻辑推理,只是一种感知经验。需要说明的是,这里的经验不是个人的经验,而是语言使用的群体通过交流,凝聚在词义中的智慧。这种经验属于民族,属于社会。经验性才能说明词义是主观和客观的统一,只有经验性能够解释虚幻的词——如鬼、神、魔等——的意义和非科学的词——如人用大脑思维而汉语都用"心"表示思维——的意义的客观性。阐明词义的经验性,才能真正建立起辩证唯物主义的语义观。

3. 民族性是词汇意义不可或缺的特征

词义的社会性和经验性必然带来的又一个特点是词义具有显著的民族性。民族性的主要表现首先是词汇意义及其关系中反映出的历史文化特性。由于词义是经验的,在词义的形成和发展过程中,势必要受到使用它的民族条件的制约和影响,不同民族生存的地理环境、历史文化传统、心理状态以及民俗风情的不同,必然导致认识上的差异,这种差异反映到词义上,造成了词义的民族特点。如果我们把词义和概念混淆,对词义的民族性就会完全忽视。认知语义学在总结词的意义关系时,将词义的产生、发展中显示出的相关关系，用“隐喻”和“转喻”来解释。“隐喻”是指由于事物的像似性引起的联想导致词义的相关；“转喻”是指由于事物的共现性引起的联想导致词义的相关，这是一种很符合事实的概括。但是我们必须看到，事物的相似性和共现性，不是纯粹客观事物的客观关系，而是客观事物在人的心理中的反映。因此，相似性与共现性必然带有民族的特色。所以，汉语的隐喻和转喻，只能从汉语的语言事实中去寻求，而不能完全套用其他语言的现成规律来解释。

我在这里转引陆宗达先生与我合写的《训诂方法论》中所谈到的“同状的引申”[①]来说明“隐喻”的民族性：

同状的引申：两种事物本质不同，形状、性质、用途、特征相似，可以引申，即可以同词或同根。

（1）同形，例如：

“互”的本义是绞绳的工具，形状象抖的空竹，挂肉的架子形状与它相似，所以也叫“互”。《周礼》：“牛牲之互”，注：“悬肉格也。”“鍪”，既是“鍑属”（锅），又当“盔”讲（兜鍪），是因为锅与盔形状相同。“瓢”与“勺”一大一小，形状相同，二字同源。章太炎先生在《文始》里将“筴”（渔人夹鱼的器物）、“箝”（夹箭的器物）、“籋”（即箝，后引申为燕子的嘴）、

① 陆宗达、王宁《训诂方法论》，北京：中国社会科学出版社，1983 年。此处引用的部分见“谈比较互证的训诂方法”一节，该书第 155—156 页。

"翘"(古代笛子的吹嘴儿,与燕子的嘴同形)、"敖"(蟹箝的假借字),都定为同源词,有人讥其"联系太广",其实,他正是根据同形可以互相引申的规律而言的。

(2)同态,例如:

劈柴叫"斯",瓮破称"甏",声音散裂叫"嘶",流冰称"澌",后来把东西扯裂叫"撕"。这些词都同根,都是由于它们破裂的状态一致而同源的。

(3)同用,例如:

划船叫"鋘",后作"划",犁地叫"铧",二字同源。因划船破浪而行,犁地破土而进,其用一也。又如,《说文·十四上·金部》:"铣,金之泽者。"意思是把铜器擦亮,去其污锈。"洗"是刷洗去垢,两义因同用而相通。

这里所说的"同状的引申",就是认知语义学所说的"隐喻",但是,绞绳的工具与悬肉的架子同形而共名、划船破水与犁地破土同一功能和原理而同源……等等,不但是中国的事物,而且是因为华人的特殊观察和感知才反映在语言造词的社会行为中的。事实说明,在不同的语言里,哪些事物同状,事物之间哪些特征相似,也就是具有相似性,是受使用这种语言的民族历史文化和社会生活限定的，也要受到这个民族观察事物的方法和习惯的影响，普遍的概括是建立在不同民族的差异性基础上的。

下面再引用《训诂方法论》中所谈到的“同所的引申”[1]来说明“转喻”的民族性：

同所的引申：在同一事物身上，具有多种不同的性状，这些性状因为同时在一个事物中出现而发生联系，便能互相引申。而这些性状与它所存在的事物之间也有必然的关联，也可以互相引申。

第一种情况，是在同一事物中，不同性状的联系。例如：

“横”，《说文·六上·木部》：“横，阑木也。”段注：“阑，门遮也。”古“横”多写作“衡”。《诗经·陈风·衡门》传：“衡门，横木为门。”《周礼·考工记·玉人》：“衡四寸。”可见“横”的本义是拴门的插关。统一在这个事物上发展出两个意义：一是纵横义，因为门插关是横置的；另一义是阻挡、蛮横，如《孟子·离娄下》：“待我以横逆。”《汉书·吴王濞传》：“吴王日益横。”因为门插关是挡住门不让开的，所以有此义。这两个意义都在“门插关”上相联系，同所而引申。又如“阶”，《说文》训“陛也”，是台阶。台阶也有两种特点：一是一层层地高上去，所以有“等级”之义；另一是登堂必由之路，所

① 此处引用的部分见《训诂方法论》“谈比较互证的训诂方法”一节，该书157—158页。

以有“通道”的意义,《易·系辞》:“乱之所生也,则言语以为阶。”《诗·大雅·瞻卬》:“妇有长舌,维厉之阶。”“阶”都当“通道”讲。这个意义由静至动,可以发展出“导致”“沿着”的意思。《左传·隐公三年》“阶之为祸”,《成公十六年》“多怨而阶乱”,都当“导致”讲。“等级”与“通道”“导致”也是因同所而相关。

第二种情况,是性状与其所存在的事物之间的联系。例如:

“方”是“并船”,也就是两个船连在一起。《尔雅·释水》:“大夫方舟。”郭注:“并两船。”因这种船的形象而发展出“比方”,孳生出“相仿”的“仿”字,正是事物与其性状之间的引申。又如“钢”,是一种质地坚硬而不易折断的金属,所以能发展出“刚强”之义。车辅的“辅”是停车时防止车倾倒的,所以有“辅助”之义。……这些都属同所的引申。

这里所说的“同所的引申”,因同居一所而具有共现性,人们经常同时感知这些事物和性状,就很容易引起以此及彼或以彼及此的联想,这就是认知语义学的“转喻”。但是,每个民族都有自己独特的生活,常见的事物也是有差异的,经常同时出现的事物和性状很多,不同民族的关注点也是不同的;所以,同所的引申便不能不带有本民族的特点。例如“纵横”义与“横逆”义因门插关而相联,“比方”之义与船有关,划船与犁地有关……便与中国国内汉族的特殊生活分不开。

词义的民族性与社会性和经验性直接相关。正因为意义没有经过抽象思维的概括,它的内涵必然存有历史文化的积淀,在语言的运用中,这些隐含着的历史文化内涵常常被自然而然地揭示出来。

首先,礼俗习惯带来词义的民族特性。人类生存在不同的时空之中,形成了不同民族各异的风俗——风是自然界给某一地域的人群带来的生活习惯;俗是社会制度和教化给某一地域的人群带来的生活习惯;礼是为了教化和秩序所做的制度的规定。这些生活的习惯和礼制的规定一旦形成,就具有共同的、长期的、不断重复的特点,所以能直接通过心理反映在词义的内涵里。例如:

中国的地势是西面高,东面低,黄河、长江两大水系都是由西向东入海。山脉与水系相间,也呈东西状。《周礼·考工记》说:“天下之地势,两山之间必有川焉,大川之上必有涂焉。”这一说法反映了古人已经认识到山与川的相互依赖关系,和人的居住与山川的关系。中国的这一地理特点,熔铸在很多词的词义里,例如:山水相夹,山之南必为水之北,山之北必为水之南。太阳从东方升起,白天正午在北面,照到山之南,因此,汉语称南面是阳面,北面是阴面。北面不见太阳,所以不论是窑洞还是房屋正常的建筑都坐北朝南,“北”有“背”义由此而来。战争失败逃跑是背对追逐者的,所以称“败北”。地方名称“山名+阳”在山之南;“山名+阴”则在山之北——衡阳地处南岳衡山之南，华阴在中岳华山的北面；“水名+阳”在水之北，“水名+阴”则在水之南——洛阳位于洛河北面，江阴位于长江南面。

古代以服饰辨别等级，很多词义与这一礼制有关。例如：用“大红大紫”形容人的发达、显赫，用“白丁”“布衣”表示平民等。

其次是特殊的思想观念带来词义的民族性内涵。词义与直接经验相联系，不等于经过抽象思维概括出的概念；但词在产生后不但可以负荷抽象的概念，还可以含有评价的内涵。中国古代很多抽象的有关道德的词语，都来源于直接经验产生的一般词义。但在发展中，逐步扩展了它的广义，产生了关于道德修养的义位。这些义位中含有价值观的成分，因而与民族文化发生了密切的联系。例如：

古代以“让”为“礼之主”，《魏武杂事》[①]对“让”的解释是“辞爵逃禄，不以利累名，不以位亏德之谓让。”《国语·周语下》：“让于德也。”韦昭注：“推功曰让。”古代关于“让”的故事都反映对应得的地位和钱财辞去不要。最典型的是伯夷、叔齐的故事。“让”的本义是“推让”，也就是用力将客体推

① 《魏武杂事》录曹魏时代历史琐事，全书未见，后文所引见《艺文类聚》二十一，《太平御览》四百二十四。

向离主体远距离的地方，推让的让是中性的，不含评价在内。“辞让”“礼让”“让贤”都与“推让”最原始的意义有关，但由于它指向了历史上已经发生的典型的道德行为，因此具有了褒义。

数字本是最抽象的词，但汉语的数字内涵丰富：“一”与宇宙发生的观念相关，“唯初太极，道立于一”，古人认为世界初生时在混沌未分之际，故一有“整”义、“初”义、“首”义。“二”是造分天地的结果，它的同源词“耳”“而”都取两端分离的意象，故“二(贰)”有“背离”义。“三”代表天地之间产生的人类，有人则有万物，故“三”有“集合”义、“多数”义。“五”是天地气息对流的交点，也就是中点，故五有“均衡”义、“相交”义。“九”为个位数的终结，所以有“终结”义、“穷竭”义。“十”是第一个循环与另一个循环的界限所在，既含终结，又含开始，古人以之为“全数”，所以有“周全”义。只有了解了数字的民族文化内涵，才能理解“十全十美”为什么用“十”表示“全”，“三教九流”为什么用“三”“九”表示多数，“正午”的“午”与“五”同源而在一天的时间里居中……这些用法都是数字文化内涵的释放，不是数字的数学抽象概念所能涵盖的。

上述例证反映的意义都是古人最初的理念，它们一直传承到今天，不论科学发展到什么程度，都不会消失，当他们在使用中释放出来时，这种民族性是可以被证明的。当我们用现代科学概念来看待词义的时候,这些民族性的内涵便被掩盖了。

第三,文献典籍中历史故实特殊传承带来的词义民族性内涵。词义具有再生的性能,典籍文献中特殊的历史故实,产生了词义特殊的语用习惯,一旦传承下来,便在书面语里生成了特殊的义位。例如:

> "跳"有独出义。《汉书·高帝纪》:"汉王跳。"晋灼:"跳,独出意也。"下文"独与滕公共车出成皋玉门"可证。《汉书》颜师古注也说"汉王跳"为"轻身而急出",并说:"晋说是也,音徒彫反。"《史记·荆燕世家》:"遂跳驱至长安。"司马贞《索隐》:"跳,他彫反,脱独去也。"清任大椿《列子释文考异》:"跳往助之"为"独往助之"。为现代人熟悉的《列子》名篇《愚公移山》中"邻人京城氏之孀妻有遗男,始龀,跳往助之。"其中的"跳往助之"也应当理解为"独往助之",说明移山之人极少,衬托愚公决心之大。
>
> "捷径"一词义为便捷之路,从字面看没有贬义,但在汉语使用中常常含有"不走正道"或"不按程序办事"的意思。这些内涵是与历史上与其有关的故实分不开的。《左传·成公五年》:"梁山崩,晋侯以传召伯宗。伯宗辟重,曰:'辟传。'重人曰:'待我,不如捷之速也。'"杜注:"捷,邪出。"孔疏:"捷亦速也。方行则迟,邪出则速。"周代施行井田制,田亩、道路呈纵横直交的状态。想快捷通过,只能不走正路,从耕田中斜穿,也就是邪出。《文选·东京赋》:"回行道乎伊阙,邪

径捷乎辔辕。”也以大道与捷径相对。正是因为周代的捷径必邪出，才含有了不走正道，不合道义的文化内涵。这一涵义通过脍炙人口的《离骚》名句“彼尧舜之耿介兮，既遵道而得路，何桀纣之猖披兮，夫唯捷径以窘步”，被现代人吸取，因而使“捷径”有了贬义。

词义的民族性与经验性是分不开的。命名来源于同一民族共同生活的经验。事物的命名基于对事物特点的认识，而对事物特点的捕捉则基于比较，比较必须有参照物，选择参照物总是从生活经验出发的。选择近距离或同类的事物作参照物，是造词的基本规律。一旦造词成功，历史文化内涵便固化在词义里，是可以探求与阐释的。[①]这种与历史文化相关的词义特点，不但会影响词义的引申，还对词的再造和使用直接起作用。例如：

在汉语里，草与禾的“粗疏”义和“和”的“和谐”义，是互为参照物的。种禾苗（草本）曰“种”，取其“莳中”之意；种树（木本）曰“植”，取其“直立”之意。二者互相参照，以不同的特点区别。这些都是农耕和林业生产带来的历史文化内涵。

汉语的“桌”来源于“卓”，也就是高。这是以“几”为参

① 我在《汉语词源的探求与阐释》一文中专门论述了文化历史背景对词源阐释的作用，请参看本书第六部分《汉语词源学原理》第二篇，这里不再详述。

照物而命名。几发展为桌,有了高度,姿势也从跪(古人的“坐”)到坐(后来的“坐”),“卓(高)”是最容易通过比较感受到的特点,因而以“卓”给“桌”命名。

词义的民族性不仅仅表现在深层的内涵里,还表现在不同民族的广义指向是不同的。有些词语虽可以对译,但它们所指的范围并不完全相应。最明显的例子是亲属称谓,中国古代经历了宗法社会制度,在称谓上表现出严格的血统关系区分:父系、母系和妻系的划分,形成了内外的不同;长子继承权带来大宗与小宗的严格区别,形成了长幼的藩篱。宗法制度消亡后,亲属称谓仍然凝聚着那些历史的遗迹,与欧洲民族的语言形成指向的广义不对应的状态。

4. 系统性是词汇意义总体表现出来的特性

词汇意义的系统性表现为词义关系的普遍性与有序性。总体看,词汇意义是一个网络状的巨系统,个体的词与词之间存在着类型不同、距离不同、亲疏不同的关系。由于词汇的总量越来越多,描写词义的巨系统难以做到,但词义系统性是可以从局部得到证明的。以下举例说明:

首先,在共时层面上的词,其小类的系统关系,是可以用层次分类的方法去描写的。

我们从表示动作的词汇中,拿出一种放置类动词来讨论它们关系的有序性。动作是与行为相对的,动作可以计量,行为带有综合性，只能进行分程序的计量。放置类动词表示的动作是施于客体的（与自我处置相对），这类动词使客体发生位移现象。以下条件决定这类动词意义的区别，也就成为下位划分的依据：（1）以主体对客体是否具有强制性为区别；（2）以如何放置为区别；（3）以放置的空间状态为区别。从这三点出发，可以看到这类动词关系的有序性[①]：

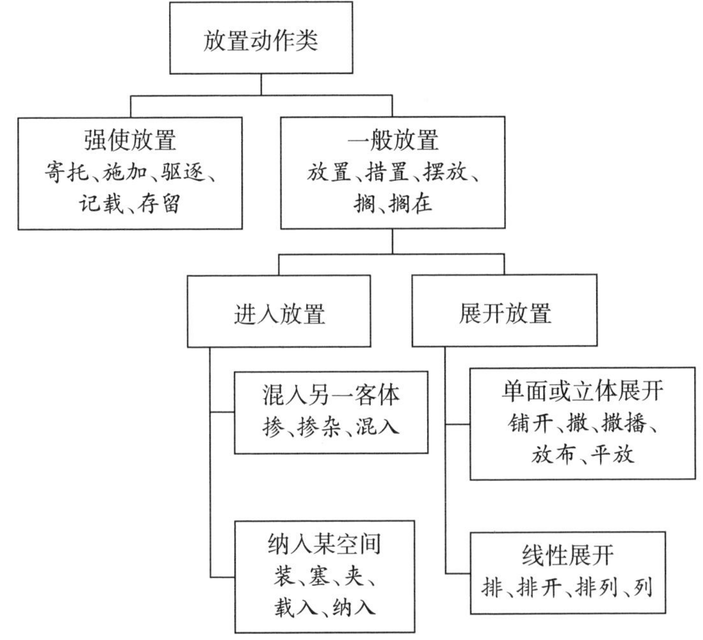

从上面的描述可以看出，层次分类是描写共时词义局部系统

① 放置类动词的分类，参考了吕云生《〈礼记〉动词的语义分类研究》（中国广播电视出版社 2009 年版），但例证、层次关系和论述均有改动。

的有效方法。通过系统的层次分类,可以看出词义在类聚中有层次的关系。将语义场理论纳入系统中,对克服语义场理论的无序性和任意性的局限,也是很有好处的。

其次,处于同一系统中的词,在意义上是互相关联的,词义的模糊性很大程度上是词义的系统性产生的必然结果。

模糊数学的集合论认为,经典集合论对事物只作明确的划分,元素对所从属的集合的隶属度除了用传统方法中的[0,1]两个真值来表示之外,还可以取两值之间的任意实数来表示。[①]。模糊语言学同时也指出语义的模糊性,波兰语言学家沙夫(1961)认为模糊性是所有词的特性,他说:"在客观现实中,词所表达的事物和现象的各种类别之间是有过渡状态的。这些过渡状态,这些'边界现象',可以解释我们称作词的模糊性的现象。"[②]这一说法明确了词义模糊性的来源于在词义集合的连续系统中,不论成员如何密集,相邻的成员之间都会有过渡状态,界限是模糊的。这一论断已经被很多语言事实证明,这里仅举中国古代的记时词语系统为例:

中国古代的记时系统。将一整天划分成12个时段,分别以"日中""日昳""晡时""日入""黄昏""人定""夜

---

① 这是模糊数学的创始人L.A.札德于1965年提出的模糊集合论的核心思想。

② 转引自伍铁平《模糊语言学》,上海:上海外语教育出版社,1999年,第107页。

半”“鸡鸣”“平旦”“日出”“食时”“隅中”十二个名称来命名，如下图：

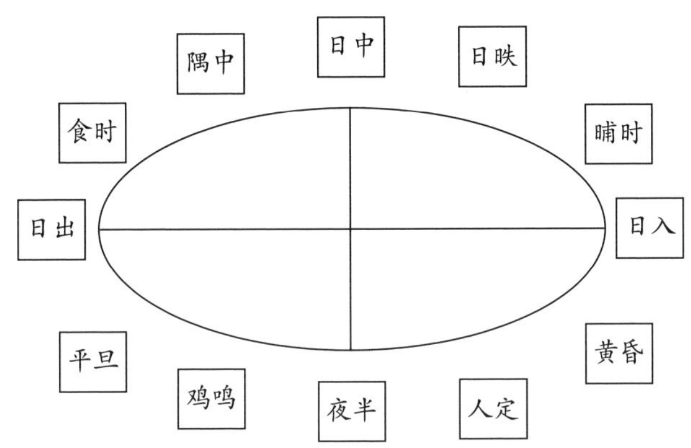

这十二个名称，都是根据每一时段的情境来命名的，是生活感受经验的反映，按照这样的命名，每一个时段之间的界限必然是模糊的。这是因为时间的流逝没有停顿，没有界限，而人对时间的感觉不可能精确，只是在这一时段的核心部分，人可以把握。直到经过科学测查，有了日晷等测量器具，依靠精确的刻度，才可以用数字来精确划分时段。

从这个例子可以看出，词义的模糊性，源于在同一集合中个体成员的相互依存性，也就是词义关系的有序性，这就是系统性的表现。同时，模糊性又是与词义的经验性有关的。

在历时层面上，也可以看出词义系统在词汇意义演变中的作用。众所周知，在多义词的引申义列和同源词的孳乳关系里，可以看到词义关系的有序存在。[①]词汇意义的历时演变，不是单个词义的孤立演变，存在着词与词之间位置的互相顶替与领域转换的关系。这里只举一个例子说明词义演变中个体词的演变是相互制约的。例如：

> 行、走："行"与"走"在先秦古代汉语中意义对立，各有各的位置，"行"为一般走路，"走"为快跑。现代汉语产生"跑"，替代了"走"，"行"与"走"职能合流，"行"不能单独造句，产生了依附性，进入双音构词法，产生了"行车""行船""行驶""行人""行事""行程""行踪"等，以及"步行""夜行""航行""飞行""流行""游行"等双音词。
>
> "走"的"快跑"意义被"跑"取代，产生了依附性，凡是这个意义的语素构成的词组，都凝固成词，产生了"走笔""走卒""走狗""走穴""走马灯"等双音或三音词。

需要说明的是，词义的系统性与概念的系统性有时具有一致性，但更多情况下则不是完全一致的。一般说来，在科学性比较明显的专业领域里的专科词语，词义系统与知识本体系统切合的程度较大；而在日常生活用语中，特别是常用词中，受词义经验性的

---

① 关于汉语多义词词汇意义的引申与同源词的意义关系，参见陆宗达、王宁《训诂方法论》（中国社会科学出版社 1983 年版）"谈比较互证的训诂方法"一文，这里不再详述。

影响,是很难用知识本体系统来切合词义系统的。

5. 正确认识词义特征的重要意义

以上四个方面,是用辩证唯物观点看待词汇意义的基本观点。概括起来,我们是否可以这样给词义做一个注解:词义是一种经过社会长期使用,含有社会共同经验,产生时注重外象感受,产生后以词形(音)作为载体而存在的语言内容。

这四个方面的特征是密切相关的:词义与逻辑概念的区别主要在社会性与经验性。经验性又是建立在社会性的基础上的;因此,词义具有民族性,在它的深层结构里,有一部分内容是各民族不同的。不同语言的词语对译都难以准确、完满,就是这种非共同性在起作用。词义系统受到社会性和经验性的直接影响,与从属于逻辑概念的知识本体系统不可能完全重合;所以,双语词典不可能反向应用,也就是不可能倒着读。那种编写汉语词典反过来抄英汉词典的做法不可取,原因就在于此。在第二语言学习中,由于学习者的母语与目标语文化的差异,会产生用母语类推目标语带来的“负迁移”,也是由于词义经验性与民族性的缘故。

语义学借鉴逻辑学的相关方法来研究词义不是不可以;但是,把词的语言意义等同于逻辑概念,就会丢失词义中大量的信息。这种由于理论缺欠带来的做法,对应用领域更为有害。在机器翻译的试验中,忽略意义的经验性内涵,把词的广义性等同于逻辑概念的概括性,会造成译文的失真或对译中的失误。在知识网络的建设中,将知识本体系统误认为就是词义系统,也会由于描写上的误失从而产生解释上的误失。

逻辑与语义的关系非常复杂,还有很多问题需要讨论。不过,在理论上厘清词义的特征,不把二者混为一谈,应当是研究这一问题的起点。

三十一、训诂学与语义学*

——谈理论训诂学在八十、九十年代的发展

中国的训诂学，是一门具有综合性内容的、应用性很强的学科。它以中国先秦经典的书面语言以及对这些语言的解读材料为主要研究对象，探讨早期汉语的词源和词汇意义的历史演变。它的成果首先是对汉语的历史语言单个的词语意义所作的识别与解释，然后是对那些已探求到的意义解释材料进行总汇与分类。这就使它在语言学理论体系中，占据了汉语历史语义学的位置。

黄季刚先生曾说："夫所谓学者，有系统条理，而可以因简驭繁之法也。明其理而得其法，虽字不能遍识，义不能遍晓，亦得谓之学。不得其理与法，虽字书罗胸，亦不得名学。"他还提出治"小学"应当"由专门而得之常识"，使"其识必精"。批评了唐、宋以降治"小学"者"散漫而无系统"，肯定了清代的"小学"能"分析条理而极乎大成"（均见黄焯整理、黄侃述《文字声韵训诂笔记》）。他的这番话，成为对训诂学历史发展评价的纲领，也成为现代训诂学发展的进一步追求的方向。

正因为如此，20 世纪 80—90 年代，中国训诂学在继续进行理论的探讨、使之更适用于当代时，理论训诂学便应运而生。它以清

* 本文初次刊发在《训诂论丛》，王静芝等著，台北：文史哲出版社，1994 年。

理既往训诂学的术语与阐发训诂现象的原理为主要任务，力求按照“明其理”与“得其法”的目标，改变传统训诂学罗列经验与堆砌材料、缺乏理性规律探讨的不理想状态。因此，理论训诂学不但广泛吸收了历史语义学与结构语义学的成果，在发掘传统训诂材料既有的、内在的自身规律基础上对很多训诂现象做出了解释，而且也用汉语古代书面语言及其解释材料中所反映的诸多现象，丰富了普通语言学和现代语义学所提出的理论与方法。这也使它超越了既往训诂学历史的与综合的性质，而具有了普遍的理论意义。

在进行上述工作中，训诂学与现代语义学理论发生了相互吸取的关系，有鉴于此，本文试就以下三方面的问题加以探讨：

第一，中国训诂学在构架自己理论体系的时候，吸收了现代语义学的成果，使自己的方法与体系更严密、更科学。例如，它对语义单位给予了不同层次的分析。

第二，中国训诂学在现代语义学的启发下，对自己已有的方法和规律开始有了新的认识，从而发掘了这些方法和规律的普遍意义，充实和丰富了现代语义学。例如，在古代注释材料中本来就存在对词义最小的元素的确认与分析，但是没有提到理论高度来认识，而在现代结构语义学义素分析法的启发下，去重新认识和分析注释的原理时，就产生了对义素分析法新的丰富与补充。

第三，中国训诂学从古代汉语的经验事实中所总结出的规律，与现代语义学相得益彰，并且为现代语义学提供了更为可行的、具有普遍意义的操作方法。例如，中国自古代以来存在的类聚方法，与西方语义学的语义场理论不谋而合，但训诂学在类聚材料中探讨语义有一套较成熟的操作方法，又是语义场理论所不具备的，它们之间应当相互补充。

下面分别论述这三种情况。

1. 在观察语义时对字、词、义的单位进行层次区分

中国训诂学以古书的注释为最早的基本研究对象，而这些注释材料是由汉字记录下来的，其中的意义关系是由汉字所传递的意义信息来表示的，这就使古代训诂学对注释材料的理解是以笼统的字为唯一单位的。这种“字本位”的观察和解释语义的方法，是极不科学的。实际上，在训释材料里，被汉字记录下来的是五种不同的单位。试看下列注释材料中加点的汉字：

①《说文解字》：“齊(齐)：禾麦吐穗上平也。”

②《经籍纂诂》集录：品：式也，率也，同也，齐也，众庶也，格也，等差也……

③《尔雅》：“初、哉、首、基、肇、祖、元、胎、俶、落、权舆，始也。”

④《诗经·周南·芣苡》“采采芣苡”毛传：“采，取也。”又“薄言捋之”毛传：“捋，取也。”

⑤《说文解字》：“袒，衣缝解也。”

很显然，上述五种注释材料中加点的汉字，绝非同一种单位，它们或不同质，或不在同一个层次上。①的“齊”被“禾麦吐穗上平也”来注释，注释的是它的构字意图（指象禾麦吐穗时因人工栽培而一般平齐），因而，齊在这里的身份只能是一个字，也就是书写形式（character）。②中的“品”，被诸多义项所注释，它在这里是一个多义项的词（lexical word）。③中的十一个单元，除“权舆”外，都是单个的汉字，它们同被“始”注释，因此都只是一个仅具单义项的词项（lexeme）。④中的“取”，用来注释“采”和“捋”，它表示的是“采”和“捋”在《诗经》这首诗里体现出的言语意义（sense）。更明确地说，它相当于一个义位（glosseme），也就是相当于词典学上的一个义项。⑤中的“解”虽处在注释“袒”的位置上，但它并不是“袒”全部意义的体现，只是由“袒”的意义中分解出的一个相关特点。也就是说，“袒”的意义在这个用义界方式作出的训释里，被分解为两个部分：“衣缝”（衣服被线缝住的地方）和“解”（脱开）。所以，只就“解”而言，它标识的是从一个单义项里分析出的义素（sememe）。

这五种同样被汉字记录的单位，既有字与词的不同质的区别，又有词义的不同范围的区别，还有多义词的词项、义位与义素的不同层次的区别。这就打破了既往训诂学笼统以“字”为单位来理解古代注释材料的惯例，而透过汉字的表面形式，可以构建出字、词、义层次的结构框架，显示出以下的结构布局：

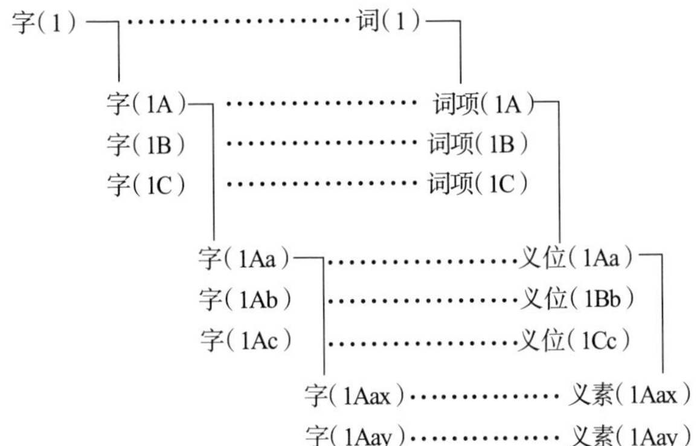

这种有层次的结构布局,使词义的内部成分分析有了可能,同时,由于明确了一个汉字所表示的究竟是哪一个层次的意义单位,就避免了实践中的失误。例如,我们可以从古代的注释书或训诂专书中搜集到这样的迭相注释材料:

厌(壓),笮也;笮,迫也;迫,近也;
近,附也;附(坿),益也;益,饶也;
饶,饱也;饱,厌(猒)也。

不加分析地用"训诂即代语"的公式,可以把"厌(壓)""笮""迫""近""附(坿)""益""饶""饱""厌(猒)"系联为同义词。但是,有了层次分析的观念后,便可以知道,在这些注释中,被注释的字都是词项,而注释词则是相应的义位。这八个注释体现四个义位,是不能简单以汉字将其认同而系联的。

厌(壓)—笮—迫……………………………………紧

迫—近—附(坿)……………………………………靠近

附—益……………………………………………增加

益—饶—饱—厌(猒)……………………………满足

它们的意义相关而不相同,是因为"迫""附(坿)""益"这三个汉字处在注释地位与处在被注释地位并非表示同一词项或义项,是汉字的表面形式的同一,使这四组不同意义的单音词项错误地连在一起。

训诂材料的综合系联可以探讨意义的相关联系,而在认同上,却要慎重,必须进行有层次的分析与区别。如果在系联中发生了偷换义项的错误,可以造成十分荒谬的结论。例如,常有人把"苦,快也"称为"反训",其实,这是偷换义项的结果,"苦"训"快",是因为它们都有"疾速"义,而不是用"苦"的"痛苦"义去对当"快"的"愉悦"义。

所以,训诂学不能只从表面出发,笼统以一个汉字为一个单位,在运用传统的、行之有效的系联和比较方法时,对字、词、义的结构层次,必须认真分辨并注意标识。

2. 穷尽的一分为二的义素分析法和不同义素质的差别

中国古代的注释用一个汉字记录一个意义(sense),现代人以为它的内部不再有分析的可能。其实,中国古代训诂学早就存在着词义内部结构分析的观念。训诂学着眼于词义的比较和系联,应当说，没有两个完全相同的义项，任何表面看来相同的义项，都存在着内部差异，因而，要想相对准确地描写出词义之间的共同关系，必须确立出一个小于义位（项）的意义元素单位，这就是义素。

美国J.W.佩里和A.肯特，提出过语义因子（Semantic Factors）分析方法，英国的人工智能专家Y.A.威尔克斯，也提出了把义素作为基本的语义单位来构成用于自动翻译的语义理论。这些理论对汉语训诂学是有启发的。实际上，在注释材料的分析、同义词的意义认同与别异、同源词的意义关系等问题上，汉语的义素分析法早就从训释材料中体现出来了，而中国古代重视分类及习惯一分为二的思维特点，给汉语的义素分析法奠定了哲学基础。

在阐释训诂学中词义异同的原理时，我们确立了三种不同作用的义素，这些义素都是从词义比较中切分出来的。

类义素用以指称单义项中表示义类的意义元素。从古代义训的义界方式里，可以分析出类义素。例如：

澌，水索也。

消，水尽也。

濂，水虚也。

汔，水涸也。

从这几个注释材料中，经过比较，分解出“水”这个类义素，说明这四个字所记录的词的本义都表明水的状态。

譌（讹），伪言也。

谎，梦言也。

諓，善言也。

谚，传言也。

从这几个注释材料中，经过比较，分解出“言”这个类义素，说明它们都是某种情况的言语行为。

核义素用以指称同源词所含的相同特点，因此又称源义素。它表明此物所以称此名的核心特点，从古代训诂的声训材料里，可以分析出同源词之间相同的义素。例如：

澌，水离散。

凘，流冰。

嘶，声散。

廝，析柴者。

欺，言实相离。

从以上注释中可以分解出这组同源词共同的特点：“离析”、“分散”，称为它们的核义素或源义素。

除了这两种有特殊意义的义素外，其他义素都可称为表义素。例如：上述譌（讹）、谎、諓、谚若以“语言”为其类义素，则伪、梦、善、传则分别标识它们的表义素。

我们把训诂材料中的义界方式规范为以下公式：

主训词＋义值差

主训词一般是类义素，义值差则可反映表义素，也可反映核义素。义值差为共同或相关核义素的，它们是同源词；义值差为共同表义素的，它们只是偶然的同义词。辅之以语音的通转方法，区别同源词和同义词，便可防止主观随意性。

以下直训属不完全训释：

《说文·六上·木部》："櫬（榇），棺也。"

《广雅·释室》："梯，阶也。"

《淮南子·原道训》："凝结而不流。"注："流，行也。"

比较它们的义界训释方式：

《左传·襄公四年》："定姒薨，不殡于庙。无榇，不虞。"杜预注："榇，亲身棺。"

《说文·六上·木部》："梯，木阶也。"

《说文·十一下·林部》："流，水行也。"

可以看到，直训的训释词语中缺乏"义值差"这个部分，它们没有将这个义位分解为相应的两个义素，从内部结构的显示来说，是不周全的。也就是说，训释词与被训释词在意义上并不等值，一般说来，直训大多是不完全训释。上述三个义界中的义值差分别为其表义素。含有同一表义素的词项可认为是偶然同义的词项。

比之欧美的义素分析法,中国训诂学的义素分析有三个特点:第一,它以类义素和核义素来进行同类词、同义词与同源词的鉴别和类聚;在哲学方法论上,它注重的不只是词义的量的异同,而更注重它们本质的异同。第二,对汉语这种孤立语,它能透过记录单音词的汉字,分析出词义的内部结构,表现出中国古代思维并非偏于综合,而同时也是十分重视分析的。第三,西方语言学在使用义素概念描绘词义时,一直想使义素的分解是有限的,但是由于他们未能把握词项之间质的联系,始终未能完满解决这个"有限性"。而中国训诂学由于提出了核义素与类义素,同时采用两分法,较好地解决了这一问题。从训诂的义界得出以下结构方式:

类义素+核义素=词源意义

类义素+表义素=表层意义

同时也得出了以下比较公式:

词项之间表义素相同者为同义词;

词项之间核义素相同者为同源词;

词项之间类义素相同者为同类词,而核义素相同者,必非同类词。

因此，在中国训诂学理论建设中产生的汉语义素分析法，既带有自己的特色，又对现代语义学有所发展。

3. 系联、类聚与语义场测查

古代训诂材料有两大类：一类是随文释义的注释，另一类是训诂材料的纂集，第一种材料偏重对词语的言语意义进行单个的解释，但是，它并不孤立地看待一个一个的词，而是把每个词语，放在与它相关的其他词中间，前后沟通、左右联系，去探讨它的意义。归纳和系联是训诂学最基本的方法。例如，中国训诂学总是通过语音线索，用系联同源词的方法来探讨一个词的构词理据的。"谦"有不自重大、尊敬他人的意思，为了探讨它的意义来源，训诂家便把它的同源词系联起来：

嗛：《荀子·仲尼》："满则虑嗛。"注："嗛，不足也。"《汉书·郊祀志》："今谷嗛未报。"注："嗛，少意也。"《晋语》："嗛嗛之德。"注："嗛嗛，犹小小也。"

鐮：《说文》训"叽也……，读若风溓溓，一曰廉洁也"。朱骏声说："鐮谓小小食也。"

歉：《广雅·释天》："一谷不升曰歉。"《说文》："歉，歉食，不满。"

廉：《九章算术》：边谓之廉，角谓之隅，廉为边薄之处。

簾：朱骏声说："簾，缕竹为之，施于堂户，所以隔风日而通明者也。"取其薄义而称簾。

幨:《释名·释床帐》:"户幨施之于户外也。"簾以竹为之,幨以布为之,都取其薄而名。鳖甲的边缘俗称"裙边"的,也叫"幨",字写作"裧",也因其薄而得名。

溓:《说文》:"溓,薄水也。"

慊:《说文》:"慊,疑也。"疑与实相反,与损、欠义通。《礼记·坊记》"贵不慊于上"注:"慊,恨不满之貌也。"

系联就是一种聚合,从中可以归纳出"谦"的词源意义是"不足""不满""缺少""微薄"。

正因为在解决单个词义时训诂家要旁征博引,兼及左右,才有了中国训诂学对材料纂集的传统,而纂集材料必分类。分类是中国古代十分成熟的哲学观念。《易经·乾卦》说:"同声相应,同气相求。水流湿,火就燥。云从龙,风从虎,圣人作而万物睹。本乎天者亲上,本乎地者亲下。则各从其类也。"《礼记·乐记》明确提出"方以类聚,物以群分"的规律。中国训诂学在这种哲学思想的指导下把分类当成必不可少的方法。《尔雅》《方言》《释名》等训诂专书,都以义类的划分作为全书的编排总例。

词以类分,同类而纂集,这就是一种聚合,因而,在早期训诂材料的纂集里,就已经存在着西方语义学所说的"语义场"观念。语义场对词汇意义的研究,既有探讨数量的作用,又有整理词汇系统与词义系统的作用。中国训诂学在理论建设中,采用了"语义场"的概念,而从自身的传统方法出发,提出了以下探求词义发展规律的方法与原则:

（一）密度测查：

在同类语义场里，词语密度的变化，标志着社会生活变化。例如，在《说文解字》中，牛以岁龄分的词有4个，以毛色分的词有11个。而在汉代以后的常用词里，它的密度逐渐减少，这是随着祭祀、图腾标志与畜牧业的社会作用减小而改变的。

（二）词义对立关系的测查：

在同一语义场里，通过对词义对立关系的测查，可以看出人类观念的形成，也可以对词汇进行有层次的整理。例如，对上古典籍关于熟食用火的词加以类聚，可以看出在同一语义场里，存在着以下几方面的语义对立。

（1）直接接触火与通过器皿的词是分立的；

（2）熟粮与熟鱼肉的词是分立的；

（3）在通过器皿的用火词中，加水与不加水的词是分立的；

（4）在加水熟食的词中，干汁与带汁是分立的；

（5）在直接接触火的熟食中，对肉的皮、毛加工方式不同的词是分立的。这五种语义对立，体现在下表中：

<table>
<tr><td colspan="4">直接接触火</td><td colspan="5">通过器皿</td></tr>
<tr><td rowspan="3">粮</td><td colspan="3" rowspan="2">肉</td><td colspan="2">不加水</td><td colspan="3">加水</td></tr>
<tr><td rowspan="2">粮</td><td rowspan="2">肉</td><td rowspan="2">干汁</td><td colspan="2">带汁</td></tr>
<tr><td>去皮毛</td><td>去毛</td><td>带毛</td><td>猛火</td><td>文火</td></tr>
<tr><td>烘</td><td>炙</td><td>燔</td><td>炮燎</td><td>炒</td><td>蒸
[illegible]</td><td>煎熬</td><td>煮</td><td>衮</td></tr>
</table>

经过语义对立——也就是词的分立的测查，既可了解人类的观念，

又可清理出词汇及其意义的层次，显示不同时代的词义系统。

(三)词义相关规律的测查：

引申义之间的相关与同源词的意义相关，只有在词汇聚合成场后才能显现出来。例如，从“变化”意义的语义场中，可以发现这样一种现象：

化(变化)→讹(误差)

过(超越)→过(错误)

作(初创)→诈(欺骗)

为(作为)→伪(虚假)

……

在同一语义场中存在不同词语身上这样的意义相关，既是带有普遍性的，其中必然有语义相关的规律或文化背景的原因。上述例子说明，在东周时期，中国古代崇尚自然的心理，在一些人心目中，已经转变为厌倦变革、对后天改造力量的抵制。上述语义的演变，正是这种文化背景的反映。

(四)意义元素的分类测查：

词语意义系统永远是一个开放的不平衡系统，但历史词汇系统却已经定量。古代汉语单音词的意义元素是可以定量测查的。在穷尽分类归纳出相应类别的语义场之后，计算机所需要的义元测查可以有系统的进行，这对整理汉语词汇总体系统，是一条必经之路。

以上四个方面,中国训诂学所提供的方法都是富有经验与可操作的。它从汉语的实际出发,用词语类聚的传统方法使语义场的理论方法得以丰富发展。

“小学”分为文字、声韵、训诂学以后,训诂学就在明确的分工下,以词义作为自己主要的研究对象。20 世纪 80—90 年代在训诂学范围内所进行的理论探讨,意义是重大的。近百年来的汉语语言学史证明,离开了汉语研究的自身传统而谋求全盘西化的发展道路,会使汉语语言学脱离实际,走入绝境;但死守传统的成说,不注重借鉴西方语言学的合理方法,也会使汉语语言学停留在古代,而达不到现代的高度。唯有从古代语言学的精华中去探求普遍规律,才能使汉语语言学走向世界,为丰富和发展普通语言学作出贡献。中国训诂学是传统语言学中最富成果的一个门类,很多前人提出的问题有待深入研究,也有很多新的课题有待开掘,它的发展是未可限量的。

三十二、训诂学对义素分析法的证明与应用*

语言学是研究人类自身的科学，语言不仅仅是外在的形式，也不仅仅是发音器官的生理活动，而是存在于人的头脑中的心理产物。我们从它外在的表现形式来认识它是不够的，最起码要了解它的意义。意义是语言的核心，却正是语言最难描写清楚又最难解释明白的部分。在语言研究中，语义学作为一门独立的语言学门类，起步晚、成果少、深度差，原因也就在这里。

不论是语言学的哪一个门类，对其进行分析和描写是它走向科学的前提，语言意义的内在性和经验性使它的分析和描写存在很大的困难。分析意义首先要确定分析的单位和分析以后的结构单位。费迪南·德·索绪尔说："语言的特征就在于它是一种完全以具体单位的对立为基础的系统。我们对于这些单位既不能不有所认识，而且不求助它们也将寸步难移；然而划分它们的界限却是一个非常微妙的问题，甚至使人怀疑它们是不是真正确定了的。所以语言有一个奇特而明显的特征：它的实体不是一下子就能看得出来，可是谁也无法怀疑它们是存在的，正是他们的作用构成了语言。这无疑就是使语言区别于其它任何符号制度的一个特

---

* 本文为中国社会科学院文史哲学部主办的"海峡两岸中国传统语言学学术研讨会"的论文，收入该会论文集《历史语言学论集》第五辑，北京：商务印书馆，2012。

性。"[①]索绪尔的这个说法主要是针对语音的,同时也适合于语义,而语义比语音更难划分界限。按照索绪尔的看法,语义如果没有确立描写和分析的单位,就无法成为"学"。汉语传统词汇学以词为研究的起点,词是语言具有外部形式的最小单位,汉语的词和词素被语音的音节承负,有汉字作为辨别界域的视觉物化形式,具有外部界限,词形本身是可以分析的;被词形负载的词义也就随之有了界域。当我们对个体词的意义加以比较、希望科学地述说它们的同异时,笼统的"词义"完成不了这个任务,必须求之于词义的内部结构。但是,词义的内部结构要素之间却没有外在的界限,词义的进一步分析也就是词义内部结构的分析是否可以实现?就成为语义学走向科学的根本问题。我们不妨先借助西方语义学的概念"义素",来探讨语义内部结构的分析问题。

1. "义素"概念的确立及其内涵

"义位"和"义素"这两个概念,都是结构语义学确立的。[②]"义位"是语义分析的基本单位——也就是语义分析的起点。这个概念在辞书编纂领域称作"义项",所以在中国,很多人把"义位"和

---

①《普通语言学教程》第二编第二章,北京:商务印书馆,1990年,第151页。

②关于"义素"概念的产生和"义素分析法"的应用与发展,张志毅、张庆云在《词汇语义学》一书中有专门的介绍。这是我国对于义素理论和方法最详尽和最清晰的介绍和阐释。可以看出,义素理论和方法是世界各国语言学家共同创建和相互补充的,见该书第二章第二节(商务印书馆2001年版23页),本文不再重述。

“义项”作为同义概念来使用。其实，由于“义位”是语义结构分析的科学术语，而“义项”只是辞书编纂的操作概念，所以二者是有一定区别的。“义项”在划分时以其解释的必要性为前提，语感和自然认知机制在其中起到了重要的作用，因而常常见仁见智，有一定的随意性。而义位是对多义现象科学分析的结果，带有一定的数理性、逻辑性，当一种分析方法和分析程序确立后，它的结果应当是唯一的；只是因为意义在语境中带有丰富的经验性，过于人文化，完全的数理性是难以体现的，有时也需要凭借语感。这就是“义项”和“义位”两个概念始终纠葛不清的现实原因。我们要分析的是“义素”，自然要选取尽量科学的术语“义位”。下面的分析可以看到，“义素”与“义位”这两个概念是相互依存的。

“义素”是语义分析的结构单位——其实也就是语义分析的终点。“义素”概念的确立使意义可以进行分析和描写，它对科学语义学的建立有极为重要的作用。

在意义独立研究走向科学的追求中，音位学的方法对义素概念的形成起了直接作用。但是因为外化的语音与内在的语义有着存在形式的很大的差别，“义素”这一概念在各种语义学著作的使用中，是缺乏确定性的，有两种内涵，需要辨别。

在中国的词汇学和语义学里，用“义素”来表达的概念，其内涵都是借鉴音位学的结果，但是借鉴的是两种不同的术语系：

第一种，以音位学的音位归纳为参照的义素（sememe），用我们的理解来说，义素就是义位的变体。也就是说，义素与义位的关系，相当于音素与音位的关系。我们以一个古代汉语非常用义的

意义训释之例[①]来说明义位与义位变体(义素)的关系:

①《论语·公冶长》:"子在陈,曰:'归与!归与!吾党之小子狂简,斐然成章,不知所以裁之。'"孔注:"简,大也。"

②《论语·雍也》:"仲弓问子桑伯子。子曰:'可也简。'仲弓曰:'居敬而行简,以临其民,不亦可乎?居简而行简,无乃大简乎?'子曰:'雍之言然。'"皇疏:"简谓疏大无细行也。"

③《尚书·舜典》:"帝曰:'夔,命汝典乐。教胄子。直而温,宽而栗,刚而无虐,简而无傲。'"孙星衍:"简者大也。孔子在陈,思欲归去,故曰:吾党之小子狂简者,进取于大道,妄作穿凿以成文章,不知所以制裁,我当归而裁之耳。遂归。"

④《尚书·皋陶谟》:"简而廉。"孔疏:"简者,宽大率略之名。"

⑤《逸周书·谥法》:"平易不疵曰简。"

⑥《尔雅·释诂》:"简,大也。"郝懿行《尔雅义疏》:"简者,疏节阔目之意,故亦为大。"

上面①—⑤句子中的"简"在语境里的意义都是指的行为习惯和性格。解释语"大",取与"细"相对的"大",意思是"粗略而

① 这里采用非常用义为例,是因为义位越是常用,所含的义位变体越多,角度也较为纷繁,内在的个人经验感受不容易剥离,影响我们对"义位"与"义素"关系的解释。在更为复杂的情况下,"义位"如何从"义位变体"("义素")中归纳出来,不是本文的阐释重点,留待另文讨论。

不拘细节”,但概括起来,可以看出这个义位里含有评价问题:①含贬义,意思是“狂傲”因而粗疏不谨慎;②—⑤含褒义,意思是“宽厚俭朴”因而不计较别人的细节自己也不夸大。这两点的区别在色彩,可以就其共同点再概括为一个中性的义位,⑥《尔雅》的意义解释已经概括出这个中性的义位,是由具有贬义和褒义的两个义位变体再度归纳的。

在我国,将“义素”等同于“义位变体”,最早见于高名凯先生的《语言论》[①]。这样来设置“义素”这个概念,实际上是把词语在语境中的意义作为“义素”,而把这些语境意义进一步归纳出的具有社会性的语言意义作为“义位”。这一解释大约相当于法国结构语义学家 A.J. 格雷马斯在《结构语义学》一书中所说的“核心义素”(Ns)与“语境义素”(Cs)[②]。

第二种,以音位学的音素特征分析为参照,将义位特征(senmantic components)称作“义素”,也叫“意义成分”。这是大多数学术论著都采用的概念内涵。综合各种同一的解释,我们可以对作为意义成分的“义素”作出如下定义:义素是义位的组成成分,是由义位分解出的低于义位层次的微观单位。它是义位的特征,从意义分析的操作可能性来说,它也是意义结构的最小单位。这是一个比较普遍的认识,属于语言学的常识。

---

① 高名凯《语言论》第三章第二节“义位和义素”认为:“义素既是义位的组成成素,它实际上也就是义位的变体。”见该书 262 页,北京:商务印书馆,1991 年。

② 格雷马斯(Greimas)《结构语义学》,天津:百花文艺出版社,2001 年。

语义与语音虽然都是语言的要素，但语音属于外化的形式，语义则是语音作为载体承负的内容。二者的方法不可能完全一致。第一种“义素”内涵决定了义位归纳法。第二种义素内涵决定了义素分析法，也就是所谓的“意义成分分析法”，本文采用第二种内涵决定的义素分析法。

2. 义素实体在汉语中的存在

义素分析法存在的第一个问题是：义素是实体的存在，还是一个语义分析的过渡性的假设单位？一般词汇学和语义学的论著，都认为“义素”处于词语的底层，在语言现实中是无法观察到的。在这个问题上，贾彦德引用比尔维施（Mansfred Bierwisch）的说法[①]表达最为明晰。比尔维施说：

> 语义构成成分（semantic component，即义素）“并不是语言词汇的一部分，而只是理论上的元素，是为了描写某种语言的各个词汇成分之间的语义关系而假设出来的”。
>
> 义素“并不表现外界的物理性质，而表现人类认识自然环境和社会环境的心理状况。所以不是人类机体之外的物质的性质和关系的符号，而是人类感知和认识外界现象的内部机制的符号。”

---

① 以下引文转引自贾彦德《汉语语义学》，北京：北京大学出版社，1999年，第126—127页。

"如果我们这样来解释语义构成成分,就可以把它们的纯粹形式的特性与人类的认识和感觉器官联系起来,还可以显示语义结构与周围环境的相互关系。人类就是根据这些内在条件去感知外部世界的事物和进行归类的。"

这几点阐释说明了两方面的问题:一方面说明了义素的存在并不虚妄,它也是人类认识的成果,和人的感知是联系在一起的。另一方面也说明了,义素是非实体的,仅仅是理论上的元素,在语言表层难以观察到,也就是说,它像数学的"虚数"一样,仅仅是某种方法必须设置的、假设的过渡概念。

其实,上述说法存在着矛盾:语言是思维的现实,既然人类根据这些内在条件去感知外部世界的事物和进行归类,那么在语言现实里,必然会找到这个概念表示的现象。

让我们从汉语双音词的构成中来观察其中的义素:

第一类:

(1)亮光、幼童、大海、高峰、低谷、圆圈、圆环、圆球、弯钩、火炉

(2)飞鸟、游鱼、走兽、浮萍、死尸

(3)马驹、牛犊、人伦、边疆、外围、内核

这类名词所含的特征属性,都被析出在双音词的前一个词素里,在句法上为定中结构。句法层面的定中短语,在语义上,中心词

所表示的事物被定语加上了某种属性，内涵增加促使外延缩小；但这类构词，已经构成的双音词与原有的单音词之间，没有发生任何外延上的变化：亮光＝光（无有不亮的光），火炉＝炉（无火不成炉），飞鸟＝鸟（能飞才是鸟），走兽＝兽（兽类必会走），马驹＝驹（驹只用来称马），内核＝核（核必在内中）……也就是说，被离析出来的表示名词的必然特征属性的义素，实际上就在名词的语义结构中存在，而且是作为这个名词必然的、标志性的、不可分离的属性，他们就是这些名词底层的义素。如果我们用 /S/ 表示义素，N 表示名词义位，它们都符合 /S/+/N-S/ 这个公式，就语义而言，离析出了表示必然特征的义素，既没有增加它的义值，也没有缩小它的范围。需要注意的是：（1）的特征义素是形容性的（/Sa/），（2）的特征义素是动词性的（/Sv/），（3）的特征义素是名词性的（/Sn/）。

第二类：

（1）奠定、扩大、延展、延长、贬低、抬高、表明、标明、阐明、抡圆

（2）迷失、迷乱、推却、窥见、揭开、拆开、拆散

（3）插入、拔出

这类动词所含的特征属性，都被析出在双音词的后一个词素里，在句法上为动补结构。句法上的动补短语，增加了补语后，语义上增加了结果的义值，内涵加多促使外延缩小；但是这类构词，后一个词素表示的意义本来就在前一个动词词素里包含着，

是这个动词的必然属性,也就是这个动作必然的结果。双音合成后,只是把存在于底层结构中的一个特征属性在补语位置上显示出来了。内涵不增加,也就没有发生外延上的变化,只是加上了“完成”的体范畴:奠定 = 奠 +‖ 完成体 ‖(奠的做法必然是将物固定),抡圆 = 抡 +‖ 完成体 ‖(抡的轨迹必然是圆的),迷失(乱)= 迷 +‖ 完成体 ‖(迷即是失心与意乱),拆开(散)= 拆 +‖ 完成体 ‖,插入 = 插 +‖ 完成体 ‖(插是向内用力,“入”是这个动作作用于对象的必然结果),拔出 = 拔 +‖ 完成体 ‖(拔是向外用力,“出”是这个动作使对象产生的必然结果)。与前相同,我们可以设立这样的表达公式:/S/+/V-S/+‖ 完成体 ‖,从这个公式中可以看出,离析出了这个表示必要特征的义素后,词的外延没有缩小,原来的义值没有改变,增加的是一个体范畴中的完成体。需要说明的是:在这一组双音节动词里,(1)的特征义素是形容词性的(/Sa/),(2)是动词(包括使动)性的(/Sv/),(3)是方位名词(/Sn/)。

这里需要说明的是,以上两组双音节复合词中所离析出来的义素,都是原来单音节词的必然特征属性,也就是这个词区别于其它词的必要条件,相当认知语言学的“完型特征”。我们不取“完型特征”这个术语,是由于讨论问题的角度不同。我们在这里提出这个现象,只是为了证明“义素”这个语言的结构单位,在这些双音节复合词里并非是一种假设,而是一种实体。由于词 – 词素 – 义位 – 义素这些单位都是由汉字来表示,义素的实体性很容易被忽略。

在训诂学里，上述双音词析出的表示必然特征的义素，很大一部分是词的词源意义，也就是贯穿在同源词中的取象特征，训诂学称作“源义素”。例如：“抡、论、轮、沦……”同源，从中可归纳为“圆形有纹理”的词源意义，因为它在底层结构层面，所以称作源义素。“奠、定、停……”同源，可以归纳出“固定静止”的源义素。“延、筵、衍、引、演……”同源，可以归纳出“加长扩展”的源义素，“表、标……”同源，可以归纳出“显明”的源义素等。还有一些是词汇意义中的主要特征，也就是这个意义区别于其他意义的必然特征。这种特征可以从同义词中归纳出来。例如：《说文·手部》：“拔，擢也”“擢，引也”“引，抽也”。一系列的递训表明，这些动作都有一个共同的特点，就是使动作对象发生向外的位移。这个特征也在词义的深层结构中，但在使用时可以表现出来，训诂学称作“中心表义素”。

3. 在训诂材料中被析出的义素

义素既然是人类思维中实际存在的单位，它在词义的结构层面，当一个词语被解释时，就会很自然地被分解开来。我们用《说文解字》对本义的训释为例，例如：

《水部》有关人类清洗自己身体各部位的词的训释，可以通过归纳和分析得出其中的义素：

《说文·水部》：“沬，洒面也。”——洗脸

《说文·水部》：“浴，洒身也。”——洗澡

《说文·水部》:“澡,洒手也。”——洗手

《说文·水部》:“洗,洒足也。”——洗脚

经过归纳我们可以看出,“洒”是这4组训释中共同的元素,《说文·水部》:“洒,涤也;涤,洒也。”音“先礼切”(xǐ),后来写作“洗”,而专做“洒足”的“洗”音“酥典切”(xiǎn),现代汉语只做姓氏用,字改从“冫”以为区别。而每个训释相异的部分,分别为“面、身、手、足”,这些训释材料聚合在一起,实际上就是一个采用义素分析法形成的义位结构式,可以表示为:

｜沬｜(义位,用｜X｜表示,下同)=/洒/+/面/

｜浴｜=/洒/+/身/

｜澡｜=/洒/+/手/

｜洗｜=/洒/+/足/

/洒/在这组词里属于“类义素”,后面4个不同的义素属于“表义素”。这组词发展到现代汉语,分别表示为“洗脸、洗澡、洗手、洗脚”,除了“洗澡”外,完全变成了短语,在古汉语阶段表示区别特征的“表义素”升级为词,完全外化了;而这种升级,完全可以从追溯的角度说明义素不是假设的理论概念,是可以在某些表达式中凭借语感显示出来的。

同样,《说文解字》下面的本义训释也可以用义素结构式来表示一个义位:

《说文·旨部》:"嘗(尝),口味之也。" 结构式:|嘗(尝)| =/口/+/味/

《说文·手部》:"招,手呼也。" 结构式:|招| =/手/+/呼/

《说文·水部》:"津,水渡也。" 结构式:|津| =/水/+/渡/

《说文·缶部》:"缺,器破也。" 结构式:|缺| =/器/+/破/

《说文解字》是专门解释本义造意的专书,它的训释不但与词义有关,还与汉字的结构相关。在义界方式的训释里,许慎一般选择与部首有关的意义作类义素。在第一组训释材料里,他选择"洒"为类义素,是因为水是清洗的必要工具,而"洒"在《水部》。在第二组训释材料里,"嘗(尝)"在《旨部》,以"口"为类义素,是和其它用口完成的动作比较而得出它的另一个特征"味"(表义素),同时"味"也是"嘗(尝)"的目的。"招"在《手部》,以"手"为类义素,是和其它用手完成的动作比较而得出它的另一个特征"呼"(表义素),同时也说明"招"与"呼"的差别,后者本用口来完成而前者用手。"津"在《水部》,以"水"为类义素,是和其它与水相关的地方比较而得出它的另一个特征"渡",同时"渡"也是"津"的用途。"缺"在《缶部》,以"器"为类义素,是和器皿其它状态比较而得出它的另一个特征"破","缺"和"破"都是不完整。这种参考表意汉字字形来将义位进行义素分析是汉语独有的。

仿照《说文解字》的义素两分法,我们可以对同源词进行义素分析。例如:

第一组：①扬 =/ 手动类 /+/ 上举 /

②翔 =/ 翅动类 /+/ 上举 /

第二组：③羊 =/ 动物类 /+/ 长养 /

④养 =/ 食物类 /+/ 长养 /

⑤氧 =/ 气体类 /+/ 长养 /

上面两组 5 个词，古音声纽都在喻三，韵部都是阳韵。第一组都有“上举”的特点，第二组都有“长养”的特点，区别在于不同类，因而可以用上述结构式来分别表述。“上举”与“长养”的特点是相通的，前者增加高度，后者增加强健。五个词同源，语义结构分解后，表示类别的是“类义素”，表示特点的词源意义是“源义素”。从这里也可以看出，词汇意义在义位层面，在使用中可以显示，词源意义在义素层面，不在表层，它的作用极为重要，但是隐性的，需要在同源词系联中发掘出来。

4. 义素与意义关系的有序性

结构语义学提出义素分析法，是通过邻近的相关词的义位比较得到特征属性的。这里举葛本仪主编的《实用中国语言学词典》的“哥哥”的例子[①]来说明。该条目说：

---

① 葛本仪主编《实用中国语言学词典》“义素”条目下，青岛：青岛出版社，1992 年，第 84—85 页。

> 例如“哥哥”这个义位有四个义素:“亲属”“同胞”“年长”“男性”。它们是分解义位“哥哥”而得到的,并不直接存在于自然语言中。

这四个义素是从邻近词语的比较中得来的:与“朋友”等词比较,得出“亲属”这个义素;与“表兄”等词比较,得出“同胞”这个义素;与“弟弟”比较,得出“年长”这个义素;与“姐姐”等词比较,得出“男性”这个义素。

这种做法对得出一个义位的义素,无疑是有效的。但是,是否所有的词都可以找到合适的比较项?所列的比较项是否可以穷尽的组成一个与义位完全切合的结构式?这种对词义微观分析的方法如何作为普遍的方法推广?这些仍然是没有解决的问题。根据词义系统性理论的启示,义素分析法仅仅对义位作个别处理,必会产生带有随意性、缺乏系统性的弊病,义素分析只有在能够体现意义关系有序性时,才能进一步科学化。在这个操作过程中,语义场理论应当起到重要的作用。

张志毅、张庆云《词汇语义学》提出“基义内部义素的层级结构”的主张——第一级是“上位语法义素”,第二级是“语义·语法义素”,第三级是“上位语义义素”,第四级是“主要的个性义素”,第五级是“次要的个性义素”,第六级是“附属义素”①。在义素分析具体操作的过程中,这6个层级难以一一兑现,但这个方法有一个

① 张志毅、张庆云《词汇语义学》,北京:商务印书馆,2001年,第25—26页。

十分重要的精神——要解决词义系统的问题，首先需要对义位进行有层级的分类，构建合乎逻辑关系的系统的语义场，其次，还需要采取索绪尔一再提倡的对立分析的方法，才能实现义素分析的系统性。我们以动词中的放置类动词为例，来看层级分类对义素分析系统性的作用：

所谓放置类动词，指的是表示动作施于客体而使客体发生位移的动词。从张志毅、张庆云第一层级开始，它已经处在下位（与自我处置相对）。从这类动词开始，还可以进行更下级层级的分类。下面是用对立分析法形成的分类系统：

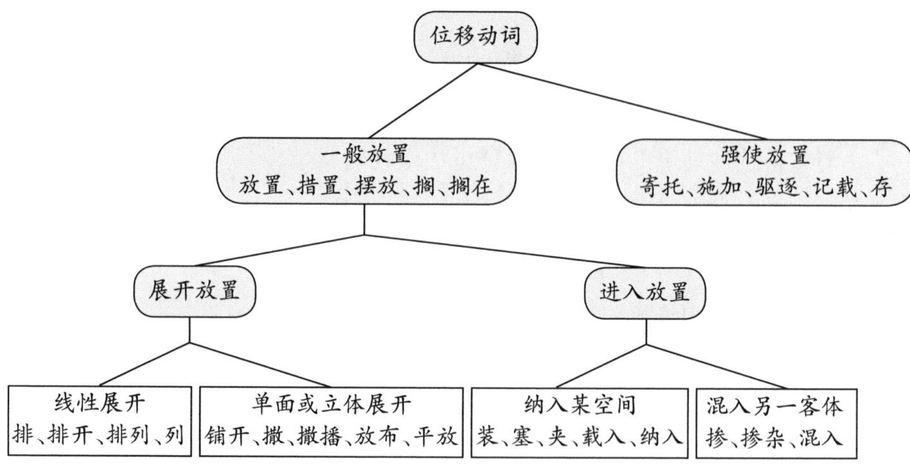

在层级－对立分类的基础上，我们可以描述其中任何一个词的义素结构式：

排列 =+ 动作 + 使位移（－强使）+ 使展开 + 向两端

撒播 =+ 动作 + 使位移(– 强使)+ 使展开 + 向四方

载入 =+ 动作 + 使位移(– 强使)+ 使纳入(某空间)

掺杂 =+ 动作 + 使位移(– 强使)+ 使混入(另物)

层级分类使语义关系呈现有序性:首先是聚合义场按层级构成上下位关系,在同一层级相互对立的两个义场呈现并列—互补关系。根据义场关系来考虑每一义场中的义素关系,义素的层级也就显示出来,同一义场中的义位具有共同的特征属性,也就具有相同的义素;同时也就确定其不具有对立的另一方的义素。在以上义素结构式构成后,余下的就是最底层的个性义素,要在这个最低层级义场之中去相互比较了。

层级分类使训释的客观性得到保证也得以检验,词义的分析与解释才能是统一的,义素分析法的应用也才由此有所推进。

三十三、语言与传意*

——从古诗词鉴赏看传意的主客观统一性

传意——把一种思想传达给另一个或一些人，达到彼此沟通的目的，这是人类的一种本能，人类就是靠着传意来建立社会的。社会人群最简单的、本能的传意是口语的交谈，借助语境的帮助，消除歧义的误解，使沟通成为即时的现实。但是，随着社会进步和人际交往的复杂化，现代传意过程变得越来越纷纭迷离、难以把握。这不但因为现代传意经常需要超越时间和空间的限制——远距离传意和跨时代传意越来越多；而且，在全球化的时代，跨文化交流带来了更多的问题，以致必须设立一个专门的学问来研究它了。

1. 传意的必然要素与或然要素

分解一个传意过程，可以看出这个过程涉及五个必然的要素和两个或然的要素。五个必然的要素是：传意者（施意主体）、所传者（受意主体）、所传之意（被传客体）、传意媒质（工具）、环境（时间、场合、涉及的其他人等等）。两个或然的因素是：传意的组织者——这是大规模的传意不可缺少的要素；两个主体之间的沟通

---

* 本文原题目为《论言语意义与传意效果——从古诗鉴赏看传意的主客观统一性》，初刊于《南阳师范学院学报（社会科学版）》，2003 年第 1 期。

者——这是在高难度传意中常常出现的要素。传意追求的是效果,所谓传意效果,指的是传意者与所传者之间沟通的程度和速度,或者说是传意者接受所传之意的快速性、准确性和深入程度。研究传意的目的,无非是为了加快速度、提高程度,得到最高的效果。

传意效果是受到传意过程中七种要素制约的。这七种要素有质量问题,传意效果与这七种要素的质量成正比。提高传意效果的办法,就是对这七种要素一一进行优化,分别提高他们的质量。

传意有难有易。它的难易程度也受到这七种要素的直接影响:施意主体与受意主体之间时空的距离和文化的差异有大有小;传意者的目的、品味有高有低,自身表达能力或操纵媒质的能力也有高有低;所传之意有深有浅、有奥有显;传意媒质有锐有钝,在现时代,媒质的科技含量也有不同;传意环境有宜有碍;所传之人有多有少、有差有齐、有敏有愚——这些都决定传意的难易度。而增加传意的组织者和沟通者,正是为了加快传意速度,减少传意难度。难易度自然也与效果发生关系,在难易度不同的传意中,如果想达到同等的效果,难度越大,对五种要素质量的要求就越高。

传意是个客观过程,不论什么"意",只要必然的五种要素具备,一经"传",必定使两个主体有所沟通;如果再加上两个或然的要素,沟通的效果应更充分的显现出来。但是,传意又是个主观过程,传意的两个主体沟通的程度永远是相对的。因为它只是主观对客观的反映,所以,它很难有百分之百的客观效果。每一个传意行为完成后,当人们把传意者原始的主观意图拿来与受意者对所传之意的最终理解和感受加以比较时,常会发现,后者既可能不足于前者，又可能超越前者，唯独很难无阙无羡的全盘切合。原因很简单，施意和受意这两个主体都是人，他们的经验对彼此的沟通来说，总有那么一部分，彼此是不能超越的。

以上说的是传意的一般规律，不论规模多大的传意，都不能摆脱这些规律。

2. 传意的客观性寓于语言之中

我这里想通过一种中国人研究得最深入的传意现象，来谈谈传意的主观性和客观性统一的问题。中国古代最早的传意工作是注释——一种帮助沟通古今的语文工作；注释家就是我们前面所说的传意的沟通者。常常因为典籍跨越时代，读者与作者存在隔阂，才有注释家。而在中国文化史上，涉及传意问题最深入的领域是古诗鉴赏。人们公认，诗是一种体现个性最强烈、反映主观体验最突出的文学样式。后人鉴赏古诗，时已过、境已迁，环境对沟通十分不宜。鉴赏诗是以语言为媒质的，而诗的语言简洁跳跃，极难把握，这些都使诗人与鉴赏者之间沟通的难度加大。特别是诗人吟诗没有向后人传播思想的意图，一般是自己苦乐的发泄，最多也是为了打动一二知己者的心，所以它并不把后人能否理解当成一种追求目标。他是传意者，却并不关注传意的效果，这对鉴赏者来说，又是一个非常不利的条件。正是因为如此，在这个领域里，传意的难度达到了很高的程度。

诗的鉴赏是主观的，诗人的体验是难以全然捕捉的，诗在不同鉴赏者心中可以有完全不同的反映，人们总是用自己的体验去附会诗意，这一点从古至今已经有很多人说过。最早的《诗经》成为儒家经典以后，曾有毛亨为它作注，大批饱学之士诵习两千来年，最后却得出了四个字的结论，叫作“诗无达诂”。可见，注释家想要做诗人和诗歌鉴赏者之间的沟通桥梁，在一定程度上可以做到，但却难以周全。《诗经》的每一首诗的前面都有一则“小序”，宣扬《诗》的教化作用，“小序”与来自民间的歌谣的初衷有的相差很远，《诗》的整理者利用语言脱离语境后的歧义，改造了它的主题。毛亨是传经者，它传达的已经是儒家的规范思想，而不是歌者本意，当然很难有准确性。北宋以来，许多学者意识到“诗序”对诗意的曲解，抱着“返本归原”的态度，希望还《诗》以本来面貌，成就最大的是朱熹。但是，“返本归原”谈何容易？黄焯先生在《毛诗郑笺平议·序》[①] 中说：

> 戴震谓训诂明而后义理明，实则有训诂明而义理仍未明者。要需审其辞气，探其义旨，始可明古人用意所在尔。……夫经者，义之至粹，而文之至精者也。可由训诂学入，不可由训诂学出。治之者识其本末终始，斯得矣。

他的这段话，说明要想真正准确传达《毛诗》的原意，只知道几个词语的意义还不够，还要明了语境、顺通辞气等等，但不管怎么说，还是要从语言入手，这是保证传达诗意不失古人之意的关键。

① 黄焯：《毛诗郑笺平议》，上海：上海古籍出版社，1985 年。

后来的诗词注释家与毛亨不同，他们不需要曲解诗意，而是把准确传达诗人的意图作为沟通的目标，但是，由于诗的主观性太强，注释者与诗人之间又有一个长短不同的时间跨度，要想达到沟通的效果太不容易，因此，就有了一些聪明的注家想了一些聪明的办法。高明的诗注者首推唐代的李善，他注《昭明文选》，采取征引体式，不作词句意义的训释，只征引词与典的来源，比如谢灵运《石壁精舍还湖中作》[①]："清晖能娱人，游子憺忘归"，李善注："《楚辞》曰：'羌声色兮娱人，观者憺兮忘归。'王逸曰：'娱，乐也；憺，安也'。"他不做吃力不讨好的释词，不去直接沟通谢灵运和读者，只把诗句的意义往《楚辞》那儿一指，再把王逸的注释拿出来一说，做了一个"曲线沟通"，由着读者自己去领会。李善是懂文学的，他的这个做法，后代文学家只要品味高的，都绝口称赞，在他之后的五臣注，为了迎合唐代皇帝的口味，责备李善"释事忘义"，又做了一大堆词句的义训，方便了还没入诗门的初学者，而对于高水平的鉴赏者却画蛇添足。五臣注自问世就没有抬起头来，这又说明，鉴赏只能由施意与受意这两个主体去直接碰撞，中间的沟通者如果还没有受意者的悟性高，就显得多余了。得了这个教训，后来的诗虽有人去注，也绝不会去学经学家说教式的训诂，都去学李善。例如仇兆鳌《杜少陵集详解》，也是一路的征引，很少释义。浦起龙更有一部《读杜心解》，只说杜诗怎么打动我的心，不管沟通杜甫和读者。

---

① 本文所引《昭明文选》中的诗，均出于《文选》（清代《重刻宋淳熙本文选》）。

以上说的是传意效果中难以体现的那一部分。个性很强的主观体验,没有共同体验的人怎么“传”,也不得其“意”。所以说,对于沟通来说,总有那么一部分难以超越,注释家无能为力,教育家无能为力,讲到最后,施意者也对受意者说:“这一点你不懂!”

3. 审美与鉴赏不能脱离语言媒质

但是,诗的鉴赏的客观性,也有许多人已经注意到了。一首诗究竟在说什么,诗人心里想的是什么,它的主要部分是可以把握的。对这个问题说的最透彻的是刘勰的《文心雕龙》,他在《知音》[①]里说:

> 夫缀文者,情动而辞发,观文者,披文以入情。沿波讨源,虽幽必显。世远莫见其面,觇文辄见其心。岂成篇之足深,患识照之自浅耳。夫志在山水,琴表其情,况形之笔端,理将焉匿?故心之照理,譬目之照形,目瞭则形无不分,心敏则无理不达。然而俗监之迷者,深废浅售,此庄周所以笑《折杨》,宋玉所以伤《白雪》也!昔屈平有言:文质疏内,众不知余之异采。见异唯知音耳。扬雄自称心好沉博绝丽之文。其事浮浅,亦可知矣。夫唯深识鉴奥,必欢然内怿,譬春台之熙众人,乐饵之止过客。盖闻兰为国香,服媚弥芬;书亦国华,玩泽方

① 见刘勰《文心雕龙·知音》,范文澜《文心雕龙注》,北京:人民文学出版社,1958年。

美：知音君子，其垂意焉！

他的这段话，把传意的主客观同一性说得再透彻不过了。细读他这段话，可以得到下面几个观点：

第一，作诗的人因其情而发其言，鉴赏的人听其言而明其情，他们之间进行着一件事情的两个反向过程。既然言由情来，沿着“言”这个“波”，必然能找到“情”这个“源”。

第二，语言是最好的传意媒质，它带有全社会都能理解的客观性。连音乐这种抽象的媒质，都能传达所寓之情，何况用笔写下来的语言，怎么能把一种思想藏匿住？而且文字可以超越时间与空间的限制，即使“远世莫见其面”，“觇文辄见其心”也是可以作到的。

第三，但是，这一切的实现完全要靠观赏者的水平——也就是受意者的质量。眼光锐利则形象分明，思想锐敏则情理通达。如果观赏者浅薄俗气，必然会出现“深废浅售”的偏颇。所以，想觅知音，得先遇达人。也就是说，受意者对施意者理解的程度，是跟他自己“深识鉴奥”的能力成正比的。

他的观点简直可以称作道道地地的辩证唯物反映论。对诗的鉴赏者来说，要强调的不是诗意的难于体验，而是自我丰富和精神完善，是自己鉴赏水平、文学素质的提高。

在专业领域，人们对诗歌鉴赏往往过分强调主观性，有的甚至达到“不可知论”的地步。他们认为，诗歌是诗人内在情感的抒发，作者以外的人只能凭借自身的经验领会诗意，不可能还原作者的原意。这种完全否定语义与文意统一性的看法,是与事实不符的。其实,诗意不论多么深奥,也必须用语言去载负,主观的意境蕴藏在客观的词义中。语文教师讲诗,做的是传意的工作,这里举几首中学语文课本中选出的古代诗歌为例[①],来说明传意的客观性:

韦应物的《滁州西涧》,是一首脍炙人口的名诗:"独怜幽草涧边生,上有黄鹂深树鸣。春潮带雨晚来急,野渡无人舟自横。"幽草滨湄,树丛闻莺,水涨潮急,野渡无人,这都是去过江南的人闭上眼睛就可以想见的,唯独"舟自横"难以斟酌。我看过几幅配《滁州西涧》的画,那舟有些是画在渡口的岸上,也有的画在水里树下,栓在桩上。这或许是画家驰骋想象的结果,作为题画诗的作者,画家首先是诗的鉴赏者,按照"诗意不可知"论的说法,"舟自横"的"舟"放在岸上还是飘在水里,可以任凭鉴赏者去主观想象,没有客观的标准。但是别忘了,"横"是有客观词义的。它的本义是"门阑"。《说文·六上·木部》:"横,阑木也。"《十二上·门部》"關(关),以木横持门户也。"段玉裁在《门部》其他字下曾解释"關"字说:"關,横物","横"由"横向的挡门的门闩",引申为"横竖"与"横逆"两义,由"横逆"引申为"迂曲""任意""不定向","江水横流""才华横溢""横眉冷对千夫指"等"横"的意思

① 以下所述诗及注,均引自人民教育出版社1990年印刷的中学语文课本。

都是“不顺的”“不定向的”。“舟自横”的“横”字用的正是这个义项。船在渡口的湾里，自由自在地、方向不定地漂泊，完全是一种动态的景象。如果它放在岸上，而不是在水里，诗意就不那么浓了。“横”的客观词义决定了诗意，如果题画诗包含对诗意的诠释在内，而不是画家的另行构想，那么，舟的状态应当是有客观标准的。

高明的诗评家从来主张解诗要平实，不赞成用迂回的手法猜测诗人，就因为他们感到，当一个诗人想抒发真情实感，而不是无病呻吟的时候，他们总是选用最客观的词义来表达，而不会迂回玄奥的。

比如李白的《望天门山》：“天门中断楚江开，碧水东流自此回。两岸青山相对出，孤帆一片日边来。”常常看到有些讲修辞的书把“孤帆”解释为“帆”代“船”的借代修辞格，这实在是欠平实了。青山碧水之中，远方的水天交接处太阳升起的地方，一片白帆远远驶来，因为远而不见船身，白帆衬在蓝天下，渐渐远离红日，诗人要说的不正是这种情景吗？诗要突出的是茫远的感觉，他要说的就是“帆”，不是“船”，否则为什么用量词“片”呢？修辞似比平实的词汇语法更具美学价值，可这么一讲，不是反而破坏了美感吗？

诗中平实的词语，常常是诗意的精粹，文学寓于生活之中。

曾公亮《宿甘露寺僧舍》有“枕中云气千峰近,床底松声万壑哀”一联。注诗的人直译作“云雾弥漫在枕边,山峰环绕在近处;躺在床上倾听松涛阵阵,无数山谷呼啸哀歌”,好像没有错。但译诗的人没有得到诗人的感觉,它注意到了云气与山峰的接近,松涛的呼啸引发的哀思,却忘了诗人要表达的是一种居高、架空的感受。这种感受的核心是由“枕中”和“床底”两个方位词组、“千峰”和“万壑”两个数量词组传达的。云气像被自己枕在头下,所有的峰顶都随着这枕中的云气迫近了,松涛就在床下呼啸,无数的山壑似乎就在自己的身边,诗人像被悬空在千山万壑的直接上方,一切都降到下面去了,一切都无比切近,就在自己的身下。译者因为“中”和“底”、“千”和“万”四个字太平实,偏偏没有注意,一个字也没译出来。

这些都是因为传意的沟通者太忽略了诗的意境是寓于客观词汇意义之中的,太把诗主观玄妙化了。

还是用刘勰的话来做结吧:“沿波讨源,虽幽必显。”没有客观的语言,哪会有主观感受的表达!既然用了语言去表达,诗人的感受总会在语言中包含的。教师也是传意者,诗的教学也要讲究传意效果。在教学中,文学老师总是抱怨语言老师用干巴巴的词汇语法把诗人崇高、绝妙的意境教死;而语言老师又总是嫌文学老师不能从切切实实的语言中去阐发诗意,只凭自己的感觉,让学生无法捉摸。其实多想想传意是主观客观的统一,文学课和语言课就容易携起手来了。

三十四、论本源双音合成词凝结的历史原因及其语义组合模式*

——兼论古今汉语的传承与沟通

1. 本源双音合成词的定义

所谓本源双音合成词，指的是用汉语自身系统中的语素及自身的结构方式构成的双音词。这种双音合成词的形成有两个渠道：第一种是历代词语演变、转化、积淀到现代汉语层面上的，属于纵向传承的渠道，我们称之为历史传承式；第二种是在现代汉语词汇系统中合成的，属于当代补充的渠道，我们称作现代合成式。现代合成式应包括外来事物的意译词和意译术语。例如洋火、胡椒（生活用语），公里、公斤（度量衡），海拔、大气层（地理、环境）、悟性、范畴（哲学）、热能、磁场（物理）……有人把这些词都收到外来词里去，这是不妥当的。这些词被误认为外来词，不外乎两方面的原因：一方面是有些名词指称的事物是境外的，另一方面是有些术语的发明权属于外国科学家。其实，这两个方面都不符合外来词的语言学定义，混淆了物源与语源。这些词的构词成分都是汉语自身系统中的语素，用的又是汉语自身的构词方式，究其语源，都属于本源合成词。

---

* 本文原载浙江大学古籍所编《古代汉语与古籍整理论集》（1999年1月出版）。后经《陕西师范大学学报》转载，内容有较大的改动，此次收入本书，内容综合两稿。

本源双音合成词是现代汉语双音词的大宗，也是它的主体。这不只是从数量上说的，而是从词汇系统说的：

第一，这种双音合成词与现代汉语单音词在表义功能上构成系统分布，或互补分布。它们可以构成上下位关系，例如：

“光”与“光泽”“光亮”“光芒”“光彩”……

“思”与“思维”“思辨”“思忖”“思索”……

“分”与“切分”“划分”“瓜分”“等分”……

“流”与“流动”“流淌”“流行”“流传”……

“小”与“渺小”“矮小”“瘦小”“幼小”……

可以构成不同语体色彩的互补，例如：

“长“与“冗长”

“巧”与“工巧”

“迷”与“迷失”

可以构成不同感情色彩的互补，例如：

“成”（中性）与“酿成”（贬义）、“告成”（褒义）

“取”（中性）与“攫取”（贬义）、“捞取”（贬义）

“久”（中性）与“悠久”（褒义）、“恒久”（褒义）

这说明,它们在汉语词汇系统中有自己的位置,构成自己有序的周边关系,它们是汉语词汇系统有机的组成部分。

第二,构成它的单音语素,与单音词具有渊源关系,也有互补。例如:

> “类”的“种类”义可以单用,直接进入构句,而它的“类似”义已经不能单用,只能用来构成“类似”“类风湿”“类人猿”等词。用单音词表示“类似”义,现代汉语改用“象”。
>
> “促”的“催促、促进”义可以单用,直接进入构句,而它的“短促、迫促”义已经不能单用,只能用来构成“急促”“匆促”“短促”等词。用单音词表示“短促”义,现代汉语说空间改用“窄”“挤”等,说时间改用“急”“紧”等。

这两点,足以说明这些词是构成汉语词汇系统的主体,是现代共时词汇系统中的有机组成部分;但它同时也说明,这些词又是历史系统发展传承积淀的结果,它们在古代汉语词汇系统中与在现代汉语词汇系统中所处的地位虽不相同,但却是密切相关的。

本源双音合成词所以称为合成词而不是短语,是因为它们都已成熟地凝结成词。所谓凝结,指的是紧密地结合在一起,与短语(词组)有明显的界限。也就是说,它们的结构完全受构词法的支配而不受造句法的支配。它们的任何一个构成元素,在句子里都不能单独活动,只能相互依存,整体活动。历史传承的合成词凝结的原因,必须从历史上去探求;现代合成词凝结的原因,多半由于词汇系统中构词的类化,它们要想在词汇系统中找到自己的位置,也必须采用具有构词能量的语素,采用已有的构词方式,也就是要与历史传承的合成词保持一致,最终融入前一种词中。所以可以说,两种本源双音合成词凝结的原因,都存在于历史语言向现代语言的演变过程中,是词语的历史积淀。

2. 本源双音合成词凝结的历史原因

现代汉语本源双音合成词,有从中古、近古来的,但更大量的是直接跟上古汉语也就是文言衔接。这种双音合成词为什么会凝结,有以下几方面的原因:

(1)单音词的全部或部分义项丧失独立构句的性能,沦为不自由语素,产生依附性,致使一批受语法支配的词组无法分开而凝结成词。

全部丧失独立性的,例如:

"践"在古代汉语中本义为"踏、踩",引申为"履行、实行",这两个意义在现代汉语里都丧失了直接造句的功能。致使"践"只能保存在构词中,"践踏""糟践""践约""实践"等词语也就无法再分开而凝结成词。

"矫"在古代汉语中本义为"将弯曲的东西弄直",引申为"违反常情",这些意义在现代汉语里都消失了。"矫"不能单独造句,致使"矫正""矫形""矫情"等词语无法分开而凝结成词。

“昌”在古代汉语里的主要意义是“炽热、旺盛”,这个意义现代汉语已不能单独用来造句,只有与“盛”凝结在一起,构成双音词。

部分丧失独立性的,例如:

“响”在古汉语中本义为“回声”,现代汉语里这一义项已经消失,致使使用这一意义所造的词“响应”“影响”“回响”“反响”等词语不能分开,凝结成词。

“宿”在古代汉语里的本义为“住宿”,引申为“隔夜的”“旧有的”“经验丰富的”,在现代汉语里,“住宿义”在部分方言里还能单独使用,上述引申义都已不再单独使用。致使“宿妆”“宿雨”(“宿”义为隔夜的),“宿治”“宿愿”(“宿”义为旧有的),“宿将”“宿儒”(“宿”义为经验丰富的)等词语不能分开,凝结成词。

“除”的“除去、排除”义古今通用,而除的本义是“堂前的台阶”。《说文解字》:“除,殿陛也。”《汉书·李广苏建传》:“扶辇下除,触柱折辕。”杜甫《南邻》诗“得食阶除鸟雀驯”,都用的是这一本义。台阶义引申而有更替义。《诗经·小雅·小明》:“日月方除。”毛传:“除陈生新也。”《汉书·景帝纪》:“初除之官。”如淳注:“凡言除者,除故官,就新官也。”沈括的《梦溪笔谈》说“以新易旧曰除”,又说:“阶谓之除者,自下而上,亦更易之义。”这个意义先秦常用,唐宋仿古文言中尚存,而现代汉语已不独用,唯在“除夕”(新旧年交替之夜)、“除岁”(新旧岁交替)这两个双音词中,作为不自由语素保留。

“的”,《说文解字》:“馰,马白额也。”《易经》作“的”,可见它的本义是动物身上显著的白斑,马的白额称“的颡”。古代射箭的靶子,白底子的称“的”。所以《汉书·晁错传》“矢道同的”,注:“的谓所射之准臬也。”这个意思除保留在有的放矢这个成语里外,早已不用。但在双音词的确里,还保留着它清晰、明白的引申义。

“天”的“天空”“日子”义是古今贯通的,可以单独使用。而它的古义“顶额”义、“高处”义都已不再单用,致使“天庭”“天灵盖”“天窗”“天车”等词中的天产生了依附性,进入构词法。

“走”的已消失的古义当“跑”讲,使“走狗”凝结成词,在“走江湖”(即跑江湖)、“走马看花”等熟语中保留。

“失”的古义当“放纵、控制不住”讲,使“失态”“失声”凝结成词。

诸如此类,都可以看出,语言在历时演变的过程中,一部分单音词古义的单独造句功能会消失,但语言的基础材料不会轻易消亡,而是发生了功能的变异,用构词功能来对已消失的造句功能进行补偿。

(2)由于意义转移或书写形式的改变,使一部分古代汉语的词组失去了正常的组合关系，语法组合模式与语义关系类型不再具有一致性，也就是使词语的现代用义与原初的构造意图脱节，致使这些结构退出造句法，进入构词法，以合成词的方式保留下来。这实际上也是一种功能的转移和补偿。例如：

介绍

周代贵族相见的礼节，主方设上傧、承傧、绍傧负责传话，宾方设上介、次介、末介负责通报，主宾双方沟通的第一环节是绍傧与末介的结交。因而有介绍的结合，《礼记·聘义》："介绍而传命"，这里的介绍还是词组，以后引申出为两者接通关系的意思，"介绍"的构词理据——"介"与"绍"凝结的文化原因，反而不再有人领会了。

责备

先秦汉语"责"有"要求"义，"责备"本当"求其完备"讲，所谓"求全责备"，即是它的原始意义。《淮南子·泛论训》："夫尧舜汤武，世主之隆也，齐桓晋文，五伯之豪英也；然尧有不慈之名，舜有卑父之谤，汤武有放弑之事，五伯有暴乱之谋，是故君子不责备于一人。"现代汉语的"责备"转为"谴责"之义，与构词意图偏离。

要领

"要"是"腰"的古字，"领"有"颈领"义，古代行刑有腰斩与斩首两类。《礼记·檀弓》："是全要领以从先大夫于九京也。"《管子·小匡》："斧钺之人，幸以获生，以属其要领，臣之获也。”这两处的“要领”,都是因刑法而结合的词组。因为腰和颈都是人体转动的枢纽,因而要领引申为“主旨、要旨”义,遂使使用义与原初词组的意义偏离。

寻常

“寻”与“常”都是古代的长度单位。古八尺为寻,两寻即一丈六尺为常。《庄子·庚桑楚》“夫寻常之沟”,《左传·成公十二年》“争寻常以尽其民”,都已将寻常连用,但都还有长度的意思。唐诗中的寻常已脱离长度之义。杜甫《曲江》:“酒债寻常行处有,人生七十古来稀。”刘禹锡《乌衣巷》:“旧时王谢堂前燕,飞入寻常百姓家。”都已不再有长度之义,而当平常讲。现代汉语承袭中古而与原初词组义偏离。

专利

本是“专权擅利”的意思。《左传·僖公七年》:“(楚)文王将死,与之(申侯)璧,使行,曰:‘唯我知女,女专利而不厌,予取予求,不女瑕疵也……我死,女必速行。’”现代用为一种法律专名,是取古代已有的成说为今所用。意思已完全不同。

奥秘

“奥”是古代宫室西南角的专称。《尔雅·释宫》:“西南隅谓之奥。”《释名·释宫室》:“室中西南隅曰奥,不见户明,所在秘奥也。”这正是奥秘结合理据之所在,现代汉语引申而有隐秘难解之义,与原来的词组意义已有偏离。

以上是整体引申的例子。还有些词是因为换字,也就是书写

形式发生了变化,失去本字后,语素的语法和意义关系都难以识别,无法分释,因而无法分用。例如:

“容貌”的“容”本字应写“颂”,《说文·九下·页部》:“颂,容也。”“颂貌”本为同义合成。而借字“容”通行,“容”的本义是“容纳”,与“貌”实不配合,致使人们将容貌作为一个整体来看待。

“里脊”的“里”本字应写“吕”。《说文·七下·吕部》:“吕,脊骨也。”象形。写作“里”,意义关系无法解释,只能按一个整体看待。

以上两例,前一例为同音借用字,后一例为方言语转字,总之,都不是本字,使两个语素凝固成词。

(3)双音词组深层意义中包含的文化内涵,使词组必须作为整体来理解。这使一部分双音词组先成为典故的典面,继而凝固成词。例如:

捷径

“捷径”一词义为便捷之路。《左传·成公五年》:“梁山崩,晋侯以传召伯宗。伯宗避重,曰:‘避传。’重人曰:‘待我,不如捷之速也。’”杜注:“捷,邪出。”孔疏:“捷亦速也。方行则迟,邪出则速。”周代施行井田制,田亩、道路均纵横直交。欲速行而不走正路,必是邪出。《文选·东京赋》:“回行道乎伊阙，邪径捷乎轘辕。”也以大道与捷径相对。正是因为周代的捷径必邪出，才含有了不走正道，不合道义的文化内涵。这一涵义通过脍炙人口的《离骚》名句“彼尧舜之耿介兮，既遵道而得路，何桀纣之猖披兮，夫唯捷径以窘步”，被现代人吸取而凝固成词。

知音

《吕氏春秋》《说苑》《列子》等古籍中，都记载了伯牙鼓琴，钟子期知其意在高山、流水的故事。《古诗十九首》：“不惜歌者苦，但伤知音稀。”初有知音的说法。欧阳修《奉答原甫见过宠示之作》：“戏君此是伯牙曲，自古常叹知音难。”苏轼《送俗僧去尘》：“谁为善相宁嫌瘦，复有知音可废弹。”……都沿用这个典面，使知音凝固成词。

交情

《史记·汲郑列传》有门可罗雀的典故，其文曰：“始翟公为廷尉，宾客阗门。及废，门外可置雀罗。翟公复为廷尉，宾客欲往，翟公乃大署其门曰：一死一生，乃知交情；一贫一富，乃知交态。一贵一贱，交情乃见。”后以交情为这一典故的典面。骆宾王《帝京篇》：“黄金销铄素丝变，一贵一贱交情见。”现代汉语袭用交情为词，淡化了其中的贫贱交情的内涵。

（4）古代造句法不再具有能产量，失去生成作用，致使用这种语法形式构成的词组进入现代后残留在构词法中。

当一种语法形式具有生成作用时，它可以选择不同的词语临时生成各种结构。这时,词语是自由的,可以结合,也可以拆卸。一旦这种语法模式消失了。已结合的词语便无法拆卸,必然凝固成词。原有的语法方式,也转变为构词方式。这种凝固原因又分以下三种情况:

①一部分古代汉语特有的语法方式,它们在现代汉语里已不是习用的句法结构,已经没有造句功能,但在构词法中还有较高的能产量:

名词作形容词状语:油滑、天大、雪亮、血红
名词作动词状语:笔谈、袋装、雷鸣、冰释
动词作形容词状语:飞快、滚圆、张狂、流畅
动词作动词状语:渴望、跃进、飞奔、绕行

②由古代汉语缩略而成的双音结构,在现代汉语里处于无法用语法分析的境地,必然凝聚成词。例如:

“救生”与“救死”在现代汉语里意义相同,但并非同一结构。“救生”是“救而生之”即“救之而生之”的缩略,救是施动词,生是使动词,二者在古汉语中是动词性联合词组。

“纠正”与“纠偏”在现代汉语里意义相同,也不是同一结构。“纠正”是“纠而正之”的缩略,也属施动与使动的联合。这些在现代汉语里已被排除在词组以外的双音结构,只能凝聚成词。

③有些语素是古义的双音词,由于现代人不能理解,致使组合类型淡化、偏离,造成语序倒置或错乱重组,难以解释而凝固,例如:

"拔海","拔"义为超出,《说文·十二上·手部》:"拔,擢也。"擢即提升。所谓"出其类,拔其萃"、选拔等词语中的拔,都有出来的意思。拔海即超出海面的高度。但因拔字难解,逆序为"海拔",遂不能拆开。

容易

《汉书·东方朔传》有"谈何容易"之说,《杨敞传后附杨恽传》有"事何容易"之说,皆以"何容"为直接组合,意为"岂可(哪能)",因为反问句,句义有不易的意思。后以"容"与"易"错乱重组,取不易的反面为义。

以上三种情况,都属于语法形式退化而结构依然保存。更能说明现代汉语构词法是对古代汉语造句法的一种补偿。

3. 本源双音合成词的鉴定法与语义组合模式

由上述三种本源双音合成词凝结的历史原因,我们可以看出,现代构词法是古汉语造句法的变异性传承:形式传承,领域转移,意义变异。由此,我们可以得出这样的结论:现代汉语造句法与构词法不是同一的关系,而是互补的关系。它们不是共时语法的两个层次,而是实质不同的两个领域的语言结构,二者具有较大的差异性。不能用同一方式分析,把造句法领域的问题与构词法领域的问题混为一谈，用同一套术语去分析，是多年来分不清词和词组的根本原因。

当我们对本源双音合成词凝结的历史原因进行了分析后，词与词组的分界线就变得清晰起来，而且有了可操作的鉴定方法。下面四种方法可视不同情况取其一种用以鉴别：

（1）非自由词素鉴定法

这种鉴别法将词素（Morpheme）定义为承负一个义位的构词单位，并将其区别为自由语素（Fr）与非自由语素（De）两类。

凡双音结构中有一个或两个都是非自由语素的，可认定为凝结成熟的合成词。

洗（Fr）澡（De）（洗手、洗菜为词组）
信（De）息（De）（信纸、信箱为词组）
元（De）年（Fr）（一年、两年为词组）
恶（De）疾（De）（大病、小病为词组）
发（Fr）薪（De）（发书、发本儿为词组）

（2）非词源意义鉴定法

两个词素结合后产生的意义经过引申，与原初词素的组合意义完全不同，称作非词源化（De-Etymologisation）。具有这类现象的可认定为合成词。

结（紧纽扣或短带）束（结腰带）——完了、完结

结(挂结)果(植物的果实)——最终的状况

要(腰)领(颈)——关键、主旨

介(古代相见傧方的通报人)绍(主方的通报人)——沟通双方

马路——行车道

花絮——趣闻

汉语中采用借字或方言语转字,改变书写方式,也属非词源化。容(颂)貌、楚楚(髗髗)、刻(恢)苦等属此类。

(3)非现行语法鉴定法

两个语素的结合方式不属于现代汉语语法结构方式的,可认定为合成词。这种鉴定法可分为两方面考虑:

第一是两个语素结合的模式不属于现代汉语词组结构类型,而属于古代汉语结构类型。

漆黑、油绿、雪亮、血红(名+形——状中)

流畅、溜圆、滚烫(动+形——状中)

雷鸣、口服、笔谈(名+动——状中)

绕行、跃进、渴望、封存(动+动——状中)

干杯、爽口、松绑(形+名——述宾,使动)

救生、纠正(动+使动——联合——述补)

第二是两个语素结合后的语法类别与词组应有的类别迥异。

开关（两个动词素构成联合式，应为动词而转为名词）

肥瘦、深浅、利害、咸淡（两个形容词素构成联合式，应为形容词，转为名词）

一再、再三（两个数词词素构成联合式，应为数词，转为副词）

物色（两个名词词素构成联合式，应为名词，转为动词）

告示（两个动词词素构成联合式，应为动词，转为名词）

（4）非语义搭配鉴定法：

两个已结合语素的语义不直接按逻辑或事理搭配，而采取曲折的方式搭配，可以认定为合成词。这种鉴定法也可从两方面考虑：第一是两个语素相互的语义搭配是不直接的。

活口（"活"不直接形容"口"，"口"表示可以用口提供情况的人）

大车（"大"不直接形容"车"，而形容车的轱辘）

暖瓶（"暖"不直接形容"瓶"，而形容瓶中的水）

第二是两个语素搭配后产生的是比喻义，与语素义原来所指的事物不相干。

煎熬（喻痛苦折磨，与烹饪无干）

驾驭（喻对事物的把握，与赶车驭马无干）

身价（喻人的社会地位，与买卖人口无干）

琢磨(喻研讨问题,与打磨雕琢玉石无干)

双音合成词正是因为与词组的上述差异,才能从词组中离析出;所以,用同一套术语分析词与词组是与事实背道而驰的。词从词组中离析出来,是长期历史演变的结果;所以,只从共时平面、不从历时发展上来考察词的合成,是难以得其真谛和本质的。

这里,我们还要近一步讨论语义结构模式的问题,因为就词汇的研究而言,套用现行语法的结构形式,在汉语里已经不能解决问题,必须借助于语义结构模式。语义结构模式指的是语素义生成双音词意义的方式,也就是语素义与其组构的双音词意义的关系模式。运用以上鉴定方法确定出的双音词,应首先确定它们的意义属性及组合性能,包括:

1. 语素的自由或不自由

2. 语素义是本义 / 引申义或借义 / 转义

3. 语法结构为现代句法习用或仅古代习用

在上述参数确定后,再考查语素义与词义是否具有直接生成的关系,即可确定双音词的语义组合模式.

一、直接生成式。

语素义通过相应的语法结构方式直接生成词的使用义。按鉴定法,它们必须具有以下条件之一,才可确定为是词而不是词组:(1)语素中必须有一个以上属不自由语素;(2)其中一个以上的语素使用借字;(3)语法结构只适用于古代。例如:戒备(备=防备,一般不独用),芳香(芳=香,一般不独用),低能(能=能力,一般不独用),办公(公=公事,一般不独用),成人(成=成年,一般不独用),瓦解(名状偏正式),捧红(施动+使动的联合式),容貌("容"为借字)……

在直接生成式中,还有一种现象是值得注意的。有一些合成词的两个语素意义基本相同,合成后的双音词的意义,也没有新的增加,也就是说,有信息羡余现象,只是因为音律的需要才双音化。例如:叛逆、温暖、寒冷、黑暗等。

二、半直接生成式。

①语素义部分失落或模糊。例如:窗户(户=门,词义中失落),国家(家=家庭,词义中失落)……

②过渡性语素义不出现。例如:菜农(菜=种菜,种未出现),大车(大=大轱辘,轱辘未出现)……

三、非直接生成式。

语素义在词义上没有直接体现。按鉴定法,这类双音词不需要任何其它条件即可成为已凝固的词。例如:笔墨(书面文本),皮毛(表面,肤浅),耳目(报信的人),技痒(渴望施展才能),花脸(中国戏曲中的一种角色)……

语义组合与语法结构相结合的分析方法,可以解决词与词组的区别问题,也可以看出词的一些重要属性,应是汉语双音词研究中必要的方法。

4. 论古今汉语的沟通

汉语双音词的研究进展十分缓慢,这是由于20世纪80年代以前,在基本研究方法上,存在着三个错误的认识,造成了讨论问题时三方面的误区:第一个错误认识,是以为双音词的合成与词组的构成是一致的,它们的区别只是不同层面的区别,因此,分析词组与分析双音合成词用的是同一种句法结构的方法,采用相同的一套术语,这种认识导致汉语双音合成词与词组的界线难以区别。在离合词问题提出后,用嵌入法来区分词和词组的办法实际已被否定。随着许多语素构词能量的增强,置换法也已无法判定词与词组。于是不论是在词典的编纂还是在计算机语料库的词处理问题上,词与词组的区别成为一个永久性的难题。与第一个问题相关的第二个错误认识,是以为对双音词的分析,只能从形式上来进行,也就是走语法分析的路,对语音和语义及其他因素在双音合成中的作用很少加以理会,所谓的构词法,实际上成为语法结构的同义语,有的书根本就认为它属于一个语法课题。这种认识导致很多关于这一问题的多维度考察没有全面进行,双音合成词的研究十分贫乏,诸如汉语词汇双音化形成的原因,双音词中不自由语素产生的原因,语素之间结合时相互选择的原因,语素结合后音与义演变的原因等等,用单一的语法结构都难以作出解释。以上两个研究的误区,又都与第三个错误认识有关,那就是认为双音合成词只是现代汉语研究领域的问题。这种认识导致许多共时的现象由于缺乏历时的参照而不能从本质上去解释。历时的考查证明,现代汉语双音词是从各个不同的时代积淀下来的,因而与历代汉语的词汇都发生着一定的关系。与现代汉语双音词关系最为密切的是先秦文献语言。但是,自五四新文化运动提倡在写作上采用白话文、废除文言文以来，在汉语的研究领域里，也误将白话与文言的研究严格划线，强调其区别而忽略其沟通。白话与文言无形之中成了对立的东西，研究现代汉语的人很少重视文言，认为二者互不相关。

若干年来，古今汉语的差异也成为古代汉语教学与理论体系建设的一种原则。认为古今汉语有差异是无可非议的，否则便违背了语言历史演变的原则，但是只强调差异是有一定片面性的。因为实际上，先秦文献语言对现代汉语词汇的影响太直接、太强烈了，可以说，排除了文言词汇，现代汉语词汇简直没有办法深入理解。古今汉语不只是差异的，还是沟通的，不能只强调一面。

强调差异的片面性，还表现在这种差异不是演变的正差异，而是追溯性的倒差异，在词汇上，强调不要用现代去附会古代，岂不知现代中就积淀着古代；在语法上，强调古代不同于现代，用现代当坐标去构建古汉语教学体系，违背了历史演变的顺序。

本文提出本源双音合成词的历史成因，提出现代构词领域对古代词汇、语法的补偿作用，是为了强调在重视古今汉语演变与差异的同时，必须更加注意它们之间的传承与沟通。在古代汉语基础上去探求现代汉语传承、沟通中的变异情况，才能使汉语研究正其源，顺其途。古代汉语与现代汉语的研究，合则事半功倍，分则两败俱伤：既使现代汉语词汇研究变为无源之水，容易贫乏、枯竭；又使古代汉语词汇找不到落脚点，很多现象发展的趋势得不到后代的印证，不能与当代接轨，显不出生命力。这个问题，应该到了解决的时候了。

三十五、汉语双音合成词结构的非句法特征 *

在汉语构词法的研究中，双音合成构词是最需要给予关注的研究重点。因为，在古代汉语——也就是文言——向现代汉语转变的过程中，双音合成词的凝结起着重要作用；而对双音合成词构词法的研究，又直接涉及到句法与构词法的关系，关系到词组与合成词的区别与界限。本文涉及到的仅仅是能不能将合成词结构与句法结构合流的问题。

1. 分析合成词结构与分析句法结构合流的形成

汉语的双音合成词构词法的研究，自上世纪 20 年代已经开始。刘复在《中国文法通论》① 中，提出了“合义字”“复合字”等概念，前者例如“茶壶”，后者例如“婚姻”“法律”，这些都是后来所谓的合成词。金兆梓在《国文法之研究》② 里，将汉语双音词分

* 本文发表于《江苏大学学报(社会科学版)》,2008 年第 1 期。本文的观点和少部分例证，我在《理论训诂学与汉语双音合成词的构词研究》一文中已经论及和引用过，为了更集中说明问题，本文与《理论训诂学与汉语双音合成词的构词研究》一文有部分重复。

① 刘复(半农)(1891—1934)《中国文法通论》根据 1920 年在北大的讲义出版，本文的引用根据商务印书馆 1936 年的影印本(存杨伯峻主编的《中国文法语文通解》中)。

② 金兆梓(1899—1975)《国文法之研究》写于 1922 年，本文的引用根据中华书局 1955 年版。

为“音的分合”“义的分合”两类，其中“义的分合”又分成“主从式”和“衡分式”，前者如“钞票”“字典”等，后者如“礼仪”“德行”（属词）“行止”“阴阳”（反词）等，从所举的一部分语例看，“义的分合”也指的是双音合成词。这两部书所提出的双音合成词，都是主要来源于文言的书面语词。1922 年，胡适在《国语的进化》[①] 一文中也提出了“复音字的构成”，包括 5 种构成方法，其中有两项与双音复合词有关：“同义的字并成一字”和“类名加上区别字”，他举的例子中已经有了白话口语词了。这三部著作，应当是汉语双音合成词结构方式研究的起点。从这个起点可以看出，汉语双音合成构词法，作为汉语构词法的一部分，从一开始就追随《马氏文通》在“文法”研究的领域里初露头角。虽然如此，最早的合成构词法研究，并没有附属于句法，也没有用句法结构的术语来指称它和给它分类。

黎锦熙在《新著国语文法》中已经用词类的术语来指称双音合成词的语素，从而构建了合成词的分类系统，但是还没有直接用句法结构的术语来描述合成词的结构。全面用句法结构的术语来指称合成词类别的第一位专家是在中国语言学界影响很大的赵元任，他的《国语入门》[②] 把汉语复合词分为 6 类，前 5 类的名称是：

---

① 胡适《国语的进化》，写于 1919 年，最初发表在《新青年》7 卷 3 号（1920 年 2 月 2 日），又载《北京大学日刊》1920 年 2 月 4 日。本文的引用根据胡适《国语文法概论》，《胡适学术文集：语言文字研究》，姜义华编，中华书局 1993 年版。

② 赵元任《国语入门（Mandarin Primer）》1948 年用英文出版，1952 年李荣摘译，改名《北京口语语法》，1979 年吕叔湘全文翻译，题名（转下页）

主谓复合词、并列复合词、主从复合词、动词宾语复合词、动词补足语复合词，这样就把双音合成词结构与句法词组结构做成了完全相同的体系。

在用句法结构分析合成词的同时，另一种以语义关系来研究构词的体系也开始兴起，而且一开始就自成体系，它的代表作是孙常叙的《汉语词汇》[①]。但是，汉语研究自50年代就已经有了以语法为中心的倾向，以句法关系研究合成词构词法的分类体系，逐步成为强势。它被代表语言所语法系统的教材《现代汉语语法讲话》[②]所吸收，又由陆志韦《汉语构词法》[③]加以严密化。《汉语构词法》是为解决拼音文字的词连写问题，对北京口语材料进行分析而写成的，一直被认为是对构词法研究得最深入的一部专著。这部书用结构分析法——扩展法作为确定汉语词的界限的形式标准，希望解决拼音文字的分词连写问题，它的影响十分深广。此

(接上页)《汉语口语语法》。这部书把复合词分为6类，除了文中提到的5类，第6类是“单词性复合词”举例为“瓜子儿”“围脖儿”。这个名称是由英语decompounds翻译过来的，从命名和举例看，都与前5类不在同一分类层面上，所以文中没有提，为了避免断章取义，仅在这里补充说明。

①《汉语词汇》，孙常叙著，北京：商务印书馆，1956年版，2006年重印。

②《现代汉语语法讲话》，丁声树、吕叔湘、李荣著，从1952年7月到1953年11月，用“中国科学院语言研究所语法小组”的名义，在《中国语文》月刊上连载17次，1961年以《语法讲话》为书名，由商务印书馆出版，2004年商务印书馆再次出版时改名《现代汉语语法讲话》。50年代综合各派语法体系制定“语法教学暂拟体系”时，这部书作为社科院语言所体系的代表作。

③《汉语的构词法》，陆志韦等著，北京：科学出版社，1957年。

后，合成词构词法与句法的关系，在多数现代汉语教材里，就被强化为同一的关系。甚至在有些教材里，认为句法结构与合成构词的一致性，是汉语的一个特点。一些现代汉语教材和专著，甚至把构词法从词汇学中取出，直接纳入语法学。

构词与构句是否一致？下面的一些现象足以使我们对这一判断提出质疑。

2. 构词与组句在意义表达上的差异

双音合成词与句法层面上的双音词组在意义表达上的差异是显而易见的。

下列双音结构，如果我们用同样的句法术语来称谓，他们都应当属于“偏正式”；但是，只要把意义因素一加进去，合成词与词组的情况就完全不同了。例如：

①大国—小国

②大雨—小雨

③大我——小我

④小脚（女人）——（放）大脚

⑤大海、大典

⑥大腕、大款

⑦幼童、小童

从表面看，这 7 个统称为偏正式的双音结构前面的修饰语都是形容词,后面的中心语都是名词。①与②是偏正词组,它们都合乎定中式修饰关系双音词组的特点:首先,两个单音语素在句子里占有两个语法位置,修饰语的作用是用可选择的不同属性来描写中心词的状态,同时也就确定了中心词的范围,生成了一个新的概念。压缩了修饰语,留下的仍是词组的核心意义。在①与②里,大国 = 大的国,小国 = 小的国;大雨 = 大的雨,小雨 = 小的雨。它们的核心意义是“国”和“雨”。③到④的情况却很不相同:③的“大我”“小我”中的“大”“小”不是形容“我”的状态的,而是说明考虑自我的角度的,“大我”是把自我放在大范围内来考虑,“小我”是把自我放在小范围内来考虑。所以,“大”“小”确定的是看待自我的范围的属性,与“我”在意义上并不直接发生关系。从句法与意义一致的角度看,“大”“小”是“范围”的定语,而不是“我”的定语。去掉修饰语,剩下“我”,变成第一人称代词,原意不再存在。所以,“大我”与“小我”仅占有一个语法位置,不能再用句法来分析了。④的“小脚”“大脚”,表面看来“小”“大”是“脚”的修饰语,但他们暗含着“小脚”与“大脚”的成因,在字面上是没有出现的,因此,这里的“小脚”与“大脚”不是泛指。如果用句法与意义一致的观点来说,“小”“大”是“裹”“放”的补语,不是“脚”的定语。⑤的情况与词组也是不同的:“大海”表面看来也是“大的海”,但并没有一个“小海”与之对应,而且也没有缩小“海”的范围,“大”是海的属性,这种属性是包含在“海”中与“海”不可分的,没有可选择性。同样,“大典”表面看来虽也是“大的典(礼)”,但没有一个“小典”与之对应,因为只有“大”的仪式,才可以称

"典礼","大"暗含在"典"里,是"典"的属性,加上它并没有生成另一个概念。同样,⑥的"大腕"与"大款",⑦的"幼童"与"小童"都与⑤一样,前一个形容词是后一个名词的隐性内涵的抽取、外化,丝毫没有改变所指事物的外延,两个语素只能占有一个语法位置,无法再行分析了;在表达上,它们与①②也是不同质的语言单位。所以,用偏正式来指称③-⑦这种合成结构,恰恰掩盖了词组与合成词在意义表达上的差别。类似这种情况还很多。例如:

脚趾=趾;手指=指;眼泪=泪;鼻涕=涕;口味=味……

加了所谓的定语后,没有产生新的概念,只是将原有概念的隐性特征释放出来,它们都是合成词而不是词组。

下面两组双音结构,是"名词+名词"的结构,第一个名词是第二个名词的定语。如果我们用同样的句法术语来称谓,他们也都应当属于"偏正式";但是,比较下列各组双音结构的意义关系,就可以看出它们明显的区别:

A 情丝　　B 蚕丝
A 雪花　　B 梅花
A 法网　　B 鱼网
A 思潮　　B 海潮
A 光线　　B 棉线
A 火海　　B 渤海

表面看,他们的结构似乎没有区别。一般人都会理解为前面的语言成分是对后面语言成分的修饰。但是一进入语义的解释领域,它们的区别也是显而易见的:在A项里,意义的主体在前,对意义的修饰在后——“情丝”的主体是“情”,“丝”形容“情”的绵延细长;“雪花”的主体是“雪”,“花”形容“雪”的晶莹细碎;“法网”的主体是“法”,“网”形容“法”的难以逃脱的状态;“思潮”的主体是“思”,“潮”形容“思”大量涌出的状态;“光线”的主体是“光”,“线”形容“光”照射的形状;“火海”的主体是“火”,“海”形容“火”的大面积蔓延。而B项的主体自然在后面,前面是对后面的限定。可以断定A是合成词,B是词组,从结构上把AB两项界定为同一种结构,在解释上是没有价值的。而A项的意义关系和语序,在句法结构中很难找到。

3. 构词与构句在词类生成上的差异

在句法层面上,动宾词组、动补词组的词性沿袭动词,偏正词组的词性沿袭中心词,而联合词组的词性则沿袭它的两个构成成分;但是,有些合成词的情况却完全不同。下列一组双音合成词,用句法的术语来指称它们的结构形式,都应当属于联合式。众所周知,组成联合词组的两个词,词性必须相同,组合后的语法性能必然和组成成分的词性一致。[①]但是,下列联合式合成词结合以后

① 尽管有人认为构词语素无须也无法界定词性,但是为了比较,按照构词与造句相同的观点,在下列双音词中的语素,也不妨按照单音词来界定它们的词类。

的词性，则完全转移为另一种完全不同的词性。例如：

①开关、语言（动词＋动词＝名词）

②肥瘦、深浅、利害（形容词＋形容词＝名词）

③一再、再三、千万（数词＋数词＝副词）

④物色（名词＋名词＝动词）

⑤告示、出入、得失、丧葬（动词＋动词＝名词）

⑥寻常（量词＋量词＝形容词）

⑦的确（形容词＋形容词＝副词）

在句法层面上，动宾词组的性能应当承袭动词，但是在构词法里并非如此：

①知己、当局、代数、点心——名词

②有限、吃力、失望、讨厌——形容词[①]

在句法层面上，主谓结构属于离心结构，两个成分之间没有侧重，是无法界定其语法性能的，但是，下列合成词是可以限定它们的词性的，而按照句法的结构方式，它们必须界定为“主谓式”：

---

① 以上合成词的例子选用赵元任《汉语口语语法》中他称作“动宾复合词”的举例。

①心疼——动词

②地震——名词兼动词

③年轻——形容词

④势必——副词[①]

主谓结构可以界定词性，这说明它们因为语义的凝结，在句子里已经不能再分析为两个语法位置了。

4. 构词对现行句法结构的超越

汉语双音构词法的研究，一般属于现代汉语领域，但是由于以下三个方面的语言事实，历史汉语的研究必须介入：第一是在双音合成词的语素义中，有文言意义的大量潴留；第二是在双音合成词系统内，现代汉语口语与书面语词汇形成了局部的对立，而书面语词汇大量来源于古代汉语双音词组的词汇化；第三是现代汉语虚词系统形成后，不少已经死去的文言虚词在构词中复生。这三个因素，促使汉语双音合成词的构词研究，成为古今汉语共同的课题。现代汉语有一部分合成词，是古代汉语词组凝结而成，因此，这些合成词符合古代汉语句法结构的形式。但是因为古代汉语的句法形式有许多在现代汉语里已经消失，不再有造句功能了，但在构词里依然保留。

---

① 以上合成词的例子选用赵元任《汉语口语语法》中他称作“主谓复合词”的举例。

例如，古代汉语数词可以直接与名词结合，发展到现代汉语，数词必须通过量词才能跟名词结合。因此，古代汉语中，数词与名词直接结合的词组，只要其概括的内容是固定的，能够形成熟语的，都会凝固成词：

五体（投地）、六亲（不认）、四面八方、四季、三餐、双亲

名词做状语这种古代句法形式退化后，古代名状式的词组凝固成双音词后进入现代汉语：

鞭策、蚕食、瓦解、雷鸣、烟消云散

现代汉语与古代汉语虚词的更替比之实词更为剧烈，大量古代汉语的虚词在现代汉语里已经不再具有句法结构功能，但是却进入现代汉语构词法，其中一部分经过重新组合，结构位置也发生了变化：

然——诚然、欣然、当然、偶然
而——既而、进而、从而、反而
以——予以、难以、足以、借以
于——安于、基于、精于、便于

以上四个虚词，"然" 在古代汉语中为指事代词，经常用做复

指，进一步虚化为词尾，表示“……的样子”，现代汉语不论其为代词还是词尾，一律与在前的单音词结合，凝固为双音词。“而”本是连词，一般连接谓词，连词必须置于所连接的两端之间，在现代构词法中，只与前面的动词凝结，处于词尾的地位。“以”“于”在古汉语中均为介词，在句法里，它们的直接结构对象为充当介词宾语的名词，进入现代构词法后，改变组合关系，与前面的动词凝结成词，处于词尾的地位。这种现象，进一步说明了构词法不但不是句法的底层现象，而且是对句法的反向发展。

5. 汉语合成构词的非句法特征

汉语合成词并不是不能用句法结构的术语来分析，但是上述许多事实说明，将构词法与句法合流，实际上混淆了两种不同性质的语言现象。不论在意义的理解还是在语言单位的划分上，二者的合流都不是一种好办法。

多年来，汉语语言学的强势观点，是认为双音词的合成与句法词组的构成是一致的，它们的区别只是不同层面的区别；因此，分析词组与分析双音合成词用的是同一种句法结构的方法，采用相同的一套术语。这种做法本来是出于汉语拼音词的连写的需要，但是恰恰是这种做法导致汉语双音合成词与词组的界线难以区别。在“离合词”问题提出后，用“嵌入法”来区分词和词组的办法实际已被否定。随着许多语素构词能量的增强，“置换法”也已无法判定词与词组；于是不论是在词典的编纂还是在计算机语料库的词处理问题上，词与词组的区别成为一个“永久性的难题”。

构词法与句法的合流,实际上是来源于西方结构语言学的一种观念,它们认为语言学的研究对象只能是形式,是不允许意义介入的。其实,汉语构词法有着非常明显的非句法特征,只有以意义为中心,参照句法,改换一套术语来进行分析和分类,才能避免构词与造句的混淆,促进词与词组的区分,把握构词法的实质。

第九部分　训诂学与语法学

三十六、谈古代汉语虚词类别的两分法*

1. 虚词中的语气词概念训诂书中早已存在

古代汉语的词类划分，自汉代已有虚实两分的萌芽。毛亨的《毛诗诂训传》设“辞”“辞也”为训语，实际上已有虚词的概念。许慎的《说文解字》中有一批字是专门为“词”而造的。“词，意内而言外也。”（《说文解字・九上・司部》）指的是发声助语之词，这实际上已把虚词与其它的词（相对说来就是实词）分开。汉代的一些注释家，用“辞”“语助”这类训语来注释虚词，为数不少。所以，当马建忠把字（词）分成实字和虚字两大类时，中国的传统语言学家并没有认为这是“西化”的产物。接受起来，也没有什么困难。

---

* 本文收录于《语苑新论——纪念张世禄先生学术论文集》，上海：上海教育出版社，1994 年。

马建忠把虚字(词)分为介、连、助、叹四类。助词和叹词在传统语言学史上也不是陌生的名称:郑玄三礼注直接使用了"语助"这一训语,毛传已把"於""猗""于"等句首的虚词称作"叹辞"。唯有介词与连词在传统"小学"里是没有出现过的概念。

2. 介词与连词在先秦文献中尚未彻底虚化

中国古代的训诂学家没有把马氏所说的介词与连词包括到语助词里去,这不是偶然的。以传统"小学"家对汉语的锐敏感觉,却没有觉出马氏列入虚字的连词与介词的"虚",这实际上反映了一个语言的事实,中国古代的"小学"是经学家兼而为之的,他们面对的语料是先秦文献的书面语,也就是我们今天所说的周秦时代的上古汉语。在这种汉语里,相当一部分介词和连词确实还没有"虚"到后来的那种程度。拿近代汉语和现代汉语已经没有实义的"以"字来说。"以"在《诗经》里,相当于后来介词的地方,大部分还保留"使用""给予""按照""带着""拿"……等实义,甚至还有名词的用法(例如《邶风·旄丘》:"必有以也。")。"以"在《左传》里后来被当成介词的地方,可以直接理解为上述义项外,还可以用"率领""认为""和……共同""依……标准"等来对当。这就是说,它在意义上还不虚。唐代的孔颖达曾作《五经正义》,对汉代经学家的语言感觉,加以理性化。他在《诗·周南·关雎》后"关雎五章章四句,故言三章,一章章四句,二章章八句"这几句话后曾说:

句必联字而言。句者,局也。联字分疆,所以局言者也。章者,明也,总义包体所以明情者也。篇者,遍也,言出情铺事明而遍者也。然字之所用,或全取以制义,“关关雎鸠”之类也;或假辞以为助者,“乎”“而”“只”“且”之类也。

孔颖达的这段话,已明确地指出,句子是言语起表达作用的基本单位。而字(词)在句子里有两种作用,一种是“取以制义”,一种是“以为助”。前者以自己的实义构成句义,后者对句子构成起辅助作用。很显然,前者是实词,后者是虚词,古人在划分这两种词时,最主要的标准是看这个词是否具有实际的意义。和“以”字一样,后来被看作介词的“从”“由”“与”“同”“于”……在先秦古汉语里,相当一部分还有动词的实义,因而都还可能找到单独作主要成分的用例。它们与近代汉语和现代汉语里比较成熟的介词和连词是不一样的。后来的介词和连词,是由这些动词进一步虚化而来的,而在先秦古汉语里,这个虚化过程还没有完成。

3. 语气词与关系词——虚词的两分法

面对这一现实,古代汉语——作为教学体系的古代汉语主要指先秦文献语言及后代模仿先秦的语言,也就是文言——如何来进行虚词的分类,才能既符合上古书面汉语的事实,尊重传统“小学”家合理的分类见解,又与现代习用的语法系统衔接而便于阐述历史的发展?张世禄先生提出了一个极为重要的见解。他在1978年出版的《古代汉语》(上海教育出版社出版)中指出,古代汉语的虚词应分为语气词和关系词两大类。这一分类法正符合上述要求。

所谓语气词,指的是在句子基本意义的基础上增添某种语气的虚词。它的有无不影响句子结构。所谓关系词,指的是在句子中帮助句中成分或分句按某种关系结构起来的词。前者相当于语气助词;后者相当于介词和连词(连词"之"有的称结构助词,实际应属此类)。这种两分法,十分切合古代汉语的实际,也十分符合古代训诂家的认识。

语气词和关系词不仅是由它们在句中的作用来区分的,而且在上古汉语里,还可以发现它们来源的不同:

语气词很早就被区分为"发端""劄句"和"送末"三类(见刘勰《文心雕龙·章句》),这三类相当于我们今天所说的句首语气词(发语词)、句中语气词和句末语气词。句中语气词是因填充音节而产生的。上古汉语以单音节为主,而古人说话从来是讲究韵律的。中国的礼乐文化兴盛很早,音乐对语言的反作用很大。为了使韵律合谐,也就是"足其音",时常要在意义已经完备的句子里植入一个或几个音节。《诗经》中相当一部分句中语助词是因此而植入的。句首与句末语气词则首先由离句而产生。在口语中,为了把两个句子分开使人一句句听明白,在起句与终句时常会有自然的声音调节。书面语把这些自然的声音记录下来,便成为单音节的语助词。这一点,起码在唐代便已有人解释清楚。刘知几在《史通·浮词》中说:

夫人枢机之发，亹亹不穷，必有余音足句为其始末，是以伊、惟、夫、盖，发语之端也；焉、哉、矣、兮，断句之助也。

句末语气词在断句的同时，又要表现说话人的感情，因而具有了因不同感情而形成的又一层次的差异。这三种语气词，不论位置在句首、句中或句末，都是人在说话时脱口而出的自然之声。因此它们大部分是发音比较方便又易于延长的，就声母而言，唇音与零声母居多；就韵母而言，很少有入声字。

关系词则不同，它们是由具有实义的动词或形容词虚化而来的。实词的意义越宽泛，使用率便越高，内涵与特点便越淡化，逐渐变成表示某一意义范畴的词，不以其实义在句中起作用，而以表现某种关系为主要作用了。诸如“因”由“依靠”“凭借”义发展为表示一切作为凭借的事物，便虚化为引进原因的介词；“顾”由“回头”义发展为表示改换一个方向来述说，便虚化为转折连词等等。这些词所表示的关系的类型，还与原来的实义有关，相当一部分是可以追溯的。

正因为语气词与关系词有着这样不同的来源，为它们造字便采用了不同的方案：语气词大部分是原生词，对周秦文献文字进行规范的《说文解字》中大都可寻到它们的本字。诸如“只，语已词也”“者，别事词也”“曰，词也”“乃，曳词之难也”“粤，亟词也”“兮，语所稽也”“乎，语之余也”……语气词没有实义，为这批词造字难有切实的理据，所以，其字多从“口”、从“自”（鼻息）、从“乙”（像口气上出）、从“丂”“丂”（像气之出迂曲或受阻）……只认定它们与人的口鼻出气有关而已。这部分字实际已是音化的符号。关系词则因是实词虚化而来，大部分袭用了原来实词的本字，一般把实义淡化后的介词、连词认为是原来实词的“本无其字”的假借，或认为是引申，所以，这批虚词本应没有了实义，但都还具有造字理据很切实的本字。这也是习惯了“字本位”的训诂家们对语气词的“虚”一下子就感觉到了而对后来人认为已是虚词的关系词，往往不觉其“虚”的一个原因。

上述这些现象表明，语气词和关系词的两分措施，合乎古代汉语的实际，因而合乎中国传统语言学的习惯，并且与现代的分析方法有比较整齐的对应，易于衔接与沟通古今，在古汉语虚词研究上十分必要，对古代汉语教学又是极易掌握、完全可行的。

三十七、先秦汉语实词的词汇意义与语法分类*

两周时代是汉语书面文献大量产生的时代，经书与子书使用的书面语，后来被历代正统的文献所仿效，在长期袭用之后，确立了一种与各历史阶段的汉语口语脱节的文言。与中国历史文化有密切关系的典籍，相当一部分是用这种文言写成的。也就是说，中国的历史文献整理工作，需大量地面对文言作品。这使先秦汉语特别是两周的书面文献语言的研究，在当代更加具有应用的价值。

先秦汉语词汇意义的释读、考证、贮存在古代属训诂学范围，而词的语法分类特别是虚词的分类和作用在《马氏文通》以后被分到语法学中去研究。但是在当代，面对着各种应用性的研究，例如为贮存词汇所进行的辞书编纂、中学文言文教学、古代文献的整理与出版，特别是古代汉语与现代汉语以至与其它语种之间对译（古文今译、古汉语的外语翻译）的计算机实现，都迫使语言的意义与外部形式必须结合在一起加以确认，古汉语研究就方法论而言，需要更多地借鉴传统的综合方法，只是这种综合的方法是经过分析之后的综合，比传统的方法又进了一步。

本文要探讨的，首先是词的词汇意义与语法类别的一致性；

---

* 本文最初收录于高思曼、何乐士主编《第一届国际先秦汉语语法研讨会论文集》，长沙：岳麓书社，1994 年。

其次是用什么方法可以把二者的一致性体现出来，采用一种可操作的方法来同时确定义项（位）与词类。本文所涉及的是实词，因为实词是体现语义的主构架。中国古代对实词的分类一般是两分或三分。两分是以动静分，动词为一类，其他词又为一类。这分法很有道理，因为在先秦古汉语里，几乎任何词都可以转换为动词，只有动词能保持自身的独立性。三分法是以德、业、名分：也就是形容词（德——性质）、动词（业——作为）、名词（名——物件）。这与后代的实词分类不谋而合。从词义上分与从语法上分的结果相去未远，这本身就说明二者的一致性是存在的。本文采用三分法作为框架，来说明先秦汉语词汇意义与语法分类的互证互求关系。

在言语作品的语句中，不论以哪一个词作为测量中心，都可以在句中找到这个词的两种环境—— 1. 语义环境：由和它发生关系的词的意义范畴来确定；2. 语法环境：由它在句子结构中所处的地位来确定。从推理上说，这两种环境应当同时制约着这个被测查词语的义位与词类。如果能够把这两种环境模式化，便可以利用两个维度的因素，同时确立义位和词类这两种属性。

在对十三经中《礼记》《左传》《论语》《孟子》四部典籍的语料[①]进行抽样测查后，本文根据其结果，对有关原理进行阐明并显

① 本文所用《礼记》《左传》《论语》《孟子》四部典籍的语料，均取自《十三经注疏》（附校勘记）（中华书局 1980 年第一版，1983 年第三次印刷本），句读参考黄侃《手批白文十三经》（上海古籍出版社 1983 年第一版），《论语》的训诂材料同时参考刘宝楠《论语正义》（国学基本丛书，商务印书馆 1933 年第一版），《孟子》的训诂材料同时参考焦循《孟子正义》（国学基本丛书，商务印书馆 1933 年第一版）。

示相关的方法。因篇幅所限,举例以说明原理与方法为度,不出示全部资料。

本文所用的语料标引符号如下:

(一)语法成分标引符号取英文名称前两个字母:

主语—— SU　　谓语—— PR

宾语—— OB　　补语—— CO

定语—— AT　　状语—— AD

(二)词类标引符号取中文拼音第一个字母:

名词—— M

动词—— D

形容词—— X

(三)名词进一步分五类:

表人名词—— MR　　抽象名词—— MC

表物名词—— MW　　时间名词—— MS

处所名词—— MD

(四)结构模式中的各项采取两维标引,例如:

用表人名词作主语

SU—MR

用时间名词作补语或用介词引进时间名词作补语

CO—MS

本文所用仅为说明相关问题的符号，为了使论证清晰，例句不出现全部的符号系统。例如，不标引虚词，不标引义类等。

1. 讨论词义与词类的对当关系必须以词项为单位

要想弄清实词的词汇意义与语法类别之间是否存在着相应的对当关系，从多义词这个层次上很难操作，因为多义词已是经过归纳概括处于贮存状态的词，而不是言语中实际参与表意与结构的单位。要想把词汇意义与语法类别统一起来找到它们的对当关系，必须确立另一个单位——词项（Lexical item）。词项是指载负一个义项的语音或书写形式。对先秦汉语的单音词来说，就是仅具一个义项的音缀或汉字。词项小于多义词，它是由言语材料中归纳出来的。以《论语》中"归"字为例。《论语》"归"字在全书中出现 11 次，1 次重复使用：

（1）慎终追远，民德归厚矣。（《学而》）

（2）管氏有三归。（《八佾》）

（3）归与归与，吾党之小子狂简，斐然成章，不知所以裁之。（《公冶长》）

(4)朋友死,无所归,曰:"于我殡。"(《乡党》)

(5)冠者五六人,童子六七人,浴乎沂,风乎舞雩,咏而归。(《先进》)

(6)一日克己复礼,天下归仁焉。(《颜渊》)

(7)归孔子豚。(《阳货》)

(8)齐人归女乐,季桓子受之。(《微子》)

(9)是以君子恶居下流,天下之恶皆归焉。(《子张》)

(10)兴灭国,继绝世,举逸民,天下之民归心焉。(《尧曰》)

从中归纳词项,首先遇到的是字用问题,(7)"归孔子豚"、(8)"归女乐"的"归"都是"馈"(赠送)的同音借用字[①],与其他八例中的"归"同字而不同词,自然单独列为一个词项。(2)"有三归"的"归"历来的解释很多,仅刘宝楠《论语正义》就列出四种说法,这里暂取包咸之说,"妇人谓嫁曰归",这里"三归"释作"娶三女为妻",因意义引申较远,较易判断为又一词项,余下的七例,"归"应归纳为几个词项?单靠训诂材料已解决不了问题。

(1)"民德归厚"。《集解》引孔子曰:"民化其德,皆归于厚。"刘宝楠《论语正义》:"民德归厚者,《乐记》云:'德者,性之端也。'《淮南子·齐俗训》:'得其天性谓之德。'《穀

① "归"的"赠送"义应读"其贵反",利用换字或换读,均可将它与其他词项区别。

梁·僖二十八年传》:‘归者,归其所也。’《墨子·经上》:‘厚,有所大也。’当春秋时,礼教衰微,民多薄于其亲,故曾子讽在位者,但能慎终追远,民自知感厉,亦归于厚也。《礼记·坊记》云:‘修宗庙,敬祭祀,教民追孝也。’”——根据这个解释,“归”是“回归”,即恢复到原来的厚于事亲的礼教中去。

(3)“归与”。孔颖达疏:“孔子在陈,思归欲去。”刘宝楠引《史记·孔子世家》与赵岐《孟子章句》,以证孔子在陈时曾“叹息思归,欲见其乡党之士也”。——“归”是回归(家乡)”。

(4)“无所归”。《集解》注引孔安国曰:“无所归,言无亲昵。”刘宝楠引《说文解字》:“死在棺,将迁葬柩,宾遇之。”[①]又引《礼记·檀弓》:“生于我乎馆,死于我乎殡。”以证“所归”即“殡于馆”,因无亲昵之人,故“无所”。——根据这个解释,“归”仍是“回归”,人死葬前要由亲人将灵柩迎到原来的住所。

(5)“咏而归”。包咸:“歌咏先王之道,而归夫子之门。”刘宝楠引《经典释文》:“而归,如字,郑本作馈,馈酒食也,鲁读馈为归,今从古。”——依郑说“归”是“馈”的同音借用字,为一种祭仪,与《鲁论》不合,今从《鲁论》。“归”为“回归”,即从沂水舞雩之处回来,或回归到孔子门下。

(6)“归仁”。马融以“见归”解“归”。刘宝楠引毛奇龄的《稽求篇》说,认为这里的“归仁”与《汉书·王莽传

---

① 本文所引《说文解字》,均用中华书局影印本(1963年12月第一版)。

赞》"宗族称孝,师友归仁"、《后汉书·郎觊传》"昔颜子十八,天下归仁"同,都应理解为"称仁",又《礼记·礼器》:"故物无不怀仁。"郑注以"怀仁"即"归仁",也是"称仁"的意思——"归仁"应理解为"被赞为仁者","归"是"归于""把……给予"。

(9)"归焉"("归于之")。孔:"皆以天下之恶,归之于纣。"刘宝楠引《列子·杨朱篇》:"天下之美,归之舜、禹、周、孔;天下之恶,归之桀纣。"又引《汉书·杨敞传》"下流之人,众毁所归"等,都以"恶"为"恶名"。刘宝楠同时由皇侃疏转引蔡谟:"身居下流,天下恶人皆归之。"以"恶"为"恶人"说亦通,然与文意和辞例不合,故不从。——"归焉"即"归于之"。"归"也是"归于"。

(10)"归心焉"。何晏集解无注,刘宝楠亦无疏。邢昺疏说:"……天下之民归心焉而不离析也。"又说:"宽则人所归附。"——"归心焉"应理解为"民心归附于(仁者)。""归"是"归附""归顺"。

训诂帮助我们恢复古义,而不以后代的意思附会古书。例如,"归仁"解作"称仁",属文意训诂,《论语》时代"归"无"称"义,后汉文中始有"称"与"归"对文,宋人才直接把"归"用作"称"义,如辛弃疾《美芹十论》:"公卿大夫交口归之曰:'此宰相之贤也。'"所以,归纳《论语》义项不应有"称赞"一项。又例如,"归"的"聚集""聚拢"义也不是先秦词义。"百川归海""众望所归"的"归"

仍分别为“回归”与“归于”,“聚”的意思是因主语为“百川”“众望”而生出的文意。根据训诂材料提供的古义,我们把《论语》的“归”归纳为以下几个词项:

归 1(回来、回去):“归与”“无所归”“咏而归”。

归 2(回归、恢复):“归厚”。

归 3(归于、归顺):“归仁”“归恶”“归心焉”。

归 4(女嫁):“三归”。

归 5—馈(赠送):“馈孔子豚”“馈女乐”。

以上 5 个词项,“归 5”是靠字用原则区别出来的,在恢复了本字“馈”之后,已经可以肯定它是属于另一个词的词项,是由于书写了同音词而使这一词项混入应使用“归”字记录的词中。余下的四个词项属于同一个词,这些词项分立的理由,如果仅从词汇意义出发,则容易出现随意性。例如,我们可以将“归 1”与“归 2”都译成“回归”而将它们合并;也可以把“归 3”中“归仁”的“归”与“归恶”的“归”依褒贬义而采用不同的词来翻译进而分为两项……假如依据这种带有随意性的义项来确定词的语法功能进而判定其词类,就必然产生“词无定类”“离句无品”的结论。所以只有把词的语义环境和语法结构环境结合在一起,使它们互相制约,获得综合的数据,才能科学地确立词项的意义及语法的词类。以“归 1”至“归 3”的分立为例:

归 1

以表人名词作主语，表述归者。（SU—MR）

以介词引进处所名词作补语，表述所归之处。（CO—MD）

不表述所归者。

因此，这一义项具有与具体处所相关的特点，带有具体行动性，可译作“回来”“回去”。

归 2

以抽象名词作主语，表述归者。（SU—MC）

以形容词作补语，表述所归的状态。（CO—X）

不表述所归者与所归之处。

因此，这一义项因不与具体处所相关，也不带有具体行动性，只表述一种变化而与“归 1”区别，可译作“回复”“恢复”。

归 3

以表人名词作主语，表述归者。（SU—MR）

以一般名词作宾语，表述所以归者。（OB—MR）

用介词引进处所名词作补语，表述所归者。（CO—MD）

不表述所归之处。

因此，这一义项因不与具体处所相关，又不表示某种变化而与“归 1”“归 2”有别，它强调使动与处置。可译作“归附”“归依”。

简化三者的结构模式：

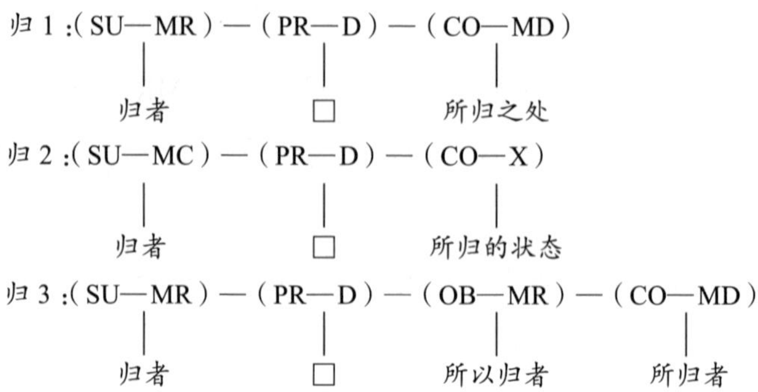

以上比较可以看出，对“归”来说，根据作主语的名词的意义类别（归 1 与归 3 为 MR—表人名词，归 2 为 MC——抽象名词）、补语的意义类别（归 1 与归 3 为 MD——处所名词，归 2 为 X——形容词）以及结构项的增减（归 3 增出 OB—MR 项——表人名词作宾语），即可证明这三个词项的划分可以找到结构形式上的依据。

以上分析还可以看出，在词项这个单位上，词汇意义与以它为中心的结构模式是一致的，二者互相制约，使词项的切分与词类的划分同时具有了两维度的依据而成为可以操作、可以证实又可以为计算机识别的了。

2. 关于词汇意义与语法功能一致性的测查

词项的词汇意义与语法分类都是经过概括的。必须避免单纯从训诂的释词出发而分项过细，也必须避免套用其它形态比较丰富的语种而使先秦汉语的单音词因能适应多种结构而被认为是“词无定类”。对于计算机识别来说，更需要将词汇意义与语法功能统一起来确立词项。因为,从这两个不同维度的标准来确立的词项,是一种有限的归纳,必然是既有定项,又有定类的。但要做到这一点,需要用计算机来处理大量的语料,测查每个词的语义环境和语法结构环境。我们举《左传》的"陈"字为例。"陈"在《左传》中除去记录国名、地名、人名外,作为常用词,共出现在 40 个不同的句子里。由于写法完全一样,未经标引时,计算机不能识别它不同的义项。经过标引后,明确区分为以下各组:

A 组:

(1)陈鱼(而观之)。(《隐公五年》)

(2)陈之艺极。(《文公六年》)

(3)陈畚挶。(《襄公九年》)

(4)(君之府实也,非荐)陈之。(《襄公三十一年》)

(5)使除徒陈于道南庙北。(《昭公十八年》)

(6)(郑驷秦)常陈卿之车服于其庭。(《哀公五年》)

……

B 组:

(1)其祝史陈信于鬼神(无愧辞)。(《襄公二十七年》)

(2)其祝史(祭祀),陈信(不愧)。(《昭公二十年》)

……

C组：

（1）斗廉衡陈其师于巴师之中。（《桓公九年》）

（2）齐侯陈诸侯之师（与屈完乘而观之）。（《僖公四年》）

（3）甲午，晦，楚（晨压晋军而）陈。（《成公十六年》）

（4）郑陈（而不整）。（《成公十六年》）

（5）蛮（军而）不陈。（《成公十六年》）

（6）（翟人）未陈（而薄之）。（《昭公元年》）

（7）莒未陈也。（《昭公五年》）

（8）（越子勾践）陈于槜李。（《定公十四年》）

……

D组：

（1）宋师未陈（而薄之）。（《庄公十一年》）

（2）晋师陈于莘北。（《僖公二十八年》）

（3）癸酉，师陈于鞌。（《成公二年》）

（4）十一月庚午，二师陈于柏举。（《定公四年》）

……

E组：

（1）原繁、高渠弥（以中军奉公）为鱼丽之陈。（《桓公五

年》)

(2)在陈而嚣。(《成公十六年》)

(3)脩陈固列。(《成公十六年》)

(4)为五陈以相离。(《昭公元年》)

(5)后者敦陈整旅。(《昭公二十三年》)

……

以“陈”为中心,测查它的语义环境和结构模式,可以分别归纳为:

A组:

(SU—MR)	(PR—V)	(OB_1—MR)	(OB_2—MD)	(CO—MD)
	陈		鱼	
	陈	之	艺极	
	陈		畚挶	
	非荐陈		之	
除徒	陈			于道南庙北
(郑驷秦)	常陈		卿之车服	于其庭
陈者	□	所向者	□	所陈之地

这组“陈”是表示具体行动的及物动词,因其所涉及的对象为各种物品,所以可译作“陈列”“陈设”“铺陈”。查训诂材料,多注释为“陈,列”“陈,设”“陈,张”。

B组：

（SU—MR）	—（PR—V）	—（OB—MC）	—（CO—MR）
其祝史	陈	信	于鬼神
其祝史	（祭祀）陈	信	
│	│	│	│
其祝史	□	所陈	所向者

这组“陈”也是及物动词，专用于祭祀的场合，所陈为语言，所以可译作“陈述”“祝陈”。查训诂材料，多以“祝陈”译之。

C组：

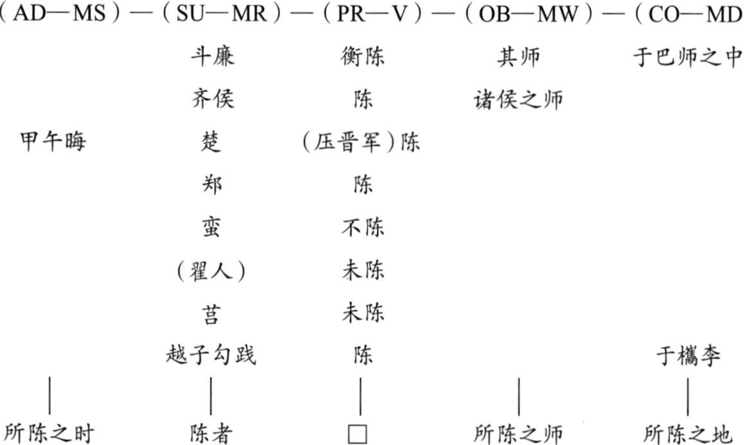

（AD—MS）—（SU—MR）—（PR—V）—（OB—MW）—（CO—MD）
斗廉 衡陈 其师 于巴师之中
齐侯 陈 诸侯之师
甲午晦 楚 （压晋军）陈
郑 陈
蛮 不陈
（翟人） 未陈
莒 未陈
越子勾践 陈 于檇李
所陈之时 陈者 □ 所陈之师 所陈之地

D组：

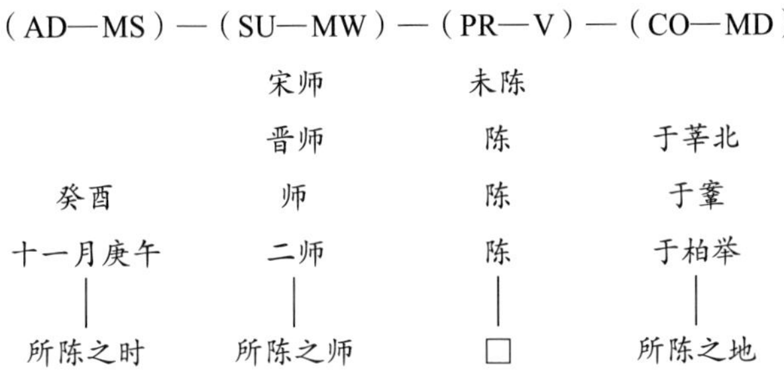

C组与D组的区别在于C组以陈者作主语，而D组则以所陈者作主语，这使后者具有了“被动”的特点，但在汉语里，施受是同词的，所以，这两组可归纳为同一个义项，这也是一个及物动词的词项，它的特点是专用于军队列阵，所陈者一定是军队。这个词项在先秦已完全由一般的“陈列”项中分化出来，这一点可以有两方面证明：第一，C组中有大量的“陈”免除了宾语，说明陈列的对象这一点已经凝固到“陈”的词汇意义里去了，“陈”即“列军阵”。第二，《经典释文》对C、D两组的“陈”，毫无例外地都给“陈，直觐反”的注音，而对A、B两组的“陈”又毫无例外地不给音注。这起码说明，六朝经师已明确用变调异读（读去声）来区别“陈列军队”这一词项。

E组：

(SU—MR)—	(PR—V)$_1$—	(OB—MV)$_1$—	[(PR—V)$_2$—	(OB—MW)$_2$]
原繁、高渠弥	为	鱼丽之陈		
	在	陈	(而)罢	
	偹	陈	固	列
	为	五陈	(以)相离	
后者	敦	陈	整	旅
│	│	│		
为者	为	□		

这组“陈”与前四组处在完全不同的结构关系中，它是被谓语操作的对象，是表示事物的名词。《经典释文》对这组“陈”大部分也给“直觐反”的注音，而“鱼丽之陈”与“五陈”不注音，大约是把它们释作“陈法”的缘故。“偹陈固列”的“陈”，注“直觐反”，又注“或如字”，也是或以此“陈”为“陈法”。这个词项六朝以后不但发生了音变，而且发生了字变，从“申”得声的形声字“陈”，变而为从“阜”从“车”的会义字“阵”，更为明确地派生出了另一个与“陈”同源的新词。

从以上分析可以看出，以词项为单位，词汇意义与词的结构功能和语法分类完全是一致的，而词项的切分也是可以科学操作的。就《左传》而言，除去国名、地名、人名外，“陈”可以分为四个词项，再细一些，也只能分为五个词项：

陈$_1$（陈列、陈设、铺陈）	平声	及物动词
陈$_2$（陈述）	平声	及物动词

陈$_3$（列阵）	去声	及物动词
陈$_4$（军阵、阵列）	去声	名词
陈$_5$（阵法）	平声	名词

3. 词汇意义与语法功能的相互制约

词汇意义与词的语法功能和类别所以是一致的，是可以同步测查的，这是因为二者本来就是互相制约的。在上一节里，我们已经看到词的语法功能影响了它的语义环境，从而使某些义项引申出来：如果"陈$_1$（陈列）"不是及物动词，不能带可陈列者为宾语，也就不可能大量用于军阵，"陈$_3$（列阵）"这个义项就不可能产生。如果"陈$_3$（列阵）"这个词项不放在宾语的位置上，"陈$_4$（军阵）"这个名词词项也就不可能产生。所以，引申常常是语义与语法共同作用而产生的结果。

不过，在先秦汉语里，对大量的单音词来说，词汇意义对词的语法功能和句子结构模式的制约是更为直接而强烈的，因此，不参照语义的诠释与翻译，没有词汇史的依据而单纯从结构形式出发，套用印欧语法来确定先秦汉语的词类，在理论上往往难以周全，而在应用上更容易产生困难，这里举《论语》中的"言"与"语"为例。

"言"在标引后所显示出的语义与语法环境说明，当它处于谓语地位时，所适应的结构模式证明它是一个标准的及物动词词项。选择以下各句为例：

“言”A组：

(1)吾与回言终日，不违，如愚。(《为政》)

(2)始可与言诗矣。(《八佾》)

(3)夏礼，吾能言之。(《八佾》)

(4)子罕言利与命与仁。(《子罕》)

(5)亦各言其志也。(《先进》)

(6)予与尔言。(《阳货》)

(7)子如不言，则小子何述哉！(《阳货》)

(8)孔子下，欲与之言。(《微子》)

“语”一般认为是“言”的同义词，但在《论语》里出现的频率大约只是“言”的十分之一(13/127)，当“语”出现在谓语地位时，也是一个比较标准的及物动词词项：

“语”A组：

(1)子语鲁太师乐。(《八佾》)

(2)子不语怪、力、乱、神。(《述而》)

(3)语之而不惰者，其回也与！(《子罕》)

(4)食不语，寝不言。(《乡党》)

(5)居，吾语汝。(《阳货》)

(6)叔孙武叔语大夫于朝曰。(《子张》)

比较它们所处的结构模式：

（SU·MR）	—（AD—MR）	—（PR—V）	—（OB—MC）	—（CO—MS）
吾	与回	言		终日
	（始可）与（之）	言	诗	
吾		（能）言	之（夏礼）	
子		（罕）言	利与命与仁	
各		言	其志	
予		言		
子		（如）（不）言		
孔子	（欲）与之	言		
言者	言之者	□	所言者	所言之时

（SU·MR）	—（PR—V）	—（OB_1—MR）	—（OB_2—MC）	—（CO—MD）
子	语	鲁太师	乐	
子	（不）语		怪力乱神	
	语	之（回）		
	（食）（不）语			
吾	语	汝		
叔孙武叔	语	大夫		于朝
语者	□	语之者	所语者	所语之处

经过比较，“言”与“语”明显的区别是：“言”的说话对象，是用介词“与”引进，置于状语位置上；而“语”的说话对象则是用近宾语来表述的。

形成这种差异的原因，必须从词汇意义的特点上去找。古代训诂对“言”与“语”的区别，有明确的解释：

《诗经·大雅·公刘》：“于时言言，于时语语。”《毛传》：“直言曰言，论难曰语。”[①]

《说文解字·三卷上》“言”下说：“直言曰言，论难曰语。”——也取《毛传》说法。

《礼记·杂记》：“三年之丧，言而不语，对而不问。”郑玄注：“言，言己事也，为人说为语。”孔颖达疏：“谓大夫、士言而后事行者，故得言己事，不得为人语说也。”

《周礼·大司乐》：“兴道讽诵言语。”郑玄注：“发端曰言，答述曰语。”

“曰”字例在训诂中用作比较，一般出现对立互补的意义才两两相对用“曰”作训。以上几例，足以说明在先秦汉语里，“言”与“语”的区别非常明显：“言”是主动说话，“语”是对话、回答问题。《说文解字·言部》“语”的训释词选择非常严格，作别的词的训释词时也非常严格：

“语，论也。”“论，议也。”“议，语也。”“谈，语也。”

① “论难曰语”小字本、相台本均案：“正义曰，答难曰语。”《太平御览》三百九十引作“论议曰语”，都突出回答与对答的意义特点。

以上与“语”发生训释关系的三个词,都有相互对话的意思。上述“语”A组中举6例,除(2)、(4)两例外,其他4例都带有表人名词作的宾语。而《经典释文·论语音义》对这4例中的“语”都注明“鱼据反”,也就是改读去声。不仅如此,在《述而》《子罕》《先进》《宪问》等篇中,凡注解中有“语”带表人名词所作的宾语的,陆德明也给了“鱼据反”的音注。为此,我们参考训诂的提示,将“语”作动词的词项分为两项:

语$_1$(交谈、讨论)　　上声　　带表物宾语

语$_2$(回答、告诉)　　去声　　带表人宾语

“言”作训释词的机会非常多,说明它是一个特点不突出的通用词。除了与“语”对用时强调主动说话外,其它凡是不强调交谈、对话的情况,都可用“言”来表述。这不但使“言”出现的频率大大增高,而且使它具有了一种泛用的意义,在“言”A组中已经可以看到,相当一部分“言”不带宾语,只用来表述一般的“说话”,“话”这个泛指所言者的宾语已被凝固到动词里去了。这种动词实际上已具备了不及物动词的条件。如同现代汉语动宾式的合成词一般都是不及物动词一样。这也就是为什么“言”的说话对象也习惯放到状语位置上而不放到宾语地位上的原因。

以上情况说明,词的语法功能和它所能存在的结构模式,是受它的词汇意义控制的,很多语法上的差异,常常能从词义特点的不同找到最根本原因。中国古代没有“语法”的观念,但训诂家由于对

古代语文中词的意义和用法的分辨非常锐敏，因而他们为古汉语语法的研究提供了大量可参照的资料。例如《经典释文》所给的音，能够那样准确地分别不同的语义，从而形成十分有意义的语法命题，这是非常值得重视的。如果我们进一步从训诂语源的角度来认识“言”与“语”的词义特点，对以上的辨析还会得到更深刻的认识：

对“言”进行不完全系源，可以看到与它同源的词有如下几个系列：

传、谚、撰、喧、侃。

延、衍、沿、演。

唁。

这些词在意义上的共同特点是直、顺，这也就是汉代以“直言”训“言”的依据。“唁”是“言”的直接受源词，义为主动去唁问，更是把“言”的直接、主动说话的特点承袭过去了。

至于“语”，它的同源词“牾”“敔”“禦”“午”……完全是另一个特点，强调的是相交、相对，这也就是“语”的“论难”“答述”义的根本来源。

所以，先秦汉语词的语法分类必须求得与词汇意义的统一，有时还需要从词源上对词义特点加以证实，只有这样才能保持汉语本身的特点。

4. 重新考虑本类、兼类与活用的问题

不用多义词而改用单义的词项作为古汉语实词分类的单位，

对过去所提出的本类、兼类与活用问题,就应当重新讨论。

多义词具有多个义项,不同的义项有各自适应的分类,这就出现兼类问题,甚至涉及到活用问题。例如最常遇到的“衣”与“鼓”的问题,“军”与“馆”的问题,都各持其说,随意而定。有些语法书还要在兼类中立出本类,以便指称活用,这在操作上是难以做到的。

首先,本类是一个无法操作的概念。有人主张以本义定本类。其实,“本义”只是依据汉字字形来确立书写符号与所用词语之间的联系的一个操作概念。由于汉字形体的演变与汉语词义的演变,不同时代的依据有所差异,“本义”的确立只能是相对的。加之汉字的构形意图与实际词义之间还要加上人的联想,因而有所折射,两个甚至更多个不同词类的义项哪一个是本义是难以证实又不可证伪的。例如,小篆“鼓”从“支”,应可说明它的动词义项是本义,所以《说文》训作“击鼓也”。这是因为小篆将“支”规范为动词义类的标志。《说文·卷五》另有“鼓”字,是作名词训释的,因为从鼓之字都是鼓名。然而追到甲骨文,“鼓”与“鼓”便合为一字,名、动不分了。同时又有“壴”为象形字,是“鼓”的异体字。到了隶书阶段,又出现了“皷”字,又可认为还是名词本用。于是,“鼓”的本用是名词还是动词,实难确定。更何况,如“军”、“齐”等字,即使从字面上也无法找到词类的依据。离开了汉字,确定本用更无据可依。还有人主张用出现的频率来确定本类,这不但因为频率常因语料的范围和多少而发生变动而不能操作,就是把书面语料取全,也还有大量的口语无法测查。

何况,“本类”与“非本类”的区别,不论对何种应用,都是没有意义的。

改用词项来划分词类,兼类的问题实际上已不存在。凡在词汇意义中可以独立立项的,都应当有相应的词类:

> “衣”可有“穿着”义项,对应为动词词项,而“衣服”义项则对应为名词词项。
>
> “军”可有“军队”义项,则对应为名词词项,而“驻扎”义项则对应为动词词项。
>
> “馆”可有“馆舍”与“居住”两个义项,自然分别对应为名、动两个词项。

用词项作为划分词类的单位,“活用”在先秦古汉语中便可最大限度的减少,可作为一种修辞现象来看待。以《左传》为例:

> “不备不虞,不可以师。”(《隐公五年》)
>
> “师”有“出兵”、“出师”义,并为常用义,不作活用。
>
> “梁伯好土功,亟城而弗处。”(《僖公十九年》)
>
> “城”有“筑城”义,《庄公二十八年》发例:“邑曰筑,都曰城。”不作活用。
>
> “秦归河东而妻之。”(《僖公十七年》)
>
> “妻”有“娶”、“嫁”二义,是为常训,不作活用。
>
> “天祸卫国,君臣不协,以及此忧也。”(《僖公二十八年》)

“祸”有“加祸”义(现代汉语“祸害”一词也有动、名二义)。不作活用。

……

“活用”在先秦汉语里大量发生在其它词类用作动词上,而实际上,先秦动词可分两类,一类原生动词,也可称泛动词,这类动词用法宽泛,是专门为动词词项所造的;另一类衍生动词,也可称专动词,它在意义上受宾补语的限制很严,一般不再单独造词而采用对应的名词或形容词引申改装,这类动词往往与它的宾补语同形。把这类动词词项称作“名词、形容词活用作动词”是没有必要的。

形容词与动词的纠葛,也绝大部分可用区分词项来解决。例如:

“近”有“靠近”义;

“远”有“远离”义;

“小”有“轻视”义;

“苦”有“厌烦”义;

“尊”有“看重”、“尊重”义;

……

这些形容词同时具有动词义项,时常出现在叙述句的谓语位置上,这是汉语单音词的常规,更不必称为“活用”。古文今译时,单音词对译为双音词,更不必采用处理“活用”的译法。

其实,取消活用的名目,直接用设立词项的方法来分析文意,

这是汉语很早就有的传统。在训诂材料中,经常可以看到如下解读法:

《孟子·梁惠王》:"老吾老,以及人之老;幼吾幼,以及人之幼,天下可运于掌。"赵岐注:"老犹敬也,幼犹爱也。"

《礼记·大学》:"上老老而民兴孝,上长长而民兴弟。"郑玄注:"老老、长长谓尊老敬长也。"

确立"敬老""爱幼""尊长"为"老""幼""长"的动词词项,要比将其转换为"以吾之老父为老"、"以吾之幼子为幼"……不但简洁明白,而且更加准确。

又如:

《孟子·公孙丑》:"域民不以封疆之界。"赵岐注:"域民,居民也。"焦循疏:"居此民则止此民,止此民即有此民矣。"

确立"域"的动词词项,比之将其说成"名词活用作使动词",就建立一个完整的语法体系来说,是更为有利的。

5. 词汇意义与语法功能的一致性在汉语合成构词中的体现

先秦汉语中词汇意义与语法结构相统一因而可以互相解释的规律,十分明显地体现在现代汉语双音词的构词中。以前面提到的"陈"为例:

《经典释文》读"直觐反"的"陈",原分动词和名词两个词项。发展到现代汉语,名词词项已分化为"阵"字,被视为另一个词或词素,由"阵"组成的双音词有阵脚、阵容、阵地、阵势、阵线、阵列、阵营、破阵、叫阵、败阵、严阵、陷阵……基本意义仍不出战争这一语义范围,但绝不用作动词。

而动词"陈"在先秦的两个义项都有组词功能:陈列、陈设——这是"陈 1"的继承;陈述、陈说、面陈、详陈——这是"陈 2"的继承。有意思的是"阵"字虽不用作动词,"陈"在构词时也绝少构成战争方面的词,除陈兵一词外,列队、列阵、排列……都改用"列"了。

毫无疑问,这种布局仍是先秦汉语的直接继承。

再以前面提到的"言"与"语"为例。现代汉语在"语言"这一语义场中,词语系统有了新的调整,表述言语的动词词素大量用"说"来承担,"言"与"语"则多以名词词素的身份来构词。但下面的双音词表明,现代汉语对先秦汉语的继承依然十分明显:

宣言、扬言、赠言、预言、断言、留言、诺言、失言、遗言、誓言、食言……大量用"言"组成的双音词仍具有主动说出的话的意思。

(窃窃)私语、(欢声)笑语、絮语、耳语、告语……仍具有"交谈"和"告诉"的意思。

在对现代汉语双音词词素和构词方式进行计算机普查的过程中可以发现，构词能度最大的词素大部分是先秦汉语常用的词项，并保留着原有的词义特点和原有的造句功能。例如：

> “徒”在先秦汉语里有三个常用词项，在现代汉语里发展为三个高频词素：
>
> 徒步、徒行、徒涉——来自“徒$_1$（不坐车行走）”
>
> 囚徒、酒徒、匪徒、暴徒——来自“徒$_2$（兵卒）”，其中的贬义也与兵卒在古代地位低下有关。
>
> 徒劳、徒手、徒然、徒增——来自“徒$_3$（白白地）”

又如：

> 在现代汉语里，先秦语言中常用的“失”的构词频度，比现代汉语新产生的词（词素）“丢”的构词频度高十倍以上，就保留先秦古义而言，除“丢失”、“失掉”这一常用义外，《说文·手部》所存的“失，纵也”一义，还可见到很强的构词能度，“失口”“失声”“失言”“失笑”“失手”“失足”“失态”“失色”……的“失”，都具有“放纵”“把握不住”的意思。

甚至很多在词汇中早已消失的古义，还保留在构词的词素中，自然也直接影响到双音或多音词的结构方式：

“成”的“集合”义已消逝，而在“成千成万”“成年累月”“成群结队”中还保留。

“称”的“宣扬”义已消逝，而在“宣称”“声称”等双音词中仍保留。

“亲”的直接靠近义已经淡化，只留有“血缘关系”的意思并表示人际关系的亲近，但在“亲吻”一词中，直接靠近的意思仍然保留，并以动宾的方式构成，说明《说文·见部》“親(亲)，至也”、《足部》“䟘，足亲地也”的“亲”，古义仍未完全消逝。

“责”在“责任”“责备”义上升为常用义后，“要求”这一先秦古义已不单独使用，但在“责令”“责求”“责成”“循名责实”等词语中，古义仍然保留。

……

这种现象证明，在先秦汉语的词汇贮存与词类划分时，以词项为单位，不但可以有利于计算机的工作，还有利于把古代汉语和现代汉语贯穿起来，进行词汇史的研究。

最后需要说明的是：汉语词汇的发展经过三个造词阶段，即原生造词、派生造词与合成造词，周秦时代是派生造词大规模进行并趋于完成的阶段。词义的引申推动单音词的分化，使汉字的孳乳也大规模进行。仅在《论语》《孟子》《左传》《礼记》这四部典籍中，由于儒家政治制度与道德规范的确立，仅仅是有关等级地位、宗法制度与道德标准的词，已完成了由源词分化出来的过程。

例如：

“正”已分化出“政”
“弟”已分化出“悌”
“老”已分化出“考”
“立”已分化出“位”
“人”已分化出“仁”
……

而且，相当一部分同音借用字也采用了添加义符的方式将本字与借字、借字与借字区别开。因此，先秦典籍中已大致涵盖了汉语书面共同语的用字，到了合成造词阶段，新造的汉字除去记录方言土语的俗字外，已不是很多了。因此，借着汉字的分化，很多词项已自然分开。到了魏晋，一些经师从教学的需要出发，又利用破读从词音上区别了某些词项，因此，同音同形的词项已有相当的减少，为语料的标引减少了很多工作，为计算机对意与类的识别带来了不少的方便。这些条件都是我们在研究中应当充分利用的。

三十八、汉语语言研究的新思路*

——读启功先生《汉语现象论丛》

启功先生《汉语现象论丛》（后文均简称《论丛》）1991 年 12 月在香港出版，内地的读者得到这本书的不多。能读到的，都感到这本书新颖动人、妙趣横生。书中涉及到的有关古代典籍文化、诗文音律的知识，年长者如逢故交，亲切逼真；年轻者瞠目诧异，闻所未闻。这种书，只能是中国文化通家的大手笔所为。

以上这些感觉，固然是《汉语现象论丛》价值之所在。但是，细观本书，读者自会发现，《论丛》绝不是为忆古拾趣而著的，而是针对着一个讨论多年而不得解决、现时代又不能不解决的问题而发。这就是如何建立适合汉语特点的汉语语言学问题。自《马氏文通》问世以来，汉语语言学的研究者们一面抱着《马氏文通》不放，为建立以语法为中心的研究体系和教学体系长期奋斗，一面又希望通过对《文通》体系的修补，使汉语较为合辙地嵌入由拉丁文总结出的"葛郎玛"里去。整整一个世纪不停地将二者磨合，甘苦说犹未尽、成败论而难分。能不能另外找一条路来建立一种完全

---

* 本文是 1995 年启功先生《汉语现象问题》学术研讨会的发言稿，首次发表在《传统文化与现代化》1996 年第 4 期。2017 年曾作为启功先生《汉语现象论丛》在商务印书馆再次出版的导读部分，内容有多处修改，题目改为《汉语现象与汉语语言学》，此次收入本书，内容和题目仍恢复到 1996 年首次发表时的原样。

从汉语事实出发的汉语语言学或汉语文学语言学呢?《论丛》正是以这个宏大的论题作为全书的宗旨。

1.“葛郎玛”带来的新问题

中国的传统语言学是从“小学”演化来的。“小学”研究的语言单位主要是词,因为偏重于研究书面文献的词,便树立了字本位的研究方法。汉字是表义文字,古汉字的形音义是统一在一起的,于是“小学”分成文字学(讲形)、音韵学(讲音)、训诂学(讲义)。古人的观念很明白:要把汉语讲懂、读懂,把一个字一个字写出来的所有的词都弄懂了,句子、篇章当然也就懂了,挨个儿解释对了所有的词,就串成了句子;词讲错了,连起来就不像汉语的句子,这叫“不辞”。他们不着重去把句子拆成多少块儿,因为觉得没有必要,既然词义通了句子也就明白了,何必还要去从形式上分析句子呢?汉朝人作的章句,是以句为单位来解释古书的,但也还是着眼在词义,比如:

> 《孟子·梁惠王》:“老吾老,以及人之老;幼吾幼,以及人之幼,天下可运于掌。”赵岐《章句》:“老犹敬也,幼犹爱也。敬吾之老亦敬人之老,爱我之幼亦爱人之幼,推此心以惠民,天下可转之掌上,言其易也。”焦循《孟子正义》:“《礼记·大学篇》云:‘上老老而民兴孝,上长长而民兴弟。’注云:‘老老、长长谓尊老、敬长也。’此‘老吾老,幼吾幼’犹云‘老老、长长’。老无敬训,幼无爱训,故云‘犹敬’‘犹爱’也。《广雅·释诂》云:‘运,转也。’故以‘转’解‘运’。”

这一大段话其实讲了三个词：一个“老吾老”的第一个“老”，一个“幼吾幼”的第一个“幼”，一个“运于掌”的“运”，意思全清楚了。所以中国传统语言学着眼点是词，侧重点是义，没有（因为认为没必要）从自己的语言研究中产生出一套语法来。汉语的传统语言学成就非常高，而最丰富的是讲义训、义理。

《马氏文通》把“葛郎玛”引进了汉语，不论文言文还是白话文，可以把句子划成块儿分析它们的关系了，这确乎是一个进步，但问题接着也就来了。“老吾老”“幼吾幼”第一个“老”“幼”得讲成动词，而且是意动用法，第二个“老”“幼”得讲成名词。用这种格式一翻译就成了“把我家的老人当成老人”，“把我家的小孩当成小孩”，意思并不跟古书的意思一样。至于说“孟子将朝王”的“朝”是“受动”，“欲辟土地，朝秦楚”的“朝”是“使动”，得先把意思讲出来才能判断。《左传》一个“门”字，可以当“城门”讲，可以当“攻城门”讲，也可以当“守城门”讲，“葛郎玛”实在无能为力，还得靠前后文把意思分析出来。最不好办的是被“葛郎玛”称作“动宾短语”的那一堆词语，“指示王”是“指给王看”，“争杯酒”是“因一杯酒而争斗”，“颔之”是“向他微微点头”，“拦道哭”是“在路上拦着哭”，“五月鸣蜩”，干脆是“蜩鸣”……用一个“动+宾”格式一概括，原来读文言文读熟了已经弄懂的，这一下反而不懂了。

这些还大半是散文，如果说起诗词，那就更是套不上。不用说“红豆啄余鹦鹉粒，碧梧栖老凤凰枝”这样的奇怪诗句用“葛郎玛”分析不了，就是“野径云俱黑，江船火独明”这种本来看得明白、想得出来、感受得到的句子，如果用“主谓宾定状补”这么一套，问题可就多得很了。

近现代的语言学家，想了各种办法，创出了许多体系，增加或改换了好多术语，想让“葛郎玛”和文言、白话合榫头儿，实际上能合上的马建忠早就合上了，合不上的——马建忠就合不上的，他之后的语法学家也合不那么准，或根本合不上。

从“葛郎玛”延申出来的构词法，想把双音合成词的两个成分的关系描述出来，不少词是合上榫头儿了，可也有些依然合不上。例如：“海拔”“亲戚”“缄默”“刻苦”……头一个字（语素）和第二个字（语素）是什么关系？要是不把每个字（语素）的意思弄清楚，它们是主谓式、动补式还是联合式？一下子还真说不出来。这些词有的书面语味道浓一些，有的干脆就是大白话，可是要追究组成它们的语素意义，大半还得找到文言里去，这一下连白话、文言都得沟通、打乱。“葛郎玛”提出的那些格式用到汉语里既有多余的，又有不够用的，非另想办法不可。

2. 从语言现象出发

汉语语言学以语法为中心——而且走向单纯从外部形式上搞“葛郎玛”也已有些年头儿了。内容的贫乏和方法的不适应，已经引起了相当一部分人的关注。特别是文学界，因为“葛郎玛”管不住丰富的文学语言事实，解释不了五彩斑烂的文学现象，便弄得文学家不买语言学家的帐。按道理说语言规律应当能解释语言的艺术，语言的艺术里也应当能总结出语言的规律，可是好些"葛郎玛"总结出的语言"规律"总是跟语言艺术的欣赏拧着。"葛郎玛"说句子得有主语、谓语,而且主语多半应在谓语的前面,又说定语是附加在中心语上的,而且定语多半应在中心语的前面……可是到文学作品里去查一查,不这么摆的句子绝非一个两个。于是语言学家管不符合"葛郎玛"的那些句子、段落的安排都叫"修辞",语法是正常,修辞是反常。这正和有些文艺美学、文学语言学的结论走到一条道儿上去了。美学家认为,要想文学丰满、涵意深刻,必须"超越语言"。"超越"当然就是"反常"。这两家的共同认识是:正常的语言准确而不美,没有欣赏价值;非得反常才美,才经得起欣赏玩味。这不能不使人感到费解:为什么正常的语言规律管不住文学用语呢?是因为文学根本不是语言的艺术,而是超语言或反语言的艺术呢?还是那些被称作"规律"的条条框框总结得有些问题呢?应当说,语言的变通是有的,但变通本身也应当符合一种规律。看来,要改造的不是那些能够懂又能使人产生感受的语言材料,而是那些套不上汉语事实的"葛郎玛"。

近年来,继承汉语语言学的传统,提倡重视民族文化特点,建立切合汉语实际的汉语言学的呼声越来越高,很多人朝这方面努力,成效当然是日渐其大。但在有些领域里,仍有两种方法上的错误导向在起作用:一种是抓住几条汉语的特例就奢谈汉语特点,空推论,猛求新,其实仍然没有和汉语事实对上号,虚得像一碗不咸不甜的白开水;另一种则提倡考释孤立的生语料,有的是一个一个考,也有的是一片一片考,但都是单个儿的语料堆砌,难以从中生出一种可称作规律的条例。这两种导向造成了两种后果：前一种造成空泛，后一种造成烦琐，应当说，都是研究方法的误区。

怎样走出空泛与烦琐的误区，尽快创建成熟的、切合汉语实际的汉语语言学？启功先生提出了一个非常重要的命题——从汉语现象出发。一种法则切不切合汉语实际，看它能不能涵盖汉语语言现象；还有没有新的分析汉语的法则，也只有从汉语语言现象中去观察。

现象是事物在发展、变化中所表现出来的外部形态和联系。通过外部现象来观察内在规律，这是人类认识世界的普遍方法，但是在语言学领域，还提倡得很不够。语言学界强调的"第一手材料"，和语言现象并不是同义语。现象不是单个语言材料的堆砌，而是一种存在于许多语言材料之中的共同的外部状态。一种形之于外的状况，如果不断出现，想躲也躲不开，一不小心就"掉进去"了，这才可以称作是一种有意义的现象，那里面似有一种冥冥的力量在制约着它，这力量就来自语言的规律。把它捕捉到，概括出来，就是语言的法则。总结这种法则，才能适合汉语实际。启功先生在《论丛》里说起他如何注意到汉语规律。他说历年教古典文学作品，目的和方法不过是要让学生了解古今文词的不同。"五四"以后文言已不习用，讲文言文必须说出个道理，说明"那些话为什么那样说，变成另一样为什么意思就不同了"，"因此留心观察那些文言文中有哪些现象，又从那些现象中探索它们的共同常态"（《文言文中“句”“词”的一些现象》,68页)。[①] 这里所说的“共同常态”,就是从反复出现的现象中观察出的法则。《论丛》还指出,从正面观察现象可以得到法则,从反面观察现象也可以得到法则:

一个人有病就诊,医生试体温来判断是否发炎,摸脉搏来判断心脏跳动的快慢,照透视来看内脏有无病症。如果有,在哪里,然后才去动手术。谁也知道世上没有“治百病”的一个药方。任何医生,都要从“病象”入手。看不懂古文,是病象;从不懂到懂,是治疗过程;现在探索怎么懂的,是总结治法、评选最有效的医方。证明治百病的单方无效,也由此得到根据。(《前言》,5页)

这一番话,把从现象出发来研究汉语的问题说得再透彻不过了:只有从现象出发,得到的法则才能解释汉语的问题;只有从现象出发,才能讲出符合汉语的规律;只有从现象出发,才能对付得了言语作品纷繁复杂的事实,而不致用“葛郎玛”这个单一的药方去治百病。

3. 汉语语言学研究的新思路

从言语作品中出现的语言现象出发,宣告了语言学的研究领域必须扩大。这样一来,仅仅从形式上归纳出的几条公式和定律,显然不够用了。仅仅以词句为单位进行的语言本体研究,着眼点显得太窄了。把语言学限制在只管通不通、不管美不美的狭小领地里,

---

① 本文提到启功先生的文章原文注明出处时,凡不说明所出书名的,都来自《汉语现象论丛》,商务印书馆(香港)有限公司1991年12月第一版,所注篇名、页数均依此版。

当然更不合需要了。过去的汉语言学只能运用于散文,不能运用于诗词骈文;只能分析形与义相应的词语,不能分析形式压缩、内容积蕴的典故之类。这自然显示了当今语言学的一种贫血现象。

《论丛》从十分宽阔的领域里,提出了探索汉语特点的新思路。

(一)从"僵死"的形式中追寻鲜活。

《论丛》指出:

> 历史上历次的打倒,都只是"我不理它"而已,它的存在"依然如故"焉。我们作文章不用它的样式,毫无问题;如探讨汉语的种种特点,正视汉语的种种现象,就不能用"我不理它"的办法去对待了吧!(《前言》,5页)

八股文是汉语言作品中被否定得最彻底的一种文体,但它是吸取古代若干项文体陆续沉淀积累而成的。定型以后,又加以人为的挤压,加上一些苛刻的条件,并且规定用来表述被统治者规定下来的僵化思想,因而导致这种文体的枯竭僵死。但是,这种文体中积累的那些文章技法、语言运用格式,仍然可以追溯到它鲜活的时期。如果说得更透一些,一种世世代代被使用汉语的人接受、采用、推广、生发的形式,正是因为它蕴藏着一种精华的东西,才能被人利用,利用得过分了,人为的限定多了,便容易僵死。对研究者来说,不应当因其僵死而忘掉追寻其中的精华。《论丛》举出许多例子说明那些符合汉语特点的语言格式想扔也扔不掉,想躲也躲不开。比如,唐宋古文家反对骈体,去偶求单,可是他们的散文一不小心就掉到对偶句里去。又如,八股文的起、承、转、合,接与比的格式,规定死了,限制人的创造性,可是没有八股的限制,有些文章和语段,却仍然跑不出这样的格式。正是这种不自觉掉进去的地方,反映了一种民族语言的习惯,甚至是一切语言的通则。

(二)从变动的事实中寻求定则。

语言在应用中是多变的,句法成分时常增减、颠倒,虚词在语言中异常游离,用法都不那么固定。可是,汉语的表达并不像有些人所说的"缺乏准确性和完整性"。在前后语、上下文的制约和特定的语言环境中说话,从来都是明确的。因为变动,就使人抓不住定则,《论丛》指出:

> 所谓愈分愈细,常见有时把一个小虚词翻来覆去,可列出若干个说法……如果将来规范化彻底完成,或说书面语十分固定之后,把这类游离的小细胞画出区域,不许乱动,那时才容易分析;否则它们常常把人搞得眼花缭乱,如在水里抓泥鳅,稍松即跑了。(《文言中"句""词"的一些现象》,70 页)

又说:

> ……从一个小虚词到整个口里说的话,都给它固定住。怎样固定,固定成什么样子?无非是想使它们一一都符合"葛郎玛"而已。其实泥鳅也有它们的生活动态的规律,有待于细心观察罢了。(同上,71 页)

这里提出了研究语言完全不同的两种思路：一种是按别人总结的法则来套汉语，希望把活语言框住；而另一种则是按活的语言现象来归纳法则——承认变动之中也有定则。

所谓从变动中归纳定则，首先要承认变动不居不等于随意而为，变动是在一定的范围内、受一定条件的限制、按自身变动的可能性来进行的。找到变动的范围，提出变动的条件，把它们与语言自身的可变因素结合起来，便归纳出了定则。这种"则"可以管住汉语中的各种现象，是属于活的汉语的法则。如果不这么作，看见一个变化套不上"葛郎玛"，就列出一条"例外"，"例外"一多，就宣判汉语不具备准确性、规律性，岂不是倒行逆施！

(三)从所谓的"超常"中发现正常。

前面说过，因为用"葛郎玛"来套汉语，"超常"的"变例"就出现得很多。可是"变例"又反而具有巨大的表现力，常常能构成优美的诗词作品，耐人欣赏，激人遐想。从"葛郎玛"出发研究语言形式的人看不起修辞，认为那不过是经验之谈，无理性可言，不能入语言学的主流。而研究修辞学的人，也有一部分自居于语言学之外，从一星半点的语料甚至三流作品生造出的语句中归纳格式，让人们学着去写作。结果正如《论丛》所说，按着修辞标准去做，常常写出别扭的句子。

《论丛》提出了一个崭新的思路：

> (古代文章和诗词作品)句式真是五花八门，没有主语的，没有谓语的，没有宾语的，可谓触目惊心。……我努力翻检一

> 些有关讲古代汉语语法修辞的书，得知没有的部分叫作“省略”，但使我困惑不解的是为什么那么多省略之后的那些老虎（按：指句子），还是那么欢蹦乱跳地活着？（《古代诗歌、骈文的语法问题》，10页）

在说到诗歌和骈体文时，《论丛》又尖锐地提出：

> 我还没有看到过对诗歌和骈体文语法修辞的探讨，只看到过骈体文头上一大堆帽子，什么形式主义的，为封建统治阶级服务的，不科学的，甚至更简便地说是反动的。奇怪的是，既然那么不合理，而竟然在二千多年来，有人写得出，也有人看得懂，起过不少表达思想的交际工具作用。这是为什么？……有无它们自己的法则？……有没有生活上的基础？还是只由一些文人编造出来的？（同上，11—12页）

《论丛》指出，在诗词和骈体文中存在的一些语言格式和表现手法，都是有实际语言作基础的，很多是口语中本来就存在而被文人提炼出来的，这些语言格式不应被判处为“反常”和“超常”，而应当承认其为正常，而且它们恰恰反映出汉语不同于西方语言的特点。

口语中用字可以伸缩加减，重叠可以加强语气，缩减也能加强语气，在语言环境中说话，可以少说许多成分还能被听懂，这就是“省略”的基础。

口语中局部词汇颠倒而大意不变；诗句和骈句中由于字数、声调和为了增强效果而有所强调时，特别要倒着说；这是“倒装”的基础。汉语是凡是正着、倒着都可以讲通的句子，多半由于侧重点不同。故意放在前面的是突出点，例如“导之以政，齐之以刑”不等于“以政导之，以刑齐之”。故意放在后面的又是落脚点，例如“屡战屡败”是失利，而“屡败屡战”是勇敢。

口语中就有对句，虽然不一定整齐，但具备整齐的基础。诗词与骈文总结出各种对偶的详细条款，无非是为了对得工，对得美，那是因为汉语具有这种条件。

至于“比喻”，《论丛》指出，“语言根本都从比喻而来”，比喻不但不超常，简直就是词汇发展的一种规律。

……

沿着这个思路走下去，通常所说的“修辞”本来就寓于语言的正常法则之中，有一大部分应当回归到汉语语法中去。文学家所说的超越语言的种种现象，其实正被语言的正常法则在冥冥之中控制着，所以《论丛》说：“有些诗歌、骈文的句、段、篇中的修辞作用占绝大的比重，甚至可以说这些部分的修辞即是他们的语法。”（《古代诗歌、骈文的语法问题》，28 页）当然，这样一考虑，对语言法则的归纳总结无论如何不能简单化，更不能套现成，这不正给汉语语言学的研究拓宽了道路吗？

（四）从单纯的形式结构研究中走向多维的探讨。

《论丛》并不是绝对反对“葛郎玛”，只是反对不顾汉语的语言事实而对拉丁语法硬性套用。而且，很多汉语现象不是单纯的形式结构所能解释的。比如一句五言诗可以变换十种句式,其中仅有一句不通。要解释这种现象“葛郎玛”无能为力。又如汉语里动不动就出现四节拍,多于四拍的压成四拍,少于四拍的加成四拍。这种现象也不是语法形式能解释得了的。《论丛》提倡用多维的角度来观察汉语现象。其中对语言学最具有启发性的是意义控制说和音律配合说。

《论丛》指出,句中词与词的关系“总是上管下”,又延展说:“不但词与词之间是这样,句与句之间也是这样。”什么叫“管”,《论丛》说,所谓的“管”,不只是管辖、限制,也包括贯注、影响、作用等意思和性质。很显然,这里所说的“管”,指的不是结构关系,而是意义关系。汉语的词语组合和句子排列,很少有形式上的成分来衔接,大部分都是意合,而话又要一个词一个词、一个句一个句地说出来,形成一种线性,这就迫使说话的人先提出主要的话题,然后顺着话题承接着往下说。一句话里有许多词,先说哪个后说哪个,全看说话的人如何组织那些词的意义关系。句子更是如此了,把重要的意思说在前头,相关而次要的意思说在后头,让前面已经说了的意思贯下去,影响后面的意思,才能让人听明白、听懂。本来,任何民族的人说话都应该这么说,只是拉丁语系的语言因为有语法形式的限制,任意组织意义的自由比较少;而汉语没有语法形式的限制,反而得到了这种自由。用意义控制——前面的控制后面的来解释汉语的语序,的确是个非常深刻的想法。

音律配合说就更符合汉语实际了。文言文以单音节为主,组合又是二合法,凡是三音节,大半是二合之后再与一个相合,凡是四音节,大半是两个二合再往一块儿合。这种两层二合最匀称,也最容易把韵律谐调得好听,所以最容易出现。为什么不接着往下合,到三合、四合、五合?《论丛》说,那是人的生理限制住了,一口气吐三个字、四个字,已经到了需要喘气的时候了,再往下说,就要停顿一下。所以许多虚词经常用来把三个字或四个字之外的句子成分隔开。散文的句式已经看出了这种音律配合现象,诗词的句式不过是把这种自然形成的格式再加以人为的规定罢了。汉语的阴阳顿挫、双声叠韵开始时只是人们说话时追求朗朗上口而自发形成,一旦被文人们发现了,规定出来,便成了格律。不信你去研究现代汉语双音词的语素配合,为什么 A 非配 B,而不配 B 的同义词 C ? 如果没有意 义的原因,那多半是有韵律在起作用。

《论丛》的意思很明白:对汉语来说,光一个语法结构解释不了那么多现象,更应重视的是意义和音律的配合关系,三者合而观之,多角度地观察语言事实,这样的语言学才能更加符合汉语的特点。

(五)从文化的积蕴看语言的形式与内涵。

《论丛》在谈到八股文和典故的时候,还提出了一个重要的思想,那就是,语言形成是从不同时代的语言运用经验中陆续积蕴而成的。许多典故典面虽压缩成两三个字,可内涵却是“一件复杂的故事、一项详细的理论”,而且典故用过一回又增加了一些文化的积蕴,越积越厚。能不能理解这些语言形式和词语内涵,全取决于听话的人文化素养高不高。现代符号学提出,要建立三个新的语言观:第一是语言能够规定思考的方式;第二是语言应对美学功能加以关注;第三是语言以最典型的形式表现文化[①]。这三个语言观都涉及语言与民族历史文化的关系。《论丛》从分析八股文、分析古代诗词、骈体文和分析典故中所阐发的思想,比这些提法要深刻得多也具体得多。

以上五点,对《论丛》的思路,不可能概括得准确、全面,只能算是自己的几点体会和心得吧!

4. 汉语词的意义容量和结构能量

西欧语言学家把汉语称作"孤立语",后来觉得带有贬义,改称"词根语",这是针对汉语缺乏语法形式,因而也很少有结构的外部手段而言的。他们针对汉语词汇缺乏词形变化这一点,又称汉语为"分析语",认为这种语言的词汇没有综合概括的外部条件。二十世纪初打倒文言文的时候,宣告汉语落后要改用世界语的呼声早已有过,也无非是因为西方语言学家对汉语的这种判决。其实,只要除去那些从贬低东方的语言出发而判定东方民族落后要同化之、侵略之的恶劣动机(这当然不是多数语言学家的动机),西方语言学家从对比中总结出的汉语特点,倒是相当准确的。问题在于缺乏词形变化和语法结构形式的语言,便随之产生另一方面的优越条件,这一点普通语言学里却很少讲到。

像英语、俄语这些种语言,一个词像一根小铁钩,一边有环,一

---

① 见日本池上嘉彦著《符号学入门》,张晓云译,国际文化出版公司 1985 年 12 月第一版。

边带钩。这个钩钩进那个环,连成一条,就是一句话。钩和环得对合适了,大钩穿不进小环,大环挂不牢小钩,词的结合自由度很小,错了一点就被判为"语错误"。可汉语的词像一个多面体,每面抹的都是不干胶,面面都能接,而且用点心都可以接得严丝合缝。比如回文诗,干脆接成一个圈儿,从哪儿都能念。这虽是文字游戏,可难道不启发人去想汉语的特点吗?

汉语的词没有词形变化,不给结构提供各类语法形式,但是,汉语词的意义容量非常大。在文言文里,一个单音词的讲法真是"烟云舒卷,幻化无方",虚实相生,动静互易,正反相容,时空互转,换一个地方有一个讲头儿,即使再高明的训诂大家,也难穷尽性的表述描绘。如果有一个讲头就列一个义项,连工具书也没法编了。所以启功先生说汉语工具书得重编,一个"书"字概括起来只有两个意思,一个是书写,一个是所写。别的词也一样,比如"间"字,概括起来也只有两个意思,一个是当中,一个是隔离。"间杂""中间""间谍""间厕"都是夹在当中。"间隔""离间""房间""间居"都是隔离开。所以需要从特点上概括,就是因为每个特点下的容量太大,列得太烦琐了根本没法选用。

词的意义容量极大,与别的词发生关系时结构的能量自然也就很大,加上句子结构的形式限制极小,所以就产生了一个五言诗句可以改为十个句式而只有一个不通的现象。这当然都是汉语的特点。

词的意义容量为什么会那么大?这不能不说是悠久的历史文化积蕴的结果。其实,典故的浓缩方式,在许多汉语的一般词汇里也都存在。周代的相见礼仪中，主方有上傧、承傧、绍傧管回话，宾方有上介、中介、下介管通报，绍傧与下介是主宾双方的第一接交人员，于是凝成双音词“介绍”。“介绍”不是典故，但文化积蕴不能说不深。“夜深前殿按歌声”，“朱门沉沉按歌舞”，张相说，在唐宋诗词里“按”当“排练”讲。其实，排练的意思是从击鼓来的，《楚辞》已有“陈钟按鼓”之说。如果中国的国乐没有用鼓来司节奏而暗中充当指挥的习惯，“按”引申为排练也就不会有可能。“按”不是典故，同样有文化积蕴在其中。

影响词的结构能量的，除了意义和文化的因素外，还有音律这个重要的因素。文言文的单音节直接进入到现代汉语里充当语素，被汉字这种承负“音节—语素”的表义文字所书写，字也好、词也好，都离不开音节的声、韵、调。声、韵、调的配合加上节拍构成音律，也是控制词的结构能量的。

汉语语言学应当建立一套理论和操作方法，从意义、音律和文化这三个角度来分析、描写词的表达能量和结构能量，从以语法结构为中心转回到传统语言学以词的音义为中心的道路上去，才能摆脱当今的贫乏与窘迫，构建一种适合汉语特点的理论体系，对社会应用和信息处理有所指导，与文学创作和语言艺术不相背离。

最后的这一节纯粹是我自己读完《论丛》后生发出的意思；但我相信，它与《论丛》的思想不会有太大的违背。即使有所违背，《论丛》能引发人们去浮想联翩，也正是它的魅力所在。

三十九、汉语的模糊量词及其意义容量*

语法书上总是说,量词是“表示人、事物或动作、行为单位的词”,也就是说,它是用来计量的。但是,我们常常可以看到,在许多用了量词的地方,竟无法使人说出人、事物、动作量的精确数值。比如:

> 小树长到一人高,丹丹也快满三岁了。
> 晓彤没吃几口饭就睡下了。
> 妈替我拿着包袱,送了我一程又一程。
> 弄了一身水,踩了两脚泥。

从语法的角度说,“一人”、“几口”、“一程”、“一身”、“两脚”都是数量结构。可是深究起来,你竟无法说清树有多高、晓彤究竟吃了多少饭、妈送出多少路去、水和泥到底是几斤几两。这就是说,上面这些量词,都不是精确量词,而是模糊量词。

1. 什么是模糊量词

所谓模糊量词,就是一个单位量没有精确数额,或者两个单位量之间没有明确界域的量词。小树长到一米五,可以说“一人

---

* 本文初次发表在《文史知识》1990 年第 1 期。此次收入本书,根据全书的体例加了小标题。

高”，再长到一米七，还能说“一人高”，要让人回答从哪个尺寸开始就进入“一人高”了，那是找人抬杠。一两饭可以说“几口”，一两半饭说“几口”也无可挑剔，要问“几口”的两倍是多少，谁也无法回答是一两还是三两。一程路多长没法定准，走到哪儿算是第二程谁也没法找出个点儿来。一桶水泼在身上可以说“一身水”，再泼上一碗甚至一桶，也还得说是“一身水”，如此说来这种模糊量词，是不能用来精确计量的。

中国自古就有计量标准，从西周开始，就用黄钟为律，实以子谷秬黍之中者为准，制定了寸、尺、丈、引的长度标准量，合、升、斗、斛的容积标准量，两、斤、钧、石的重度标准量，从而有了成系统的精确量词。随着数学和工业的发展，现代汉语的精确量词数目更多、系统性更强了，是完全能胜任日常生活计量的。但是，汉语中的模糊量词不但没有被淘汰，而且与日俱增，运用的灵活性也越来越丰富。请看下面几个例子：

她最爱秋天晴空中的几抹云丝。

载着一车笑声，洒下一路歌声。

他嘴角漾出一丝苦笑，但很快就消逝了。

翻开中国的古代诗词，这种模糊量词更是比比皆是，例如：

风乍起，吹皱一池春水。

月黑见渔灯，孤光一点萤，微微风簇浪，散作满河星。

洛阳亲友如相问，一片冰心在玉壶。

万种思量，多方开解，只恁寂寞厌厌地。系我一生心，负你千行泪。

如果从语法的角度看，把量词作为度量单位，也就是说，用“抹”去数云丝，用“丝”去计算苦笑时嘴角的颤动，以“车”计笑声，以“路”计歌声，岂非荒唐！后面几个例子里“冰心”、“思量”，更是根本不能数的。但你又不能否认，所有这些模糊量词出现的地方，的确存在一种份量，是一种不用统计的计算，凭着经验，听话的人自能掂量出它们是多是少、是远是近、是大是小、是轻是重……说“一路歌声”，从出发唱到目的地，说“一生心”，由眼前一直牵挂到老死，这是极言时间延续之长。说“一池春水”、“一片月”，春水满池，月光满城，这是极言漫延范围之广。而说“孤光一点”则极言其渺小，“一丝苦笑”又极言其微弱，“一人高”总在一米二三到二米左右，“几口饭”也绝不会是四两半斤……模糊量词能够表达的量的观念足够听话的人去衡量，熟练运用汉语的人谁也不会错会了意思。

2. 模糊量词的意义容量

人们从模糊量词那里得到的信息是综合的、多侧面的，“几抹云丝”除了使人想到秋日天空的爽朗，云丝仅为偶见外，还令人想到这偶见的云丝轻柔自然，如同一枝画笔淡淡抹上去的色痕。“孤光一点”除了使人想到河上渔灯的微渺，还会使人想到它周围广袤的天空和河岸都是一片黑暗,从而显现这一点渔灯在起浪的水面上反射出散乱的粼光,有如满天星斗的奇异景象。而且,人世间有多少存在的东西那么需要度量而又不可度量,例如,人的意志、品德、情感。又有多少东西完全可以度量而又不需要度量得那么准,例如,远而大至巍峨的高山、浩渺的长河,地理学家可以测量;近而小至人身上的毛发、手上的纹理,侦察人员可以察验。但人们在日常生活和文学作品中绝不会用地理学与侦破学的术语来交流思想、表达感受,因此,模糊量词不仅是必然存在的,而且是必须存在的。它不但给无法度量的事物以衡量的尺度,而且在运用它来衡量物量、动量的时候,让人感到那样具体而切近。数学的量值比较文学的量值来尽管精密得多,而在生活中,却远没有文学的量值那样来得现实和易于捉摸。

模糊量词的表达效果,是由它的意义容量决定的。意义容量指词语在表达中所能显现的信息量。它取决于经历史的积淀而被巩固进词形中的社会共同的经验性内容,也取决于这些经验性内容所能引起的各种合理的联想,意义容量对词语的表达效果起着制约的作用。

精确量词指表述标准单位量的量词,是为社会标准计量使用的。它经过数学方式的高度抽象,抽掉了各种事物具体、直观的特性,把一切量的观念化作在时空轴上绝对固定的一个几何点,于是,它便丢掉了除当量以外的其他信息,把意义广度放到最大而把意义容量减到最小。所以,它能引起的合理联想也就微乎其微了。

汉语用词的综合性特点，使它在表述一个量度时如非精确科学的需要，绝不去选择信息量极少的精确量词，而要借用名词、动词来充当模糊量词，以便经过组合，显现这些名词和动词多侧面的容量，作到用最少量的词语，表达尽可能多的内容。试比较“一公斤水”和“一桶水”、“一身水”，“几小时歌声”和“一路歌声”，就可以清楚知道，它们虽然可能说的是同一种数量，但是“桶”、“身”、“路”所表达出的内容，要比“公斤”、“小时”丰富得多。

3. 模糊量词在语境中意义的多侧面变换

同一个模糊量词，由于意义容量宽阔而多侧面，它与其他词语的配合能力也必然宽泛。在它与不同的词语配合时，便能显示它词义容量中的不同侧面。比较下列诗句：

“长安一片月，万户捣衣声。”（李白《子夜吴歌》）

“白云一片去悠悠，青枫浦上不胜愁。”（张若虚《春江花月夜》）

“黄河远上白云间，一片孤城万仞山。”（王之涣《凉州词》）

“两岸青山相对出，孤帆一片日边来。”（李白《望天门山》）

“朝来道上看归骑，一片红冰冷铁衣。”（徐渭《龛山凯歌》）

“洛阳亲友如相问，一片冰心在玉壶。”（王昌龄《芙蓉楼送别辛渐》）

在不同的语境下，特别是在与主要名词的配合下，"一片"所显现的具体内容具有很大差异性：一片月指洒满长安城的月光，一片白云说的是向远方游动的浮云，两句中"片"的覆盖面、光亮度、动静的情状是互不相同的。城与帆，是两个何等不同的事物，但是远望过去，座落在荒漠上的孤城，与显现在大江中的孤舟，都恰似一个零落的小点，情境又是如此近似，而它们与普射月光的一片和浮游白云的一片又给人完全不同的感觉。一片红冰说的是冻凝的血迹，而一片冰心说的是纯洁的胸怀，前者情状可辨，而后者却无状无形，只因"一片"引起人们的联想，反而形象具体，似乎真能掂出那颗心的份量。由此可以看出，词语的意义容量，既能在使用时因语境而显示、而确定，又能在使用时由语境来充实、来补偿。所以汉语中选用名词和动词来借作模糊量词时，总是把意义容量的多少作为重要的选择标准。

4. 精确量词的模糊化

人们需要一种模糊的量度感。为了引起更真切的想象，在中国文学里，还常常把精确量词转化为带有模糊度的词语。例如：

"朱轮华毂，拥旄万里，何其壮也。"（丘迟《与陈伯之书》）

"万里赴戎机，关山度若飞。"（《木兰诗》）

"野云万里无城郭，雨雪纷纷连大漠。"（李颀《古从军行》）

"柴门鸟雀噪，归客千里至。"（杜甫《羌村》）

"千里黄云白日曛，北风吹雁雪纷纷。"（高适《别董大》）

"岭树重遮千里目,江流曲似九回肠。"(柳宗元《登柳州城楼寄四州》)

"有三秋桂子,十里荷花。"(柳永《望海潮》)

"四顾山光接水光,凭栏十里芰荷香。"(黄庭坚《鄂州南楼书事》)

"里"是表长度的精确量词,而上文的"万里"、"千里"、"十里"却都是模糊词语,在这些句子里,"万"、"千"、"十"这些数词变虚了,"里"固有的150丈的精确值也变得含糊不清。但"万里"、"千里"留给人们的辽阔茫远的感觉和"十里"所展现的大面积形象却是那样真切、丰富,以至闭上眼睛便能涌现出来。这是语义中的文化积淀使然,没有什么绝对的道理好讲。

为了真切去追求朦胧,为了准确去求助模糊,借用意义容量较多的名词、动词来扩大表达的信息量,这是汉语量词产生、使用和发展的重要规律。抛开数理的精确化,追求经验的模糊性,这是词汇意义人文性的表现,审美在其中,文化在其中,生活逻辑也在其中。仅仅一个语法的"量词"界定,而没有意义的介入,如何去理解汉语?

第十部分　训诂学与汉语辞书学

四十、单语词典释义的性质与训诂释义方式的继承*

1. 单语词典释义的性质和难度

依照解释语与目标语的异同，我们可以把词典分成双语词典（解释语与目标语属不同语种）、历时语言词典（解释语与目标语属同一语种不同时代的语言，例如古汉语词典）、方言词典（解释语为规范语言，目标语为方言）和单语词典（解释语与目标语均为同一语种的规范语言）四种。古汉语词典和方言词典就释义而言都带有双语词典的特性，它们在以下两点上与双语词典是相同的：第一，这两种词典的解释语对使用者来说，都是已经掌握的语言，

---

* 本文初次发表于《中国语文》2002 年第 4 期，此次收入本书有修改。

是已知；目标语则是沟通的对象，是未知。所以，解释语承担的任务，是通过对译的方式，把作为目标语的古语和方言，转换为现代规范语言。词典中大多数的释义，可以采用简单的对译，即意义的迁移来解决。例如，古汉语“书”有一个义项可以解释作现代汉语的“信”，例句：“家书抵万金”，释义作到这里，任务就完成了，而不需要再进一步解释为“按照习惯的格式把要说的话写下来给指定的对象看的东西”[①]。第二，这两种词典的解释语与目标语的词汇系统和词义系统都在不同程度上是相异的，所以，在那些两种词汇系统和两种词义系统相互差异的地方，一般无法简单的对译，也就是说，有些词很难找到相应的对译词。这些地方，也就是释义的难点。只有这些地方，才需要采用别的方法来释义。例如“野”，在古汉语里有一个义项是与“朝”相对的，“朝”即“朝廷”，这种事物已经消失，“野”自然很难在现代汉语里找到一个可以与这个义项对译的词。只能用词组或句子来解释。

对于单语词典来说，它的释义与上面所说的情况有本质的不同：

首先，从释义的目的看，如果说双语词典的释义目的是进行双语的沟通以消除懂得解释语的人理解目标语的语言障碍，那么，作为解释语与目标语为同一种语言的单语词典，释义的目的就要比之复杂得多了。它除了要对疑难词义进行解释，帮助使用者理解和使用这些词外，还兼有将目标语的词汇加以搜集、贮存的任务。贮存不是单纯的收藏，同时还具有间接释义的作用。比如，

① 《现代汉语词典》，北京：商务印书馆，1996 年，第 1403 页。

"半"的本义是"二分之一",其实,"半"比"二分之一"好懂。单独看起来这个释义没有多大意义;可是,"半"也有不均分的"中间"的意思,所谓"半夜""半路""半途而废",都不必是正中间。这就使得"二分之一"的释义具有了区分义项的不可或缺的价值。再如"一",本义是数目字,可以说无人不晓,但它的这个义项是解释其他数目字的基础,其他数目字虽然也不难懂,但是,汉语里的数字,有一部分除了表示精确数字以外,还具有其它意义,必须把这些意义与精确数字区别开,以防理解错误。例如,"二"有不同、别样的意思(言不二价);"三""九"都还可以是表多数的虚数(三令五申、一言九鼎),"九"还兼有表示季候(数九)的意思;"七"兼有专门数祭奠日期的意思(头七),"十"有"齐全"的意思(十全十美)……等等。这就使数字精确释义的义项不可或缺,而最容易懂的"一"作为"最小正整数"的释义,不但不可缺少,解释用语还特别需要斟酌。单语词典的很多释义,具有区别义项、梳理词义系统的作用,必须贮存起来。这些人人都懂得、既不难又无疑的义项释义的难度,在某种意义上,要大于双语词典;弄得不好,原来人人都懂、都能把握的词义,一解释反而让人不懂了。

其次,从释义的方式看,单语词典的解释语与目标语是同一种语言,它们的词汇系统和词义系统完全是一样的。在同一个词汇系统和词义系统里,离开了语言环境,不会有两个词在意义上是全同的;因此,准确的对译和转换,除了个别风格色彩相同的同名异实的事物名称(如"电脑—计算机""出租车—计程车"等)外,只能是词语自身来对应自身,即A对A,因而是无意义的。选择同义词来对译,由于同义词之间必然具有的差异,因此必定是不够准确的。比如:当我们用“遮盖”去解释“覆盖”时,其实是忽略了“遮盖”不计遮挡的方向和是否周严,而“覆盖”指自上而下的遮挡并且要遮挡周严这一差异的。又比如,当我们用“生日”去解释“生辰”时,其实也是忽略了它们的差异:各种语言所说的“生日”都只指出生的那一天,而中国所说的“生辰”,一般是含出生的天和时间的。所以,单语词典的释义方式,要受到较大的局限。

有人认为,编写双语词典,必须懂得两种语言,而编写单语词典,只需要懂得一种语言,所以双语词典的难度更大。这只说对了一个方面。从释义的性质和目的来说,单语词典释义的技术要求,实际上高于双语词典。

基于以上原因,单语词典的释义规则,与双语词典不可能完全一样,当我们对某些单语词典的释义成果和古今中外的释义理论加以分析时,可以概括出许多十分有益的规律和定则;但是,也可以觉察出,有些规则对双语词典适用,对单语词典不一定适用;而且,不同语种的单语词典,也会有一些仅属于自身的特殊规则,这是由目标语的特性决定的。为此,我们在借鉴国外释义理论的同时,也应该吸取一些中国古代训诂学的释义规则和技术,使汉语单语词典的释义更切近汉语的实际。

2. 古代训诂的文意训释

古代训诂材料大约以三种形式保存下来:随文释义的注释书、将训释材料编纂到一起的纂集书,以及对个别词语的疑难意义加以探求或对前人错释的词语意义加以纠正的考据材料。

随文释义是对存在于语言环境中的言语意义加以解释的工作。言语是语义存在的实际载体，语境中的词义特点是：单一性、具体性、经验性。这种训释有两种形式是不能搬到词典中去的：

第一种是显现言语具体性和经验性的文意注释。例如：

①《诗经·召南·行露》："谁谓鼠无牙，何以穿我墉？"戴侗《六书故》："穿，啮透。"

②《荀子·正论》："乱今厚葬饰棺，故扣也，是不及知治道，而不察于扣不扣者之所言也。"注："扣，穿也，谓发冢。"

③《论语·阳货》："其犹穿窬之盗也与！"注："穿，穿壁也。"

以上三处注释都是言语意义的解释，训诂学叫做文意训释。第①例释"穿"为"啮透"，第②例释"穿"为"发冢"，第③例释"穿"为"穿壁"。三个"穿"属同一义项，都是动词，当"穿通"讲，排除了多义，以单一的意义形式存在。由于语境的补足，语义内容显现了一定程度的具体性：在第一例中，显现了"穿"的方式"啮(用牙咬)，第②③例中，显现了被穿通的物体"墓"或"壁"。三种解释的背后，本来还有其它未加显现的经验性内涵——也就是个性化的内涵，诸如穿透的目的、方式、时间、地点、情景等等，语境含量越大，语义的经验性内涵越丰富，但是在文意注释里，并不都把这些内涵显示出来，而是只拣与文意有关的显示在注释中。上述两例的训释显现的，只是狭义语境所规定的少部分内涵。也有经

验性的内涵显现得更多一些,也就是个性化更强一些的。例如:

①《诗经·周南·桃夭》:“之子于归,宜其室家。”郑笺:“宜者,谓男女年时俱当。”

②《诗经·齐风·还》:“子之茂兮,遭我乎猺之道兮。”毛传:“茂,美也。”陈奂《诗毛氏传疏》:“美者,谓习于田猎也。”

第①例显现了“男女年龄相宜,婚配时间相宜”的具体内涵,但还保持了“当”这个训释语,与“宜”在这里的义项相匹配。第②例中“茂”训“美”,“美”并不说明“茂”的任何义项,显现的只是诗的作者内心对“子”的赞美,陈奂的解释把这种对人才的赞美更加具体化了,说明这里的“美好”特指“打猎熟练的人才”。

上述词的训释一旦脱离了语境,就不能使用了,因为,很少有两种文意是完全相同的。依赖语境的文意训释是个性化的,也就常常是唯一的,不能将它们普遍使用,自然也就不适合直接搬到辞书里去。文意注释转化为词义(语义)注释的关键是要把依附于具体环境的经验性内容——也就是在概括词义之外的个性化内容抽象出去。例如,把“穿”的动作方式、动作对象抽象出去,它的概括意义是“打通”。把“宜”针对的对象抽象出去,它的概括意义是“相当”“合适”。要从“茂,美也”这个注释中得到“茂”的概括意义,是要经过一个相当复杂的过程,辞书是不应选择这种训诂材料直接做释义材料的。

随文释义中,还有一种训释方式是不适用于单语辞书的,那就是单训的形式。单训就是以单词来解释另一个单词。例如：

①《论语·八佾》:“丧与其易也,宁戚。”郑注:“易,简也。”

②《公羊传·襄公六年》:“是子之易也。”注:“易犹省也。”

③《左传·昭十八年》:“土不可易。”注:“易,轻也。”

④《易经·系辞下》传:“易者使倾。”陆注:“易,平也。”

⑤《孟子·尽心上》:“易其田畴,薄其税敛。”朱注:“易,治也。”

⑥《文选·射雉赋》:“农不易垅。”注:“易,修也。”

这种训释,训诂学里叫做“代语”,也就是说,在这个语言环境里,用训释词把被训释词代换下来,句义没有变化。这种训释的目的是用来确定句中词语的义项,或以常用而熟悉的词语把疑难词语置换下来。在有语言环境时,语言环境补足了训释未尽的一面,使“代语”变得形式简便,作用明显。如果用双音词来作一个对应:例①②的“易”是“省简”,例③是“轻易”,例④是“平易”,例⑤⑥是“修治”。但是,一旦离开语言环境,这种形式的局限是很明显的:首先,用甲训乙时,究竟采用的是甲的哪个义项,没有相关的标志可以显示,又没有语境可以补足,特别是当同一个义项用不同的词语来做训释词时(如例①和例②,例⑤和例⑥),更难归纳到一起。其次,前面已经说到,在同一个词汇系统里,完全相同意义的两个词项是没有的,因为在两个词语之间,缺少了相互之间的区别特征,以甲训乙只能是不完全训释。

3. 古代训诂的标准词义训释方式——义界

以上两种随文释义的方式属于言语意义的解释,不适合脱离语言环境的语言意义解释,也就是不适合字典辞书的释义。传统字书和现代辞书里都有一些词条释义照录那些随文释义的材料,实际上是分不清言语意义的解释和语言意义的解释造成的。但是,言语意义的解释与语言意义的解释又不是没有关系的。言语是语言的实际存在,是语义实际的载体,而脱离语言环境的贮存意义却是虚拟的,是言语意义的进一步概括,它只是在一般意义上反映词义。

字典辞书从实际的言语中概括出语言意义时,就把词义从使用状态转变为储存状态。这时的词是作为全民语言的建筑材料而存在的,在它的意义中,保存了使用该语言的人们对这个词所标识的事物全部的共同认识和感情色彩,包括了全民族统一的对于用这个词命名的事物的各种经验,这时的词义,发生了三方面的变化:

第一,它没有了语言环境的限制,解除了句义带来的规定性,因而只能是多义的。这就存在一个为它划分义项的问题。

第二,它失去了语言环境为之提供的具体内涵,不再有说话者个人希望展示的具体的情感和形象的体验,因而必然丢失了那些经验性的内涵,具有了概括性。

第三,随着经验性的个性化内涵的消失,它失去了具体的所指,产生了词的广义性。

这时的词义训释标准的方式是义界。我们把训诂的义界归纳

为“主训词 + 义值差”,例如下面的古代字书训释[①]:

①饯,送(主训词)去(义值差)也。

②缺,器(义值差)破(主训词)也。

③罄,器(义值差)中空(主训词)也。

④京,人所为(义值差 1)绝高(义值差 2)丘(主训词)也。

⑤婴,颈(义值差)饰(主训词)也。

⑥簪,首(义值差)笄(主训词)也。(笄,簪也。)

⑦观,谛(义值差)视(主训词)也。

⑧顾,还(义值差)视(主训词)也。

⑨瞻,临(义值差)视(主训词)也。

中国古代训诂家所做的义界大都简短、准确。义值差一般是一个,很少超过三个。我们从《说文解字》中选出 3016 个训释[②],含义界 1615 个,其中:

1 个义值差的	1405 个	88%
2 个义值差的	161 个	10%
3 个以上义值差的	49 个	2%

① 以下 9 例取自《说文解字》。

② 这 3016 个训释是参照现行汉字中的常用字表和常用单音词表大致选出的。因为小篆的字与现行汉字的记词职能并不完全一致,所以这里不是穷尽性的选择。

这说明，训诂家集数千年的训释实践，在描述词义、表述意义内涵方面，已经找到了切合汉语实际、反映语义规律的方法，需要对他们的方法加以总结，以充实和完善现代辞书学的释义理论。比较起来，现代汉语的单语词典虽然一般也是采用义界的方式来释义，但在释义方法上理性的成分还很不足。且看以下一组单音节动词的释义[①]：

甲　A 剔，从缝隙里（义值差 1）往外（义值差 2）挑（主训词）。

B 剔，（从缝隙或孔洞里）（义值差 1）往外（义值差 2）挑（主训词）。

乙　A 挑，用细长的东西（义值差）拨（主训词）。

B 挑，用带尖的或细长的东西（义值差 1）先向下再向上用力（义值差 2）○[②]（主训词）。

丙　A 拔，把固定或隐藏在其他物体里的东西（义值差 1）往外（义值差 2）拉（主训词）。

B 拔，○（义值差）抽出，拽出（主训词）。

丁　A 拨，用手脚或棍棒等（义值差 1）横向用力（义值差 2），使东西移动或分开（义值差 3）○（主训词）。

---

① 以下“甲—己”例 A 项取自《现代汉语词典》，B 项取自《现代汉语规范词典》（语文出版社，1998 年），C 项取自《应用汉语词典》（商务印书馆，2000 年）。

② 原训释此项不出现。

B 拨，用手脚或棍棒等（义值差 1）横向用力（义值差 2），使东西移动或分开（义值差 3）○（主训词）。

戊 A 提，垂手（义值差 1）拿着（主训词）（有提梁、绳套之类的东西）（义值差 2）。

B 提，垂着手（义值差）拿（主训词）（有提梁、绳套之类的东西）（义值差）。

己 A 挖，用工具或手（义值差 1）从物体的表面（义值差 2）向里用力（义值差 3），取（主训词）出其一部分或其中包藏的东西（义值差 4）。

B 挖，用工具或手（义值差 1）掘（主训词）；掏。

C 挖，1. 从地面（义值差 1）向下（义值差 2）刨或掘（主训词），使形成坑或沟（义值差 3）：～坑，～沟，～隧道。2. 向着物体里面（义值差 1）用力（义值差 2），取（主训词）出其中包藏的东西（义值差 3）：～人参，～河泥作肥料。

观察以上义界可以看出，现代汉语辞书所作的义界，义值差的数量明显增多，义值差的内容也向描写过细发展。这一方面是因为现代词语的意义系统比古代复杂，同一义场中的词语量有所增加，选择一个义值差不足以与其他词语全部对立的缘故。但是，也有相当一部分义界，由于没有吸取传统训释的合理经验，原则掌握不力，语言结构的优化程度不足，产生了义值差冗余的现象，反而影响了释义的准确性和适宜性。

4. 义界的语言结构及其优化的原则

义界的基本语言结构是：主训词（Z）+ 义值差（C）。这个公式的意义是在一定的范围内，通过比较，确定被训词的特征，使被训词的训释成为唯一属于它的意义描写。主训词的作用是选定与被训词比较的其他词语，或选定与它比较的词语所包含的范围。义值差的作用是确定被训词与训释词语不同的特征。

具体说，义界的主训词，有两种选择法：

（一）采用被训词的上位词。它的作用，是把被训词放在一个包含它在内的义场里，以便确立与之相区别的词语的有限范围；也就是说，把它放在同类义场里与同类的其他词比较，上述《说文解字》④⑤⑦⑧⑨例属此。例如：

④京，人所为（义值差 1）绝高（义值差 2）丘（主训词）也。

⑤婴，颈（义值差）饰（主训词）也。

第④例“京”采用“丘”作主训词，《说文解字》“丘”训“土之高也”，是“京”的上位词[①]。它确定了包括“京”在内的类义场。在这类义场里，“京”不但因为是“人所为”而区别于自然形成的土丘，而且因为它的高度超过其它土丘而区别于其它人为的土丘。

① 《说文解字》在“丘”的训释后特别加注说它是“非人所为也”，根据这个提示，“丘”似乎是“京”的并列概念。实际上，“丘”与“京”的关系符合训诂“对文则异，散文则通”的原则，在一般情况下，“丘”指土的丘陵，有别于石山；所以它有资格作“京”的主训词。

我们可以用如下公式表示这第一类义界：

$$Y=ZL-(C1+C2)$$

表述为："京"的义界（Y）是在"丘"所确定的类义场（ZL）中，以"人所为"（C1）和"绝高"（C2）为独特特征而区别于这个义场中的其它词的。

同样，第⑤例"婴"的义界（Y）表述为："婴"的义界（Y）是在"饰（饰物）"所确定的义场（ZL）里，以专门放在颈部（C）为特征而区别于其它饰物的。

（二）采用被训词的同义词。它的作用是在选择一个与它意义最接近的词，然后把最能表示二者区别的特征词选为义值差，也就是突出二者最明显的差别。上述《说文解字》①②③⑥例属此。例如：

①饯，送（主训词）去（义值差）也。

⑥簪，首（义值差）笄（主训词）也。

第①例选择"送"作主训词，是"饯"的同义词，但"送"可以有各种原因，"饯"则必须是以"送人离去"为目的，"去"则成为"送"与"饯"比较后择定的特征词，即义值差。我们可以用如下公式表示这第二类义界：

$$Y=ZA-C$$

第①例可以表述为:“饯”与“送”(ZA)同类义近,而以“送别(去)”(C)为目的。同样,第⑥例可以表述为:“簪”与“笄”(ZA)是同类的饰物,而“簪”的特点必须是插在“头(首)”(C)部。

在明确了义界的基本语言结构之后,我们可以来讨论辞书在使用义界这种释义方式时如何是最优化的。一个优化的义界主要是选择好主训词和义值差。这种选择必须遵循的原则是:

第一,主训词与被训词临近的原则。采用上位词时,要尽量选用临位词——即,最靠近被训词的类词,如⑦“观”⑧“顾”⑨“瞻”三例,同时选择临位词“视”做主训词;采用同义词时,要尽量选用差异最小的同义词,如①⑥两例,①“饯”选择差别最小的同义词“送”,⑥“簪”选择差别最小的同义词“笄”(不选择临位词“饰”,是因为汉代“首饰”已有饰物统称的意义)。义值差的择定,是为了显示它与已确定义场中其它词语的区别。这种区别特征,要根据主训词所划定的范围来考虑。所以,主训词选择得越与被训词临近,义值差就越易简单、明确。

第二,义值差与主训词义场中其它词语全部对立的原则,也就是独特性的原则,如果与义场中每个词去一一对立,必然增加义值差的数目;只有采用总体对立的原则,义值差才可以既能反映意义特征,数目又减到最少。例如,“婴”与其他饰物的总体差异是它戴在颈部的部位特征。

第三,整个义界最大限度概括的原则。也就是将言语意义中经验性的具体内涵全部抽象出来的原则。这里用上面所举的现代辞书所举的“己”组A、C两项加以比较:C项明显抄袭A项,为了与A项保持差异，故意把B项拆成两个义项。第一项选择“刨或掘”为主训词，把“向下”作为义值的特征，第二项选择“取”做主训词，把“向里”和“取出包藏的东西”作为义值差与第一项对立。其实，挖坑、挖沟、挖隧道，都要取出里面的东西，如果挖窑洞，就得向里用力，而挖人参、挖河泥是向下用力的。两项没有差异，它们之间的差异在第一项以挖成者为追求目的，第二项以挖出物为追求目的。这种差异属于言语意义的经验内涵，应当把它全部抽象出去。分成两个义项，是因为对言语意义抽象不足致误，属于画蛇添足。A是作得比较好的，但进一步分析，也有抽象不足的毛病：挖的动作特征在于向里用力和向外取出，用什么工具和从什么地方开始，都属于具体化的内容，不应放入概括词义内。且看段玉裁对相当于现代汉语“挖”的“抉”字所做的义界：“抉者，有所入以出之”，可以说，概括到家了。

5. 训诂学、辞书学与词汇语义学

人们往往用辞书的释义来作为语义分析的例证。其实，辞书的释义与词义结构的分析是在两个目的、两种原则下进行的。西方的词汇语义学对词义结构进行分析，是希望找到词在词汇系统中的位置，因而要对义位的内部结构加以切分，用义素的组合式来表述它的诸多特征。释义的目的不是结构分析，而是充当传意的沟通者，所以，它既要采用义素分析的方法，又不需要进行完备的义位结构分析。义界先选定一个接受主体已知的范围，并以被释词与其中一切词对立的原则确定其区别性特征，即可达到沟通的

目的，所以，古代训诂释义大多采用两分法，从不采用烦琐的细胞式分解。一个好的义界，除了遵循上述三项原则外，还必须遵循用已知——也就是常用易懂的词语——来解释生僻词的原则。

义界的优劣还必须用是否体现词汇和语义的系统性来衡量。例如，上述例子在训释动词“提”时，把“垂手”当成它的义值差之一，而在用“提”训释“拔”时，“垂手”这个义值差却取消了。作释义的人也许会以为，“提”做被训词时是“提着”，“提”训释“拔”时是“提起”。其实，“提着”和“提起”就概括义而言，完全是一个义项。这就需要检验释义者对“提”的词义的把握是否准确。仔细分析，“提”的特征不在于是否垂手，而在着力的方向必须向上，以抵抗下方物件向下的引力。

释义属于应用领域的操作，它不但需要理论的自觉和完善，还需要熟练的操作技术。释义又是对词汇语义学的一种验证，它将给汉语词汇语义学提出新的课题。这些，都需要继承训诂学的丰富经验。训诂学也必须借鉴西方词汇语义学适合汉语的部分，运用自身丰富的材料，走出经验，作出理论的总结，提高自身的理论价值和应用价值。从这里可以看出，训诂学、辞书学和词汇语义学的相互吸收和相互沟通，既是基础理论对应用的指导，又是应用科学对基础理论的检验；这是本世纪应当努力追寻的目标。

四十一、训诂学与现代辞书编纂*

一般人认为，训诂学仅仅应用于解决古代文献的问题，殊不知，在汉字规范和现代汉语辞书的编纂中，也同样需要运用训诂学的原理，借助训诂学的研究成果。现代辞书编纂必然要处理字与字、字与词、词与词的复杂关系，因此，必然会碰到训诂学的问题。其实，汉语辞书学正是在训诂学的基础上发展起来的。

1. 辞书的字头与条目的关系

汉字在“有典有册”的每一个历史时期，都有两种存在的状态：一种是使用的状态，一种是贮存的状态。使用状态的汉字存在于记录汉语的文本里，带有语言环境，具有言语意义；其中记录当代文本的汉字处于动态当中，具有一定的流动性，字数、字频、覆盖率都会有少量的变动不居，也就是说，会有少部分汉字受社会语言运用的影响时进时出或存在频度变化。贮存状态的汉字存在于历来的词典、字书里，这些汉字虽然也都是从使用着或使用过的汉字中收集后编排起来的，但它们脱离了原有的文本，也就脱离了语言环境。它们依据辞书的体例聚合在一起，成为相互依靠的一群，并

---

* 本文原题为《〈通用规范汉字表〉与辞书编纂》，发表于《辞书研究》2014年第3期。收入本书时稍作修改。

且一般都有形、音、义属性随之显现。中国的词典、字书不论如何编排，都是以汉字作为类聚的标志；也就是先贮存了汉字，才能贮存词汇及其音、义。

很显然，汉字的使用状态与贮存状态有很大的区别。在贮存状态中处理汉字，比之在汉语文本中使用汉字，要复杂得多。

这种复杂性首先来源于中国辞书先天的问题。中国有辞书（包括字书、韵书、类书），大约始自周秦时代，从有了第一代比较完备的辞书起，后来的辞书就不是只从使用文本中直接搜集汉字了。辞书有自己的传承系统，例如：从字书说，《说文》—《玉篇》，《字汇》—《正字通》—《康熙字典》收字有直接传承关系；从韵书说，《切韵》—《广韵》—《集韵》，《增修互注礼部韵略》—《洪武正韵》收字有直接传承关系……但这些字书、韵书字头的增补来源不一，取舍标准不一，形成了收字的泛时性。除了同一个传承系统的辞书以外，各类辞书还不断进行再搜集，互相抄录，也就不断产生讹误。这些问题在任何一部辞书的多个版本里几乎没有不存在的。现代大型辞书从已有的历代辞书中进行又一次搜集时，有一种不算很好的倾向，那就是往往求多不求精，宁可错收一百，不愿失去半分。这种倾向使现代汉字的贮存领域产生的缺损问题、冗余问题、疑难问题，比之实用文本的问题要更大量也更集中。

辞书中每产生一个讹误，带来的绝不只是这个讹误本身，而是影响到不止一处的相关条目，甚至牵涉到辞书的某些编则。因为，每部品位较高、讲求质量的辞书，都需要考虑统一性、互补性和封闭性这三大原则。这些原则针对汉语的语音、语义，却直接反映在汉字的字形、字用上。汉字是表意文字,历时的汉字不但字数多,而且关系错综复杂,这就给辞书编纂带来很多协调关系的任务;大型辞书,尤其是古今兼收的大型辞书的编纂,协调字头和条目关系的任务相当繁重。

统一性要求相关条目间没有矛盾、冲突,不出现逻辑上的相悖;这就要充分协调不同时代汉字字形与字用的差异。例如:

> 在《说文解字》里,“凶”训“恶也”(许容切,平声),“兇”训“扰恐也……春秋传曰:曹人兇惧”(许拱切,上声)。《说文》是讲与字形相关的本义的,前者象地下的陷阱,表示凶恶,属于形容词;后者从人在凶下,表示害怕,属于心理动词。在先秦典籍里,这两个字的用法分别清楚,不会有异议。但是在汉代以后,出现了“恟”字,是“凶”的分化字,与“兇”在先秦时代承担的词义相同。《魏书·司马德宗传》:“恩来渐近,百姓恟惧。”这是因为,汉代以后,“凶”与“兇”的用法渐渐合流,“兇”既有“惊惧”义,也可用于“凶(兇)恶”“凶(兇)狠”“凶(兇)残”等形容词义,所以《经典释文》在《左传·僖公二十八年》“曹人兇惧”和《定公十年》“众兇惧”处都标注:“兇音凶,一音凶勇反。”反映的是魏晋的时音。为此,不得不再造“恟”承担“惊恐”之义。那么“兇”与“恟”是否成为异体字?答案是否定的。“兇”与“凶”的分立是在先秦经书里,“恟”则产生于汉魏以后,二者并不共时。而“恟”还用于叠字词“恟恟”,《易林》一书,学界一般认为是东汉的著作,

> “屯”之“渐”：“二人俱东，道路争讼，意乖不同，使君恼恼。”却不能写作“兇兇”。“恼”还有一个异体字“愡”，更不能同时视为“兇”的异体字。

如此纷繁、复杂、不共时的字词关系，当它们分别出现在不同历史时期的典籍里的时候，各自存真即可，并没有什么矛盾；但是编到同一部辞书里，要想做到互不冲突，是需要细密的体例保证的。

互补性要求在同一部辞书里尽量减少篇幅、避免重复。很多相同的信息往往放置在相关的不同条目下，相互而足。但是，辞书贮存的主要目的是供人查检，互补的内容必须沟通，才能让查检者得到最充分的信息；所以，互补性在辞书里是要靠互见的条例来实现的。在用字问题上，互见条例必须理清字与词的分合、同异关系。例如：

> “恼”与“兇”都有共同的义项“惊恐”，它们需要在构词的层面上而不是在字的层面上沟通——“兇惧”又作“恼惧”。
>
> “恼”与“愡”是严格异体字，需要在字的层面上沟通，在构词的层面上也必然是互见的——“恼”也写作“愡”，“恼恼”可写作“愡愡”。《集韵》：“恼恼，纷扰不安貌，同愡愡。”已经反映了这一事实。
>
> “恼恼”还有一种写法“汹汹”，意义虽然都是“惊恐”“惊吓”，但仅仅是词的写法不同，在这两个异形词里，“恼”为本

> 字,“洶”只能是借字。“恟恟”与“洶洶”只能在词的层面上沟通,用本字的“恟恟”应当是主条——“恟恟”,又写作“洶洶”。“洶洶”,见“恟恟”。
>
> 另一个叠字词“凶凶”,与前面各项也有纠葛。它有两个义项:①争吵不休的样子。《后汉书·蔡邕传》:“争讼怨恨,凶凶道路。”②惊吓。《国语·晋语》:“敌入而凶。”韦昭注:“凶犹凶凶。”——很显然,①是形容词,是《说文》“凶”的本义;②是动词,是《说文》“兇”和后出的“恟”的本义。但是“凶”与“兇(恟)”既经分化,在字用上以别异为主流,“凶凶”的义项①与“恟恟”不同义,不能混淆。义项②虽然可以看出“凶”与“兇”的职能也有相混的时候,但二者在先秦的分化趋势已定,清理它们的关系,加以别异更为有利,因此可以处理为一个特殊义项,不必互见。

从这个例子可以看到,一旦字与词脱离了自身的语言环境,在贮存领域也就是存入辞书以后,需要彼此照应时,准确地清理字际关系和词际关系,是一件很复杂的工作。是否能够有层次、合逻辑、符合事实地处理好这些纷繁的关系,是衡量辞书编纂水平的一个重要标准。

在一些小型和中型的辞书里,封闭性也是用字的一项重要原则。封闭性要求辞书在行文(包括解释语言和体例用语)和例证中出现的每一个字和词,都应当在辞书中被解释,也就是要在字头和词目中出现。做到这一点,查阅者阅读任何一个词条时,如果遇到自己不懂的解释，仍然查这部辞书一定可以再查到。例如：在辞书里，名物词、联绵词的第二个字常常被忽略，编则严谨的辞书都会注意不使这些字漏编。例如：

“嶒”下收“嶒竑”（深空貌）一词，“竑”必须同时收录。

“鸿”下收“鸿絧”（“鸿”音 hòng，混沌不分貌）一词。“絧”必须同时收录。

这三个原则都反映出辞书的存字由于要处理词际、字际关系，比之文本书写的用字要复杂得多。也说明，汉字的贮存与实际应用不是同一回事，虽有关系但不可混同。

2. 汉字在辞书中三种不同的角色

每一个时代的辞书用字都需要遵循当时制定的规范，在汉字进入计算机的信息时代，规范已经是国际行为（国际定出了编码标准）和国家行为（国家发布了汉字规范），辞书与规范保持一致就更为重要。不过，汉字在辞书里充当不同的角色，在编辑体例里承担着三种不同的功能，每一种功能的汉字与规范的关系是不同的。

一、用作字头的汉字。字头是词条的标志，词条的查检都以它的音或形为依据，所以它同时起到索引的作用。字头需要区分正字和异体字，正字和异体字需要建立关系，用互见的方法沟通，而且要以正字为主条。

字头的另一个重要的作用，是通过它的正字，确定行文用字的规范。行文是面向现代人的,使用正字可以减少读者的负担,更有利于传达贮存领域字与词音、义、用的准确信息。必须说明的是:现代规范汉字是法定的用字,它管的只是现代文本的用字。虽然古籍印刷用字目前还没有出台正式的国家规范,但是,每一部辞书在面向古籍用字时必须有“正字”的观念,才能确定互为异体字的不同字样在沟通时谁指向谁,也才能确定在行文用字里,在诸多异体字中选用哪一个字来使用。

二、用作行文的汉字。行文包括词条中书写各种术语的汉字、释义所用的汉字和其他说明语所用的汉字。这类用字承担着供当代人阅读辞书条目的任务,因此必须是适合当代人的正字,也就是说,字头中可以有异体字,但行文用字只能选择其中的正字,如果是现代汉语,则应当是现代的规范字。

三、书写例证的用字。例证是对词条所释音义的证实,也是词条所释音义的具体落实。相当一部分例证还负有进一步补充释义的作用。现代词条有些也用书证作例证,而更多的是编写人自己拟定的比较典型的词语或话语。例证的用字如果是现代汉语,必须用现代规范字。古代词条是直接采用古籍来作例证的,也称书证。采用古籍作书证,有两种情况可以稍作归纳:第一种是书证用字过于生僻,属于可淘汰的字,又有较常用的严格异体字可以替代,则可替代之以方便阅读而不失原义。第二种是书证用字是正字的异写字,与正字仅仅是部件层面笔画的差别,异写字可以用正字替代,以减少冗余。除此以外,书证用字绝大部分必须保留汉字原形,以存留古籍原有的用字信息。

汉字在辞书中的角色不同,要求也不一样;但是,有一点是总的要求,那就是不论是哪一种功能的用字,都必须是实际应用过的汉字。辞书是在贮存的前提下供人查检的。不论什么样的辞书,都没有必要也不允许自己造字。

辞书在贮存语料的时代上,有三种情况:一种是贮存古代字、词、语的辞书,例如《辞源》《古汉语字典》等,这些辞书完全可以选择古籍印刷用字,也就是繁体字与传承字。这些汉字之间虽然也有时代的差别,但书面文言有仿古的特点,不同时代的语言差异相对小一些,沟通关系、处理互见条目只要仔细一些,不难做到。第二种是贮存现代汉语字、词、语的辞书,其中包括规范性质的辞书。这类辞书既然面对的是现代汉语的语料,又必须用现代汉语书面语行文,根据国家语言文字法,自然应当采用规范字为字头,更应当用规范字行文和书写语例。现代汉语虽然也有发展的历史阶段,但可以笼统视为共时,处理字际和词际关系一般也不是十分困难。唯有第三种辞书在用字上需要特别讨论,那就是既存储现代汉语又存储古代汉语的辞书。这类辞书尤其是其中的词典,在处理字际与词际关系时,用字呈现非常复杂的局面。这是因为,现代规范字用的是简化字,而古籍印刷用的是繁体字与传承字。遇到简繁关系问题,一旦出现简化字中分化字再度拼合或同音借用形成的字用合并现象,简繁合编在字头和字用分合问题上,必会产生难以处理的问题。例如:

“蒙”在繁体字系统里,有三个读音。读 mēng,头脑昏乱:“发蒙”“蒙头转向”。读 méng,①覆盖:“蒙头盖脑”“蒙上一张纸”。②受到:“蒙受”“蒙冤”“蒙难”。③愚昧无知:“蒙昧”“启蒙”。④隐瞒、遮盖(真相):“蒙蔽”。读 měng,是“蒙古”专称的用字。

“濛”méng,《说文》:“濛,微雨也。”形容细雨:“细雨濛濛”。

“懞”méng,朴实忠厚:“懞厚”。

“矇”有两个读音,读 mēng,①欺骗:“矇骗”“矇人”。②乱猜:“瞎矇”。读 méng,眼睛半开半闭,看东西模糊不清的样子:“矇眬”。

“濛”“懞”“矇”在繁体字系统里,是“蒙”的同源分化字,分别承担不同的义项,四个字的字用职能是互补的。

但在简化字系统里,用“蒙”合并了“蒙”“濛”“懞”“矇”四个字,四个字所有的义项都归到“蒙”下,使“蒙”的第一个音项增加了“欺骗”和“乱猜”的义项;第二音项下增添了“细雨濛濛”“矇眬”和“忠厚”的义项。

当简化字与繁体字分别在不同的词典里贮存时,各自按各自的体系归纳义项,问题比较简单,而在古今综合在一起的辞书里,相互之间的矛盾很难协调得合理。何况,简化字的“蒙眬”一词在繁体字里可以写作“矇矓”,也可写作“朦朧”“蒙朧”“濛朧”,这些认同在简化字里都是不成立的。这就给简繁合编带来更多的矛盾。

上面这个例子仅仅是分化字重新合并,被合并字的意义之间本来就有引申关系，其间的矛盾还可以设法化解。如果遇到简化字合并了的字意义没有关系甚至音项不同，简繁之间的问题就更难清理。例如：

> 简化字将“系”与“係”合并为一字，其意义由“系”承负。“系(xì)”在繁体字系统里的本义是“悬垂”，引申为“系统”“系列”。“係(xì)”是它的分化字，义为“关系”“联系”，“系”在古汉语里就与“係”通用，有些不能通用的，如“世系”不能写作“世係”，但“系”的应用范围大，合并起来大致可行。
>
> 简化字同时将“繫”也合并在“系”下。“繫”有两个读音，第一音项读xì，也可以与“系”“係”通用，但《易经》的“繫辞”不能写作“系辞”或“係辞”，这就无法将“繫”完全取消。更大的问题出在“繫”后来产生了jì的读音，本义是“质量不好的麻或丝的絮”，现代汉语里这个音项还有一个意义“打结”，这两个义项都是不能和“系”“係”通用的。简化字将“繫(jì)”与“系”合并，就造成现代汉语的“系”不但多出了一个“打结”的义项，还多出了一个读jì的音项，而古代汉语的“繫(jì)”与“系”分为两字，“系”没有“打结”这一义项。在合编时，由于古今的差异，处理字头和义项都会产生一些难以解决的矛盾。

这里所举的例子还不是最复杂的，只是想说明古今合编的辞书在用字上的诸多复杂情况，古今合编的辞书里，要既贯彻规范，又保持古籍用字的真实情况，而且，处理这些问题，不但要有学理上的依据，还必须有严密的体例，保证字际、词际关系能被读者把握、看懂，这是一项艰苦、复杂的工作。

3.《通用规范汉字表》与辞书编纂

2013 年 6 月 5 日，国务院发文批准发布了教育部和国家语言文字工作委员会主持编写的《通用规范汉字表》。国务院《关于公布通用规范汉字表的通知》中有一句重要的话值得注意："《通用规范汉字表》公布后，社会一般应用领域的汉字使用应以《通用规范汉字表》为准，原有相关字表停止使用。"这就说明，过去所发布的相关的汉字规范，其中合理的部分，已经被《通用规范汉字表》所吸收；有所改动的地方，使用领域也应当随之改动。《通用规范汉字表》与过去规范的差异，已经由《〈通用规范汉字表〉解读》[①]一一说明，这里不再重复。在辞书编纂领域，特别需要说明的有以下两个方面。

首先是关于简化字问题。《通用规范汉字表》关于简化汉字的规定可以归纳为三点：第一，坚持简化的方针，不恢复繁体字。第二，测查了应用领域已经使用的新简化字，凡是已经应用了并具有一定字频的简化字，从汉字规范的社会性出发，承认其存在，一律收录进字表。这样，已经收录进《字表》的汉字，符合《简化字总表》类推原则的，都已经类推了。第三，为了保持简化汉字的稳定

① 详见王宁主编：《〈通用规范汉字表〉解读》，北京：商务印书馆，2013 年。

性，在书写现代汉语文本时，还会用到极少数的表外字，这些字可使用历史通行的字样，一律不再类推。

关于第三点《〈通用规范汉字表〉解读》所说的“今后表外字不再类推”，这一精神是逐步明确的。2001 年，《规范汉字表》立项后，项目组曾以《简化字总表》第二表为标准，对《汉语大字典》54678 字范围内所有符合条件的繁体字做了穷尽性的类推简化，共得出新的类推简化字形 12818 个，是《汉语大字典》现有字数的 23.5%。其中有许多同形字和不符合汉字结构规律的怪字形，而这些新类推的字形在当今又没有任何实用价值。由此，针对这个测查结果，2003 年项目组的成员曾发表文章，得出“对全部繁体字进行类推简化，既无必要也无可能”的结论。这实际上就是否定了“无限类推”。关于有限类推到什么范围这一问题，2007 年 7 月 17 日至 19 日在北京大觉寺召开的“字表研制工作扩大会议”上，提出将类推范围限制在《规范汉字表》内，并做出了“表外字不再类推”的正式决定。2008 年 1 月 11 日，《规范汉字表》（送审稿）专家委员会在京召开研讨会，就《字表》的完善和定稿进行研究。会议进一步确定了“表外字不再类推”，并责成研制组专家委员会严格审查《字表》的类推字，将一些有争议的类推字、在多个语料库里没有使用或字频极低的类推字，特别是国际标准编码体系中没有编码的字，尽量删除。2009 年 4 月 1 日，国家语言文字工作委员会语言信息管理司专门召开“《规范汉字表》表外字使用问题专家研讨会”，会议的主流意见是：“不要担心停止类推会造成繁简参半的情况，这种极少数的情况不可避免，也没有什么大碍。倒是在如此多的汉字产生之后,再造出一些没有用过而且已经有可用的字的新字,才值得担心。”会议根据绝大多数专家的意见,又一次明确做出了“类推简化要严格控制,仅在《字表》范围内有限类推,表外字不再类推”的总结。《通用规范汉字表》发布后,《教育部等十二部门关于贯彻实施〈通用规范汉字表〉的通知》又对辞书编纂使用表外字有专门的表述:“《通用规范汉字表》公布后,出版或修订、再版的相关语文辞书应依照《通用规范汉字表》,根据其服务领域和使用对象不同,部分或全部收录《通用规范汉字表》中的字,也可以适当多收一些备查的字,收入《通用规范汉字表》以外的字一般应采用历史通行的字形,不应自造未曾使用过的新的简化字。”这一表述与“表外字不再类推”的提法是一致的。可见“表外字不再类推”的基本精神,一直是此次规范遵循的原则,也是大多数专家和群众的主流意见。

表外字不再类推也是有充分理由的:从学理上说,辞书中的汉字处于汉字的贮存状态,既是贮存,必须是历史上曾经用过的字,《通用规范汉字表》收录的8105个字对现代汉语语料的覆盖率已达99.98%,绝大部分简化了的字都已经收入,辞书没有必要也不允许自造或自改汉字。从国家文化发展的大局说,中国正在走向世界,教育正在适应新的形势加速发展,不论从国内还是国际来看,汉字都需要保持稳定,辞书,特别是具有规范作用的现代汉语辞书,具有引导社会用字的作用,严格实行表外字不再类推,才能引导民间和传媒不任意写不规范的简化字,才能保持真正的用字稳定,使母语的基础教育与汉语的国际传播用字有据可依。加之两岸的文化交流日渐密切,不要再扩大两岸用字的差距是大家共同的愿望,也是此次制定新规范的一项重要的原则,严格控制类推是对这项原则的体现。有人说:某些辞书已经类推的表外字,是否可以看作"已经使用的字"。这个说法有悖于学理:前面已经说过,辞书是在贮存的前提下供人查检的,辞书的字是已经使用的字脱离了语境的贮存,《通用规范汉字表》经过严格的审查,已经将某些词典类推了又在使用领域有一定字频的字确认下来,收入了《字表》。未经收入的类推字属于不规范字,应当恢复原有字样。《通用规范汉字表》已经国务院发布,即使对表中个别字的确定有不同看法,也要在体现规范的同时向语言文字主管部门提出,在字表修订时加以改进。在《通用规范汉字表》发布以前,有些大型辞书实行无限类推,已经产生了很多问题,关于这些问题有大量的文章进行讨论,在《通用规范汉字表》发布前,这些辞书已经将多余的类推字恢复了其历史原形,目前的任务,只需要进一步核查,将还没有恢复的表外字恢复过来。这样做,大大增强了这些辞书传播文化、辅助阅读的功能。《通用规范汉字表》发布后,一些现代汉语辞书,也正在将已经类推的表外字恢复原形,这样做也极大地增强了推进国家规范、稳定社会用字的作用,在社会上产生了非常好的影响。

其次是关于异体字的处理问题。异体字整理是这次制定字表重要而最繁杂的问题。20 世纪 50 年代初期公布的《第一批异体字整理表》(以下简称《一异表》)存在以下问题:

1. 当时还没有一个完整的简化字方案,是以使用的繁体字为基本材料来处理异体字的。所以存在异体字与简繁字纠葛不清的现象。

2.《一异表》存在字际关系界定不清的问题。在科学的汉字学术语体系中,异体字是汉字字际关系的术语之一,它和通假字、分化字等其他字际关系的术语是共存的。在理论上应对异体字有明确的界定,不能混淆异体字和其他字际关系术语的界限。严格的异体字应当是:音义全同,记词职能完全一样,仅仅字形不同,在任何语境下都能互相替代而不影响意义表达的一些字样。但是,由于汉字发展的时代久远,很多不同时代的字往往积淀在一个共时层面上,情况错综复杂。《一异表》所谓的"异体字",包括严格异体字,也包括一些在使用职能上存在涵盖关系和交叉关系的通假字、分化字等,有些地方不符合汉字整理的原则。

3. 由于《一异表》的异体字界定过宽,为了减少字数,对异体字又采取了"取消"的处理办法。1955 年 12 月,《一异表》由文化部和文字改革委员会联合发布,从 1956 年 2 月起在全国实施,当时曾说明:"表内所列异体字共 810 组,每组最少 2 字,最多 6 字,合计共 1865 字。经过整理后共精简去 1055 字。"但是,这 1055 个被取消不能使用的字从现代汉语通用层面上来看,有些并不是严格异体字。特别是在姓氏人名、地名和科学技术术语用字中,一些非严格异体字尚有无法取代的使用价值。把这些字都列入"不规范字"的范围而取消,产生了某些词汇用字缺失的现象,给汉字应用与教学都带来了很大的不便。

4. 在简化字通行后的汉字使用过程中,由于《一异表》在某些问题上造成使用的不便，国家语言文字工作委员会曾对个别异体字进行过微调。但是因为这些调整不是在同一时间也不是从整体调整出发的，在解决应用的同时，彼此之间又产生了新的不协调和矛盾。

由于以上问题的存在，整理异体字成为此次《字表》研制的一项重要任务。

处理《一异表》的异体字时，在掌握标准上，一方面严格把握了“异体字”的学术定义，凡是不符合“音义全同，记词职能完全一样，仅仅字形不同，在任何语境下都能互相替代而不影响意义表达的一些字样”这个定义的字，将不视为异体字而从《一异表》中清理出来；另一方面，又根据现代汉语文本书写的实际，对非严格异体字进行分流：(1)对其中的一部分具有包含关系的字组进行了处理，将应用范围大的字留下，而将被包含的、范围小的字取消，以减少汉字的字数；(2)其余《一异表》中仍有应用价值的非严格异体字，保留下来，调整为规范字，或在特定意义上调整为规范字，并对其应用范围加以限定；(3)个别应用价值极小的字组，加以删除。

《字表》对《一异表》调整的最终结果是：(1)确认26个原有规范调整了的异体字为规范字；(2)新调整45个异体字为规范字；(3)整合简繁、正异关系，将《一异表》中10个异体字组的正异关系做了调整。(4)将原异体字组中个别的字组加以合并；(5)将6个无法和原正字构成异体关系的罕用字，从异体字栏中删除。这些处理，在《〈通用规范汉字表〉解读》中都有详细说明，这里不再赘述。

需要说明的是：第一，《通用规范汉字表》整理的异体字，仅仅是针对《一异表》的，并未扩大到《一异表》以外；第二，《一异表》是专门针对现代汉字的。在《一异表》以外，还存在大量的其他异体字。在完全贮存现代汉语字词的辞书里，应当贯彻《通用规范汉字表》所确定的规范字，限制相应异体字的使用。在古今兼收的辞书里，涉及现代汉语文本，也应当使用规范字。而对古代汉语部分，则应按照本文第二部分所说，根据辞书中汉字不同的功能处理异体字：字头用字允许保留、贮存异体字，但需要有正字的观念，以正字为主条，将异体字与正字沟通。行文用字应只限于正字，不用异体字。书证则尽量保持原形，并尽量体现封闭的原则，所用的字样一般应在字头出现。还需要说明的是，本文第一部分已经提出，异体字在共时的文本中，才有可能明确其关系；而在不同的历史时期，异体字与正字之间、异体字相互之间的关系是纷繁复杂的，辞书处理时要特别细致、慎重。这些属于辞书编纂的实践问题，本文不再详述。

四十二、百年《辞源》的现代意义*

我国第一部大型辞书《辞源》,经过8年修订,今年正式由商务印书馆出版第三版。《辞源》第三版发行时,距第一版问世恰为一百年。从20世纪初的1915年,到21世纪初的2015年,整整一个世纪。也许人们会问:一百年来,中国社会发生了巨大的变化,各类辞书的编纂也有了长足的进步,具有首创意义的《辞源》,究竟应当如何定位?是否仍然具有原先的价值?怎样估量它的现代意义?

1. 20世纪初中国文化转型期的标志性成果

《辞源》首次编纂始于1908年,世界正处在一个大变革的时代。18世纪至19世纪初,英国产业革命的完成和法国大革命的胜利,使新兴的资产阶级走上历史舞台。在列强纷争、弱国图强的大形势下,中国正值辛亥革命的前夜,中体西用的洋务运动和托古改制的维新变法并未能缓和国内的阶级矛盾,“师夷制夷”“变器不变道”“中学为体,西学为用”“严祛新旧之名,浑融中外之迹”的改良主义思想,却在一定程度上推进了中国文化的现代化。孙中山在《兴中会章程》中提出,要“设报馆以开风气,立学校以育

---

* 本文原刊于《光明日报》2015年12月22日,第11版。

人才，兴大利以厚民生，除积弊以培国脉”。当然，随之而来的必然是西方的意识形态和价值观随着新的科学技术传入中国。《辞源》正是20世纪初中国文化转型的标志性成果。

西方文化在中国的传播，首先是语言的输入，《英华大辞典》《法华新字典》《中德字典》等大量外语学习词典陆续出版。其次是自然科学的普及与专科词典的问世，在《辞源》编纂前后，商务印书馆即着手编纂专门辞典20种，包括人名、地名、哲学、医学等。为翻译而编辑的中西名目字汇《化学材料中西名目表》《西药大成药品中西名目表》等，也相继发行。这些辞书的出版，适应了科学普及和科技发展的需要。

在大量的西学辞书纷纷出版时，《辞源》独树一帜，走了一条完全中国化的道路。第一版《辞源》的主编陆尔奎在《辞源说略》里指出："海上译籍初行。社会口语骤变，报纸鼓吹文明，法学哲理名辞，稠叠盈幅。"用今天的话说，就是社会语言生活发生了巨大的变化，造成大众阅读困难。所以编写辞书，存储词语，进一步存储知识。陆尔奎得出的"国无辞书，无文化可言"结论，是一个非常有远见的说法。

我们可以用近代国学的代表人物章太炎的说法来补足陆尔奎的宣言。太炎先生在《常识与教育》《论教育的根本要从自国自心发出来》两文中提出："教育的第一步，就是使人有常识""晓得本国的历史，才算常识""本国人有本国的常识"。

在这种思想的支配下，《辞源》收录的全部是中国经、史、子、集典籍中实际用过的词语，解释的全部是这些词语在文献语境和思想建构中具有的本来意义。可以说,《辞源》是用古代典籍的语词及其解释为信息载体的中国传统文化知识库。

2. 首创中国化辞书独特体例

《辞源》是清末到民国时期第一部收集中国古代典籍各类词语的辞书。在辞书编纂史上,它是空前的第一部。这表现在两个方面:

第一,中国传统的纂集类工具书,不论是字书(例如《说文》《玉篇》)、韵书(例如《广韵》《集韵》),还是义典(例如《尔雅》《广雅》),都以字为单位编纂。1912 年商务印书馆出版的《新字典》,是《辞源》所编字头的基础,它虽然也以字为单位,却有许多革新之处。我们根据蔡元培《新字典》序的说法,把《新字典》与当时最大的《康熙字典》比较,可以看出它有以下几点革新:(1)《康熙字典》行世已两百余年,未加增改。不但新出之字概未收入,连市井通用的字都不具备。也就是说,它收录的字书虽多,但很多是废字、死字;但《新字典》则直接从已经有的文献语言中收录有用之字。(2)《康熙字典》的释义多是从之前的古代字书转录的,不考虑文献的适用,也不考虑是否合乎学理;而《新字典》的释义为了晓谕大众,要从实际语境中归纳意义,没有一个解释空设。(3)《康熙字典》和以往字书一样,只顾沿袭旧说来正名百物,不求甚解,全书不附一图;而《新字典》却有附图来帮助人们理解。蔡元培指出:"于民国成立之始,得此适用之《新字典》,其于国民之语言及思想,不无革新之影响。”从《新字典》中,已经可以看到之后即将编纂的《辞源》理念先进,已经有了语义解释的概念。这时,章太炎已经提出将传统“小学”(文字学、声韵学、训诂学)改为“中国语言文字之学”,特别将“语言”彰显出来。这说明,西方语言学的观念已经在中国传播。这是《辞源》在单字字头下立复词语的理论基础,是一个十分重要的突破。说《辞源》是现代意义的辞书,也是以这一点为基础的。

第二,《辞源》集多种体例于一典——用部首,列字头,分音项,排词语,出释义,列书证,详出处,一应周全:

(1)《辞源》虽然从“字本位”进入了语言层面,以词语作为释义的单位,但并不忽略汉字在汉语中的独特作用。它的字头不从古代字书中转相抄录,而是从词语中提取。字头既是词语的查检标记,也是辞书有机的组成部分。汉语的字既是语言的书写单位,又承载着构词的元素,具有别词作用。

(2)《辞源》的部首继承《康熙字典》214部,从《说文解字》540部首中适应楷书的结构进一步归纳,采用结构部首,不是仅供查检的字形部首。例如:“攴”部(攵,音 pū,俗称反文)和“文”部分立,“网”与“罒”(置、罪上部“网”的变体)放入同部,“肉”部与“月”部划分清晰,有明显的字理意识。

(3)《辞源》将音项列在词语之前,遵从古代以音别义的历史现实。不同音项下词语的释义,参考古人的训诂材料,但不取古书随文释义的言语意义,不取《说文》的文字构意,不取字书中的直训(即以字释字),不取西化概念,而是从典籍的话语中概括出来,可以在语境中证实，完全是站在中国文化立场上自己建构的一整套释义规则。

（4）《辞源》不收未曾使用过的字词，每个语词后列出的书证不是一般的语例，而是表明词语意义的较早也较典型的出处，并以典籍的语境证实意义的存在。

《辞源》首创的系统的体例，是中国独有的辞书体例，《辞源》以后的汉语辞书所用的基本编纂原则，尽在其中。

就以上两点来说，《辞源》在中国辞书编纂史上的价值独特，它的首创而昭示后来的功绩，无可取代。

3.《辞源》是一辈人接一辈人的事业

《辞源》经历了1915年正编、1921年续编、1923年合编、1986年结束第二版的修订、2007—2015年修订第三版。一路走来，不论《辞源》如何增改，它的基本性质仍然保存下来。1921年出版《续编》，它的编辑原则是补充新词，将新旧贯通。《续编说略》明言，正续两编"一则注重古言。一则广收新名。正书为研究旧学之渊薮。此编为融贯新旧之津梁。正可互救其偏"。1923年《辞源》合编后，就有了一部分《续编》收入的脱离中国本土文化的新词语及新的释义掺入。在第二版修订时，为了保持《辞源》特有的性质和本土文化的特点，《出版说明》明言"删去旧《辞源》中的现代自然科学、社会科学和应用技术的词语，收词一般止于鸦片战争（公元1840年）；增补一些比较常见的词目，并删去一些不成词或过于冷僻的词语"。这就使《辞源》贮存中国古代文献实用词语、阐释这些词语的言语意义与文化内涵、引导读者准确理解中国文化的编纂目的再次落实，也使《辞源》收词着眼通用，“不涉专门范围”的初衷保留下来。

在第二版修订的基础上，第三版修订一开始就有明确的理念，进一步明确《辞源》性质和在现代大型辞书中的历史定位。不刻意扩大规模，不改变原初性质，是在恢复和进一步保留它独特价值的前提下精益求精。第三版修订作了8件事：

一、对《辞源》的字头、行文、书证的用字，分别进行了系统的整理：确定了字的主形，对应当保留的异体字如数保留，并与主形加以认同。确定了标准的字样，去除了冗余的异写字形，形成了比较规范的古籍印刷通用字系统，也使电子版检索的准确度大幅度提高，《辞源》用字成为“古籍印刷通用字字形规范”的基础。

二、采用公认的音韵系统，逐一清理了《辞源》字头的上古音、中古音、现代音的标注，使《辞源》注音基本达到音义契合，古今贯通。改变了第二版音系不统一的局面，使注音系统面貌一新。

三、本着避免芜杂、求准求精的原则，对字头、词语作了必要的增补。这次修订增补了1302个字头，增补的原则是：符合古籍用字规范，并在中国古代典籍中实际使用过，也就是有实际语境、形音义可考的字。增补了复词语8512个，根据此前《辞源》百科词条不足的情况，这次补充6500个是百科词语。第三版辞源全典仅仅增加了200万字，合理地扩大了规模。

四、认真考察了书证与释义的互相切合关系，进一步体现了书证对释义的加深和补足作用。全面关注、认真改进释义的冗、缺、漏、错。对具有汉语特点的典故词,进行了典源、典义、典面的历史梳理。补充了文化与名物词相应的插图,对语言释义做了直观的补充。

五、采用可靠的文献版本,复查了大部分书证的原文和出处,纠正了第二版书证讹、夺、衍、倒的错误和出处不确之处,并置换和补充了一部分对梳理源流有用的书证,书证和释义的改动量约 4 万条。

六、细化了字、词、音、义、文、事互见的体例,将《辞源》中的相关条目尽量沟通。这样做,有利于克服辞书信息碎片化的局限,便于读者整合知识,取得更全面详尽的信息。

七、在第二版修订资料缺失的情况下,第三版修订过程中,归纳确认了一批原有的编纂规则,又补充制定了一批新的编纂规则,其中很多规则,是在语言学、文献学、辞书学的理论指导下确定的。形成并进一步完善了《辞源》的编纂体例,使此次修订更加理性化。

八、采用现代化手段,有效地建设了第三版修订的档案,为今后的进一步修订作了必要的准备。

历时 8 年的《辞源》修订,是一次编审人员和上百位专家利用业余时间通力合作攻关完成的,是一次边修边学边研究的多学科、大规模的学术活动,是一次知识界用高度历史使命感为弘扬中国传统文化努力拼搏的爱国举措。《辞源》第二版主编吴泽炎曾说:“《辞源》是一辈人接一辈人的事业”,第三版修订人员置身于这个事业的中途,付出固然艰辛,但也应当是一种幸运。

4. 通向中国传统文化的桥梁

《辞源》是20世纪初社会文化和思潮发展的产物，是中国文化转型期的一项标志性成果。它的产生受到西方以辞书形式传播知识、传播文化的出版事业的影响，但《辞源》在内容上却立足中国本土、以弘扬中国传统文化为宗旨。《辞源》不收引进的词语，它的“百科”的概念也不是现代自然科学、社会科学和科学技术的分科，而是参考中国古代文化词语与名物词的分类。例如，参考《尔雅》在通语（释诂、释言、释训）之外的亲、宫、器、乐、天、地等16类；《释名》的天、地、山、水、丘、道、州国、形体、姿容、长幼、亲属、言语、饮食、采帛、首饰、衣服、宫室等27类。它保留了中国古代文化的话语权，有利于国际对话时持有的本国立场。中国很多词语用来翻译西方的概念，有些概念也被现代文化所吸收，但《辞源》仅仅保存我们自己古代的话语意义，并不涉及国外与现代。例如“民主”这个词，现代有很多定义；但《辞源》的解释是“民之主宰者。旧指帝王或官吏。”书证用《书·多方》：“天惟时求民主，乃大降显休命于成汤。”又用《三国志·吴书·钟离牧传》：“仆为民主，当以法率下。”再如“文化”，现代也有了几十种定义，但《辞源》的释义仅仅是“文治和教化”。书证用刘向《说苑·指武》：“凡武之兴，为不服也。文化不改，然后加诛。”又用晋束广微《补亡诗·由仪》：“文化内辑，武功外悠。”《辞源》的宗旨是为阅读者还原中国古代对这个词语使用的原貌，使读者不用外国的和现代的词语意义去附会古代，这样才能形成必要的国际对话和古今对话。

今天，我们迎来了弘扬传统文化最好的时代。习近平总书记强调,要系统梳理传统文化资源,让收藏在禁宫里的文物、陈列在广阔大地上的遗产、书写在古籍里的文字都活起来。传统文化现代化的问题是当前文化建设最关键的问题,传统文化的传承,首先要有正确的历史观点和辨识能力,培养能够把传统文化引向现代的人才是当务之急,这样的人应当是既能真正懂得中国传统文化内涵,又能用自己的话语与西方对话的人,也就是在人文科学上能够正确对待继承和借鉴的人。《辞源》在这一方面会起到巨大的作用。

四十三、《辞源》的定位和第三版修订的现代意义 *

——《中国出版史研究》编辑部对王宁的访谈

《辞源》出版于 1915 年，称其为中国现代辞书，尤其是中国百科类辞书的开山之作，并不为过，因为它首创以单字带复词的现代辞书体例，开现代百科辞书多项体例形式之先。百年之后的今年，由何九盈、王宁、董琨三位当代语言学界专家共同担任主编，《辞源》再次修订完成，第三版正式出版。作为一部有着 100 年出版历史的辞书，《辞源》愈修愈精，益订弥新，100 年的风雨历程给我们留下诸多启示，对《辞源》出版史的挖掘与史料整理工作意义重大。日前，《中国出版史研究》编辑部（下简称“本刊”）走访了第三版主编之一、北京师范大学教授王宁老师，就《辞源》出版史的相关问题进行了访谈。

本刊：您作为第三版《辞源》的主编之一，怎么看目前《辞源》的定位问题？有一种说法认为，《辞源》第二版修订时定位为古汉语工具书，限制了它的受众群，您怎么看？

王宁：对《辞源》的性质和意义，要从他初编时的历史背景和今天的应用两方面来确定。《辞源》1908 年开编，1915 年出版，是

* 本文是《中国出版史研究》编辑部对我的采访，刊登在《中国出版史研究》2015 年第 2 期。发表时署名“本刊编辑部”，实际采访者为侯笑如编辑。

跨清末到民国时期第一部收集中国古代典籍各类词语的辞书。在辞书编纂史上,它是空前的第一部。中国传统的纂集类工具书,不论是字书(例如《说文》《玉篇》)、韵书(例如《广韵》《集韵》)还是义典(例如《尔雅》《广雅》),都是以字为单位来编纂的,即使是当时收字较多的《康熙字典》,也是以单字为立条目的单位;而《辞源》在设立字头、列出音项后,以双音或多音词(语)为主,建构解释词条,《辞源》的"辞",指的是词语,这是一个十分重要的突破,说《辞源》是现代意义的辞书,也是以这一点为基础的;《辞源》集多种体例于一书——列字头,分音项,排词语,出释义,列书证,详出处,一应周全,《辞源》以后的字词典的体例,几乎都在它的囊括之下,这种体例是汉字、汉语独有的,没有任何西方的辞书可以借鉴。所以,《辞源》初成时可以看成是以词语形式贮存中国传统文化的知识库。后来出了《续编》,《续编说略》明言他的编辑原则只是补充新词,将新旧贯通,与正编没有区别。正、续编合在了一起,性质也不应当有什么大的变化。从查检的功能简单地说是"古代汉语词典",并不是很准确的。因为《辞源》所收集的语言单位并不是现代语法意义的"词",只是意义的词兼指称实物的语。说他是"百科"类的词典,也有一些勉强。自 1771 年《大不列颠百科全书》出版前后,专科和百科这两个术语盛行。指的是单科或多科自然科学和人文科学语词,其中是有科学分类的原则在内的。19 世纪末到 20 世纪初,在中国新文化初现端倪之际,"百科"的概念虽传入中国,《辞源》却并没有采用西方的科学分类概念。记得在《续编说例》中,曾说当时公司当局已经着手编纂专门辞典二十种。例如人名、地名、动物、植物、哲学、医学、教育、数学、矿物等各大辞典。但《辞源》所取材料，还是以普通应用为原则。《辞源》在编撰中收录的多是古代典籍已经使用的本土词语，通过这些词语传播的是中国传统文化的知识，章太炎先生在《常识与教育》的演讲中说“教育的第一步，就是使人有常识”，“晓得本国的历史，才算常识”，“本国人有本国的常识”。这才是第一版《辞源》的理念。

《辞源》第二版的修订没有再行给它明确定位，但是显然是遵循第一版原来的定性作的，特别值得注意的是，在《出版前言》里，编辑部明确说，删去了第一版中现代自然科学、社会科学和应用技术的词语，和过于冷僻的词语，收词的时限是1840年以前。这其实更加保证了《辞源》性质的独特性。《辞源》是以词语形式储存古代典籍中传统文化的知识库，也是中国式的、阅读古代传世文献的现代辞书。

给一部辞书定性，需要从两个角度：一个是它的贮存功能，也就是它收录的内容是什么，这个收录是显示一个知识系统，并不都是为了让人一个一个查。但是，毕竟是收录功能决定它的查检功能。得是它收了的，你才能查得着。我不赞成说《辞源》是古汉语词典。因为它并不是收录古汉语的词的。只举一个例子吧，《辞源》很注意收录古代的典故，中国典故里有一种“事典”，这种典故后来才形成一个典面，也并不都是现代语法所谓的“词”，有些只能是“语”，而它的典源，开始时就是一段话。“词典”能涵盖得了这些条目吗？笼统说“工具书”很容易被人按照习惯认为是“古汉语词典”,把《辞源》的定性简单化了。所以我说《辞源》是以词语形式储存古代典籍中传统文化的现代辞书和知识库,可能说得全面一些。

本刊:这次修订,是遵照您上面所说的《辞源》的性质和特点来操作的吗?

王宁:是的。这次修订,我们称为“有限修订”,这么大型的辞书,一次修订能解决一两个问题,又给以后的继续修订打下一些基础,就可以了。

第一,我们不求收词有很多很多,我们追求的是在原来性质的基础上精益求精。此次修订增、改、修的词语,仍是 1840 年以前传世文献中使用过的词语,也就是传世文献中的本土词语。而且我们的“百科”也不是完全现代意义的自然科学、社会科学、实用技术的分类百科,是古代名物词、人文文化词的分类概念,《辞源》只收录见于典籍的,目的在于说明这一名物词在典籍中是如何讲的,怎么用的,和现代知识有一个对应,而不是去传播有关这一名物的现代知识本身。在这一点上,我觉得现在没有一本词典和《辞源》是完全一样的。

第二,和第一、二版一样,《辞源》以前的纂集工具书,解释的词语都是文言,而且由于注重根据,多半都采用已经有的文字训诂解释条目,因为这些纂集书面对的是古代的宫廷学子和文人,他们看懂、能用就行了,而《辞源》的释义是经编纂者在已有根据的基础上归纳、拟定的,它不但直接概括出词义,还用典籍的原文作书证,来补足、细化了释义。这种体例是为一般读者的需要采取的,打破了文字的垄断和知识的垄断。这次修订,一如既往,但精益求精,斟酌、增修了大约 4 万多个条目。

第三,《辞源》最初出版时,具有那个时候的“当代意识”,不再停留在《康熙字典》中提出的文字声韵训诂,而是要更高一个层次。章太炎当时提出“中国语言文字学”,把语言彰显出来。实际上就是经典的书面语,经、史、子、集全包括,收词只收到 1840 年,所以也就只有少数的白话词,《红楼梦》已经包含在内,另外还有唐代的一些话本。但主体仍然是收文言词语。但在当时来说,跟完全接受西方的东西又绝对不一样。所以我们在修订《辞源》的时候,不是和其他词典比较词多词少,而是强调收录的词语一定是古代典籍中出现的我们自己的本土词。

《辞源》是弘扬传统文化的词典,里面没有一个引进的词语,都是 1840 年存有的典籍里有的词语,包括百科条目也是如此。《辞源》的“百科”也分类,但只是参考科学分类,基本遵照古代的名物分类,比如《尔雅》的诂、言、训之外的亲、宫、器、乐、天、地、丘、山、水、草、木、虫、鱼、鸟、兽、畜等;《释名》的天、地、山、水、丘、道、州国、形体、姿容、长幼、亲属、言语、饮食、采帛、首饰、衣服、宫室、床帐、书契、典艺、用器、乐器、兵、车、船、疾病、丧制等。这次修订我们专门聘请的百科专家大部分是做科学史、文献学、古代文学和文论以及古汉语的专家,是精通古代天文、地理、宗教、器物、礼仪等的专家,不是研究现代科学的。例如“民主”这个词,现代有很多定义,但《辞源》的解释是“民之主宰者。旧指帝王或官吏。”书证用的是《书·多方》:“天惟时求民主,乃大降显休命于成汤。”《三国志・吴书・钟离牧传》:“仆为民主,当以法率下。”这是保存我们自己古代的话语意义,知道这一点,再去和现代意义对接。

《辞源》收录的是我们中国本土词的来源,是来源于我们中国本土的词语。所以它梳理了一下源流,说明这些本土词的最早的讲法,我们不认为越早出现这几个字就是源,而是这个词语最通行、最重要的意义是在什么地方首次体现的,这才是源。我们不贪图有很多很多的词条立目,所以这次修订词条增加得并不多。百科类是专门单独地增加了一些词条。还有就是在梳理的时候,如果遇到了不清楚的地方,可以出一些互见、参见或补充知识的词条。有人批评《辞源》说它收录的词条没有其他词典那么多,但是《辞源》最大的特点就是在梳理一个词汇时,不管是名物还是其他的,都会将这个词在发展的整个过程中间,在实际的典籍中是如何使用的情况梳理清楚。所以我们这次把书证全部查了一遍。我们交待给分卷主编的任务就是首先要将书证查核一遍,而且要注明所查书的版本,并且要加旁注说明为什么要这样改,原版差在什么地方,为什么要这样做?我们力图在修订时,将《辞源》中收录的词条与中国自己的典籍对上号。

这次修订工作,我觉得是把《辞源》的性质彻底搞清楚了。我们在主编过程中谈过一个观点:我们不要存在攀比的心态,我们编《辞源》是为了什么?《辞源》本身的特色又是什么?当初为什么做《辞源》?现在还有没有必要保持原来的宗旨?我们反反复复地强调这些问题,修订工作中要统一认识是非常重要的。

本刊:《辞源》对汉语本土词、典故的整理做了哪些工作?这对传统文化的传承有什么意义?

王宁:这次修订的第二年,我们特别强调了一下梳理典故的问题,典故是汉语词汇产生、最后成型的一个相当重要的途径,特别体现汉语特色。不光是要梳理语典,还要梳理事典。事典一开始是不见词面的,是在这个故实当成典用了才有了词条。只要有一个事典,就要有一个用例,没有用例就不能说它是典,但是在找它的源的时候,一定要把它的故实写出来。这些地方我们都要求得比较严。比如,大家都熟悉的成语"南辕北辙",本来是《战国策》中的一个故事,它的典源是一段话:"今者臣来,见人于大行,方北面而持其驾,告臣曰:'吾欲之楚。'臣曰:'君之楚,将奚为北面?'曰:'吾马良。'臣曰:'马虽良,此非楚之路也。'曰:'吾用多。'臣曰:'用虽多,此非楚之路也。'曰:'吾御者善。'此数者愈善,而离楚愈远耳。"从源的角度,应当首先出《战国策》,但是,这个源并不是"南辕北辙"这个典面的最早出处,《辞源》的任务是要探求这个成语、典面的最早出处。而同一个典故会有不同的典面,同一个典面又会有不同的典义。源头是一个,词目却是分散在很多地方的,意义又要弄清孰早孰晚。差不多每一个故实都是要考据的。

我的感觉是这次《辞源》的修订,是一次非常重要的科学研究。我们现在涉及到的就是从乾嘉以来做的一些新的考据。但是我们不要求新求奇,凡是没有确证的考,我们宁可不收。这几年大家为了创新,有些无根据的东西说得也特别多。我们这次要求严谨第一,不要求多。我看样稿的时候基本上是对照第一版。第二版修订时,曾把300多个词条给了《辞海》,要不要回来,须看符不符合《辞源》的性质。当时有很多东西没有界定清楚,把“百科”当成现代“百科”来分类,但是我们编辞书就是要把典籍中已有的含义解释清楚,然后我们才能说现在我们对这个问题有了新的看法。比如“北辰”,“为政以德,譬如北辰。居其所而众星拱之”。古代训诂里要针对为什么北辰是“众星拱之”来做解释,不是纯粹的现代天文知识。再比如“天命”,“天命之谓性”,所谓的“天”指的是大自然;所谓“天命”就是人的先天的东西,是自然本身的,不是人为的,不是人修炼来的。正因为人有了天命,才有人的修炼。因为中国的仁学认为人身上的野性是必须要经过修养抑制的,所以要“克己复礼”,才能谓之仁。这些观念是一脉传承的,如果用西方的理论来说,我们的传统文化就丢失了。

本刊:辞书的一个重要作用,就是在一定的历史时期,在一定的文字研究成果基础上,对汉字形、音、义做出相应的规范、整理和说明,以方便相应范围里的规范化使用和研究。《辞源》本次修订在古籍出版常用字形和定音方面的规定与原则有哪些?

王宁:《辞源》修订的任务在于维护和梳理,有了维护和梳理就与外来的东西划清了界限。所以我正在写一篇题为《信息时代的〈辞源〉如何定位》的文章。首先我们要做中国自己本土的词语,要维护它,而且要从本土的典籍的角度维护它;第二,形、音、义一定要有一定的标准,没有标准就没有系统,就实现不了数字化。这次《辞源》是与电子版同时出。我们这次做得最大的一项工作就是解决字形的问题。原来咱们有个古籍通用字的字形规范的项目，我在申请这个项目的时候，就是以《辞源》为基础，先把《辞源》中的字进行了整理，条例、标注也都已经做好，还需要补充中华古籍整理出版物中的典籍用字，就是为了数字化做准备的。这次《辞源》的印刷字库是由方正公司完全按我们整理过的字形设置的，比如“衞”和“衛”字，“為”和“爲”字都按《辞源》要求的字形做了相应的替换。《辞源》采用传世文献出字头，出书证，按照《语言文字法》，可以用繁体字、异体字，但必须合乎规范。

关于字形的问题，我们在这次修订《辞源》时定了三个原则，一个是字头，大字头里保留了异体字，但确定了哪个是正字，异体字参见正字。第二，所有的行文全部用字头的正字；第三，书证保留相关版本典籍中所用字的原字形，但所有的异写字只选一个。哪些保留哪些替换，全部都细致地捋了一遍。

我们现在的典籍出版有扫描影印，很多重要的典籍都是这样来出版的，特别是善本，在比较好的版本中完全可以看出原来的字形是什么样子的。经过古籍整理之后出版的典籍，以及汇集起来的再造典籍，字上面的问题相当多，《辞源》用哪个字、不用哪个字，这次都有规定。

将来我们要做的古籍印刷字形规范会参考《辞源》的字头。现在我们即使是繁体字跟台湾的字也是不一样的。尽管都是传承字，我们的写法跟台湾的写法也不一样。台湾跟我们的正字方法不同，他们古今走的同一条路，他们的异体字是几万个。现代汉语的常用字有 5000 多，要兼顾古今，现代就背上了古代的包袱。而我们人口多，要普及教育，先顾现代的用字。《通用规范汉字表》明确规定是书写现代汉语文本用，因此我们当代的文化普及就比台湾容易得多。但是付出的代价就是古籍和现代有一部分接不上轨。古籍整理是一项专业的工作，现在我们用简化字印制一般的古籍没有困难，比如印教材、《古文观止》都没有什么困难，但是整理古籍就不行了。这次我们在修订《辞源》的时候，要丢弃新字形和旧字形的观念，古籍就按照古籍的标准去规范。古籍整理都是传承字，不分简繁，就都叫作传承字。

传统文化现代化的问题是最尖锐的问题，过去有一些时候我们不要传统文化，对之进行批判，简单的划分哪些是精华哪些是糟粕。其实传统文化哪能那么简单地一分为二地划分，过去是好的东西，从历史的观点，在社会发展中起到了应有的作用，问题是今天还能不能用。传统文化传承，首先要培养一些人去读古书，《辞源》的作用就在这里。

东西方文化的内涵是不一样的。全盘西化的结果就是没有自己的话语去与西方对话，把人家的东西搬过来就用。有些我们自己的东西，也要用人家的话语去说，把自己的精华都丢了，自己本土的东西就没有了。所以我们非常需要培养一些能够把传统文化引向现代的人。这样的人是既能真正懂得中国传统文化内涵，又能用自己的话语与西方对话的人，也就是在人文科学上能够正确对待继承和借鉴的人才。《辞源》在这一方面会起到巨大的作用。

关于《辞源》这次修订中审音的工作，主要是何九盈主编在负责，何先生整理制定了《〈辞源〉第三版审音注意事项二十条》，对《辞源》修订的审音工作做出了全面的规定。采用公认的音韵系统,逐一清理了《辞源》的上古音、中古音、现代音的标注,使《辞源》注音基本做到了音义契合,古今贯通。改变了第二版音系不统一的局面,使注音系统面貌一新。

本刊:当前人们的阅读方式正在发生深刻的变化,出版史也相应在改变其走向,在辞书出版方面就有一种观点认为:数字出版大势来临之际,受到最大冲击的当是辞书出版。您怎么看这个问题?

王宁:到了信息时代,人们的阅读方式有所改变,以前我们只是阅读书籍,现在因为有了数字化阅读,所以人们知识的来源不都是从书本上一页一页得来的,也不都是整篇阅读得来的。现代人如果遇到了一些问题,就会利用计算机查找信息。计算机的信息来源具有多向性。比如一个字当什么讲,不再仅仅看一个书证,而是通过计算机将所有相关的典籍调出,看看都是什么样的讲法。所以由于阅读方式发生了变化,人们的信息来源、信息质量都跟过去不一样了。《辞源》的数字版的查阅功能要高于过去的纸质版,对辞书形、音、义的内部关联要求也就高了。在这种情况下,音和形如果不规范,是做不了数字化的。还有一些“互见”,在《辞源》数字版中也做了相关词条之间的链接。比如“行星”,有各种各样的星星,你只看到“天王星”这个词条,如果想知道它在所属的星系里是什么样的作用,就要去调其他行星的材料合在一起来看。因为人们的阅读方式发生了变化,人们引用、储存信息的方式也受到了计算机的影响,变得更方便。这种情况下,辞书的作用就会更大。辞书发挥作用的重要性就体现在查检方便上。说“信息时代不需要辞书”,这是外行话。因为信息本身是人来掌握的,信息如果没有人来编纂,大数据如果没有人来整合、分辨、过滤、对应,甚至信息根本就是错误的,计算机再精良,也帮不了这个忙。所以工具书的作用会比以前提高很多。如果工具书的字形和读音做不好,不是完全体系性的,就会产生很多问题。

现代工具书对当代信息的采集有着很重要的作用。工具书的编法也不能完全就事论事。每个词条的解释、书证的信息都要给得准、给得全。典籍的阐释不能完全没有主观的一面,可以有完全不同的讲法,但不能违背语言文字的客观规律。我上个学期带学生读《易经》,看到一些自称“新易学”的解释,随便改字、滥用假借,编造证据,实在难以苟同。所以《辞源》的一个重要任务,就是要把古籍的原义讲通,不用现代人的思想去附会,更不要用西方思想去附会。

《辞源》第一、二版,是我常备的书籍,我很明白它为什么要叫《辞源》,不是为了把每一个词最早出现在什么地方找出来,而是用本土词的概念来解决问题。词典是要把一个知识进行储存和整理,所以我认为《辞源》“源”的意思有两个:一是从宏观上讲,《辞源》是本土词“源”,不是外来的,这个词原来我们的文化系统里是怎么叫的、是什么意思,原来在典籍上是怎么用的。二是梳理出中国典籍里的词语应有的理解。所以它为读古书提供重要的帮助。《辞源》是通向中国传统文化的桥梁,这句话是对《辞源》价值很好的概括。

四十四、辞书与辞书学散论*

1. 辞书学的性质与学科归属

辞书学就是辞书编纂学，它是一门应用学科，它的研究中心在"编纂"。语文词典、百科辞典、专科辞典都要编纂。辞书编纂的是词语和对词语的解释，它与训诂学必然有关。汉语的辞书源于古代训诂的纂集，辞书学必然与训诂学在材料上、技术上、原理上有共同的东西。

社会科学与自然科学一样，都可分为基础理论学科和应用学科两大类。在科学发展史上，基础理论学科常有越分越细的经历。这是因为，对一个研究对象探讨深了，发现的规律就越来越多，一个子课题便慢慢发展出一个分学科，不这样，有些规律就研究不细，这是合久必分。然而分得不论多细，也得有一个总体规律在上头管着，分学科总要被总学科涵盖，又总要充实总学科，每个学科的"通论"永不会废弃，这也可说是分久必合。一切应用学科都要采用基础理论学科研究的成果，使某种应用技术科学化。而一门应用学科所需要的基础理论往往不止一个门类，而是多方面的、综合的、交叉的。

---

* 本文1–4节原载于《辞书研究》1992年第4期，第6节原载于《辞书研究》1993年第4期。1996年将两篇合编收入《训诂学原理》。此次修订又有修改。

说某个应用学科是从属于某个基础理论学科的，在它产生的初期大致可以。因为，按一般的规律，应用学科常常因为基础理论在某一领域里被应用而产生，诸如电工学曾从属于物理学，制图学曾从属于数学，等等。但是，越到后来，这种从属关系便越难维持，因为，应用技术的指导理论，往往不是某一门类的基础理论所能涵盖的。举例来说，植物学应用于园林植物栽培，产生了园林学。园林学曾一度从属于植物学，然而为时不久，园林研究便同时和植物学、建筑学、环境学、美学等多种学科挂了钩。它要广泛采用上述诸多学科的成果来提高园林技术的效应和效率，因此，它无法从属于上述任何一门学科，而成为一门以自身的应用技术为中心的园林科学。

辞书学在一定的时期内从属于语言学，这是很自然的。词典、字典是以编纂词语和文字为工作中心的，并要用书面语言的形式来表达字和词的形、音、义。百科辞典与专科辞典，也都要通过纂集有关这些知识的词语来贮存知识，并用书面语言来表述这些知识的内涵。离开语言无所谓辞书，因此，语言学是辞书编纂最直接的指导理论。

但是，随着社会的进步、人类语言与知识的发达，辞书的编纂已经不再是仅从已有的书籍中去做词语的撷取与汇编，而要涉及到每一个步骤的技术实现：从整个辞书的主体设计，到有关知识的汇总收编，以及体例的确定，版面的安排，校对与印刷……都是编纂技术有机的组成部分。有些辞书还要利用电脑。很显然，只靠已有的语言学理论已经不够了。即使在语言学领域里，既往的研究成果也已经不够用了。辞书学需要有自己的、以编纂技术为中心的、独立的学科系统,它和一切应用科学一样,不能只以原理的科学化为满足,更要把科学原理转化为操作技术,以追求最完美的社会效应。所以,尽管语言学仍然是辞书学创建基本原理的最直接需要仰仗的理论,但它已不能全然涵盖辞书学,不能把辞书学作为一门下属学科了。

2. 辞书编纂的目的与体例的设计

编纂一部辞书的目的大致有三个:贮存、整理、沟通。这是三个相辅相成、不可或缺的目的。在这三个目的中,整理是最高目的。

贮存,是把已被人类认识和应用的知识搜集在一起,用书面语言的形式表述出来,以显示一个确定时间段内和确定范围内的知识的全貌。贮存这一目的要求辞书的条目全、内容新。

贮存的最终目的,从宏观上说是为了保留人类的文化,从微观上说是为了与查阅者沟通。辞书是读者的知识库,读者的认识领域里缺乏的东西,应当都可从它那里查到。沟通又是以贮存为前提的,只有贮存的目的达到了,沟通才能够很好地实现。

贮存可以是杂乱无章的堆积,也可以是经过整理的贮存。整理是将已搜集来的知识系统化。它的基础工作是词语的择定和归纳。知识概念是由词语作载体的,而同词的异概念与异词的同概念时或有之。不同的学术体系对同一现象常会选用不同的术语,科学的发展又常使同一术语在不同时代具有各异的内涵。违反科学的伪概念在学术上必须被淘汰,而在辞书中有时又需要存留一席之地,因为它也是一种曾经有过的"知识",反映一种历史,也需要与读者沟通。词语的取舍、分辨(历史的与现实的、真与伪、不同体系的)和归纳既有理论问题,又有技术实现的问题。词语的系统性是知识系统性的反映,体现系统性的重要标志是类别和层次。有了分类和层次,不但可以检查词语的搜集是否全面,而且可以确定每一个词语在系统中的位置及其与其他词语的关系,从而确定如何对它的内涵加以表述。"白菜"在植物学里属十字花科,在烹饪学里属原料中的蔬菜,在汉语双音词里归在词素"白"为首字的词群中,它的内涵在植物学辞典、烹饪辞典和汉语词典中,应有不同的表述。没有这一番整理,算不得科学的贮存,也不能达到与读者信度、效度更高的沟通。所以,评价一部辞书的好坏,不能只看它收词量有多少,更重要的是看它的主体设计,即运用何种原理择定、归纳词语并将其系统化,并要看这种主体设计用何种方法实现以及实现的技术水平。

为了实现"与读者沟通"这一目的,辞书常常要用便于查检的方式来编排词条,或依音序,或依笔画,或依部首……这种依据外部非本质的形式所作的编排,往往使得编者的整理之功难以一眼看出,也使整理不到家甚至根本未加整理的辞书易于藏拙。但是,只要在一个义类里多查几个词,便可以知道它的整理工作作得好坏。辞书的凡例是反映主体设计的一面镜子。对照词条研究凡例,是品评这部辞书整理工作科学性的重要手段。辞书不能以"大"取胜,像王同亿主编、海南三环出版社出版的《语言大典》那种粗制滥造的所谓“辞书”,连个像样的凡例也不具备,索引与正文都对不上号,不少条目的释义令人越看越糊涂,真让人怀疑它是胡乱堆积而成的,根本谈不上什么整理。

在辞书的一切编排形式中,最难藏拙的是分类编排。前面说过,体现知识系统性的重要标志是词语的分类层次。分类编排使编者心目中的分类层次全部曝光,一有差错,比如出现类别外延交叉、层次混乱、种类不全等现象,立即显现。分类编排还必须做好词语的类聚工作。一旦同一层次的同类词语聚在一起,冗杂与缺欠也就一目了然。至于释义,用语与内涵都要体现分类与层次,更不能乱套。所以,分类编排的辞书,不能不做整理工作,即使做得不好,读者对它进行评论也容易一些。其实,无论辞书用何种方式编排,都应当先按严格的分类来立条目、拟条文,也就是要先进行严肃的整理,再来考虑编排技术。可惜有些辞书一查就知道不是这么干的,让人使用时很不放心。

3. 辞书编纂主体设计的科学性

好辞书贵在主体设计的科学性。一部辞书,翻阅以后就可知道编者的编纂自觉意识强不强。有些编纂技术问题本身就是理论问题。

1982年中国人民大学出版社出版的《常用构词字典》,是部很有开创性的语言词典。编者有明确的构词观念,释义严格用现代汉语,不掺文言。其中虽有一部分词组,但绝不属于编者划不清词与词组的界线而收的,却是因为现代汉语里确有些词组正在向词过渡,很难与词分开,用汉语拼音拼写时或作为信息处理时也要连写。至于与多音词界线分明的词组,这部词典是不混入的。词典的字头严格选用规范汉字,带有用字的指导意义。而且,在同一语素下排列词或词组时,词典注意到作字头的语素所在的位置,这当然是为了容易查,而更重要的是语素的位置关系到构词方式,不是一个无关紧要的问题。上述种种,都说明词典编者是在有理论指导的自觉意识下完成编纂任务的。

1986 年,周士琦的《实用解字组词词典》(简称《组词词典》)由上海辞书出版社出版。这是一部与《常用构词字典》主题相同的语言词典。而在主体设计上,《组词词典》有重要的突破。编者在《说明》里指出:"它的特点是在分义项解释单字字义的基础上,将常用词语分别列入与其中各个单字(即"词素",也叫"语素")的使用意义相对应的义项之下。"《凡例》规定:"单字字头下列出由其组成的一系列词语(无论单字位于词语中的什么位置),各词语依其中单字的含义,分别列在各个相应的义项之下。"例如"等"字:

《组词词典》把双音词分别列在三个义项下:①等级;②程度、数量相同;③等候,又按照双音词的结构和搭配的另一个词素分了小类,如同下表。这与《常用构词字典》依作字头的字出现位置不同而分别编排,是不一样的。表面看来,这是编排技术的问题,实际上,这里是取意的不同,并且其中含有理论认识问题。语素是用汉字书写的,但一个汉字并不就是一个语素:

①、②、③组的 A 类与②组的 B 类都是联合式双音词,但是

除“等”以外的另一个语素意义都不相同,分别是“等级”“相同”“等候”的同义语素,组合后的意义当然也不可能相同。而且,①、③组在组成联合式双音词时,“等”一般只放在前面,唯有②组可放在前面(A类),也可放在后面(B类)。

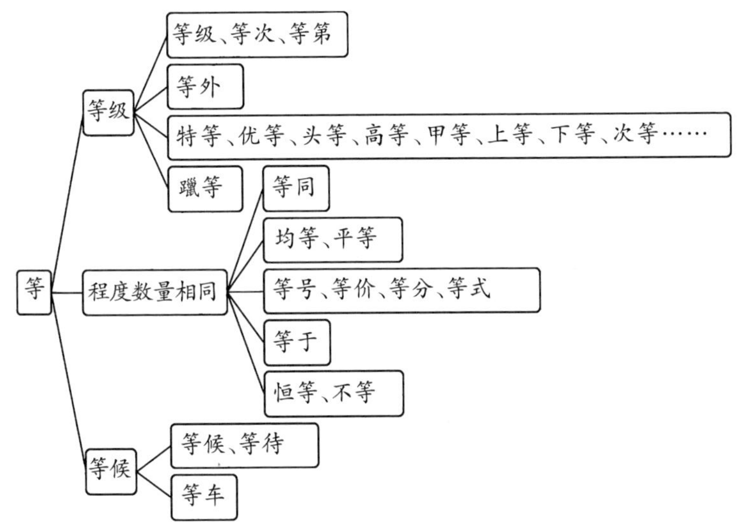

我们还可以看到,①、②、③组的“等”分别为名词性、形容词性与动词性,所以,① C、② C 虽都是偏正式,但① C 的“等”作的是中心语,② C 的“等”却作的是修饰语。这就是说,名词性的语素与形容词性的语素,在构词中是处在不同地位上的。而这种词性的区别,又是由语素使用义的不同决定的。同样的原因,像“等于”这样的双音词,只有形容词的“等”才能构成,而“等车”则必须是动词性语素带宾语,方能构成。

由此可见,语素不是按书写的汉字来区分的,而是按音和义来区分的。后者才是语言分析法而不是以字代词。如此说来，把合成词与词组分列在单字的不同义项下，是理论的进步。

自觉的理论认识贯彻到辞书的主体设计里，必然使辞书的整理更加成熟，同时也一定会提高它的实用性。评论一部辞书，绝不可单以收词多少为标准，而一定要顾及它的主体设计，原因也在此吧！

4. 专科辞书收词范围确立的科学性

专科辞书是有主题的，这种辞书最难的是确定收词范围。确定一个收词的原则不是一件容易事，实际操作时把自己规定的原则体现出来更不容易。这也是属于主体设计的问题。

近年来，关于典故的词典出了不少，但我以为，于石、王光汉、徐成志编的《常用典故词典》(上海辞书出版社 1985 年版)，仍然是一部独具特色的高质量词典。这部词典好就好在它的收词和编词条上。在郑逸梅先生为这部词典写的序里说："所谓典故，指典例故实而言。今则凡见诸古籍，而为后人袭用的，统称为典故，那就在原来的典故基础上有所发展了。"这是作序者替编者给"典故"下的定义。《常用典故词典》的《凡例》里没有对典故作操作性的界定，但统观词典所收 622 则典故，完全可以看出，编者对典故的理论认识是十分明确的。所谓"典故"，首先应来源于旧有的书面典籍，并且典源应是经典籍记叙的故事；其次必须是后来的人将故事化作简略的典面来应用的。一般说来，故事成典后，袭用的次数必然较多，而所用的典面却时可更换。不论如何更换，其意义仍来源于典源的故事。所以,典故不能以典面为单位,不能认为换一个典面就换了一个典故,而要以成典的故实为单位,一则故实才称一个典故。《常用典故词典》严格地体现了这些认识。在收词上,它严格掌握"旧典故实为后代袭用而具有典面之外的内在涵义"这一标准,没有混入一般典故词典常常混入的不属典故的成语。虽然典故的某些典面也时常发展为成语,例如"门可罗雀""曲高和寡""网开一面""沧海桑田"……但成语是一个固定的语言单位,典故则是用词、短语、句子代称的一则故事。成语最多是典故的一个典面,不能与典故等同。更何况,相当一部分成语不含故实,更有一部分成语是由口语概括的,没有由书面典籍记叙的来源。还有的典故词典不问后代是否袭用,也不问这种袭用是否能概括出典面之外的内在涵义,把仅仅是语词的沿用都认为是典故而收入,例如收入《诗经》的"辗转反侧"、《论语》的"乱力怪神"……都失之过宽了。《常用典故词典》是采用一则故实为一个典故的编排方法,将同一典故的不同典面(《常用典故词典》称"词目")纂列于其后,这更是一种深知典故为何物的科学设计。典故有着多层次的文化积淀,现代读者最难掌握的是一则故实所具有的诸多典面,《常用典故词典》的这种细致的整理之功,必会收到更好地与读者沟通之效。

中国的典故不但历史上存留很多,而且还不断有新的发掘。《常用典故词典》所收的典故,不能说没有遗漏。语言与科学都在发展,即使是一部好词典,也应过一个时期就修订增补一次。不过,一部具有科学理论指导下的主体设计的辞书,增补将使它丰富完善；而一部缺乏自觉整理意识、主体设计粗疏甚至混乱的辞书，增补也许会使它更为芜杂。这后一种情况在当前的辞书界也是很常见的。

5. 辞书编纂中古今汉语的沟通

在辞书的现代汉语词语的释义中，时常可以看到文言词义的介入。我以吕叔湘、丁声树主编的《现代汉语词典》为例，从《现代汉语词典》里，可以找到古今汉语沟通的语言事实。

在绝对划分共时研究和历时研究的西方语言学影响下，一般人认为现代双音合成词只是现代汉语共时领域研究的问题。这种认识导致许多共时的现象由于缺乏历时的参照而不能从本质上去解释。这个方法上的缺欠也影响了语文教学，在教学中，常常将白话文与文言文严格划线，甚至对立起来，教现代篇目很少在语言上联系文言，教文言文也只强调古今汉语词汇的区别而忽略其沟通。

历史的考查证明，现代汉语双音词是从各个不同的时代积淀下来的，因而与历代汉语的词汇都发生着一定的关系。与现代汉语双音词关系最为密切的是先秦文献语言的词汇。上古汉语也就是文言词汇中，有相当一部分词的某些义项，在现代汉语中，已经不能单独用来造句了，也就是说，这些义项已经没有了自由运用的功能。但是，语言的基础材料不会轻易消亡，这些古义在双音合成词里保留下来，用构词功能来对已消失的造句功能进行补偿。古代汉语和现代汉语是衔接的、沟通的。在中学的文言文教学中，通过现代汉语存留的文言词义去引导学生理解，既能以已知启发未知，帮助学生理解文言文，又能对现代汉语词汇的含义加深认识，同时又可以培养学生历史传承的观念，是一种一举三得的有效方法。在作这项工作时，《现代汉语词典》可以给我们帮很多忙。举例来说：

杜甫《登高》："艰难苦恨繁双鬓，潦倒新停浊酒杯。"和秦韬玉《贫女》："苦恨年年压金线，为他人作嫁衣裳。"都有"苦恨"两个词连用，当"非常遗憾"讲。"苦"是副词，表示"很""过分"的意思，这个意思很不好理解，但是如果我们联系现代汉语，就好懂得多了：

《现代汉语词典》"苦"的最后一个语素义是："〈方〉除去得太多；耗损太过：指甲修得太苦了／这双鞋穿得太苦了，不能修理了。"

这个义项，不就是"苦"的古义的存留吗！

再比如：

温庭筠《酒泉子》："宿妆惆怅倚高阁。"周邦彦《苏幕遮》："叶上初阳干宿雨。"这些地方的"宿"都当"旧"讲。《论语》有"子路无宿诺"之说，"宿"当"久"讲，子路不轻诺，一旦许诺，尽快办到，不使许诺长久搁置。这是品德教育中经常引用的文句。

"宿"的这个词义如何理解和记忆，也可以联系现代汉语：

《现代汉语词典》:“宿”下有“旧有的;一向有的”“久于其事的”两个义项。对应的双音词有“宿愿”“宿怨”“宿志”“宿将”……完全可以看出“宿”的“旧有”义是由“过夜”的意思引申出来的。

其他如:

“响”的语素义“回声”下举“响应;影响”,“落”下有“物体因失去支持而下来”,“失去支持”四个字至关紧要,都是古义的遗留。

在《现代汉语词典》里,还解释了一大批由使动构成的双音词,如:

热——使热、加热——热一热饭
乱——使混乱——扰乱、惑乱、以假乱真
冷——使冷——太烫了,冷一下再吃
累——使疲劳——别累着他
……

古代汉语的使动没有形态标志,发展到现代汉语里,成为形容词转为动词的一个义项。这些语例,有利于我们去理解古代汉语动词、形容词的使动用法。

《现代汉语词典》出现这些解释，发掘出这些保留在现代汉语里的古义，是它的体例和主编的编写意图有意而为，有理而作。在吕叔湘先生亲自制订并经过多次修改的《现代汉语词典》编写细则里，有两条体例是与上述功能相关的：

“本词典选收一部分在现代书刊中出现的文言词，标〈文〉。有些从文言文来的词已经完全吸收到普通话里，不再标志。有些文言词即使偶而在现代书刊中出现，文言气还太重，本词典不收。”

“本词典收单字限于以下两种……（B）现代虽不单用，但是在合成词或成语中出现”。

有了这两条体例，就使一些进入现代汉语的文言词义进入了《现代汉语词典》的单字义项，并与双音词的语素前后照应，体现了词汇、词义累积式的传承，因而有利于在语文教学中沟通古今。但是，从上述条例中又可以看到，《现代汉语词典》把握“现代”二字非常严格；并不是把古汉语、文言掺到现代汉语词典里，而是因为这些构词和用法完全是现代汉语的。所以，我们绝不说《现代汉语词典》可以兼作古代汉语词典用，而是说：它给我们提供了古代汉语传承在现代汉语里的因素，帮助我们通过现代汉语来加深对古代汉语的理解，来沟通古今汉语。

我们从上述体例中还可以看到，《现代汉语词典》的体例是在编纂者处理大量材料的过程中逐渐形成的。原创性辞书都有自己的资料积累，体例里所说的“在现代汉语书刊中出现”，可以知道，当初，他们存有大量现代汉语书刊的语料卡片；现在，他们拥有大规模的现代汉语词汇的电子语料库。有了这些，才能把各种语言现象按照学理进行判断，然后转化为辞书的表示法处理成体例。这些都是独具匠心的。

关注文言的遗存是《现代汉语词典》编辑的一种境界，特别是在对词义进行微观处理的时候，文言词义在现代汉语中的留存，是需要精心发掘的。这里，我举两个例子说明辞书处理微观材料所花的心血。第一个是我亲身的经历，根据我当时的笔记和回忆：

> 1962年，《现代汉语词典》征求意见，我随陆宗达先生去社科院语言所参加会议，在讨论到“央”这个词条时，陆先生提出，应当加上“极限”“终结”的义项，有些老师不同意，认为是文言义项，陆先生说，还有一个“未央宫”，应当解释一下。另一位老师认为“未央宫”也是古代的宫名，这个义项不必进入词典。最后，吕叔湘先生说，查一查现代汉语书刊里是否出现，以此为准。经查，查到了现代汉语书刊中17条“夜未央”“时未央”“后患无央”……而且不是引用，这才决定把“央”的“终止；完结”义项列入。如何列入，也经过一番讨论，陆先生根据《说文解字注》认为“未央”就是“未艾”，与“中央”的意思有关，但在现代汉语里，“极限”“终结”这种意义，要与“中央”联系，起码现代人是难以接受的，所以，就另

列了一个“央[3]”的字头,来容纳这个义项。后来根据体例,又加了〈书〉的标志,就更完善了。可见编纂者在处理现代与古代是否入典的界限问题上,是多么慎重。

第二个例子,见1978年丁声树先生在语言学规划座谈会上的讲话。丁先生说:

“我觉得词典越编胆子越小,常会出错。最近开了一个会,陆宗达先生提出词典的两条释义有问题。一是‘不毛之地’,《现汉》(试用本)注为‘不长树木庄稼的地方’。看来未必是不长树木,应该是不长庄稼。二是‘圭臬’,注为‘圭表和鹄的’,也不准确。‘臬’不是鹄的。他提得很好。这两条,一是不准确,一是错误。怎样才能准确,是有困难的。”(见《现代汉语词典五十年》,商务印书馆,2004)

丁声树先生是对古代文献造诣非常深厚的大学者,他的这段话,可以看出前辈师长是如何调动了他们贯通古今的学养才把一部辞书修磨而成!

近年来,辞书的抄袭现象越来越严重,原创性辞书大量被抄袭,或改头换面作为蓝本变相抄袭。后者更是贻害无穷。这些抄袭或变相抄袭的辞书,不但没有《现代汉语词典》编纂者那样的人品、学问和识见,而且基本上没有自创的新资料。实际上他们并不理解原创辞书体例的科学依据,常常因为刻意回避原创辞书的

原创点而不负责任地肆意修改而抄错、改错。这里只举前面说的“苦”为例,有一个义项被改得叫人啼笑皆非:

> 《现代汉语词典》:“〈方〉除去得太多;耗损太过:指甲修得太苦了/这双鞋穿得太苦了,不能修理了。”
>
> 另一部词典:“形容超过适当程度▶头发剪得太苦了|这鞋穿得太苦,后跟都磨没了。”

比较一下这两条,明眼人一看便知,另一部词典是变相抄袭《现代汉语词典》,而且作了所谓的“避现”(按:这个新造的词,意思是抄《现代汉语词典》时,要略做改动,减少雷同)处理。“鞋穿得苦”一例,可以说属于“偷袭”,换汤不换药。“头发剪得太苦”,就改得十分可笑:指甲剪得苦,是说剪到了连肉的地方;如果套用剪指甲来说剪头发,那就是剪头发剪到了头皮,恐怕没有人这么说吧!再说,《现代汉语词典》说“除去的太多”,又加〈方〉做标志,是非常准确的反映了这种情况;因为“苦”当“很”“过分”讲,在古代汉语里,一般只用于消极的意义,不是任何超过限度都可以用的。现代汉语只是在方言里对这个意义特点有个别遗留,并没有大量应用。如果把“除去”二字改掉,又删掉了〈方〉这个标志,实在是“避现”避得没有道理。有人问:“‘苦’的‘甚’义既然在古代就已经产生。《现代汉语词典》为什么标〈方〉不标〈文〉?”这正是《现代汉语词典》有学问又有分寸的地方。“苦”在现代汉语里并不是从文言进入现代汉语的,而是从方言口语进入现代汉语的。

在方言口语里，它的用法与文言的用法也有所不同，范围比较狭窄，一般只与“剪除”这个意义范畴结合，表达剪除超过了最佳程度过分的意思。不论是标注、解义和举例，都很恰当。想要“避”开，难免出问题。

6. 从双语词典看词汇系统的民族差异性

王同亿主编、海南三环出版社1990年出版的《语言大典》，据说是近年出版的辞书中极具盛名的。辛业江所作的《语言大典·序》里说：“《语言大典》是一部大型的语文兼百科的综合词典，它集现代汉语词典、古汉字字典、汉语大型词典、汉英大型词典于一身，既可当汉语词典用，又可当汉英词典用，还可以当古汉字字典、汉英成语词典用。”读了这段“序”，甚觉怀疑：像这样集大成的辞书，是否有可能编纂出来？

首先是现代汉语词典与古汉字字典有没有可能合编在一起。现代汉语词典以贮存现代汉语词汇为目的，它一般先用汉字作字头立条目，再将首字相同的双音节和多音节词条目依一定次序排列于汉字条目之后。这些立为字头的汉字是现代汉语单音语素的载体，词典对它们是只释音义而不释形的。古汉字字典则以贮存古汉字字形为目的，从甲骨文、金文、战国文字到篆文甚至古隶都要收，而且要显示原形。古汉字字典不但要对这些字注古音、释古义，还要释形——说明它们的造字意图和构形模式。在收字范围上，现代汉语词典所收的主要是那些记录现代汉语的词或词素的单字，那些已不再应用于现代的“死字”是用不着收的。可古汉字字典却必须收“死字”,因为在古代它们所记录的词还都“活”着。《语言大典》(下简作《大典》)是二者的合编吗?显然不是。《大典》里不要说古文字,连现代异体字也大部分不收。即使是古文字积淀下来的现代字,《大典》也并不兼释古音,古义也收得很少。特别是对字典来说,字的本义是必须首先列出的,《大典》却连这个概念也没建立,如何能兼作古文字字典用?作序者说它能兼作现代汉语词典和古汉字字典,显然是犯了一个常识性错误:把汉字和汉语词等同起来了。而这一点,在辞书编纂上恰是一大禁忌。《大典》的主编和作序者一样,也分不清字和词。只顺手举一个例子:《大典》“^{2}阿”条第 1 义项释文为“用于外国语的音释〈阿根廷〉〈阿拉伯〉〈阿波罗〉〈阿贝理论〉〈阿洛糖〉”。这个“阿”仅仅是用汉字记录一个音节,编者居然给它立了一个义项。试问,哪一个汉字不能用于音译?!岂不是都要立一个“用于外国语的音译”的义项了吗?

其次,是汉语单语词典与汉英双语词典有没有可能合编在一起。众所周知,汉语单语词典是以汉语词汇作为源语(source language),又仍以汉语作为解释语(target language)的。汉语使用者言语中出现的词或一部分组合得较稳固的短语,它都应当收录,而它的解释则是对词义的阐明和对有关知识的介绍。在词目与义项的设立上,是以汉语词汇系统与词义系统作为依据。而汉英双语词典的源语是汉语,释语却是英语,它以汉语和英语的对译为编纂目的,为的是使了解汉语的人能查找到相应的英语。这种双语词典,在词目与义项的设立上,虽然也是以汉语的词汇和词义系统作为依据，但是，由于它以将汉语译成英语为目的，在收词、立义项、释义上与汉语单语词典无论如何也不能完全一致。特别是兼收成语时，因两种语言的成语之间存在不少文化差异，要想列出既适合单语词典、又适合双语词典的释义，有时是根本不可能的。如果一部词典要同时完成汉语单语普通词和汉英双语普通词这样两方面（甚至还要加上汉英成语词典）的任务，在选词、立义项和释义上，是要经过认真的技术处理的，要定出比两种词典分开编时复杂得多的凡例，而凡例过多、过于复杂，又会给查阅者带来很大的不便。因此，这是一种难而无益的编纂。《大典》的英语译名为"A Great Chinese Dictionary（《大型汉语词典》）"，但又自称可兼作"汉英大型词典"和"汉英成语词典"。按道理，它在收词、立义项、释义上都应当兼顾几重任务，认真求其谐调。然而，恰恰相反，它不但随意混淆多种不同的编纂体例，造成严重的芜杂，而且为了盲目求"大"，还有新花样，居然定出这种"凡例"："凡英文单词对应的汉语对译也收。"这样作，对汉语单语词典的编纂当然是极大的干扰；就是对汉英双语词典来说，也必然会对它应当完成的任务产生严重的扰乱。在词典编纂史上搞这样的大杂烩，恐怕真是"首创"。

众所周知，双语辞典涉及两种语言，它们各具有不同的词汇系统，词典只能保持被释语种的词汇系统，即汉英词典要保持汉语词汇系统，英汉词典则要保持英语的词汇系统。因此，汉英词典绝不是把英汉词典倒过来一抄就行的。而《大典》既抄汉英词典，又倒过来抄英汉词典。也就是说，它的收词杂抄两个词汇系统,使所收词汇达到极为混乱的地步。例如:《大典》收了“费城人”,出释英语为 philadelphian,又收了“费拉德尔菲亚人”,仍出释英语 philadelphian,这显然是英汉词典的倒抄。对汉语说来,立了“费城”这个条目就足够了,“费城人”是根本不需要立的,因为它与“上海人”“牙买加人”……一样都是临时组合的词组。而“费城”只是“费拉德尔菲亚城”的简称,二者只需立一个条目就够了。《大典》却因为 philadelphian 可以有两种译法而把两个词组都立了目。

这种倒抄英汉词典,把英语词汇系统强加给汉语的例子比比皆是。

就以“包”字开头的部分条目而言,《大典》立有“包含的内容”(coverage)。其实,就汉语来说,只需分立“包含”与“内容”两个条目,根本不需要给“包含的内容”这个自由短语立目。更何况,coverage 很少表示“包含的内容”(这在英语里通常用 content 表示),它更多表示“包括的范围”“包括的数额”。《大典》还因英语 wrap 而立“包起来”为条目。wrap 在汉语里可直译作“包裹”,而与“包起来”对应的是 wrap up。这显然是倒着抄时没注意而出错。何况,汉语里在动词后的“起来”相当于一个附加成分,词典从来不需把它附在动词后立条。照《大典》的作法,岂不是诸如“打起来”“跳起来”“唱起来”“干起来”“跑起来”……也都要一一为之单独立目了吗?

像这种违背汉语词典立目原则,据英语翻译而为汉语自由词组立目的作法,本属荒唐,再加上误抄、误译、随意采用不准确的译语等等，就更使《大典》令人难以卒读了。下面一个例子更令人费解：

在“安”字头下，《大典》居然因为英语有 install 与 fix 这两个同义词而对汉语的“安”也分别立了两个义项。与 install 对应的是“把一物装配到另一物上”，如“安电灯”；与 fix 对应的是“把一物固定到另一物上”，如“安茶把儿”（按：似应为“安茶杯把儿”，《大典》恐有脱字，类似这种脱字，在《大典》里时时可见）。在英语里，instal（或作 install）与 fix 都相当于汉语的“安装”，只是 instal 指设备安装，意味严肃些，fix 指一般安装，随便一些。而在汉语里，“安电灯”与“安茶杯把儿”却是根本无需分为两个义项的，因为英语有两个同义词而硬给汉语分项，让汉语去符合英语，是不符合保持被释语言词汇系统这一基本原则的。

两种语言词汇系统的不一致，不但表现在语言单位、构形方式等方面，还表现在词性与词的语法功能方面。编汉语词典而要以英语词汇系统为准来立目，产生的语法方面的矛盾也不乏见。例如：《大典》立了“折光的”这一条目，而在汉语词典里，“折光”一词是有立目资格的，“折光的”却没有资格立目。因为，同“包起来”的“起来”一样，“的”在汉语里也是附加的虚字。但《大典》的编者却因 dioptric 是个形容词而不得不在“折光”后面加“的”字来表明它的定语功能。其实，定语在汉语里不一定由形容词充当。在此之后《大典》又列了“折射”一个条目，与 refraction 相对应，其实它又错了。汉语的“折射”是个动词，而 refraction 却是名词，应译作“折射作用”“折射度”。“折射”在汉语里是一个光学术语,“折光”是“折射”的同义词,并且具有多义项,其中包括比喻义。对这些,《大典》都没有注意到。这一系列词性上的混乱,都是混淆两种语言的词汇系统造成的。

在许多地方,可以看出《大典》的释义许多是采用辗转互译的做法的。例如,“[1]忝”下注明“动词”,设两个义项:①与 disgrace 对应,解释作“给……带来耻辱”,举《诗经·小雅·小宛》“夙兴夜寐,毋忝尔所生”为例;②与 have the honor to be 对应,解释作“荣幸(做)”,举“忝列门墙”“忝在知交”为例,用作谦词。“[2]忝”下注明“形容词”,与 unworthy 和 unworthily(按:unworthily 是个副词,与注明的“形容词”也是有矛盾的)对应,释作“无价值的,不足道的”;用作谦词,举“忝眷”“忝居”为例。

其实,“忝”是一个古语词,意为“耻辱”。《说文》:“忝,辱也。”用作谦词,义为“有辱于(对方)”,《辞海》对它的解释为:“辱;有愧于。《诗·小雅·小宛》:‘夙兴夜寐,毋忝尔所生。’《书·尧典》:‘否德忝帝位。’常用作谦词。如:忝在知交;忝列门墙。”《大典》把“无忝尔所生”的“忝”译作 disgrace,又回译成“给……带来耻辱”;把“忝列门墙”“忝在知交”的“忝”译作 have the honor to be,再回译成“荣幸地做……”。《大典》从《中文大词典》补充了“忝眷”“忝居”两例,将“忝”译作 unworthy 或 unworthily,再回译作“无价值的,不足道的”。如果说“给……带来耻辱”尚不失“忝”的本义,“荣幸地做……”就只是文意而非词义了;而“无价值的,不足道的”就根本脱离了“忝”的意义系统。其实“忝眷”“忝居”的“忝”与“忝列”的“忝”完全是同属一个义项。《大典》的编者因为不懂古汉语的缘故，在古今、中外几度互译过程中，连自己也搅糊涂了。

统观《大典》全书，我们似乎可以给它增加三条“凡例”：第一条，《大典》的字头是几部汉语词典的合抄，兼有古今汉语而都不全；第二条，《大典》的词目、义项是既抄汉英词典，又倒过来抄英汉词典；第三条，《大典》的举例也是几部汉语词典的合抄，而相当一部分释义则是经古今、英汉辗转互译出来因而与古今、英汉都有点像又都不怎么太像的杂交品。采用这样的做法编出来的词典大则大矣，读者要想通过它来查字、查词、查义，却难免不查出非常荒谬的内容来。

我们实在不愿用“总体设计”这个术语来评论《大典》，因为，即使是上面我们归纳出的那三条十分荒谬的“凡例”，也不像是某位主编认真掌握的，而只是在杂抄中不经意的作法，因而并不能贯彻始终。至于那些中英文语料和释义所发生的错误，《大典》中真可说是俯拾皆是，这恐怕要留待专文来加以驳正，这里就不再多说了。

辞书的编纂是关系到文化积累与知识传播的大事，编纂者切不可靠拼凑人员多抄、杂抄而形成大部头来唬人。编一部辞书一定要有科学的理论指导，否则，会把语言材料与百科知识统统搅乱而贻误读者。